Damian van Melis
und
Henrik Bispinck (Hrsg.)
„Republikflucht"

Schriftenreihe der Vierteljahrshefte für Zeitgeschichte
Sondernummer

Im Auftrag des
Instituts für Zeitgeschichte München – Berlin
herausgegeben von
Karl Dietrich Bracher   Hans-Peter Schwarz
Horst Möller

„Republikflucht"

Flucht und Abwanderung aus der SBZ/DDR
1945 bis 1961

Veröffentlichungen zur SBZ-/DDR-Forschung
im Institut für Zeitgeschichte

Herausgegeben von
Damian van Melis und Henrik Bispinck
mit einer Einleitung
von Damian van Melis

R. Oldenbourg Verlag München 2006

Gefördert aus Mitteln des Bundesministeriums des Innern

Bibliografische Information Der Deutschen Bibliothek

Die Deutsche Bibliothek verzeichnet diese Publikation in der Deutschen Nationalbibliografie; detaillierte bibliografische Daten sind im Internet über <http://dnb.ddb.de> abrufbar.

© 2006 Oldenbourg Wissenschaftsverlag GmbH, München
Rosenheimer Straße 145, D-81671 München
Internet: oldenbourg.de

Das Werk einschließlich aller Abbildungen ist urheberrechtlich geschützt. Jede Verwertung außerhalb der Grenzen des Urheberrechtsgesetzes ist ohne Zustimmung des Verlages unzulässig und strafbar. Dies gilt insbesondere für Vervielfältigungen, Übersetzungen, Mikroverfilmungen und die Einspeicherung und Bearbeitung in elektronischen Systemen.

Umschlaggestaltung:
Thomas Rein, München und Daniel von Johnson, Hamburg
Umschlagabbildung: Ausschnitt aus einem Propagandaplakat der DEWAG (Deutsche Werbe- und Anzeigenagentur), 1958; Deutsches Historisches Museum, Berlin

Gedruckt auf säurefreiem, alterungsbeständigem Papier (chlorfrei gebleicht).

Druck und Bindung: R. Oldenbourg, Graph. Betriebe Druckerei GmbH, 85551 Kirchheim b. München

ISBN-13: 978-3-486-57995-6
ISBN-10: 3-486-57995-9

Inhalt

1. Einleitung 7
   1.1 Thema 7
   1.2 Forschungsstand 8
   1.3 Fragestellung und Ansatz 12
   1.4 Begrifflichkeit 14
   1.5 Quellenbasis 16
2. Die unbeachtete Auswanderung: Vom siegessicheren Desinteresse zur Durchsetzung der neuen Staatlichkeit (1945–1952) 19
   2.1 Vertreibung und Abschottung vom Westen 20
   2.2 Unkontrollierter Grenzverkehr als Ordnungsproblem des jungen Staates 29
   2.3 Pendelverkehr zwischen Ost und West 33
   2.4 Die Abwanderung wird zum Problem 37
3. Maßnahmen gegen die Republikflucht 1952–1961: Die Wirkungslosigkeit von Zuckerbrot und Peitsche 47
   3.1 Juristische Rahmenbedingungen 47
   3.2 Maßnahmen zur Bekämpfung der Republikflucht im Rahmen des „Neuen Kurs" 49
   3.3 Weitere Maßnahmen gegen Flucht und Abwanderung bis zum Mauerbau 54
4. Fluchtgründe aus Sicht von DDR und SED: Komplexe Motive und einseitige Wahrnehmung 73
   4.1 Berufsspezifische Fluchtgründe 78
   4.2 Weitere Fluchtgründe 92
   4.3 Erklärungen 112
5. Zusammenfassung 121

Verzeichnis der Dokumente und Statistiken 131

Dokumente und Statistiken 137

Abkürzungsverzeichnis 261

Quellen- und Literaturverzeichnis 265

Editorische Notiz

Offensichtliche Tipp- und Zeichensetzungsfehler in den Dokumenten wurden stillschweigend korrigiert, orthographische Eigenheiten hingegen beibehalten.
Hervorhebungen wurden entsprechend der Hervorhebungen im Orignial (**fett**, <u>unterstrichen</u>, oder g e s p e r r t) wiedergegeben. Handschriftliche Unterstreichungen wurden nicht berücksichtigt.

1. Einleitung

1.1 Thema

Zwischen 1984 und 1988 verließen jährlich etwa 30 000 Personen die DDR. Dies hatte für die DDR so tiefgreifende Auswirkungen, daß nicht nur Oppositionelle, sondern selbst ranghohe SED-Genossen von starken Gefühlen der Scham berichten. Das ehemalige Politbüromitglied Günter Schabowski spricht von einer „quälende[n]" und „zutiefst beschämenden" Situation,[1] den Schriftsteller Christoph Hein machte die anhaltende Flucht der Mitbürger „physisch und psychisch krank",[2] und auch der Bürgerrechtler Jens Reich erinnert sich an ein ähnliches Gefühl der Zurückgebliebenen: „Seit vielen Jahren schon quält uns alle zunehmend diese Auswanderungsbewegung [...]. Das war so bitter, dieses Gefühl, auf einem Bahnhof im Wartesaal zu sitzen und ringsherum bricht alles auf. Das war zum Schluß unerträglich".[3] Vor dem Mauerbau 1961 verließen jährlich bis zu 300 000 und mehr Menschen die DDR. Wieviel stärker muß dies auf die Gesellschaft der Zurückgebliebenen gewirkt haben?

Mit Flucht und Abwanderung in den Westen verweigerten sich viele Deutsche aktiv und eigenverantwortlich ihrer staatlichen Obrigkeit. Diese „Abstimmung mit den Füßen"[4] gegen den eigenen Staat fiel bis zum Mauerbau 1961 verhältnismäßig leicht, da die Grenze in dieser Zeit noch relativ durchlässig war und der Weggang weder in die kulturelle Fremde führte noch den Verlust staatlicher Ordnung und Protektion bedeutete: In der Bundesrepublik wurden die Neuankömmlinge als Staatsbürger betrachtet, welche die gleichen Rechte besaßen und die gleichen sozialen Leistungen beanspruchen konnten wie die eingesessenen Bürger, selbst wenn sie nicht als „politische Flüchtlinge" anerkannt waren. So wie Bonn die Zuwanderer als Bestätigung der Legitimität der Bundesrepublik und ihrer kompromißlosen Westorientierung ansah, so stellten diese umgekehrt die gesellschaftspolitische Orientierung Ost-Berlins in Frage. Damit bildete die deutsch-deutsche Grenze nicht nur die Schnittstelle zwischen den beiden hegemonialen internationalen Blöcken, sondern für die einen eine wichtige Quelle und für die anderen einen dauerhaften Sickerbrunnen gesellschaftspolitischer Zustimmung.

Insofern war „die offene Grenze zum Westen [...] wahrscheinlich die wichtigste Grenze der ostdeutschen Diktatur", die den Umgestaltungseifer der SED selbst „in den finstersten Tagen des ostdeutschen Stalinismus" bremste.[5] Dabei ging es nicht nur um die damals wie heute gültige Überzeugung, daß ein „Staat, der keine Kontrolle über seine Grenzen hat,

---

[1] Schabowski, Politbüro (1990), S. 62.
[2] Die Zeit Nr. 41 v. 6. 10. 1989, S. 65 f., zitiert nach Streul, Kulturszene (1989), S. 1404.
[3] In einem Interview Ende Oktober 1989, zitiert nach Reich, Am wichtigsten ist die Befreiung (1989), S. 27.
[4] Zu diesem zeitgenössisch gängigen Begriff vgl. z.B. Bundesministerium für gesamtdeutsche Fragen, SBZ von A bis Z (1966), S. 147; der Begriff geht nach Major, Torschlußpanik (2000), S. 222, auf Worte Lenins zurück.
[5] Bessel, Grenzen des Polizeistaates (1996), S. 236 f.; ähnlich: Bessel/Jessen, Einleitung (1996), S. 10 f.

[...] überhaupt kein Staat" ist:[6] Aufgrund der deutsch-deutschen Konkurrenz stellte die große Anzahl an Flüchtlingen die Legitimität der DDR konkret in Frage, wollte sie doch gerade als eigener Staat anerkannt werden. Deshalb liegt es nahe, den Bau der Mauer im August 1961 als „heimlichen Gründungstag der DDR"[7] zu bezeichnen. Darüber hinaus erlitt die ostdeutsche Gesellschaft vor allem durch den Weggang junger und gut qualifizierter Menschen einen enormen Verlust an Wissen und Zukunftspotential, der im Alltag einzelner Betriebe, Behörden und Universitäten ebenso unübersehbar blieb wie in der volkswirtschaftlichen Gesamtentwicklung.

1.2 Forschungsstand

Angesichts der skizzierten Bedeutung der deutsch-deutschen Fluchtbewegung verwundert es nicht, daß sie schon früh das Interesse von Sozialwissenschaftlern und Historikern geweckt hat und bereits Anfang der fünfziger Jahre erste Untersuchungen dazu entstanden.[8] Sie beschäftigten sich ebenso wie die meisten anderen, später erschienenen Arbeiten[9] vorwiegend mit der bundesrepublikanischen Aufnahmegesellschaft, den Eingliederungsbemühungen durch Politik, Verwaltung und Wirtschaft, mit bestimmten Alters- und Berufsgruppen sowie mit der Integrationsbereitschaft und Integrationsfähigkeit der Zuwanderer aus dem Osten. Diese Tendenz liegt auch darin begründet, daß viele Untersuchungen als sozialwissenschaftliche Auftragsarbeiten für Bonner Ministerien und andere Regierungsstellen entstanden bzw. unmittelbar von diesen herausgegeben wurden.[10] Damit reihen sich diese Veröffentlichungen in die gesamte deutsche zeithistorische Forschung zu Migrations- und Flüchtlingsfragen ein, die sich bis vor wenigen Jahren fast ausschließlich auf die Ankunft und die Eingliederung in die aufnehmenden Gesellschaften konzentriert hat. Dies gilt etwa für Vertreibung, Flucht und Umsiedlungen aus den ehemals deutschen Ostgebieten, die vor allem unter dem Aspekt der westdeutschen Integrationsleistung betrachtet wurden.[11] Die Entscheidung zum Weggehen, die Fluchtursachen fanden geringe-

---

[6] Lukacs, Die Geschichte geht weiter (1994), S. 315.
[7] So Staritz, Geschichte der DDR (1996), S. 196.
[8] Beispielhaft: Külz, Flüchtlinge (1950); Grapengeter, Rechtliche Stellung (1950); Schröter, Jugendliche Flüchtlinge (1958); Grenzer, Flucht aus der sowjetischen Besatzungszone (1953); Arndt, Volkswirtschaftliche Eingliederung (1954); von Koerber, Heimatvertriebene und Flüchtlinge aus der Sowjetzone (1954). Die Aufnahmepolitik der Bundesregierung und das Notaufnahmeverfahren beschreibt ausführlich Granicky, Zuwanderung aus der sowjetischen Besatzungszone (1959). Die Flüchtlingsliteratur bis 1986 ist umfassend dokumentiert bei Krallert-Sattler, Kommentierte Bibliographie (1989).
[9] Kratzer, Zustrom von Deutschen (1966); Bethlehem, Heimatvertreibung, DDR-Flucht, Gastarbeiterzuwanderung (1982), S. 81–106; Koch, Flucht und Ausreise (1986); Kleinert, Flüchtlinge als Arbeitskräfte (1990).
[10] Vgl. neben zahllosen Aufsätzen in entsprechenden Fachzeitschriften etwa Balzer/Ladendorff, Gesellschaftliche Eingliederung (1960); Bundesminister für gesamtdeutsche Fragen, Flucht aus der Sowjetzone (1961); Senator für Arbeit und Sozialwesen von Berlin, Deutsche flüchten zu Deutschen; Bundesminister für Vertriebene, Flüchtlinge und Kriegsgeschädigte, Flucht aus der Sowjetzone (1964); Bundesministerium für Vertriebene, Flüchtlinge und Kriegsgeschädigte, Tatsachen (1966).
[11] Bereits 1986 wies von der Brelie-Lewien, Zur Rolle der Flüchtlinge (1987), S. 25, darauf hin, daß viele Arbeiten sich darauf richten, das westdeutsche Demokratie- und Wirtschaftswunder noch durch eine weitere „Erfolgsgeschichte' aus der Sicht der Bundesrepublik" zu ergänzen; vgl. auch Heidemeyer, Flucht und Zuwanderung (1994), S. 17 f.; Hoffmann/Schwartz, Einleitung (1999), S. 8; Bauerkämper, Vorgetäuschte Integration (1999), S. 193.

res Interesse, doch hat es auch hier bereits von Zeitgenossen Versuche gegeben, die Fluchtmotive zu untersuchen und zu systematisieren, wobei sich die Autoren in den fünfziger Jahren stark auf die politischen Ursachen konzentrierten.[12]

Die Auswirkungen von Flucht und Abwanderung auf Gesellschaft und Wirtschaft der DDR[13] und die Wahrnehmung des Phänomens durch Bevölkerung und Regierung sowie deren Reaktion blieben dagegen lange Zeit unterbelichtet. Dies lag nicht zuletzt in der Quellenlage begründet, denn bis 1989 waren nur die offiziellen Stellungnahmen aus Ost-Berlin zugänglich, aber fast keine aussagefähigen Quellen, die Einblicke in das Innenleben der DDR gewährt hätten. In der DDR-Wissenschaft, die bis 1989 keinen offenen und konstruktiven Umgang mit den offensichtlichen Schwachstellen der DDR fand, war das Thema Republikflucht vor und nach dem Mauerbau tabu.

Die entscheidenden Arbeiten sind daher zunächst im Westen über den Westen erschienen: Neben einer bereits 1963 an der Universität Graz eingereichten staatswissenschaftlichen Dissertation, die sich ausschließlich auf veröffentlichte Materialien stützt,[14] ist hier vor allem die umfangreiche Untersuchung von Helge Heidemeyer zu nennen, der die politische und gesellschaftliche Bedeutung der Zuwanderung für die Bundesrepublik herausarbeitet und die Politik der Bundesregierung zur Steuerung der Zuwanderung und zur Integration der Flüchtlinge darstellt. Dabei präsentiert er präzise Informationen über Anzahl, Altersstruktur, soziale Herkunft, berufliche Ausbildung, geschlechtsspezifische Zusammensetzung, regionale Herkunft und Verteilung der Flüchtlinge sowie über Dauer und Form ihres Aufnahmeverfahrens.[15] Eine zweite umfangreiche Monographie liefert Volker Ackermann,[16] der die verschlungenen Pfade der westdeutschen Auseinandersetzungen über die Zuwanderer aus der DDR nachzeichnet, die sich immer wieder um die Frage drehten, welche von ihnen ‚echte', d.h. politische Flüchtlinge waren, und wer nur aufgrund von privaten, vor allem wirtschaftlichen Interessen der DDR den Rücken kehrte. Recht ausführlich geht er dabei auf die Diskussionen über die Fluchtgründe in beiden Teilen Deutschlands ein. Hierzu greift er kursorisch auch auf einige ostdeutsche Akten zurück. Eine sehr ausführliche Studie von Frank Hoffmann[17] widmet sich der Integration der jugendlichen Republikflüchtlinge und den ihr zugrundeliegenden politischen und sozialen Bedingungen in der Bundesrepublik. Ebenso wie Ackermann bestätigt auch er Heidemeyers Einschätzung, daß die Integration sowohl für die Zuwanderer als auch für die westdeutsche Gesellschaft mit zahlreichen Schwierigkeiten verbunden war, die letztlich aber – nicht zuletzt dank der politischen Frontstellung im Kalten Krieg und des mit

---

[12] Grundlegend hier Klein, Ursachen und Motive (1955), sowie Storbeck, Flucht oder Wanderung (1963). Vgl. auch Köllner, Umfang und Gründe (1961); von Nottbeck, Gründe und Hintergründe. (1953); Bohne, Die dritte Welle (1953); Schuster, Sowjetzonenflucht (1955). Aufschlußreich für die Motive sind auch die zeitgenössischen Sammlungen von individuellen Fluchtgeschichten, vgl. etwa von Hornstein, Die deutsche Not (1960); von Koenigswald, Der unabsehbare Strom (1957); von Koenigswald, Menschen von drüben (1957); Bundesministerium für gesamtdeutsche Fragen, Jeder Fünfte (1961).
[13] Vgl. als Ausnahme: Gleitze, Forderungen der Sowjetzone (1967).
[14] Toffel, Flüchtlingsstrom (1963).
[15] Heidemeyer, Flucht und Zuwanderung (1994); vgl. auch die kompakte Zusammenfassung dieser Arbeit bei Ackermann, Der „echte" Flüchtling (1995), S. 15.
[16] Ackermann, Der „echte" Flüchtling (1995).
[17] Hoffmann, Junge Zuwanderer (1999).

dem wirtschaftlichen Aufschwung einhergehenden zunehmenden Arbeitskräftemangels in der Bundesrepublik – zu beiderlei Nutzen gelöst wurden.

Seit Öffnung der Archive der DDR hat sich der Schwerpunkt der Untersuchungen auf die ostdeutsche Perspektive verlagert. Im Zentrum der meisten jüngeren Studien stehen die Motive der Flüchtlinge, die Wahrnehmung der Fluchtbewegung durch die DDR-Regierung und die zur Eindämmung des Flüchtlingsstroms eingeleiteten Gegenmaßnahmen der Staats- und Parteiorgane. Hier sind an erster Stelle die Veröffentlichungen zweier britischer Autoren zu nennen. Patrick Major ordnet die Fluchtbewegung in die allgemeine Gesellschaftsgeschichte der DDR ein; er untersucht neben den politischen Motiven zur Flucht insbesondere die ökonomischen Faktoren und die Auswirkungen der jeweiligen weltpolitischen Lage auf die Entwicklung des Flüchtlingsstroms.[18] Genauer herausgearbeitet hat er die Wechselwirkungen zwischen Republikflucht, zweiter Berlinkrise und Mauerbau.[19] Einen ähnlichen Ansatz verfolgt Corey Ross; er befaßt sich indes intensiver mit den – erfolglosen – Versuchen der DDR-Regierung zur Eindämmung der Fluchtbewegung.[20] Darüber hinaus diskutiert er die Möglichkeiten, die die bis zum Mauerbau noch durchlässige deutsch-deutsche Grenze auch in der DDR verbleibenden Menschen bot, indem sie mittels direkter oder indirekter Drohung mit „Republikflucht" Vergünstigungen zu erwirken versuchten.[21] Zuletzt hat Jörg Roesler den Versuch eines Vergleichs der Flucht- bzw. Abwanderungsbewegung zwischen DDR und Bundesrepublik in den fünfziger Jahren und der innerdeutschen Wanderung der neunziger Jahre unternommen.[22] Er kommt dabei jedoch zu verzerrten Ergebnissen, da er die Motive der Flüchtlinge selektiv und einseitig wahrnimmt und nicht berücksichtigt, daß auch ökonomische Abwanderungsgründe in den fünfziger Jahren vor dem Hintergrund des politischen Systems der DDR zu betrachten und zu beurteilen sind, weshalb seine Thesen auch scharfen Widerspruch hervorgerufen haben[23]. Die Wahrnehmung der Fluchtbewegung durch die Sowjetunion untersucht Hope M. Harrison in ihrer Studie über die sowjetisch-ostdeutschen Beziehungen in den fünfziger Jahren.[24] Die Schwächung der DDR durch den Flüchtlingsstrom, so ihre These, habe Walter Ulbricht gegenüber der Sowjetführung eine stärkere Position verschafft, indem er sie als Druckmittel für größere sowjetische Unterstützung – und damit letztlich zur Erzwingung der Zustimmung Moskaus zum Mauerbau – ausgenutzt habe.[25]

---

[18] Major, Going west (2002).
[19] Major, Torschlußpanik (2000); Major, Innenpolitische Aspekte (2002). Zur Haltung der ostdeutschen Bevölkerung zu diesen Ereignissen vgl. Major, Vor und nach dem 13. August (1999), sowie die aufschlußreiche Quellendokumentation: Major, „Mit Panzern kann man doch nicht für den Frieden sein" (1995).
[20] Ross, Constructing Socialism (2000), S. 83–87, 143–160; Ross, Before the Wall (2002); Ross, East Germans (2004).
[21] Ross, „...sonst sehe ich mich veranlaßt, auch nach dem Westen zu ziehen" (2001).
[22] Roesler, „Abgehauen" (2003); Seine Thesen zu den fünfziger Jahren hat Roesler wenig später noch einmal ausführlicher dargelegt. Vgl. Roesler, „Rübermachen" (2004).
[23] Vgl. die Kritik von Heidemeyer, „Abgehauen" – zugeschlagen (2003), sowie von Eisenfeld, Gründe und Motive (2004).
[24] Vgl. Harrison, Driving the Soviets (2003), insbes. S. 71–74; zu den Verhandlungen zwischen Moskau und Ost-Berlin über den Mauerbau vgl. auch Uhl/Wagner, Ulbricht, Chruschtschow und die Mauer (2003).
[25] Harrison, Driving the Soviets (2003), S. 229.

Inzwischen liegen auch Ergebnisse zur Fluchttendenz in einzelnen Berufs- und Gesellschaftsgruppen vor – zumeist als Bestandteil umfassenderer sozialgeschichtlicher Arbeiten zur DDR. Diese beschäftigen sich fast ausschließlich mit akademischen Berufen. Anna Sabine Ernst widmet ein Kapitel ihres Buches über Mediziner in der DDR dem „Aderlaß" dieser Berufsgruppe. Ihr Ergebnis, daß viele Mediziner die DDR erst relativ spät verließen, zeigt zum einen zwar deren besondere Privilegierung, zum anderen aber auch, daß die politische Führung gegen den Drang zur Auswanderung letztlich machtlos blieb.[26] Die verstreuten Hinweise auf die Abwanderung von ebenfalls tendenziell privilegierten Berufsgruppen wie Hochschullehrern und Ingenieuren in den berufsbezogenen Untersuchungen von Ralph Jessen[27] und Dolores L. Augustine[28] bestätigen dies ebenso wie die Quelleneditionen, die Joachim S. Hohmann[29] über die Flucht von Lehrern und John Conelly[30] über den Weggang von Wissenschaftlern herausgegeben haben. Interessante Ergebnisse fördern auch die Studien von Waldemar Krönig und Klaus-Dieter Müller zu Studenten sowie von Peter Skyba zu Jugendlichen zutage, die die Republikflucht jeweils in einem eigenen Kapitel ausführlich behandeln.[31]

Ein schon früher erschienener Aufsatz geht in gewisser Weise über diese empirischen Studien hinaus: Albert Hirschman hat seine bereits 1974 veröffentlichte, vorwiegend theoretisch angelegte Studie über Abwanderung und Widerspruch[32] kurz nach 1990 auf die deutsch-deutsche Abwanderungsbewegung anzuwenden versucht, wobei er vor allem die politischen Implikationen und Folgen der Flucht behandelt.[33] Hirschman modifiziert seine These, daß die gewöhnlich stumme Abwanderung und der öffentliche Widerspruch zwei entgegengesetzte Handlungen sind, von der nur die zweite direkten Einfluß auf die Ursachen der Unzufriedenheit nimmt, und zeigt anhand der auch nach dem Mauerbau fortgesetzten Ost-West-Migration, daß die vorwiegend kritischen jungen Menschen die SED-Herrschaft durch ihren kontinuierlichen Abgang delegitimierten und unterhöhlten. Hirschmans Ansatz ist von der Forschung zur Fluchtbewegung aus der DDR breit rezipiert und seine Thesen zum Teil revidiert worden.[34]

---

[26] Ernst, Prophylaxe (1997), S. 54–72. Zur Flucht von Ärzten vgl. auch den knappen Aufsatz von Meyer, Ärzte von Deutschland nach Deutschland (2001), der jedoch an der Oberfläche bleibt und den bisherigen Forschungsstand ignoriert.
[27] Jessen, Akademische Elite (1999).
[28] Augustine, Frustrierte Technokraten (1996).
[29] Hohmann, Wenn Sie dies lesen (1997); Hohmann, Wie viel lieber (1997). Hohmann, Lehrerflucht (2000), wurde leider erst posthum mit einer allgemeinen Einleitung und ohne wissenschaftlichen Apparat veröffentlicht, so daß der Band eher Eindrücke als Erkenntnisse vermittelt. Zur Lehrerflucht vgl. auch den knappen Aufsatz von Geißler, Republikflucht von Lehrern (1992), der sich allerdings auf die Jahre 1958 bis 1961 beschränkt, sowie Mietzner, Enteignung (1998), S. 375–403.
[30] Conelly, Zur „Republikflucht" (1994).
[31] Vgl. Skyba, Hoffnungsträger (1999), S. 331–357; Krönig/Müller, Anpassung (1994), S. 394–428. Skyba stützt sich bei seiner Analyse v.a. auf Akten von SED und FDJ; die Arbeit von Krönig und Müller basiert im Wesentlichen auf der Auswertung von Fragebögen, die nicht nur einen guten Eindruck von der Vielfältigkeit der Motive zur Republikflucht vermitteln, sondern auch die Gründe für ein Verbleiben in der DDR sichtbar werden lassen. Zu jugendlichen Flüchtlingen vgl. auch Zilch, „Republikflucht" von Jugendlichen (2002).
[32] Hirschman, Abwanderung und Widerspruch (1974); die englischsprachige Originalausgabe erschien unter dem Titel „Exit, Voice and Loyalty" bereits 1970.
[33] Hirschman, Abwanderung (1992).
[34] Vgl. etwa Major, Abwanderung (2001); Ross, „..sonst sehe ich mich veranlaßt, auch nach dem Westen zu ziehen" (2001); Bispinck, Flucht- und Ausreisebewegung (2004).

Mit dem weniger bekannten Phänomen der West-Ost-Wanderung *in* die DDR beschäftigt sich Andrea Schmelz in ihrer Dissertation.[35] Für diese Arbeit ist ihre Untersuchung insofern von Bedeutung, als sie feststellt, daß zwei Drittel derjenigen, die die Bundesrepublik in Richtung DDR verließen, Rückkehrer, d.h. ehemalige Republikflüchtlinge waren und die DDR ihrerseits versuchte, durch Abwerbung von Bundesbürgern den durch die Republikflucht entstandenen Bevölkerungsverlust auszugleichen. Der jüngst erschienene Begleitband zur neuen Dauerausstellung in der Erinnerungsstätte Notaufnahmelager Marienfelde faßt den aktuellen Forschungsstand für zahlreiche Aspekte des Themas – von den Fluchtmotiven über die Fluchtwege bis hin zur Integration der Flüchtlinge im Westen – zusammen:[36] Neue Erkenntnisse bietet er vor allem zum Notaufnahmeverfahren[37] sowie zur Präsenz und Aktivität des Staatssicherheitsdienstes im Aufnahmelager für die Flüchtlinge[38].

1.3 Fragestellung und Ansatz

Aufbauend auf dem skizzierten Forschungsstand unternimmt der vorliegende Band eine systematische Untersuchung und Dokumentation der Wechselwirkung zwischen deutsch-deutscher Fluchtbewegung und der Politik der SED zur Umgestaltung der Gesellschaft der SBZ bzw. DDR zwischen Kriegsende und Mauerbau. Die Arbeit folgt primär einem politik- und sozialgeschichtlich orientierten Ansatz. Sie fragt erstens nach den Ursachen der Flucht- und Abwanderungsbewegung, zweitens nach ihrer Wahrnehmung durch die politische Führung und die staatlichen Organe sowie drittens nach den politischen Maßnahmen, die zu ihrer Verhinderung unternommen wurden. Nur am Rande können die Wirkungen der Westabwanderung auf die Gesellschaft der DDR thematisiert werden. Ebenfalls nur gestreift wird die Frage der Absicherung der Westgrenze und der Grenzproblematik, da hierzu bereits zahlreiche Untersuchungen vorliegen.[39] Trotz einzelner Veröffentlichungen ist die Perspektive der von Flucht und Abwanderung betroffenen Gesellschaft noch nicht systematisch und umfassend untersucht worden. Sie wirft verschiedene Fragen auf, die sich vor allem auf die Bevölkerung, auf die DDR-Führung sowie auf die Folgen der Westflucht beziehen.

Die Geschichte von Flucht und Abwanderung aus der SBZ/DDR nahm ihren Anfang schon vor dem Ende des Zweiten Weltkriegs, als zahlreiche Menschen vor der Roten Armee Richtung Westen flüchteten. Auch die ersten Monate und Jahre unter kommunistischer Herrschaft waren von großer geographischer Mobilität geprägt – ebenso wie die Zusammenbruchsgesellschaft im Westen. Eine Frage beim Blick auf die Entwicklung dieser chronischen Westwanderung richtet sich also auf den Zeitpunkt, ab dem diese als eigenständiges und bedrohliches Phänomen wahrgenommen wurde und warum dies geschah.

---

[35] Schmelz, Migration und Politik (2002); vgl. auch die kompakte Zusammenfassung ihrer Ergebnisse in Schmelz, West-Ost-Migration (2002).
[36] Effner/Heidemeyer, Flucht im geteilten Deutschland (2005).
[37] Kimmel, Notaufnahmeverfahren (2005).
[38] Ciesla, „Feindobjekt" (2005).
[39] Baumgarten/Freitag, Grenzen der DDR (2005); Graefe, Grenze durch Deutschland (2002); Grandhagen, Von der Grenzpolizei (2004); Lapp/Ritter, Grenze (1999); Lebegern, Mauer, Zaun und Stacheldraht (2002); Koop, „Den Gegner vernichten" (1996); Lapp, Gefechtsdienst im Frieden (1999).

Zu untersuchen ist ferner, wie SED und Regierung mit dem chronischen Aderlaß umgingen, wie sie ihn erklärten und interpretierten und welche Schritte sie dagegen unternahmen. Da die DDR-Regierung Flucht und Abwanderung vorrangig als Sicherheitsproblem betrachtete, nahmen sich vor allem die staatlichen Sicherheitsorgane des Themas an. Aber auch alle anderen Verwaltungsressorts wie Wohnungs-, Arbeits- und Gesundheitsämter sowie die verschiedenen Institutionen wirtschaftlicher Planung und Produktion waren von den unübersehbaren Folgen der massenhaften Flucht betroffen, mußten entsprechende Berichte verfassen und Aktivitäten durchführen. Ebenso wie in zahlreichen anderen Gesellschaftsbereichen muß auch hier untersucht werden, wie sich die politischen Eingriffe der Zentrale mit dem alltäglichen Handeln der verantwortlichen Organe vor Ort verwoben, wie sich die Intentionen der handelnden Akteure zu den gesellschaftlichen Realitäten verhielten, inwieweit sie sich in konkreten Maßnahmen niederschlugen und welche zum Teil unbeabsichtigten Auswirkungen sich zeigten. Von besonderem Reiz ist die Frage, wie mit der Tatsache umgegangen wurde, daß die wichtigsten Ursachen für den Flüchtlingsstrom auf der Hand lagen: die diktatorische Umgestaltungspolitik mit ihrer alltäglichen Gängelung der Bevölkerung durch Staat und Partei und die im Vergleich zur Bundesrepublik wirtschaftliche Erfolgslosigkeit. Da diese Gründe nicht nur offensichtlich, sondern auch systemimmanent waren, kamen wirklich effektive Schritte gegen die verbreitete Unzufriedenheit nicht in Betracht, da damit die Existenz der DDR und ihre Einbindung in den Ostblock in Frage gestellt worden wären.

Von zentraler Bedeutung für die Arbeit sind die Motive der Menschen, die die DDR in Scharen verließen. Zu fragen ist nach übergreifenden Ursachen, die die gesamte Gesellschaft betrafen, ebenso wie nach berufs- und gruppenspezifischen Fluchtgründen. Welche Rolle spielten außen- und deutschlandpolitische Entwicklungen? Wie stellte sich das Verhältnis von politischen, wirtschaftlichen und privaten Motiven dar? Lassen sich diese überhaupt voneinander abgrenzen? Eine quantitative Auswertung ist dabei kaum möglich; vielmehr geht es darum, das gesamte Spektrum der unterschiedlichen Fluchtmotive aufzuzeigen und besondere zeitliche und sektorale Schwerpunkte zu ermitteln. Darüber hinaus ist zu untersuchen, wie Staat und Partei die Motive interpretierten, zumal die meisten Quellen ohnehin nur ihre Wahrnehmung durch die Brille der staatlichen Organe widerspiegeln. Trotzdem ermöglichen die zahlreichen überlieferten offiziellen Berichte zuweilen detaillierte Einblicke in den privaten und beruflichen Alltag der Bürger der DDR. Damit liefern sie zahlreiche Informationen über die Gesellschaft einerseits und über die Grenzen und Möglichkeiten einer amtlichen Gesellschaftsanalyse in der DDR andererseits. Einen unmittelbaren Eindruck von der Motivation der Flüchtlinge vermitteln schließlich die vielen in den Akten von Volkspolizei und Staatssicherheit überlieferten Abschiedsbriefe, die zumeist nach geglückter Flucht aus dem Westen geschrieben wurden.

Der Untersuchungszeitraum erklärt sich fast von selbst. Wie so häufig in der Geschichte der DDR bedeuteten die politischen Zäsuren der sowjetischen Besetzung und kommunistischen Machtübernahme 1945 und des Mauerbaus im Sommer 1961 auch tiefgreifende soziale, wirtschaftliche und kulturelle Einschnitte. Kein Aspekt der Flucht aus dem sowjetischen Herrschaftsbereich blieb davon unberührt: Vor 1945 gab es das Problem in Deutschland nicht, und nach 1961 hatten sich die Bedingungen radikal verändert, weil jede Entscheidung zum Verlassen der DDR nun drastische Konsequenzen bis hin zum Tod nach sich ziehen konnte. Nach dem Mauerbau gingen die Flüchtlingszahlen daher dramatisch zurück. Die Arbeit konzentriert sich folglich auf ein Massenphänomen mit den entsprechenden sozialen Folgen und spart die im einzelnen spektakuläreren, gesellschaftspolitisch aber weniger bedeutsamen Fluchten nach dem Mauerbau ebenso aus wie den Bau der Mauer selbst, der bereits wiederholt im nationalen und internationalen Zusammenhang untersucht wurde.[40]

Die Gliederung der Arbeit orientiert sich an den genannten Fragen: Im ersten Kapitel geht es um die Vorgeschichte der Republikflucht bis 1952. In dieser Zeit war die Abwanderungsbewegung zwar quantitativ und in ihren sozialen Auswirkungen nicht weniger bedeutsam als später, aber noch kein Thema der offiziellen Politik und der gesellschaftlichen Wahrnehmung. Im zweiten Kapitel werden die verschiedenen Maßnahmen des Regimes gegen die Fluchtbewegung im allgemeinen sowie gegen einzelne vermeintlich oder tatsächlich fluchtwillige Bürger thematisiert. Das dritte Kapitel behandelt ausführlich Ursachen, Umstände und zum Teil auch die Folgen der Republikflucht in ihrer Wahrnehmung durch die Behörden von Partei und Staat.

1.4 Begrifflichkeit

Schon zeitgenössisch war die Frage, wie die Menschen, welche die DDR in Richtung Westdeutschland verließen, korrekt zu bezeichnen sind, umstritten – sowohl in der DDR selbst als auch im Aufnahmeland Bundesrepublik.[41] In der westdeutschen Diskussion der fünfziger Jahre beinhaltete der Streit um die adäquate Begrifflichkeit immer auch eine politische Komponente: Wer von „Flucht" sprach, betonte eine durch äußere Bedrohung hervorgerufene Handlung und implizierte eine politische Motivation. Wer aus der Perspektive der Bundesrepublik allgemein von „Zuwanderung" sprach, sah in ihr eher eine freiwillige Migration aus wirtschaftlichen, privaten oder anderen Gründen. Deutlich abwertend war der Begriff „illegale (Zonen-)Grenzgänger" für die Flüchtlinge aus der SBZ und der DDR, der vor allem in den vierziger und frühen fünfziger Jahren öffentliche Verwendung fand.[42] Die offizielle Bezeichnung in der Gesetzgebung, „Sowjetzonenflüchtling", bezog sich streng genommen nur auf diejenigen, die als *politische* Flüchtlinge anerkannt waren – bis zum Mauerbau lediglich ein knappes Viertel der Zuwanderer aus der DDR.[43]

In der DDR gab es weder für die Propaganda noch für interne Schriftstücke verbindliche sprachliche Vorgaben, wie sie etwa für die Bezeichnung der Flüchtlinge und Vertriebenen aus den ehemaligen deutschen Ostgebieten bekannt sind, die einheitlich als „Um-

---

[40] Für die Literatur bis 1980 vgl. die Bibliographie von Haupt, Die Berliner Mauer (1981). Vgl. auch Rühle/Holzweißig, 13. August 1961 (1981); aus Sicht der SED: Lemke, Berlinkrise (1995), S. 93–172; aus Sicht der UdSSR: Zubok/Pleshakov, Inside the Kremlin's Cold War (1996), S. 194–202, 248–258; aus Sicht von DDR und UdSSR: Harrison, Berlin-Krise (1997); Harrison, Driving the Soviets (2003). Steiner, Politische Vorstellungen (1995), widmet sich vor allem den negativen ökonomischen Folgen des Flüchtlingsstroms als Motiv für den Bau der Mauer. Ausführliche Dokumentationen zum Thema liegen vor von Otto, 13. August 1961 (1997); Bonwetsch/Filitow, Chruschtschow und der Mauerbau (2000), sowie zuletzt von Uhl/Wagner, Ulbricht, Chruschtschow und die Mauer (2003).
[41] Zur Begriffsproblematik vgl. auch Bispinck, „Republikflucht" (2003). S. 287 f.; Bispinck, Flucht- und Ausreisebewegung (2004), S. 146.
[42] Vgl. dazu Hoffmann, Aus Illegalen werden Freiheitssucher (2003).
[43] Vgl. Ackermann, Der „echte" Flüchtling (1995), S. 74; Heidemeyer, Flucht und Zuwanderung (1994), S. 45.

siedler" bzw. ab 1950 als „ehemalige Umsiedler" bezeichnet werden mußten.[44] Doch setzte sich im behördeninternen Diskurs wie auch in der Propaganda – nicht aber in den einschlägigen Gesetzestexten – bereits Anfang der fünfziger Jahre der Terminus „Republikflucht" durch. Im Gegensatz zur Bundesrepublik verband sich hier mit dem Begriff „Flucht" selbstverständlich nicht die Vorstellung, daß die betreffenden Menschen gezwungenermaßen die DDR verließen. Vielmehr war der Begriff eindeutig negativ konnotiert und wurde im Sinne von „abtrünnig werden" verwendet. Die Flüchtenden selbst wurden daher auch nicht – wie in Westdeutschland – als Republikflücht*linge*, sondern als Republikflücht*ige* bezeichnet, wobei die sprachliche Nähe zu „Fahnenflüchtige" zweifellos beabsichtigt war und eine Kriminalisierung im Sinne eines „Verrates" an der DDR bzw. am Sozialismus beinhaltete.

Trotzdem war der Terminus „Republikflucht" auch in der DDR nicht unumstritten: Denn „Flucht" beinhaltet schließlich auch „das Entrinnen aus einer mißlichen Situation, das Streben nach Rettung vor der Verfolgung"[45], eine Konnotation, die selbstverständlich vermieden werden sollte. Aus diesem Grund kritisierte die Staatliche Plankommission (SPK) den Begriff „Republikflucht" 1957 als „irreführend": „Die Mehrheit der Bürger, die die DDR verlassen, tun das nicht deshalb, weil sie mit unserer volksdemokratischen Ordnung nicht einverstanden sind, oder weil sie aus der DDR flüchten oder flüchten müssen, sondern vor allem aus persönlichen familiären, ökonomischen und anderen Gründen. Sie flüchten nicht, sondern wandern ab."[46] Daher trat neben den Begriff „Republikflucht" ab Mitte der fünfziger Jahre zunehmend die Rede von „illegaler Abwanderung" oder „illegalem Verlassen" der DDR.

Auch in der wissenschaftlichen Literatur hat sich bisher noch keine einheitliche Terminologie für die Deutschen, die die DDR in Richtung Bundesrepublik verließen, herausgebildet. So ist von Ab- und Auswanderern, von Migranten, Flüchtlingen oder Übersiedlern die Rede. Angesichts der unterschiedlichen Bedeutungen und Konnotationen dieser Begriffe und der ganz unterschiedlichen Motive der Betroffenen kann in diesem Band keiner der genannten Begriffe unproblematisch verallgemeinernd benutzt werden. In gewisser Weise „neutral", aber auch verunklarend, wäre der Begriff „Migration" oder „Wanderung", der in der Migrationsforschung übergreifend verwendet wird und ein breites Spektrum – von der Flucht bis zur Ausreise – umfaßt. In diesem allgemeinen Sinne wäre auch die Vertreibung der Deutschen aus den Ostgebieten als Migration zu verstehen, aber eben als besondere Form der *Zwangs*migration. Nach Klaus J. Bade sind Migrationen „Antworten auf mehr oder minder komplexe ökonomische und ökologische, soziale und kulturelle, aber auch religiös-weltanschauliche, ethnische und politische Existenz- und Rahmenbedingungen."[47] Der Massenexodus aus der DDR könnte demzufolge als vorrangig politisch und wirtschaftlich determinierte Migration bezeichnet werden. Doch erscheint eine Verwendung des Begriffes „Migration" mit Bezug auf das Thema unangemessen, da

---

[44] Vgl. Schneider, Zentralverwaltung (1990), S. 242; zum Umsiedlerbegriff vgl. auch Schwartz, „Vom Umsiedler zum Staatsbürger" (2000).
[45] Kößling, „Republikflucht" im Spiegel der Sprache (1996), S. 245.
[46] Material für die Kommissionssitzung am 28. 2. 1957 (BArch DE 1, Nr. 6109, Bl. 1-12, hier Bl. 4). Ähnlich schon am 23. 11. 1956 in einer Sitzung der Kommission zur Republikflucht am 23. 11. 1956 (SAPMO-BArch DY 30/IV 2/13/397, Bl. 446).
[47] Bade, Historische Migrationsforschung (2002), S. 55.

er die unterschiedlichen Motive und Begleitumstände der Menschen, die die DDR verließen, nivelliert und Sachlichkeit innerhalb eines stark polarisierten Diskurses nur vortäuschen kann. Ebenso ungerechtfertigt aber wäre ein konsequenter Gebrauch des Begriffs „Flucht", da längst nicht alle DDR-Bürger aus Gründen politischer Verfolgung in die Bundesrepublik kamen. Auch haben nicht wenige Menschen, die die DDR verließen, gerade in den frühen fünfziger Jahren noch in den „Dimensionen eines ungeteilten Landes" gedacht[48] und ihren Weggang selbst nicht als Flucht, sondern lediglich als geographischen Arbeitsplatzwechsel bzw. Umzug verstanden.[49]

Eine eindeutige Differenzierung ist oft nicht möglich, da die Übergänge zwischen Flucht und Wanderung fließend sind und, wie zu zeigen sein wird, private, wirtschaftliche und politische Motive häufig ein nicht zu entwirrendes Knäuel bilden. Auch wurden in der DDR selbst sehr private Gründe wie Familienzusammenführungen, Eheschließungen oder Fortbildungsmaßnahmen zunehmend politisch überlagert. Unbestritten ist zudem, daß die Illegalität den eigentlichen Auswanderungs*vorgang* – der zumeist heimlich, bei „Nacht und Nebel" erfolgte – tatsächlich zu einer Flucht machte.[50]

In dieser Studie finden daher die verschiedenen Termini wie Ab- und Auswanderer und Flüchtlinge ebenso Verwendung wie der DDR-Terminus Republikflucht, wobei versucht wird, einen der jeweils dargestellten Situation angemessenen Ausdruck zu verwenden. Als „Übersiedler" können nur diejenigen – wenigen – Menschen bezeichnet werden, die „legal", also mit Genehmigung der DDR-Behörden, in den Westen verzogen. Nur ein differenzierter und stets selbstkritischer Sprachgebrauch wird der komplexen historischen Situation der „Republikflucht" aus der DDR zwischen 1949 und 1961 annähernd gerecht.

1.5 Quellenbasis

Der Darstellung liegen vorwiegend Quellen zugrunde, die von Vertretern des Regimes verfaßt oder durch sie erfaßt und gesammelt wurden. Dazu zählt in erster Linie das typische Schriftgut bürokratischer Apparate wie Briefe, Denkschriften, Aktenvermerke, Beschlußvorlagen, Statistiken und Berichte. Ergänzt wird es durch politische Verlautbarungen, durch Veröffentlichungen in den Medien sowie durch einzelne Briefe und Stellungnahmen von Flüchtlingen, die in die Hände der Polizei- oder anderer Sicherheitsorgane gerieten. Mit Ausnahme der letzteren war die Perspektive dieser Quellen nicht nur herrschaftskonform, die Dokumente sollten vielmehr sogar herrschaftsstabilisierend sein. Wie stark die politische Position der Verfasser die eigene Wahrnehmung prägte und häufig nicht mehr als holzschnittartige Schwarz-Weiß-Erkenntnisse möglich machte, wird vor allem anhand der Darstellung der Fluchtgründe thematisiert.

---

[48] Dazu Kößling, „Republikflucht" im Spiegel der Sprache (1996), S. 242 f. Auch im letzten Jahr vor dem Mauerbau war das Denken in gesamtdeutschen Kategorien noch verbreitet. Vgl. die entsprechenden Zitate bei Major, Torschlußpanik (2000), S. 233 f.
[49] So war für die meisten DDR-Bürger Republikflucht auch „kein Verrat an der DDR, sondern nur ein geographischer Arbeitsplatzwechsel" (Ideologische Probleme und Argumente unter den Angehörigen der Intelligenz, o.V., 1.11.1960, BStU ZA, MfS-SdM, Nr. 1228, Bl. 280).
[50] Ähnlich Major, Going West (2002), S. 202: „What marks out *Republikflucht* from other forms of internal migration, indeed, is that it was a criminalised act".

1.5 Quellenbasis

Die Republikflucht betraf die meisten politischen und gesellschaftlichen Bereiche der DDR. Die archivalische Überlieferung zeigt aber, daß sich die meisten aktenführenden Stellen mit dem Thema vor allem im Hinblick auf Sicherheitsfragen befaßten. Die Überlieferung der wichtigsten politischen Entscheidungsgremien enthält deutlich weniger Material zu Wirtschafts-, Arbeitsmarkt-, Alltags- oder Organisationsfragen als zu den immer wiederkehrenden Sicherheitsfragen. Bestätigung findet dies darin, daß zusammenfassende Berichte, weitergehende Analysen und politische Vorschläge vorwiegend in den entsprechenden Beständen der Partei- und Staatsbürokratie, nicht aber in den jeweiligen Fachabteilungen auftauchen. Neben den weiteren im Anhang aufgeführten Quellenbeständen wurde daher vor allem auf die Überlieferung des Innenministeriums, der Hauptverwaltung Deutsche Volkspolizei (HVDVP) und der Abteilung Staat und Recht beim Zentralkomitee (ZK) der SED zurückgegriffen. Die Akten von Politbüro, Sekretariat des ZK und Ministerrat enthalten ähnliche Unterlagen, die allerdings häufig bereits deutlich komprimierter waren als viele der einzelnen Vorgänge und Berichte in den nachgeordneten Behörden. Einige Stichproben in Stadt- und Landesarchiven brachten keine Unterlagen hervor, die über die im Berliner Bundesarchiv gesammelten hinausgehen, sondern bestätigten vielmehr das Bild der spätestens seit der Auflösung der Länder 1952 weitestgehend vereinheitlichten Bürokratie, deren Berliner Spitzen in zahlreichen Papieren auch über lokale Vorgänge und regionale Begebenheiten informiert wurden.

Darüber hinaus wurden auch die Unterlagen des Ministeriums für Staatssicherheit (MfS) in der Behörde der Bundesbeauftragten für die Stasi-Unterlagen (BStU) einbezogen. Da bisher nur etwa 43 Prozent des Gesamtbestandes der BStU nach Sachgebieten erschlossen sind und die Schwerpunkte der Erschließung auf den siebziger und achtziger Jahren liegen[51], ist es momentan noch nicht möglich, sich einen vollständigen Überblick über die Aktivitäten des Ministeriums für Staatssicherheit und seiner Vorläuferorganisationen hinsichtlich der Republikflucht zu verschaffen. Die eingesehenen Dokumente des MfS stützen sich auf das Zahlenmaterial der HVDVP und unterscheiden sich auch inhaltlich zum überwiegenden Teil nur graduell von der Überlieferung dieser Behörde. Hauptsächlich enthalten die MfS-Akten zahllose Berichte über Einzelfälle von Republikflucht. Konkrete Befehle oder Anweisungen für die Arbeit des Ministeriums für Staatssicherheit auf dem Gebiet der Republikflucht sind erst für die letzten Jahre vor dem Mauerbau zu finden. Interessant sind überdies die Unterlagen der Vorläuferorganisation des MfS, des Referats K-5 bei der Kriminalpolizei, anhand derer nachgewiesen werden kann, daß bereits vor Gründung der DDR versucht wurde, die Zahl der Westabgänger systematisch zu erfassen und Fluchtmotive zu ermitteln. Aufschlußreich – sowohl für die West-Arbeit des MfS als auch für die Fluchtmotive – sind schließlich die in den Stasi-Akten überlieferten umfangreichen Materialien des Notaufnahmelagers Marienfelde in West-Berlin, die offensichtlich von inoffiziellen Mitarbeitern nach Ost-Berlin geschmuggelt wurden. Trotz der gemachten Einschränkungen sind die eingesehenen Dokumente daher eine wertvolle und wichtige Ergänzung zur übrigen Überlieferung.

---

[51] Telefonische Auskunft von Dr. Jochen Hecht, Leiter des Archivreferats AR 1 in der BStU vom 26.10.2005. Die von der BStU selbst herausgegebenen Untersuchungen zur Arbeit des MfS gegen die Republikflucht konzentrieren sich daher auch auf die Entwicklung nach dem Mauerbau und streifen den davorliegenden Zeitraum nur ansatzweise. Vgl. Tantzscher, Verlängerte Mauer (1998); Eisenfeld, Zentrale Koordinierungsgruppe (1995); Eisenfeld, Kampf gegen Flucht und Ausreise (1999).

Eine besondere Quellengattung stellen die Statistiken dar, von denen einige ausgewählte im Dokumententeil abgedruckt werden. Entscheidend für den gesamten behandelten Zeitraum ist ein chronisches Durcheinander in den statistischen Unterlagen selbst der ranghöchsten Apparate wie der HVDVP, dem ZK der SED oder der Zentralverwaltung für Statistik. Dafür waren vor allem zwei strukturelle Ursachen verantwortlich: Zum einen das Verwaltungspersonal der DDR, das häufig erst seit 1945 in der Bürokratie beschäftigt war und nur über mangelhafte administrative Fähigkeiten verfügte, und zum anderen das Problem, daß viele Wegzüge, wenn überhaupt, verspätet gemeldet wurden, so daß die Ämter sie zum Beispiel erst im Zuge von Aktionen zur „Kartei- und Aktenbereinigung" Wochen oder Monate danach bemerkten. Fast alle Dokumente über die Republikflucht klagen bis in die Wochen vor dem Mauerbau über das unzuverlässige statistische Berichtswesen.[52] Dieser Zustand führte zuweilen zu starken Verstimmungen, wie etwa an der drastischen Kritik Otto Grotewohls am Meldewesen der DDR abzulesen ist.[53] Trotz zahlreicher Mahnungen, die Statistiken „sauber und ohne Differenzen" zu führen,[54] trat keine grundlegende Besserung ein. Dennoch erklärte die HVDVP einige ihrer Zahlenreihen für verbindlich und leitete sie trotz des Wissens um deren Ungenauigkeit an die politischen Organe in Ost-Berlin weiter. Die Abweichungen zu den im Westen erhobenen Zahlen[55] sind nicht gravierend, zudem spiegeln sie das Auf und Ab der Fluchtbewegung fast identisch wider. Auch wurden einzelne Statistiken nur in seltenen Fällen zur Grundlage von politischen Entscheidungen gemacht und blieben daher stets von nachgeordneter Bedeutung.

Nicht eingesehen wurden die Unterlagen der Zentralen Erfassungsstelle für DDR-Unrecht in Salzgitter, da diese erst nach dem Mauerbau, am 24. November 1961 ihre Arbeit aufnahm. Nach Auskunft der bei der niedersächsischen Landesjustizverwaltung in Braunschweig angesiedelten Nachfolgebehörde wurden nur sehr vereinzelt Straftaten an der Grenze aus der Zeit vor dem Mauerbau nachträglich von der Erfassungsstelle registriert. Diese bereits dokumentierten Fälle werden in die Darstellung einbezogen.[56]

---

[52] Vgl. z.B. Schreiben Marons an die SKK (Chrenow) über die „Differenzen zwischen den Wanderungsstatistiken des I. Quartals 1952 des Statistischen Dienstes und den statistischen Unterlagen der Deutschen Volkspolizei", die sich auf immerhin 8 397 Personen beliefen (BArch DO 1/11, Nr. 961, Bl. 114–120); Kritik des Leiters der Abteilung für Bevölkerungspolitik im MdI, Fritzsche, an den „mehr oder weniger ungenau[en]" Zahlen über Republikflucht und Rückkehrer am 9. 4. 1953 (BArch DO 1/34, Nr. 11780). Einen Eindruck vom statistischen Chaos vermag auch die Tatsache zu vermitteln, daß sogar innerhalb überschaubarer Verwaltungseinheiten (128 Republikfluchten im Kreis Waren im November 1953 waren der HA PM nicht gemeldet worden [BArch DO 1/11, Nr. 962, Bl. 176]) und selbst bei *legalen* Verzügen (27. 9. 1958, BArch DO 1/11, Nr. 965, Bl. 75) differierende Angaben vorlagen.
[53] Grotewohl am 9. 10. 1954 an Innenminister Stoph, der die Kritik umgehend an den Generalinspekteur der VP, Maron, weiterleitete (BArch DO 1/11, Nr. 962, Bl. 212 ff.).
[54] BArch DO 1/11, Nr. 962, Bl. 136.
[55] Zu den mit den verschiedenen westlichen Statistiken verbundenen Problemen vgl. Engel, Nachweis der Vertriebenen (1980); Heidemeyer, Flucht und Zuwanderung (1994), S. 37–48; Effner/Heidemeyer, Flucht in Zahlen (2005).
[56] Grundlage sind folgende Publikationen: Sauer/Plumeyer, Zentrale Erfassungsstelle (1993); Filmer/Schwan, Opfer der Mauer (1991); Koop, „Den Gegner vernichten" (1996).

2. Die unbeachtete Auswanderung: Vom siegessicheren Desinteresse zur Durchsetzung der neuen Staatlichkeit (1945-1952)

Mit Beginn des Zweiten Weltkriegs wurde Europa für mehr als ein Jahrzehnt zu einem Kontinent der Völkerwanderungen. Zu deren wichtigsten Gruppen gehörten die Verfolgten und Deportierten der deutschen Kriegs- und Vernichtungspolitik, die Opfer der bis nach Sibirien ausgedehnten Umsiedlungen in der Sowjetunion, die deutschen Kolonisatoren in den besetzten Gebieten Osteuropas, die wegen der Bombenangriffe evakuierte Stadtbevölkerung, die Displaced Persons, die zum Teil nicht in ihre sowjetisch besetzte Heimat in Osteuropa zurückkehren wollten, sowie die Flüchtlinge und Vertriebenen aus den ehemaligen deutschen Ostgebieten.[1]

In den folgenden Jahrzehnten setzten sich die Bevölkerungsbewegungen in weniger dramatischer Form fort: etwa in der freiwilligen Auswanderung aus Deutschland ins west- und teilweise auch außereuropäische Ausland,[2] im Weggang vieler Menschen aus den sowjetisch besetzten Ländern und im Zuzug zahlreicher Arbeitsmigranten aus zumeist landwirtschaftlich geprägten Zonen Südeuropas und aus ehemaligen Kolonien in die neuen Wohlstandsgesellschaften Westeuropas. Auch der Weggang von mehreren Millionen Menschen aus der SBZ und DDR in die Bundesrepublik Deutschland gehört zu diesem fortgesetzten Vertreibungs-, Flucht- und Wanderungsgeschehen, das die betroffenen Gesellschaften zwar weniger brutal als in den dreißiger und vierziger Jahren, nichtsdestotrotz aber ebenfalls entscheidend veränderte.

Wann Flucht und Auswanderung aus der SBZ/DDR begannen, ist angesichts ihrer kriegsbedingten Vorgeschichte und der fließenden Übergänge zwischen den verschiedenen Migrationsbewegungen nicht eindeutig zu bestimmen. So kann schon die hektische Flucht vieler Deutscher vor der Roten Armee im Frühjahr 1945 dazu gezählt werden, zu einem Zeitpunkt also, als die SBZ noch gar nicht existierte.[3] Allerdings wurde der Wohnsitzwechsel

---

[1] Eine Reihe von Überblicksdarstellungen zum Thema hat Klaus J. Bade verfaßt und herausgegeben: Bade, Auswanderer (1984); Bade, Deutsche im Ausland (1993); Bade, Homo Migrans (1994); Bade, Vom Auswanderungsland zum Einwanderungsland (1983); Bade, Europa in Bewegung (2002).
[2] Vgl. dazu Steinert, Migration und Politik (1995), besonders S. 22-124, der allerdings nur die Auswanderung aus Westdeutschland berücksichtigt.
[3] Zahlreiche NS-Belastete flohen schon vor dem sowjetischen Einmarsch 1945 in den Westen, weil sie dort eine mildere Behandlung erwarteten als unter der sowjetischen Besatzungsmacht. So waren beispielsweise vom vor Kriegsende 162 Personen umfassenden Lehrkörper der Universität Greifswald bei Beginn der Entnazifizierung schon 78 nicht mehr vor Ort, von denen „der weitaus größte Teil" in die westlichen Besatzungszonen geflüchtet bzw. vom Wehrmachtseinsatz nicht zurückgekehrt war (vgl. Schönrock, Universität Greifswald [1981], S. 61); ähnlich sah es an der Universität Rostock aus, wo von 124 Lehrenden bei Kriegsende 67 nicht mehr vor Ort waren, von denen ein „großer Teil" in den Westen geflohen war; die übrigen befanden sich noch in Kriegsgefangenschaft oder waren umgekommen (zusammengestellt nach den Angaben bei Hoffmann, Hochschulreform Universität Rostock [1965], S. 172 ff. und Hoffmann, Neueröffnung der Universität Rostock [1964], S. 177-124, 189 ff.). Außerdem nahmen US-Amerikaner und Briten ausgewählte Fachleute mit in den Westen, als sie die von ihnen befreiten Gebiete Mecklenburgs, Sachsens und Thüringens Anfang Juli 1945 gegen die Westsektoren Berlins tauschten. Vgl. dazu Henke, Amerikanische Besetzung (1995), S. 742-776; Feige, Vor dem Abzug (1991), S. 1303; Büchner/Freundlich, Zur Situation (1972), S. 1003 f.; Krönig/Müller, Anpassung (1994), S. 395.

zwischen den Westzonen und der SBZ/DDR bis 1952 von der DDR-Führung häufig als Folge des Krieges oder als normale nationale Binnenmigration wenig beachtet und noch nicht zu einem entscheidenden Phänomen gesellschaftlicher Veränderung gezählt. Erst danach nahm das Interesse an der massenhaften Auswanderung langsam zu und entwickelte sich zu einem eigenständigen politischen Thema, weshalb die Gründung des ostdeutschen Staates im Oktober 1949 hier auch keinen Einschnitt markiert. Die Zäsur des Jahres 1952 bezieht sich daher weniger auf die Abwanderung selbst, als auf ihre politische Wahrnehmung. Darum werden die sieben ersten Nachkriegsjahre im folgenden als Vor- bzw. Frühgeschichte der Republikflucht beschrieben, wobei das Augenmerk stärker auf die gesellschaftlichen Rahmenbedingungen und Reaktionen als auf die Grenzüberschritte selbst gerichtet ist.

2.1 Vertreibung und Abschottung vom Westen

Die Wahrnehmung von Flucht und Auswanderung durch die Kommunisten war in den ersten Jahren seit 1945 vor allem von deren Interesse an einer politisch loyalen Bevölkerung geprägt. Die Einsicht, daß der Neuaufbau der Nachkriegsgesellschaft die Mitarbeit von zahlreichen fachlich geschulten Personen voraussetzte, war dagegen bei fast allen politischen Verantwortungsträgern unterentwickelt. Durch diese vorwiegend politisch motivierte Haltung erlebten die meisten Mitglieder der bisherigen akademischen, administrativen und wirtschaftlichen Eliten – abgesehen von Ausnahmen vor allem im Bereich der Medizin und der wissenschaftlichen Spitzenforschung – eine unfreundliche, häufig sogar gewalttätige Behandlung durch die neuen politischen Verantwortungsträger. Da sie in erster Linie als ‚Restbestände' der dem Untergang geweihten kapitalistischen Gesellschaft angesehen wurden, verloren viele Ingenieure, Verwaltungsfachleute, Professoren und Lehrer ihre berufliche Stellung und fanden sich infolge der ‚antifaschistisch-demokratischen Umwälzung' in Internierungslagern, Gefängnissen, untergeordneten beruflichen Stellungen oder – wenn sie Glück hatten – im Westen wieder.

Die Schritte der regierenden Kommunisten gegen die alten Eliten und Fachleute waren uneinheitlich, was mit den anfangs häufig bloß lokal koordinierten und vor Ort radikalisierten Maßnahmen der ‚antifaschistisch-demokratischen Umwälzung' zusammenhing. Einige dieser Kampagnen und Programme sind politisch und juristisch eindeutig bestimmbar: Dazu zählen in erster Linie die Entnazifizierung, die Bodenreform, die Sequestrierungen sowie die Veränderungen im Justiz- und Schulbereich. Sie setzten schon im Sommer und Herbst 1945 ein und bewirkten die erste und tiefgreifendste Veränderung der Gesellschaft der SBZ. Im Zuge der Bodenreform wurden unter der Parole „Junkerland in Bauernhand" etwa 10 000 Grundbesitzer enteignet,[4] von denen viele die SBZ mit ihren Familien verließen[5]; im Justizbereich wurden etwa 80 Prozent der Richter und

---

[4] Nach Angaben von Dölling, Wende (1950), S. 103 ff., waren bereits in den ersten Monaten der Bodenreform 10 715 „Junker, Naziführer und Kriegsverbrecher" enteignet worden; aus der Tabelle bei Bell, Enteignungen (1992), S. 82 ergibt sich eine Zahl von 9 721 enteigneten Privatbetrieben bis zum 1. 10. 1946 und von 11 517 bis zum Abschluß der Bodenreform (1. 1. 1950).
[5] Vgl. Murken, Bodenreform (1999), S. 7. Im Kreis Osterburg (Sachsen-Anhalt) waren beispielsweise im April 1946 116 der 159 Enteigneten mit unbekanntem Aufenthalt verschwunden; sie hatten sich vermutlich größtenteils in die Westzonen abgesetzt. Vgl. Stöckigt, Kampf (1990), S. 198.

Staatsanwälte entlassen[6] und die über mehrere Jahre in verschiedenen Schritten durchgeführte Entnazifizierung führte zu Hunderttausenden von Entlassungen und beruflichen Degradierungen.[7] Der Weg in den Westen war eine Möglichkeit, sich den Maßnahmen der deutschen Kommunisten und sowjetischen Besatzungsmacht zu entziehen, die im Vergleich mit denen der westlichen Besatzungsmächte als besonders einseitig und rigoros empfunden wurden.

Die neuen Machthaber in der SBZ degradierten, entließen und enteigneten einige Personengruppen nicht nur, sondern vertrieben sie sogar bewußt. Besonders krasse Beispiele sind über den Umgang mit Großgrundbesitzern bekannt, die im Herbst 1945 nicht nur ihre Gutshäuser, sondern sogar ihre heimatlichen Landkreise innerhalb von wenigen Stunden verlassen mußten und in abgelegenen Regionen in Sammelunterkünfte verbracht wurden.[8] Quantitativ bedeutender waren indes die personellen Verluste, die die SBZ als ‚Nebenwirkung' der rigorosen Politik gegen die alten Eliten und gegen mögliche Gegner der KPD/SED erlitt. So floh 1947 beispielsweise der seit 1919 in der SPD organisierte Leiter des Rostocker Wohnungsamtes, dem die politische Polizei (K-5) im Zuge von SED-internen Auseinandersetzungen ein fadenscheiniges Entnazifizierungsverfahren anhängen wollte.[9] Berichte über die Entlassenen der sowjetischen Internierungslager[10] oder über die 1950 eingeführte Meldepflicht für Zeugen Jehovas[11] zeigen, wie Staatsorgane auch andere Personengruppen indirekt zum Verlassen der SBZ/DDR bewegten. Solche Fluchten vor Repressionsmaßnahmen oder -drohungen bedauerten die Kommunisten nicht als Verluste, sondern interpretierten sie als Bestätigung ihrer zuvor gehegten Verdachtsmomente.[12]

Beispielhaft für die durch die Westwanderung mitverursachte „Zäsur am Anfang" ist die Nachkriegsgeschichte der Universitäten: Von den Professoren und Dozenten der letzten Kriegsmonate in Rostock, Greifswald, Berlin, Halle, Leipzig und Jena befanden sich nur zwei Jahre später – durch Kriegsgefangenschaft, Tod, Entnazifizierung, Zwangsdeportation oder eben durch Westflucht – bereits 83 Prozent nicht mehr auf ihren Plätzen.[13] Dieser forcierte Personalaustausch beschränkte sich keineswegs auf die Ausschaltung von NS-Belasteten. Die Entnazifizierung wurde vielmehr in recht willkürlicher Form auch gegen vermeintliche Widersacher von Besatzungsmacht und KPD/SED genutzt und bruchlos in andere Formen der politischen ‚Säuberung' überführt.[14]

---

[6] Vgl. Wentker, Justiz (2001), S. 103–118; Wentker, Volksrichter (1997), S. 9f. Vgl. auch die landesgeschichtlichen Studien zur Justiz in der SBZ: Weber, Justiz und Diktatur (2000) (zu Thüringen); Pohl, Justiz in Brandenburg (2001); Bartusel, Transformation (2000) (zu Mecklenburg-Vorpommern).
[7] Die Anzahl der von den verschiedenen Stufen und Maßnahmen der Entnazifizierung betroffenen Personen läßt sich nicht seriös quantifizieren (van Melis, Entnazifizierung [1999], S. 83f.).
[8] Vgl. Murken, Bodenreform (1999), S. 7; Buchsteiner, Bodenreform (1997), S. 18.
[9] Van Melis, Entnazifizierung (1999), S. 260.
[10] Bericht vom 27.7.1950 an die SKK, BArch DO 1/11, Nr. 960, Bl. 22-25.
[11] HVDVP HA VA am 2.10.1950, BArch DO 1/11, Nr. 960, Bl. 30; zur Auswanderung der Zeugen Jehovas infolge staatlicher Repression siehe auch BArch DO 1/11, Nr. 965, Bl. 7.
[12] Beispielhaft dafür sind die Reaktionen auf die Westflucht des LDPD-Fraktionsvorsitzenden im mecklenburgischen Landtag Paul Friedrich Scheffler 1948 und des mecklenburgischen Wirtschaftsministers Siegfried Witte 1950 (LAS, Ministerpräsident 1945-1952, 286; LAS, Generalstaatsanwaltschaft, 654).
[13] Jessen, Akademische Elite (1999), S. 261, 264.
[14] Van Melis, Entnazifizierung (1999); Jessen, Akademische Elite (1999), S. 261-285; Kowalczuk, Volkserhebung (1995), S. 135-141.

2. Die unbeachtete Auswanderung

Die Geschichte der Entnazifizierung zeigt, daß die Kommunisten aber recht schnell begriffen, daß auch ihre neue Gesellschaft auf die Fachleute der vorangegangenen Zeit angewiesen blieb. Noch in den vierziger Jahren führte dies zuweilen zu einer durchaus integrativen Politik gegenüber NS-belasteten Spezialisten, sofern diese sich den neuen Machtverhältnissen anpaßten.[15] Die Vorstellung von einer Gefahr, die der neuen Gesellschaft durch die alten Eliten drohte, blieb aber stets bestehen, so daß die Westflucht noch jahrelang als indirekte Lösung von politischen Differenzen akzeptiert wurde, die der DDR mehr nutze als schade: So wies die Hauptabteilung Paß- und Meldewesen (PM) der HVDVP, die für die Ab- und Zuwanderung zuständig war und in den folgenden Jahren eine der wichtigsten Behörden im Kampf gegen die Republikflucht werden sollte, die Landespolizeibehörden im August 1952 an, jede Übersiedlung nach Westdeutschland zu genehmigen, „wenn der DDR ein Vorteil daraus entsteht."[16]

Der Weg in den Westen ermöglichte somit beiden Seiten eine weitgehend reibungslose Lösung von politischen Konflikten: SED und Staatsapparat konnten auf den Einsatz von Repressionsmaßnahmen verzichten und die Geflüchteten erhielten innerhalb des eigenen Landes die Möglichkeit eines privaten und beruflichen Neuanfangs.

Die politische Elite der DDR nahm die Abwanderung nach Westdeutschland in den vierziger Jahren nicht systematisch wahr, sondern thematisierte sie höchstens im Kontext der beschriebenen sozialen Umwälzungen. Dieses Desinteresse änderte sich Anfang der fünfziger Jahre graduell, weil die Sowjetische Kontrollkommission (SKK) seit der Staatsgründung im Herbst 1949 Teile des Grenzregimes, des Interzonenverkehrs und des Einwohnermeldesystems in die Verantwortung der DDR-Behörden übergab. In diesem Zusammenhang finden sich in deren Schriftgut wiederholt Stellungnahmen zum grenzüberschreitenden Verkehr, die allerdings nur selten die Flucht und Auswanderung aus der DDR betreffen, sondern fast immer die Zuwanderung *in* die DDR.

Die einzige staatliche Institution, für die eine systematische Erfassung der Westabwanderer schon vor der Staatsgründung nachgewiesen werden kann, ist das Referat bzw. die Abteilung K-5, der politische Zweig der Kriminalpolizei und Vorläufer des MfS.[17] Am 16. Oktober 1947 erging an die Landeskriminalämter die Anweisung, „alle aus der Ostzone nach dem Westen geflüchteten Personen statistisch, namentlich, sowie mit kurzer Angabe des Fluchtgrundes der Deutschen Verwaltung des Innern (DVdI) zu melden".[18] Die Unterlagen sollten dem Referat K-5 der Volkspolizei zugestellt werden; als Auftraggeber

---

[15] Viele NS-belastete Fachleute, die nicht durch schnelle Aus- oder Weiterbildungskurse ersetzt werden konnten, wurden schon bald nachsichtiger behandelt, weil die Entnazifizierung sie nicht in den Westen treiben sollte. So wurde ein NS-belasteter Zoologe aufgrund seines „indifferent[en]" Verhaltens nach Kriegsende zunächst nicht wieder in seine Position eingesetzt. Als er Anfang 1949 jedoch einen Ruf nach Stuttgart erhielt, bewilligte das Volksbildungsministerium seine Reaktivierung, da „die Gefahr bestand, einen hervorragenden Gelehrten für die Ostzone zu verlieren." (Jessen, Akademische Elite [1999], S. 303 f.) Die „korrekte" Mischung zwischen dem vor allem ideologisch und machtpolitisch motivierten Rigorismus und den gesellschaftspolitischen Rücksichtsnahmen lag zumeist im Ermessensspielraum der einzelnen Entscheidungsträger. Vgl. dazu auch Ernst, Prophylaxe (1997), S. 143–206; van Melis, Antifaschismus (2001).
[16] Bericht von Fischer, Leiter der HA PM 1, vom 18. 12. 1952 über ein Gespräch mit dem ehemaligen Leiter der HA PM, Lust, in dem er auch das Einverständnis der SKK erwähnt (BArch DO 1/11, Nr. 961, Bl. 211 f.).
[17] Vgl. dazu Gieseke, Mielke-Konzern (2001), S. 37–45; Gieseke, Hauptamtliche Mitarbeiter (2000), S. 55–59; Tantzscher, Gründung (1998), S. 48–52; Naimark, Russians (1995), S. 360–364.
[18] Dies geht hervor aus einem Dokument vom 9. 3. 1948 (o.V.), vgl. Dok. 12. Die Anweisung selbst ist in der Akte nicht zu finden.

2.1 Vertreibung und Abschottung vom Westen

werden die Sowjetische Militäradministration (SMAD) und Erich Mielke, damals Vizepräsident der DVdI, genannt. Aus den von den Ländern eingesandten Listen – lediglich die Landeskriminalämter von Thüringen und Mecklenburg hatten bis zum 9. März 1948 vollständige Berichte abgeliefert – geht hervor, daß neben den Ost-West-Flüchtlingen auch die Zuwanderer aus den Westzonen[19] sowie die – in den zeitweilig englisch oder US-amerikanisch besetzten Gebieten – „durch die [westlichen] Besatzungsbehörden verhafteten Personen"[20] erfaßt werden sollten. Bei der Ursachenforschung tappten die kriminalpolizeilichen Ermittler allerdings noch weitgehend im Dunkeln: In einer graphischen Darstellung der Flüchtlinge aus Mecklenburg sind die Fluchtgründe in 5 589 von 7 166 Fällen (78 Prozent) „unbekannt".[21] In anderen Erhebungen ist der Anteil der mit „unbekannt" angegebenen Fluchtgründe zwar deutlich geringer (25–35 Prozent), jedoch werden vielfach sehr unspezifische Gründe wie „Berufswechsel", „Stellungswechsel", „Student", „zur Heimat zurück" und „Wohnungswechsel" genannt.[22] Der hohe Anteil unbekannter Fluchtgründe wurde denn auch von den Auftraggebern beklagt und als Ursachen „die uneinheitliche Berichterstattung der einzelnen Kriminalämter" sowie die mangelnde Ermittlungstätigkeit einzelner Polizeidienststellen angeführt.[23] An spezifischeren Fluchtmotiven werden vereinzelt die in späteren Jahren stereotyp verwendeten Erklärungsmuster wie Anwerbung zur Fremdenlegion,[24] Abwerbung durch die westlichen Besatzungsmächte zwecks Arbeitseinsatz[25] oder kriminelle Delikte[26] genannt. Auffällig ist der relativ hohe Anteil derjenigen Fälle (25 bis über 50 Prozent), in denen als Fluchtmotiv Zugehörigkeit zur NSDAP, zu anderen NS-Organisationen oder „Kriegsverbrecher" angegeben ist. Diese Ursachen wurden zumeist mit „politischen Gründen" gleichgesetzt bzw. unter dieser Kategorie zusammengefaßt.[27] Dies und die zeitliche Nähe der DVdI-Anweisung zum Befehl Nr. 201 der SMAD vom 16. August 1947 läßt darauf schließen, daß der Auftrag zur Erfassung der Flüchtlinge mit dem forcierten Abschluß der Entnazifizierung und ihrer Über-

---

[19] Vgl. z.B. MdI Mecklenburg, Landespolizeibehörde, Chef der Polizei Jonas an DVdI, 2.5.1948: „Statistische und namentliche Erfassung der vom Osten nach dem Westen und umgekehrt geflüchteten Personen" (BStU ZA, MfS-AS, Nr. 224/66, Bd. II, Bl. 66).
[20] Land Thüringen, Kriminalpolizeidienststelle Zella-Mehlis an Kriminalamt Gotha, 24.3.1948 (BStU ZA, MfS-AS, Nr. 224/66, Bd. II, Bl. 63); vgl. auch Land Thüringen, Kriminalpolizei Zella-Mehlis an Kriminalamt Gotha, 12.3.1948: „Aufstellung über alle in die Westzonen geflüchteten, bzw. durch die Besatzungsmacht verhafteten Personen" (ebd., Bl. 1 f.).
[21] „Abwanderung nach der Westzone seit 1945: Mecklenburg", o.D., o.V., BStU ZA, MfS-AS, Nr. 224/66, Bd. II, Bl. 331.
[22] Zitate aus: tabellarische Aufstellung, o.D., o.V. (BStU ZA, MfS-AS, Nr. 224/66, Bd. II, Bl. 63 f.); 7. Polizeirevier Magdeburg, Meldebüro, 5.5.1948: „statistische Namenerfassung der vom Osten nach dem Westen geflüchteten Personen" (ebd., Bl. 88–105); Polizeiamt Greifswald, Verwaltungspolizei, Oberkommissar von Zeddelmann an MdI Mecklenburg, Landespolizeibehörde, 27.4.1948: „Namentliche und statistische Erfassung der vom Westen nach dem Osten u. umgekehrt geflüchteten Personen" (ebd., Bl. 68 f.); vgl. auch die zahlreichen weiteren namentlichen Listen in derselben Akte sowie in BStU ZA, MfS-AS, Nr. 236/66.
[23] Dok. 12.
[24] Vgl. z.B. „Statistische Erfassung der aus der Ostzone nach dem Westen geflüchteten Personen", o.V., 7.4.1948 (BStU ZA, MfS-AS, Nr. 224/66, Bd. II, Bl. 321).
[25] Vgl. z.B. Dok. 12.
[26] Vgl. z.B. BStU ZA, MfS-AS, Nr. 224/66, Bd. II, Bl. 100, 104, 323, 326.
[27] Vgl. z.B. „Statistische Erfassung der aus dem LKA Bereich Thüringen seit 1945 nach der Westzone geflüchteten Personen (Stichtag 15.3.48)", o.V., o.D. (BStU ZA, MfS-AS, Nr. 224/66, Bd. II, Bl. 323 f.); „Statistische Erfassung der aus dem LKA – Bereich Mecklenburg seit 1945 nach der Westzone geflüchteten Personen" (ebd., Bl. 325 f.).

2. Die unbeachtete Auswanderung

tragung an die deutschen Behörden in einem Zusammenhang steht. In dem SMAD-Befehl wurde u. a. angeordnet, die „Kriegsverbrecher, Mitglieder der verbrecherischen Naziorganisationen und führenden Persönlichkeiten des Hitlerregimes zur gerichtlichen Verantwortung" zu ziehen.[28] Mit der Durchsetzung des Befehls wurde Mielke betraut; er setzte dazu das Referat K-5 der Kriminalpolizei ein, das im Zuge dieses Auftrags systematisch ausgebaut wurde.[29] Hauptziel der Erfassung der Flüchtlinge war demnach, einen Überblick über die bereits geflüchteten bzw. von den westlichen Besatzungsmächten verhafteten Kriegsverbrecher und NS-Parteigrößen zu gewinnen und aus diesen Erhebungen Maßnahmen abzuleiten, um der Flucht weiterer NS-belasteter Personen durch Verhaftung zuvorkommen zu können. Dafür spricht auch ein Dokument aus der DVdI vom Januar 1948, in dem der spätere Stasi-Chef anordnete, „Hauptverbrecher" bei Fluchtverdacht sofort und ohne richterlichen Haftbefehl festzunehmen.[30]

SED und Besatzungsmacht tolerierten die Abwanderung nicht nur wegen der Möglichkeit politischer Konfliktvermeidung. Bis Anfang der fünfziger Jahre spielten die sozialen Probleme der Zusammenbruchsgesellschaft bei der Beurteilung der Abwanderungsbewegung eine mindestens ebenso wichtige Rolle. Die Bevölkerung der SBZ/DDR litt – ebenso wie die der westlichen Zonen – in fast allen Lebensbereichen Mangel. Jede Person, die die SBZ verließ, bedeutete daher – zumindest statistisch betrachtet – eine Entspannung der Versorgungslage. Vor allem fehlten Nahrungsmittel, Wohnungen und Arbeitsplätze. Diese Mangelsituation war einer der Hauptgründe, warum Zuwanderer – egal ob aus den ehemaligen deutschen Ostgebieten oder aus den Westzonen – nicht sonderlich beliebt waren. Anders als nur wenige Jahre später, als sich beide deutsche Staaten über fast jeden Zuwanderer freuten, weil er die Überlegenheit des eigenen Systems und damit die je eigene Interpretation der Magnettheorie bestätigte, überwogen bis etwa Anfang 1953 die ablehnenden Töne: Jeder neue Bürger war ein zusätzlicher Esser, beanspruchte einen Teil des knappen Wohnraums und trat als zusätzlicher Konkurrent auf dem Arbeitsmarkt auf. Nur aufgrund dieser sozialen Problemlagen erklären sich die skeptische Frage des mecklenburgischen Innenministers Bick im August 1950, ob Westdeutsche von den Arbeitsämtern vermittelt werden dürften,[31] die Entscheidung der DDR-Regierung vom Januar 1950, „Umsiedler" aus Polen bei Wunsch direkt in die Bundesrepublik weiterzuleiten,[32] die sofortige Ausweisung von illegal Eingereisten und die Klage der Volkspolizei über Presseberichte, durch die sich Westdeutsche angeblich in die DDR eingeladen fühlten.[33] Dieses Verhalten den Zuwanderern aus Westdeutschland gegenüber korrespondierte mit der anfänglich ebenfalls skeptischen bis ablehnenden Haltung in den westlichen Besatzungszonen und der Bundesrepublik gegenüber den Flüchtlingen aus der SBZ/DDR.[34] Denn

---

[28] Der Befehl ist abgedruckt bei Rößler, Entnazifizierungspolitik (1994), S. 147–152, Zitat S. 148.
[29] Zu diesen Vorgängen vgl. Otto, Erich Mielke (2000), S. 99–107; Tantzscher, Gründung (1998), S. 48 ff.
[30] Das Dokument ist abgedruckt bei Otto, Erich Mielke (2000), S. 105.
[31] MdI Mecklenburg, Bick, am 3. 8. 1950 an das MdI der DDR (BArch DO 1/11, Nr. 960, Bl. 26).
[32] Staatssekretär des MdI Warnke am 9. 1. 1950 an Chef der HVDVP, BArch DO 1/11, Nr. 960, Bl. 3.
[33] HA PM am 10. 4. 1951 (BArch DO 1/11, Nr. 960, Bl. 42 ff.); vgl. auch Maron am 12. 5. 1951 an Ulbricht über die unerwünschte Einwanderung aus dem Westen (BArch DO 1/11, Nr. 960, Bl. 46 ff.).
[34] Aus der US-amerikanischen Besatzungszone wurden in den vierziger Jahren sogar Tausende aus der SBZ Zugewanderte wieder abgeschoben; nach US-amerikanischen Angaben belief sich die Zahl der zurückgeführten Flüchtlinge allein für den Monat Juni 1947 auf 40 302. Vgl. Heidemeyer, Flucht und Zuwanderung (1994), S. 78 f.

auch im Westen wurden die Zuwanderer bis Anfang der fünfziger Jahre in erster Linie als soziale Belastung wahrgenommen, zumal bis 1950 vor allem ökonomisch „inaktive[] Bevölkerungsteile[]", also Frauen, Kinder und Rentner zuwanderten.[35] Der Bundesminister für Vertriebene Hans Lukaschek appellierte im Januar 1950 an die Bevölkerung der DDR: „Bitte, kommt nicht ohne dringende Not hierher",[36] der West-Berliner Sender RIAS wurde kritisiert, weil er zum Verlassen der DDR verleite,[37] und noch im Februar 1953 bezeichnete der Chefkommentator des Bayerischen Rundfunks, Walter von Cube, die Aufnahme der Flüchtlinge als einen „Akt selbstmörderischer Humanität" und forderte die formelle Anerkennung der DDR.[38]

Diese reservierte Haltung gegenüber westdeutschen Zuwanderern steht im Kontrast zu den Werbekampagnen, mit denen die DDR später versuchte, westliche Arbeitskräfte zur Übersiedlung zu gewinnen. Selbst Mediziner, an die sich ein Großteil dieser Kampagnen richtete, sahen sich in den ersten Jahren nach der Staatsgründung zahlreichen Schikanen und Hindernissen ausgesetzt, die ihnen den Zuzug erschwerten,[39] obwohl im Gesundheits- und im Innenministerium keine Illusionen über den „katastrophalen Ärztemangel" in der DDR herrschten.[40] Beispielhaft dafür sind Berichte über eine Kieler Ärztin und einen Bonner Arzt: Obwohl sie schon einige Zeit in Wittenberge bzw. in Weimar im Krankenhaus arbeiteten, verweigerten ihnen die Polizei- und Meldebehörden noch immer die Ausstellung ihrer DDR-Personalausweise, ihrer endgültigen Arbeitserlaubnis und – im Fall des Arztes – auch die Zuzugsgenehmigung für seine Familie. Die Tatsache, daß sich der Fall der Ärztin nach einem Beschwerdebrief ihres Chefarztes an die HVDVP schnell lösen ließ, spricht dafür, daß den vorhergegangenen Verzögerungen keine ernsthaften politischen Motive zugrundelagen, sondern eher ein mit antiwestlichen Vorbehalten gepaartes Desinteresse.[41]

Die Beispiele aus dem medizinischen Bereich zeigen, daß es Anfang der fünfziger Jahre noch relativ selbstverständlich war, daß auch junge und hoch qualifizierte Menschen aus dem Westen in die DDR kamen,[42] wohingegen später vielfach bloß vormals Geflohene in die DDR zurückkehrten. Ohne nach Berufsgruppen zu differenzieren, zählte die HVDVP

---

[35] Storbeck, Flucht oder Wanderung (1963), S. 165.
[36] Zitiert nach Ackermann, Der „echte" Flüchtling (1995), S. 97.
[37] Vgl. ebd., S. 103.
[38] Zitiert nach Birkenfeld u.a., Sprung in die Freiheit (1953), S. 7.
[39] Im Innenministerium der DDR existierte eine eigene Kommission, die über die Arbeitszulassung von westdeutschen Ärzten entschied (BArch DO 1/11, Nr. 960, Bl. 33); die wenig einladenden Richtlinien, anhand derer entschieden wurde, sowie die personelle Zusammensetzung der Kommission in: BArch DO 1/11, Nr. 960, Bl. 37, 60 ff.
[40] Röbelen am 31.3.1952 an Maron (BArch DO 1/11, Nr. 961, Bl. 29).
[41] Bericht vom 30.5.1951, BArch DO 1/11, Nr. 960, Bl. 56 f.; Brief des Ministers für Gesundheit Steidle am 24.5.1951 an die HVDVP mit der Bitte um möglichst rasche Erteilung einer Zuzugsgenehmigung für die Familie des Arztes, der schon seit Anfang 1950 in der DDR wohnhaft war. Die Tatsache, daß das VPKA Weimar dem Arzt Dr. S. eine „mangelhaft[e]" Einstellung zur DDR bescheinigt hatte (Vermerk vom 26.3.1952, BArch DO 1/11, Nr. 960, Bl. 54), mag zu den Verzögerungen beigetragen haben. Vgl. auch den Erfahrungsbericht eines Arztes über seine schlechte Behandlung in der DDR von 1951 (BArch DO 1/11, Nr. 960, Bl. 67 ff.).
[42] Auf der Liste der bis Ende 1950 in die DDR übergesiedelten 31 westdeutschen Ärzte waren nur drei älter als 40 Jahre (SAPMO-BArch DY 30/J IV 2/3-159, Bl. 5). Von 1945 bis in die frühen fünfziger Jahre war der Arztberuf in Westdeutschland „von der bisher stärksten Überfüllungskrise in seiner Geschichte betroffen" und die „miserable Soziallage der Ärzte" verbesserte sich erst im Laufe der fünfziger Jahre (Titze, Akademikerzyklus [1990], S. 89 f.).

beispielsweise in der ersten Maihälfte 1951 635 illegale Zuwanderer und 589 mit Interzonenpaß,[43] und der Generalinspekteur der Volkspolizei, Seifert, berichtete der SKK am 6. Oktober 1950 von insgesamt 6 797 Personen, die in der ersten Jahreshälfte 1950 illegal in die DDR gezogen seien.[44] Seit Anfang der fünfziger Jahre berichteten zunehmend mehr Betriebe und Behörden von Problemen mit der Versorgung und Unterbringung der Zugezogenen. Die Abteilung Wohnungswesen der Stadt Dresden unterrichtete im Januar 1952 die Regierung in Ost-Berlin davon, daß sie den aus Westdeutschland zugereisten Familien und Einzelpersonen zwar „auf Anordnung der Volkspolizeibehörde [...] keine Schwierigkeiten" mache, daß die Zuwanderer aber erhebliche Probleme bei der Wohnraumbewirtschaftung verursachten. Die Hauptabteilung PM bei der HVDVP antwortete beispielhaft lapidar: Sie wies kommentarlos „auf die Tatsache des Verzugs nach Westdeutschland" hin und erklärte zu den Problemen mit den Zugewanderten: „Unseres Erachtens dürften damit die erhobenen Bedenken gegenstandslos werden."[45]

Ganz offensichtlich gab es in den führenden politischen Institutionen noch kein ernsthaftes Interesse an der Westabwanderung und ihren gesellschaftlichen Folgen. Einige Behörden vor Ort hatten Probleme zu bewältigen, und die SED befürchtete schädliche Einflüsse aus dem Westen. Vorherrschend blieb aber das Desinteresse. Die wenigen offiziellen Maßnahmen besaßen geringe Bedeutung.

Auch aus sicherheitspolitischen Gründen richtete sich die Aufmerksamkeit der Kommunisten in der SBZ/DDR auf den grenzüberschreitenden Verkehr, egal ob es um kurzfristige Besuche oder langfristige Wohnungswechsel ging. Entscheidend war, daß jeder Grenzübertritt Kontakte mit dem Westen ermöglichte und daß diese generell als Bedrohung wahrgenommen wurden. Aus diesem Grund sollte die SBZ/DDR-Bevölkerung schon früh vor westlichen Einflüssen abgeschottet und der grenzüberschreitende Verkehr möglichst weitgehend unterbunden werden. Schon seit 1945 schränkten die neuen Machthaber in der SBZ die privaten und politischen Kontakte zwischen Ost und West, die aufgrund von Kriegszerstörungen und alliierten Verkehrs- und Postkontrollen ohnehin limitiert waren, weiter ein. In diesen Zusammenhang gehört die generelle Verdächtigung und Marginalisierung von ehemaligen Westemigranten, von der selbst Altkommunisten nicht ausgenommen wurden. Die Ulbricht gegenüber loyalen Rückkehrer aus Moskau verdrängten die Rückkehrer aus dem Westen nicht nur von zahlreichen Posten, sondern verpflichteten sie auch, möglichst alle Kontakte in die Westzonen und in die Aufnahmeländer während ihres Exils rigoros der Parteikontrolle zu unterstellen oder abzubrechen.[46]

---

[43] BArch DO 1/11, Nr. 960, Bl. 55. Im Dokument befindet sich die Zahl 859, die sich durch die Länderaddition aber als falsch abgetippte 589 herausstellt.
[44] BArch DO 1/11, Nr. 911, Bl. 112-121, hier Bl. 118. Mehr als die Hälfte, nämlich 3 589 Zuwanderer, seien auf der Suche nach Arbeit in die DDR gekommen.
[45] BArch DO 1/11, Nr. 961, Bl. 18 ff.
[46] Die SED-Spitze teilte Stalin in einem Gespräch am 18. 12. 1948 mit, daß sie es den „Führern der SED" offiziell untersagt habe, in die Westzonen zu reisen (Wolkow, Die deutsche Frage [2000], S. 34). Der Befehl Nr. 2/49 des Präsidenten der DVdI vom 14. 1. 1949 veranlaßte die Überprüfung aller VP-Angehörigen, nach der alle Polizisten entlassen werden sollten, die Verwandte im Westen hatten, in westlicher Kriegsgefangenschaft gewesen waren oder anderweitig als unzuverlässig galten (Wenzke, Kaderarmee [1994], S. 231 f.). Das Sekretariat des ZK beauftragte zudem Ende November 1949 die Kaderabteilung damit, „zu überprüfen, welche Parteimitglieder Pässe kapitalistischer Länder haben." Diese hätten die Staatsbürgerschaft der entsprechenden Länder aufzugeben und dafür einen Nachweis zu erbringen (SAPMO-BArch DY 30/J IV 2/3-67, Bl. 5).

Auch die Zuwanderer aus dem Westen galten als Risikofaktoren, denen gegenüber die Landespolizeibehörden und die SED-Mitglieder zu „größte[r] Wachsamkeit" aufgefordert wurden.[47] In Sachsen-Anhalt sollte die Polizei westdeutschen und ausländischen Arbeitnehmern, selbst wenn sie bereits polizeilich und politisch überprüft waren, nur monatlich zu verlängernde Aufenthaltsgenehmigungen erteilen,[48] und die HVDVP formulierte am 10. Juni 1952 scharfe Anweisungen gegen illegale Zuwanderer aus dem Westen, besonders gegen „Geistliche und geistliches Hilfspersonal (auch Ordensschwestern)".[49] Ein ähnliches Interesse verfolgte die SED, als sie verschiedene in Ost-Berlin oder der DDR tätige Berufsgruppen – etwa die Mitarbeiter der SED, der Massenorganisationen und der Reichsbahn sowie Künstler, Wissenschaftler und Angehörige der technischen Intelligenz – dazu verpflichtete, ihren Wohnsitz aus West-Berlin in den Osten zu verlegen.[50]

Im Visier der Staatsmacht befand sich das gesamte Spektrum möglicher Einflußnahmen aus dem Westen. Von hervorgehobener Bedeutung war dabei der Kampf gegen die „feindlichen Rundfunkstationen und ihre Verleumdungskampagnen", etwa eine im Januar 1952 vom Politbüro angekündigte „systematische und offensive Gegenkampagne" des DDR-Rundfunks[51] oder zahlreiche Artikel und Karikaturen im Neuen Deutschland und anderen Zeitungen und Zeitschriften, die vor dem westdeutschen Rundfunk warnten bzw. sich über ihn lustig machten.[52] Als fast ebenso gefährlich galt die westliche „Schundliteratur": Zahllose Volkspolizisten attestierten den westlichen Romanheften eine unmittelbare politische Wirkung, indem sie sie in ihren Berichten als direkte Ursache für Cliquenbildung, Ungehorsam, abweichendes und negatives Verhalten und später sogar als für die West-

---

[47] Beschluß des Sekretariats vom 19.12.1949 (SAPMO-BArch DY 30/J IV 2/3-73, Bl. 1 f.). Vgl. auch Dr. K. Fischer am 8.3.1950 an die Landesbehörden der VP und das Präsidium der VP Berlin, BArch DO 1/11, Nr. 960, Bl. 20.

[48] BArch DO 1/11, Nr. 960, Bl. 20.

[49] BArch DO 1/11, Nr. 961, Bl. 97. Nach Anweisung des Sekretariats des ZK an Innenminister Steinhoff vom 28.9.1950 sollten alle Landräte die „gegnerischen Kräfte aus Westdeutschland" erfassen und dabei vor allem Kirchenkreise ins Visier nehmen. In die gleiche Richtung wies, daß das Sekretariat in der gleichen Sitzung die bereits erteilte Aufenthaltsgenehmigung für den Erzbischof von Paderborn mißbilligte und verschiedene Kommissionen und Institutionen mit verschärften antiwestlichen Angriffen und mit Kontrollen in Personenzügen beauftragte (SAPMO-BArch DY 30/J IV 2/3-141, Bl. 1, 6 f.). Das Mißtrauen gegen Westkontakte zeigen auch die aufwendigen Vorbereitungen von Westreisen von Künstlern. selbst wenn diese als politisch loyal eingeschätzt wurden (SAPMO-BArch DY 30/J IV 2/3-184, Bl. 2 f.; SAPMO-BArch DY 30/J IV 2/3-193, Bl. 12, 41 f.; SAPMO-BArch DY 30/J IV 2/3-226, Bl. 6, 15).

[50] SAPMO-BArch DY 30/J IV 2/3-28, Bl. 4; SAPMO-BArch DY 30/J IV 2/3-52, Bl. 8; SAPMO-BArch DY 30/J IV 2/3-105, Bl. 3; SAPMO-BArch DY 30/J IV 2/3-110, Bl. 3; SAPMO-BArch DY 30/J IV 2/3-306, Bl. 9.

[51] SAPMO-BArch DY 30/IV 2/2/187, Bl. 10, 24-27; vgl. auch SAPMO-BArch DY 30/J IV 2/3-260, Bl. 25-28; SAPMO-BArch DY 30/J IV 2/3-270, Bl. 1 f.

[52] Vgl. z.B. „,Politischer Flüchtling' – Wie es einem erging, der dem NWDR glaubte", ND Nr. 82 v. 6.4.1950, S. 4; „Opfer der Rias-Propaganda berichten: Wer den Kriegshetzern glaubt, schneidet sich ins eigene Fleisch", ND Nr. 26 v. 31.1.1953, S. 2; „Rias-Lügen treiben Menschen in den Tod", ND Nr. 72 v. 26.3.1953, S. 6; Fotounterschrift „Verzweifelt, enttäuscht kommen diese von Rias-Propaganda irregeführten Menschen nach sinnloser ,Flucht' aus einem friedlichen und aufbauenden Ort der DDR in einem Westberliner Elendslager wieder zu sich.", Neue Berliner Illustrierte Nr. 7/1953, S. 2; „Wie mich RIAS-Agenten nach West-Berlin lockten" (Dok. 40) sowie die wöchentlich in der Satirezeitschrift „Frischer Wind" erscheinende Comic-Serie „Zacharias" über einen Ost-Berliner, der den Alliiertensender RIAS hört.

2. Die unbeachtete Auswanderung

flucht der Jugendlichen verantwortlich erklärten.[53] Zahlreiche weitere Beispiele belegen die Versuche der antiwestlichen Abschottung: Im Anschluß an die Weltfestspiele in Berlin vom August 1951 untersagte die SED der FDJ den Briefverkehr mit Jugendlichen aus dem Ausland,[54] Jugendliche, die nahe der Westgrenze oder West-Berlins lebten, sollten vom Besuch westlicher Schulen abgehalten werden[55] und Westdeutschen und West-Berlinern wurde es untersagt, einen zweiten Wohnsitz in Ost-Berlin oder der DDR zu halten.[56]

Auch von den Konsumgütern des Westens sollten die DDR-Bürger ferngehalten werden, da diese schon bald nach der Währungsreform im Urteil der Bevölkerung deutlich besser abschnitten als die ostdeutschen Produkte.[57] Auch wenn die SED die westliche Wirtschaft und Werbung als „Schaufensterideologie"[58] kritisierte und die in der DDR deutlich niedrigeren Preise für die Güter des täglichen Bedarfs betonte:[59] Die Minimierung von Kontakten und die Vermeidung von Vergleichsmöglichkeiten sollten die langsam sichtbar werdenden Unterschiede zwischen ost- und westdeutscher Wirtschaft kaschieren. Besonderen Unmut erregten westliche Paketaktionen, gegen die die SED Anfang der fünfziger Jahre wiederholt, aber meistens erfolglos, einzuschreiten versuchte.[60]

---

[53] Z.B. BArch DO 1/11, Nr. 19, Bl. 150. Zahlreiche weitere Beispiele belegen die Versuche der antiwestlichen Abschottung: Im Anschluß an die Weltfestspiele in Berlin vom August 1951 untersagte die SED der FDJ den Briefverkehr mit Jugendlichen aus dem Ausland (SAPMO-BArch DY 30/J IV 2/3-271, Bl. 12); Jugendliche, die nahe der Westgrenze oder West-Berlins lebten, sollten vom Besuch westlicher Schulen abgehalten werden (BArch DO 1/07, Nr. 567, Bl. 7, 52; Zahl der DDR-Kinder in West-Berliner Schulen vom 15. 9. 1950: BArch DO 1/11, Nr. 911, Bl. 110); Westdeutschen und West-Berlinern wurde es untersagt, einen zweiten Wohnsitz in Ost-Berlin und der DDR zu halten (SAPMO-BArch DY 30/J IV 2/3-184, Bl. 8; SAPMO-BArch DY 30/J IV 2/3-296, Bl. 6, 9 ff.; BArch DO 1/11, Nr. 920; BArch DO 1/11, Nr. 912, Bl. 69 f.; BArch DO 1/11, Nr. 929, S. 19–23, 136–147; BArch DO 1/11, Nr. 960, Bl. 38); noch vor Errichtung des verschärften Grenzregimes im Westen der DDR im Mai 1953 ging die Polizei gegen das illegale Halten von Sporttauben im Grenzgebiet vor (Bericht über den Dienstzweig Paß- und Meldewesen im I. Quartal 1953, BArch DO 1/11, Nr. 914, Bl. 16); Maron hielt es als Chef der Volkspolizei und stellvertretender Innenminister im März 1952 gegenüber zahlreichen Dienststellen wie dem SKK und dem MfS für mitteilungswürdig, daß West-Berliner Jugendliche bei Großbauern in der DDR arbeiteten (BArch DO 1/11, Nr. 695, Bl. 4 f.).

[54] SAPMO-BArch DY 30/J IV 2/3-271, Bl. 12.

[55] BArch DO 1/07, Nr. 567, Bl. 7, 52.

[56] SAPMO-BArch DY 30/J IV 2/3-184, Bl. 8; SAPMO-BArch DY 30/J IV 2/3-296, Bl. 6, 9 ff.; BArch DO 1/11, Nr. 920; BArch DO 1/11, Nr. 912, Bl. 69 f.; BArch DO 1/11, Nr. 929, Bl. 19–23, 136–147; BArch DO 1/11, Nr. 960, Bl. 38.

[57] Dies galt vor allem für die Bekleidung, vgl. dazu Stitziel, Drudgery of Clothing (2000).

[58] „Die Aufgaben der Volkspolizei im Kampf gegen die Republikflucht, bei der Regelung des innerdeutschen Reiseverkehrs und der Überwachung der Rückkehrer und Zuzüge" vom Dezember 1957 (BArch DO 1/11, Nr. 558, Bl. 78–101, hier Bl. 80).

[59] BArch DO 1/11, Nr. 936, Bl. 7: Verbot der Ausfuhr von Waren in den Westen, 2. 12. 1949.

[60] PB am 4. 8. 1953 gegen Paketaktionen aus dem Westen (SAPMO-BArch DY 30/IV 2/2/312, Bl. 7). Das Arbeitsprotokoll zur Sitzung des Sekretariats des ZK am 12. 8. 1953 enthält den Vorschlag zu einer propagandistischen Gegenaktion, dem „Verkauf von Kartoffeln und Gemüse an westberliner Arbeitslose und Rentner", womit die niedrigeren Preise für Grundnahrungsmittel in der DDR demonstriert werden sollten. Der Beschluß wurde nicht gefaßt; wahrscheinlich fehlte der DDR ausreichend Ware (SAPMO-BArch DY 30/J IV 2/3-394, Bl. 5; SAPMO-BArch DY 30/J IV 2/3 A-377). Vgl. auch die Karikaturen und die ironischen „Notwendige[n] Hinweise für Bettler amerikanischer Pakete" in der Satirezeitschrift „Frischer Wind", Nr. 33/1953, S. 4; Artikel „Gefährliche Märchen", in: *Die Frau von heute* Nr. 35 v. 26. 8. 1960, S. 3, in denen die Aufforderung westlicher Stellen, Lebensmittelpakete in die DDR zu schicken, kritisiert und lächerlich gemacht wird, da Inhalt und Porto im Westen mehr kosteten als im Osten und die Waren verdürben.

Die unmittelbarste Einflußnahme aus dem Westen waren Besucher in der DDR, deren Zahl schon früh eingeschränkt werden sollte. Die anfangs in allen vier Besatzungszonen üblichen Anträge für Besuche in anderen Zonen blieben in der SBZ/DDR auch nach der Staatsgründung notwendig und Genehmigungen wurden nur erteilt, wenn die DDR wirtschaftliche und politische Gründe für die Einreise erkannte oder eine private Einladung vorlag.[61] Auch die Kontrolle von Geschäftsreisenden[62] zeigt den restriktiven Grundzug in der Zulassung von grenzüberschreitenden Kontakten.

2.2 Unkontrollierter Grenzverkehr als Ordnungsproblem des jungen Staates

Die Gründung der DDR hatte nur wenig Einfluß auf die legalen und illegalen, kurzfristigen und endgültigen Grenzübertritte zwischen beiden deutschen Staaten. Dennoch nahmen sie an Bedeutung zu, da sich die DDR – wie jeder Staat – auch durch seine Grenzen und durch ein gewisses Maß an Kontrolle über seine Bevölkerung definierte und korrekte Melderegister sowie ordnungsgemäße Ein- und Ausreisekontrollen zu den Kernbestandteilen staatlicher Autorität gehören. Mit beidem hatte die DDR Probleme, die in den sozialen Zerrüttungen infolge des Krieges und den politischen Rahmenbedingungen der neuen bipolaren Weltordnung wurzelten. Aufgrund der Ambitionen der DDR, im In- und Ausland als eigener Staat Anerkennung zu finden, gewannen Flucht und Auswanderung an politischem Gewicht, denn jeder unerlaubte Grenzübertritt stellte die Staatlichkeit der DDR in Frage, weil er zeigte, daß Ost-Berlin seine Grenzen und seine Bevölkerung nicht ausreichend bewachen konnte.[63]

Der Anlaß für die erste systematische Wahrnehmung der illegalen Auswanderung durch ein hohes Organ der SED unterstreicht diesen außen- und staatspolitischen Kontext: Ende 1951 ordnete das Sekretariat des ZK eine Untersuchung über die „Zusammensetzung und Lage der sogenannten ‚Ostzonenflüchtlinge' in Westdeutschland" an, da es den Besuch einer Untersuchungskommission der Vereinten Nationen zur deutsch-deutschen Fluchtbewegung erwartete, deren öffentliche Kritik die nach internationaler Anerkennung heischende DDR-Führung fürchtete.[64]

---

[61] Privatbesuche waren der häufigste Anlaß für die Überquerung der Grenze und viel bedeutender als der immer wieder erwähnte Warenschmuggel (Bessel, The Making of a Border [1996], S. 210). Besuche aus dem Westen wurden denkbar kompliziert behandelt, vor allem wenn es sich bei den Besuchten um Mitglieder der SED handelte. Anna Seghers benötigte zum Beispiel einen eigenen Beschluß des Sekretariats des ZK, damit ihre in Paris studierende Tochter sie während der Semesterferien besuchen durfte (SAPMO-BArch DY 30/J IV 2/3-306, Bl. 12).
[62] 9. 5. 1950: BArch DO 1/11, Nr. 936, Bl. 45.
[63] Die illegalen Grenzübertritte verärgerten die DDR-Behörden auch in den folgenden Jahren, weil sie ihre mangelhafte Durchsetzungsfähigkeit bewiesen. Besonders allergisch reagierten sie darauf, wenn die durch die Zweistaatlichkeit verursachten Verhältnisse ausgenutzt wurden: etwa bei Rückkehrern, die öffentlich von den einfachen Möglichkeiten berichteten, mit Hilfe eines zweiten Personalausweises republikflüchtig zu werden (vgl. z.B. das Schreiben der HA Transportpolizei vom 27. 5. 1960 an die HA PM, BArch DO 1/11, Nr. 966, Bl. 157).
[64] Um „eine Gegenaktion vorzubereiten" und die westlichen Angaben widerlegen zu können, sollte die Abteilung Staatliche Verwaltung „alle bekanntgewordenen Unterlagen über die Zusammensetzung dieser ‚Flüchtlinge' aus kriminellen Verbrechern, Saboteuren und Agenten" und alle „bekannt gewordenen Tatsachen über die Verurteilung solcher kriminellen Elemente aus den Reihen der ‚Flüchtlinge' in Westdeutschland" zusammentragen (SAPMO-BArch DY 30/J IV 2/3-256, Bl. 1 f.). Zu den internationalen Aspekten der deutsch-deutschen Migration vgl. Ackermann, Der „echte" Flüchtling (1995), S. 51-64.

2. Die unbeachtete Auswanderung

Seit der Staatsgründung bemühte sich die DDR um eine Effektivierung ihrer Grenz- und Einwohnermeldepolitik. Dazu erließ sie diverse Gesetze und beschloß verschiedene Maßnahmen, unter denen die Volks-, Berufs- und Betriebszählung von Ende August 1950[65] und die Ausgabe der DDR-Personalausweise[66] besonders wichtig und symbolträchtig waren.[67] Mit dem SMAD-Befehl Nr. 208/49 vom 23. Dezember 1949 übergab die Besatzungsmacht die Verantwortung für das Interzonenreisewesen an die DDR; verantwortlich war die Deutsche Grenzpolizei,[68] die bis dahin nur Zubringerfunktionen im alliierten Interzonenwesen erfüllt hatte.[69] Während die Westalliierten die Reisebeschränkungen zwischen ihren eigenen Zonen und später auch gegenüber der SBZ sukzessive lockerten,[70] sollten die Restriktionen auf östlicher Seite sogar noch verschärft werden: Kurt Fischer, der Chef der Deutschen Volkspolizei, hatte die Deutsche Grenzpolizei am 5. Januar 1950 angewiesen, „straffer" zu kontrollieren als ihre sowjetischen Vorgänger.[71] Obwohl die Anzahl der Interzonenreisenden 1950 noch recht gering war[72] erklärte die HVDVP ihre Reduzierung am 19. Juli 1950 zum politischen Ziel. Dazu sollte die Volkspolizei „über jeden Antragsteller eingehende Ermittlungen" führen.[73] Die nachgeordneten Polizeidienststellen wurden aufgefordert, die obligatorischen Prüfungen vor der Ausgabe der

---

[65] Das PB bestätigte am 16. 5. 1950 eine entsprechende Vorlage des ZK und beauftragte Plenikowski, weitere Einzelheiten mit der SKK zu besprechen (SAPMO-BArch DY 30/IV 2/2/89, Bl. 3, 31 f.; SAPMO-BArch DY 30/J IV 2/3-105, Bl. 6).
[66] BArch DO 1/11, Nr. 911, Bl. 12 f. Die HA PM beschäftigte sich noch jahrelang mit der Durchsetzung eines korrekten Umgangs der Bevölkerung mit den DDR-Ausweisen. Bis zum Mauerbau widmete jeder Quartals- und Jahresbericht der HA PM mehrere Seiten den Problemen rund um den Deutschen Personalausweis.
[67] Vgl. auch die Bemühungen um eine korrekte Markierung der Grenze, wozu die SED am 19. 6. 1950 eine interministerielle „Grenzmarkierungskommission" einsetzte (SAPMO-BArch DY 30/J IV 2/3-116, Bl. 6).
[68] Zum folgenden vgl. die Zusammenfassung des Interzonenpaßwesens bis 1954, BArch DO 1/11, Nr. 955, Bl. 39 f. Zur sowjetischen Grenzsicherung vgl. Bessel, The Making of a Border (1996), S. 204 ff.; Zeittafel zur Militärgeschichte (1989), S. 14 ff.
[69] BArch DO 1/11, Nr. 911 v.a. ab Bl. 48; zum genauen Prozedere Bl. 18 f.; nach Wenzke, Kaderarmee (1994), S. 212, hatte die Deutsche Grenzpolizei im November 1946 einen Personalbestand von 2 543, der sich bis Ende 1948 auf über 9 000 erhöhte; die SKK übertrug der DDR am 10. 6. 1950 „die Durchführung von Kontrollaufgaben an den Grenzkontrollpassierpunkten" (Zeittafel zur Militärgeschichte [1989], S. 17). Zur lebensweltlichen Bedeutung der Grenze und des sich ändernden Grenzregimes vgl. Schubert, Interzonengrenze (1993), S. 85 f.
[70] Vgl. dazu die Klagen in den Quartalsberichten der HVDVP, HA PM in: BArch DO 1/11, Nr. 911 (z.B. Bl. 190), Nr. 912, Nr. 913; Schubert, Interzonengrenze (1993), S. 81 f.; Bessel, The Making of a Border (1996), S. 208 f.; Ackermann, Der „echte" Flüchtling (1995), S. 79.
[71] Dabei sollte jedoch „jegliche[] Schikane" vermieden werden; vgl. Protokoll zur Chefbesprechung vom 3. 1. 1950 (BArch DO 1/11, Nr. 66, Bl. 1–7, hier Bl. 2). Am 15. 1. 1952 übergab die SKK der Regierung der DDR (MfAA und MdI) auch das eingeschränkte Recht, Visa an Deutsche und an Staatsangehörige volksdemokratischer Länder zu erteilen; am Verfahrensweg über die SKK änderte sich aber nichts grundsätzliches (SAPMO-BArch DY 30/IV 2/2/186, Bl. 11, 18–21).
[72] Im Mai 1950 wurden 443 lang- und 38 572 kurzfristige Interzonenpässe ausgestellt (BArch DO 1/11, Nr. 911, Bl. 52).
[73] BArch DO 1/11, Nr. 911, Bl. 191 u.ö. Dem widersprach nur scheinbar, daß die DDR-Presse immer wieder vom angeblichen Terror der Westmächte an der Grenze berichtete und beklagte, daß damit Reisen zwischen Ost- und Westdeutschland unterbunden würden. Die zum Anlaß genommenen Verbote hatte der Westen vornehmlich gegen den Besuch von SED-freundlichen Veranstaltungen ausgesprochen, während er Privatreisen gewöhnlich nicht verhinderte (vgl. z.B. ND Nr. 115 v. 20. 5. 1950, S. 2, Nr. 124 v. 1. 6. 1950, S. 1, Nr. 125 v. 2. 6. 1950, S. 1).

Reisegenehmigung zu politisieren, wodurch sich eher Ablehnungsgründe finden ließen,[74] obwohl solche Maßnahmen zu verstärkter Kritik an der neuen Regierung führen konnten und Volkspolizei-Inspekteur Lust erst wenige Monate zuvor auf einer Tagung der HVDVP vor zu vielen abgelehnten Reiseanträgen gewarnt hatte: „Es muß vermieden werden, daß die Bevölkerung den Eindruck gewinnt, daß seitdem die Bearbeitung der Interzonenanträge durch deutsche Dienststellen erfolgt, eine höhere Anzahl abgelehnt wird als früher."[75] Auch verschiedene meldepolitische Maßnahmen wie die Häuserbegehungen, die Einführung der Hausbücher und die Kontrolle der Personalausweise sollten die Überwachung der Bevölkerung und ihrer Besucher verbessern.[76]

Reisegenehmigungen in den Westen sollten nur für Dienstreisen, bei amtlich nachgewiesenen lebensgefährlichen Erkrankungen von Verwandten und – seit 1951 – zum Wiedersehen von langjährig getrennten Verwandten ausgestellt werden. Anträge nahmen die Volkspolizeikreisämter entgegen, konnten aber nur von den Landespolizeibehörden entschieden werden.[77]

Die Reiseangelegenheiten lagen seit 1950 auf Kreis-, Landes- und DDR-Ebene in der Verantwortung der Volkspolizeiabteilungen Paß- und Meldewesen, die auch für das Einwohnermeldewesen zuständig waren.[78] Diese bemühten sich in den folgenden Jahren angestrengt um eine Vereinheitlichung und Effektivierung dieses Arbeitsbereiches. Doch keine der dazu von den zentralen und regionalen Abteilungen PM eingeleiteten Maßnahmen wie die Ausgabe der Personalausweise, die Einführung von Hausbüchern, die Ausstellung von Reisedokumenten etc. funktionierte reibungslos: Die Akten der Meldebehörden enthalten unzählige Klagen über mangelhafte Effektivität und Durchschlagskraft ihrer Maßnahmen[79] und über „Sorglosigkeit und Verantwortungslosigkeit" der Mitarbeiter.[80]

Im Zuge der Kritik am Einwohnermeldesystem blieb die illegale Auswanderung nicht unbemerkt, wobei sich jedoch die Aufmerksamkeit auf die mangelhafte Arbeit der staatlichen Behörden konzentrierte. Beispielsweise wiesen verschiedene Behörden schon im Zusammenhang mit den Vorbereitungen zu den Wahlen im Herbst 1950 auf die Repu-

---

[74] BArch DO 1/11, Nr. 911, Bl. 54 f., 190.
[75] 24. 1. 1950, BArch DO 1/07, Nr. 567, Bl. 7–10, hier Bl. 9.
[76] BArch DO 1/07-567, Bl. 27 f., 32–53. Daß dabei auch der *illegale* Verzug zahlreicher Personen in den Westen festgestellt wurde, stand nicht im Mittelpunkt des Interesses.
[77] Ab dem 26. 5. 1952 waren die Landespolizeibehörden nur noch für Einsprüche zuständig (GBl. Nr. 71/1952, S. 447).
[78] Anfang 1950 verloren die Kommunen die Verantwortung für das bis dahin uneinheitlich geregelte Meldewesen an die Volkspolizei. BArch DO 1/11, Nr. 911, Bl. 16.
[79] Vgl. z.B. BArch DO 1/11, Nr. 961, Bl. 17: VP Seifert am 11. 2. 1952 an LdVP über die schlechte Arbeit der Abt. PM (speziell: Nichtabgabe der Personalausweise bei Westverzug etc.; allgemein: „Unkenntnis der gesetzlichen Bestimmungen und Befehle", „mangelhafte[s] Verantwortungsbewußtsein"; Forderung nach „Maßnahmen zur schnellsten Beseitigung dieser Mängel"); Kritik am Umgang der Wismut AG mit den Personalausweisen und Meldebescheinigungen der Bergleute (BArch DO 1/11, Nr. 911, Bl. 118 f.: 6. 10. 1950); Kontrolle der über 1,7 Millionen Hausbücher der DDR läßt 1953 „erhebliche Schwächen und Mängel" zu Tage treten (BArch DO 1/11, Nr. 914, Bl. 7). Trotz zahlreicher Aussprachen mit Hausbuchbeauftragten und Vertrauensleuten zur Korrektur der Meldekarteien, der Erfassung der Ausländer und Staatenlosen etc. bezeichnete die HA PM den Stand des Meldewesens auch Ende 1960 als „noch nicht befriedigend" (BArch DO 1/11, Nr. 966, Bl. 225–228, hier Bl. 225).
[80] So die Einschätzung der HA VA vom 27. 9. 1950 (BArch DO 1/11, Nr. 969, Bl. 45 f.), mit der für die SED und die DDR typischen Individualisierung von Problemen.

2. Die unbeachtete Auswanderung

blikflucht hin und übersahen auch nicht, daß es sich um ein quantitativ erhebliches Problem handelte. Der Leiter der Verwaltungspolizei in Thüringen, Kother, teilte der HVDVP Hauptabteilung Verwaltungsangelegenheiten (VA) in Ost-Berlin in seinem „Bericht über den Stand der Vorbereitungen für die Oktoberwahlen im Lande Thüringen" vom 18. September 1950 mit, daß zahlreiche „in der Wählerliste aufgeführte Personen [...] illegal nach dem Westen oder unabgemeldet im Bereich der DDR verzogen" seien. Aufgrund von Stichproben vermutete er, daß 3,53 Prozent der gemeldeten Bevölkerung nicht mehr am entsprechenden Ort lebe.[81] In den anderen Ländern herrschten ähnliche Zustände, weil die „kommunalen Behörden (Bürgermeister, Ernährungs-, Wohnungsamt usw.)" und Teile der Volkspolizei „in sehr vielen Fällen [...] von einer illegalen Abwanderung Kenntnis hatten", aber „keine Meldung bzw. Nachricht an die Abteilung VA gegeben wurde."[82] Diese Beobachtungen führten nicht zu Maßnahmen gegen die illegale Auswanderung, denn das Interesse war anders gelagert: Kother klagte über die Unordnung in den Meldestellen, weil aufgrund der 3,53 Prozent abwesenden Wähler „rein rechnerisch nur eine Höchstwahlbeteiligung von 96,5 Prozent erreichbar" war.[83]

Die offenkundigen Mängel des Meldesystems führten im Herbst 1954 zu einer drohenden Intervention von Ministerpräsident Grotewohl beim für die Volkspolizei verantwortlichen Innenminister Stoph: „Wenn die Wanderungsstatistik nicht zuverlässig ist, werden auch die Bevölkerungszahlen unreal und rechtfertigen nicht den hohen Kosten- und Arbeitsaufwand für ein solches umfangreiches Zählwerk." Obwohl das ministerielle Schreiben von Grotewohl ebenso wie die Auslassungen von Stoph zeigen, wie stark das Meldewesen die Staatsräson der DDR betraf, fiel dem Chef der Volkspolizei in seinem Antwortschreiben nicht viel mehr ein, als die schwierigen Entstehungsbedingungen, den Personalmangel und die unterqualifizierten Arbeitskräfte im DDR-Meldesystem für die Fehler verantwortlich zu machen[84] – und natürlich Besserung zu geloben.[85]

Grotewohls Unzufriedenheit im Herbst 1954 bezog sich nicht nur auf die allgemeinen Zustände in den Abteilungen für Meldewesen, sondern auch auf die Grenzfragen im besonderen: Wie eine interne Analyse der allen regionalen PM-Abteilungen übergeordneten Hauptabteilung PM bei der HVDVP von Ende 1953 gezeigt hatte, war die illegale Auswanderung einer der wichtigsten Gründe dafür, daß das Meldewesen strukturell fehlerhaft blieb.[86] Immer häufiger wurde festgestellt, daß Menschen die DDR ohne reguläre Genehmigung und behördliche Abmeldung verließen, und daß Polizei und andere Meldestellen dies erst mit einigen Monaten Verspätung feststellten. Als Erklärung bot sich neben den Fehlern der Behördenmitarbeit vor allem der mangelhafte Meldeeifer der Hausbesitzer und Hausbuchbeauftragten an. Aber auch sie unterstanden den Abteilungen Paß- und Meldewesen.

---

[81] BArch DO 1/11, Nr. 969, Bl. 102–105.
[82] LdVP Mecklenburg, Leiter der Abt. VA, VP-Kommandeur Bachert, am 26. 9. 1950 an HVDVP HA VA (BArch DO 1/11, Nr. 969, Bl. 72). Zu Sachsen-Anhalt vgl. BArch DO 1/11, Nr. 969, Bl. 100 f.
[83] BArch DO 1/11, Nr. 969, Bl. 103.
[84] Diese Erklärungen für die zahlreichen Fehler in der Arbeit der PM-Abteilungen finden sich auch in fast allen Arbeitsberichten der Behörden selbst. Vgl. z.B. BArch DO 1/11, Nr. 969, Bl. 30 f. (20. 10. 1950).
[85] Schriftwechsel in: BArch DO 1/11, Nr. 962, Bl. 212 f. (Zitat Bl. 213) und BArch DO 1/11, Nr. 969, Bl. 111–120.
[86] BArch DO 1/11, Nr. 962, Bl. 113 ff.

Die immer wiederkehrende Kritik an der fehlerhaften Arbeit der Meldebehörden richtete sich auch weiterhin gegen die einzelnen Mitarbeiter, deren mangelhafte Kenntnisse und ungenügendes Engagement in unzähligen Berichten für die Probleme verantwortlich gemacht wurden. Langsam dämmerte den Meldebehörden aber die strukturelle Bedeutung der Auswanderung: Da sich kein illegaler Flüchtling bei den Behörden ordnungsgemäß in den Westen abmeldete und sich viele legale Besuchs- und Urlaubsreisen erst nach ihrem Ende als erfolgreiche Fluchtversuche entpuppten, entwickelten sich die Republikfluchten zu den Windmühlen des Don Quichotte, gegen die die Meldebehörden ganz offensichtlich keine Chance hatten. Abgesehen von den allgemeinen sicherheitspolitischen und antiwestlichen Erwägungen wurden die illegalen Grenzüberschreitungen zu einer strukturellen Niederlage des Staatsapparates gegenüber seiner eigenen Bevölkerung, die sich nicht erfassen ließ und nicht einmal die territorialen Staatsgrenzen anerkannte.

2.3 Pendelverkehr zwischen Ost und West

Die vierziger und fünfziger Jahre waren von einem regen Pendel- und Reiseverkehr zwischen der Ost- und den Westzonen geprägt. Es gab viele recht unkomplizierte Möglichkeiten, die Zonengrenzen legal oder illegal zu überwinden. Die Reisebeschränkungen hatten in der ersten Nachkriegszeit nur sehr geringe Wirkung. So passierten den Kontrollpunkt Arenshausen alleine in der Zeit vom 29. Oktober bis zum 23. November 1945 mehr als 275 000 Personen in beide Richtungen,[87] täglich also durchschnittlich mehr als 13 000 Menschen. Daß die Grenze auch nach den turbulenten ersten Nachkriegsmonaten für viele Menschen passierbar blieb, zeigen der kleine Grenzverkehr und der fortgesetzt rege Warenaustausch in der neuen Grenzregion[88] ebenso wie die zahlreichen Grenzgänger, die auf der einen Seite der Demarkationslinie lebten und auf der anderen arbeiteten;[89] eine beachtliche Gruppe stellten Landwirte dar, deren Höfe durch die Grenzziehung geteilt waren, so daß sie ihre Felder in einer Zone bestellten, in der sie nicht wohnten.[90]

Das neue Grenzregime konnte vor allem die berufsbedingte Mobilität nicht unterbinden.[91] Dies schien auch von keiner Seite ernsthaft angestrebt worden zu sein, denn nirgends wurden dafür eindeutige Gesetze erlassen. So stellte das Innenministerium Ende 1950 fest, daß die „Frage des kurzfristigen Grenzübertritts [...] bisher noch nicht geregelt" sei.[92] Ein Jahr zuvor hatte die HVDVP entschieden, daß nicht mehr jeder Bürgermeister Genehmigungen für den Grenzübertritt ausstellen könne, was bis dahin offenbar üblich

---

[87] Schubert, Interzonengrenze (1993), S. 77; weitere Zahlen bei Bessel, The Making of a Border (1996), S. 211 f.
[88] Vgl. Schubert, Interzonengrenze (1993); Bessel, The Making of a Border (1996).
[89] Vgl. zu den Grenzgängern an der Westgrenze der DDR: SAPMO-BArch DY 30/IV 2/13/11, Bl. 71 f., 127 f. (26. 5. 1952: 2 044 legale Grenzgänger); Schubert, Interzonengrenze (1993).
[90] Zu den Problemen, die sich daraus ergaben und die u.a. in einer Leserzuschrift an „Der Freie Bauer" (VdgB) artikuliert wurden, vgl. BArch DO 1/11, Nr. 953, Bl. 51-57.
[91] Zahlreiche Pendler, die auf der einen Seite der Grenze arbeiteten und auf der anderen Seite wohnten, erhielten Dauergenehmigungen für den Grenzübertritt, der allerdings zu festgelegten Zeiten an bestimmten Grenzübergängen erfolgen mußte, vgl. BArch DO 1/11, Nr. 953, Bl. 53.
[92] MdI 5. 12. 1950 (BArch DO 1/11, Nr. 936, Bl. 84).

gewesen war.[93] Die Bevölkerung hielt die unerlaubten Grenzübertritte für so selbstverständlich, daß Eingriffe der Grenzposten zuweilen zu massiven Protesten führten. In Groß Burschla (Thüringen) führte eine solche Auseinandersetzung sogar zum Tod eines lokalen SED-Funktionärs: Er akzeptierte die Verhaftung eines Grenzgängers im April 1951 ebensowenig wie die meisten Bewohner des Grenzortes. An der Spitze der Bevölkerung versuchte er daher, den Mann aus der Polizeihaft zu befreien. Dabei wurde er von übereifrigen Polizisten erschossen. Daß die Kugel gerade diesen Mann – nach Auskunft des späteren Untersuchungsberichts eines der „wenigen aktiven Mitglieder der [SED-]Ortsgruppe" – traf, läßt ahnen, wie gering die Akzeptanz für die Einschränkungsversuche bei der restlichen Bevölkerung in den Grenzkreisen war. Der Bericht über die dramatischen Vorgänge faßt den Grund dafür prägnant zusammen: „Die Mehrzahl der Bevölkerung hier an der D[emarkations]-Linie, einschließlich der Mitglieder der SED, sind legale bzw. illegale Grenzgänger."[94]

Tödliche Zwischenfälle wie den obengenannten hat es trotz der lückenhaften Überwachung schon vor der Abschottung der Westgrenze Ende Mai 1952 immer wieder gegeben. Neben Personen, die aus der DDR flüchten wollten, fielen den Grenzsoldaten auch Grenzgänger und Menschen, die die Grenze vom Westen aus illegal überschritten, zum Opfer. Im September 1950 wurde ein 20jähriger bei dem Versuch, die Trave bei Lübeck mit einem Schlauchboot zu überwinden, von einem Volkspolizisten erschossen.[95] Einen Monat später wurden zwei als Grenzgängerinnen bekannte junge Frauen beim Überqueren der sachsen-anhaltinischen Zonengrenze von Angehörigen der Volkspolizei beschossen und schwer verletzt. Eine von ihnen erlag wenig später im Krankenhaus ihren Verletzungen.[96] Bei der Kontrolle der Grenze und dem Schußwaffengebrauch ging es in dieser Zeit jedoch nicht in erster Linie um die Verhinderung von Republikfluchten, sondern um die Sicherung der Grenze als solcher. Dies zeigt allein die Tatsache, daß aus den Meldungen der Volkspolizei über die getöteten Grenzverletzer häufig nicht hervorgeht, ob diese die Grenze von Ost nach West oder in die umgekehrte Richtung überqueren wollten. Genaue Angaben über die Gesamtzahl der Todesopfer an der innerdeutschen Grenze liegen nicht vor. Die von der Arbeitsgemeinschaft 13. August ermittelten 69 Opfer allein zwischen Staatsgründung und Mai 1952[97] sind viel zu hoch gegriffen, da auch Leichenfunde unbekannter Personen, Schußwaffenunfälle im Grenzdienst, Selbstmorde von Grenzsoldaten sowie völlig unklare Fälle in die Statistik aufgenommen wurden.[98] Ebenfalls weit überzogen erscheint die von Bernd Eisenfeld gemachte Angabe von 180 Toten bis zum Mauerbau, für die er keine Quelle angibt.[99] Realistischer sind die Angaben von Volker

---

[93] BArch DO 1/11, Nr. 936, Bl. 27; ähnlich HVDVP, HA VA am 1. 2. 1950 bzgl. Interzonenpässen (BArch DO 1/11, Nr. 953, Bl. 19). Das Protokoll einer Tagung der HA Verwaltungspolizei bei der HVDVP am 24. 1. 1950 zeigt auch die unterschiedlichen Regelungen in den fünf Ländern der DDR. In Mecklenburg sei die Ausgabe von Grenzscheinen „bisher [...] nicht erforderlich." (BArch DO 1/07, Nr. 567, Bl. 6-10, hier Bl. 7).
[94] Dok. 9.
[95] Filmer/Schwan, Opfer der Mauer (1991), S. 159.
[96] Filmer/Schwan, Opfer der Mauer (1991), S. 161.
[97] Pressemitteilung der Arbeitsgemeinschaft 13. August e.V. vom 9. 8. 2005: Neue Zahl der Todesopfer des Grenzregimes der SBZ/DDR, zusammengestellt von Alexandra Hildebrandt, S. 13 f.
[98] Vgl. Koop, „Den Gegner vernichten" (1996), S. 352.
[99] Eisenfeld, Flucht und Ausreise (2002), S. 343.

2.3 Pendelverkehr zwischen Ost und West

Koop, der nur eindeutig dokumentierte Todesfälle aufgenommen hat und für den Zeitraum zwischen Januar 1949 und August 1961 auf 17 Todesopfer an der innerdeutschen Grenze sowie zwei Todesopfer in Berlin und am Ring um Berlin kommt.[100] Auch hier sind allerdings Opfer unter Grenzgängern, die Grenze von West nach Ost überschreitenden Personen und westdeutschen Zöllnern eingeschlossen.

Trotz solcher Vorfälle blieben die illegalen Grenzgänger auch für die DDR-Organe von nur nachgeordneter Bedeutung. Es gab nur wenige Grenzposten an der langen Demarkationslinie[101] und Grenzgänger erhielten auch nur geringe Strafen, wenn tatsächlich einmal gegen sie ermittelt wurde. Es wurden lediglich geringfügige Geldstrafen verhängt, die von Anfang September bis Mitte Oktober 1951 im Durchschnitt nur 14,50 Mark pro Person betrugen, zudem war bis Mitte November davon nicht einmal die Hälfte eingegangen.[102]

Ende Mai 1952 führten SED und Staatsapparat aber eine Großaktion durch, bei der die Grenze geographisch markiert, ihre Durchlässigkeit stark eingeschränkt und ihre politische Gültigkeit betont wurde. Von der Ostsee bis zur ČSSR erstellten die bewaffneten Organe der DDR eine 1 173,8 km lange[103] mehrstufige Grenzanlage: Unmittelbar an der Grenzlinie wurde ein zehn Meter breiter „Kontrollstreifen" gerodet und geharkt, der den Grenzsoldaten ein freies Blick- und Schußfeld bot. In einem etwa 500 m tiefen „Schutzstreifen" dahinter wurden alle Häuser, Fabriken und Geschäfte geräumt, und die etwa fünf Kilometer tiefe „Sperrzone" durchkämmten SED und Polizei während der Aktion anhand von vorbereiteten Listen nach Personen, die sie für politisch unzuverlässig hielten. Diese wurden in überfallartigen Nacht- und Nebelaktionen zwangsausgesiedelt, ohne daß sie selbst oder ihre Nachbarn näher über die Vorgänge aufgeklärt worden wären.[104]

Durch diese „Aktion Ungeziefer" und das verschärfte Grenzregime konnte die Demarkationslinie nicht mehr ohne weiteres passiert werden. Die Grenzmaßnahmen richteten sich allerdings weniger gegen die illegale Auswanderung, die über Berlin weiterhin mög-

---

[100] Koop, „Den Gegner vernichten" (1996), S. 354–357, 366. Koop listet darüber hinaus elf Todesopfer unter den Angehörigen der Grenzpolizei und -truppen auf, die von Flüchtlingen, Grenzgängern, Fahnenflüchtigen oder amerikanischen Soldaten erschossen wurden (S. 378 f.). Werner Filmer und Heribert Schwan führen aufgrund der Tagesberichte der Deutschen Volks- und Grenzpolizei 15 Todesfälle (ohne Grenzpolizisten) an der innerdeutschen Grenze an. Filmer/Schwan, Opfer der Mauer (1991), S. 153–166.
[101] Nach Bessel, The Making of a Border (1996), S. 205 f., kontrollierten anfangs etwa zehn Grenzpolizisten die Grenze auf einer Länge von acht bis 15 Kilometern. Ende 1948 stieg die Zahl auf etwa einen Doppelposten für ein bis zwei Kilometer. Daß die Kontrollen keineswegs immer rigoros waren, zeigt die Klage eines Polizisten aus Suhl vom Februar 1957, der resignierend auf „zwei Dauergrenzgänger (Geistesgestörte)" hinwies und fragte: „Besteht hier keine Möglichkeit, diese Menschen einmal zu belangen wegen der ständigen Grenzgängerei"? (BArch DO 1/11, Nr. 964, Bl. 65–81, hier Bl. 74).
[102] Seifert am 11. 2. 1952 an LdVP mit deutlicher Kritik an dieser laxen Praxis, BArch DO 1/11, Nr. 961, Bl. 17. Personen, die ihre Ausweise verloren hatten oder ähnliche Probleme mit der Grenz- und Meldepolizei hatten, wurden häufig illegaler Wirtschaftspraktiken verdächtigt und wegen Schmuggel und Schwarzhandel bestraft; vgl. dazu BArch DO 1/07, Nr. 567, Bl. 3 f.
[103] Vgl. Bennewitz/Potratz, Zwangsaussiedlungen (1994), S. 15. Später – und auch in der Bundesrepublik – wurde sie mit 1 381 km angegeben (Vgl. ebd.). Nach dem DDR-Handbuch des Bundesministeriums für innerdeutsche Beziehungen (1979), S. 573, war sie etwa 1 393 km lang.
[104] Dabei handelte es sich um etwa zwei Prozent der Bevölkerung (Bennewitz/Potratz, Zwangsaussiedlungen [1994], S. 63). Die rigorosen Maßnahmen der „Aktion Ungeziefer' lassen sich unter anderem mit der traditionellen sowjetischen Grenzpolitik erklären. Das Verlassen der Sowjetunion war seit 1934 strafrechtlich verboten und wurde mit der Todesstrafe geahndet.

lich blieb, als gegen die in der Grenzregion fast ungehinderte Ost-West-Kommunikation, den damit verbundenen westlichen Einfluß auf die Bevölkerung im Grenzgebiet[105] und gegen Schmuggler, deren Bedeutung die offiziellen Begründungen des Regimes allerdings ungebührlich hochspielten. Der offizielle Verordnungstext zur Schließung der Grenze vom 26. Mai 1952 enthielt nicht einmal einen Hinweis auf die Republikflucht;[106] auch das Politbüro sprach die Republikflucht nicht an, als es der Grenzschließung am 13. Mai 1952 zustimmte.

Von entscheidender Bedeutung für die Grenzmaßnahmen im Mai 1952 waren nicht gesellschafts- oder bevölkerungspolitische Fragen, sondern die Außen- und Deutschlandpolitik, die bei allen Grenzfragen mitschwang. So führte die DDR die gut vorbereitete Grenzaktion exakt einen Tag nach der Unterzeichnung des Generalvertrags zwischen der Bundesrepublik und den Westalliierten (26. Mai 1952)[107] und kurz nach der westlichen Ablehnung der Stalinnote vom 10. März 1952 durch. Stalin selbst hatte beim Besuch einer hochrangigen SED-Kommission in Moskau am 7. April 1952 die Schließung der Westgrenze gefordert und vor allem mit außenpolitischen Zielen begründet: „Ihr müßt auch euren eigenen Staat organisieren. Die Demarkationslinie [...] muß als eine Grenze betrachtet werden, und zwar nicht als einfache Grenze, sondern als eine gefährliche Grenze."[108] Zu dem Eindruck, daß sich die DDR im Frühsommer 1952 als etablierter und gegen den Westen armierter Staat zeigen wollte, paßt auch die Umstrukturierung der Grenzpolizei, die das Politbüro und das Sekretariat des ZK nur wenige Wochen später, am 21. und 22. Juli 1952 beschlossen. Sie wurde nicht nur ins Staatssicherheitsministerium umressortiert, sondern auch militarisiert und damit zu einem wichtigen Teil der entstehenden Verteidigungsstrukturen der DDR.[109]

---

[105] Bennewitz/Potratz, Zwangsaussiedlungen (1994), S. 33.
[106] Als einziger Grund wurde die Destabilisierung der DDR durch das Eindringen von „Spione[n], Diversanten, Terroristen und Schmuggler[n]" genannt (Dok. 2); vgl. auch GBl. S. 451 f. Die gleiche Argumentation mit fast identischem Wortlaut findet sich in der „Polizeiverordnung über die Einführung einer besonderen Ordnung an der Demarkationslinie" von Stasi-Chef Zaisser zum 27. 5. 1952 (BArch DO 1/11, Nr. 1128, Bl. 5; Dok. 10). Entsprechend hatte eine „Instruktion für die Kontrollpassierpunkte" vom Januar 1952 nur zwei „Hauptaufgaben" genannt – die „Kontrolle der Transportmittel, Güter, Zahlungsmittel und Devisen" und die „Bekämpfung des Schmuggels und des illegalen Güterverkehrs" – die Republikflucht aber nicht einmal erwähnt (SAPMO-BArch DY 30/IV 2/13/10, Bl. 135–163, hier Bl. 135).
[107] Vgl. Bessel, The Making of a Border (1996), S. 201 f.; Staritz, Geschichte der DDR (1996), S. 93 f. Am Tag der Grenzschließung selbst wurde der Vertrag über die Europäische Verteidigungsgemeinschaft abgeschlossen. Zu den Verträgen vgl. Baring, Außenpolitik (1969), S. 124–162; Doering-Manteuffel, Ära Adenauer (1994), S. 53–65; Grewe, Deutschlandvertrag (1993); Herbst, Option für den Westen (1996), S. 87–126.
[108] Wolkow, Die deutsche Frage (2000), S. 45 ff.; vgl. auch Badstübner/Loth, Wilhelm Pieck (1994), S. 396. Auch der sicherheitspolitische Aspekt spielte eine wichtige Rolle: „Viel zu frei bewegen sich die Agenten der Westmächte durch die Deutsche Demokratische Republik. Sie können bis zum äußersten gehen und Euch oder Gen. Tschuikow töten. Deshalb muß man einen starken Schutz der Grenze haben." Die von den SED-Vertretern eine Woche zuvor geäußerte Sorge über die Flucht der Intelligenz in den Westen spielte nach Darstellung von Wolkow bei den Erörterungen über die Grenzschließung in Moskau – ebenso wie in den andern von Pieck aufgezeichneten Gesprächen (Badstübner/Loth, Wilhelm Pieck [1994], S. 396–403) – keine Rolle.
[109] Vgl. dazu Diedrich, Grenzpolizei (1998), S. 208 ff. Auch der Aufbau des ostdeutschen Militärapparates stärkte die Eigenstaatlichkeit der DDR real und symbolisch, vgl. Wenzke, Kaderarmee (1994), S. 212; Diedrich, Der 17. Juni (1991), S. 18–27; zur Umgestaltung der Polizeiapparate vgl. Bessel, Grenzen des Polizeistaates (1996), S. 238–243.

Zahlreiche Personen, die im Zuge der „Aktion Ungeziefer" ausgesiedelt wurden bzw. werden sollten, flohen umgehend in den Westen. Dies bekümmerte die DDR-Organe zunächst aber nicht. Erst die Vertreter der SKK erklärten diese massenhafte Abwanderung in Gesprächen mit Vertretern der SED und der Polizeiorgane zu einer wichtigen politischen Frage und kritisierten den Ablauf der Umsiedlungen gerade wegen der hohen Fluchtzahlen.[110] Die SKK führte die Fluchten auf die „ausgesprochene Panikstimmung" in der Bevölkerung und auf die „offene Propaganda" der Kirche,[111] ebenso aber auf die schlechte Arbeit der Volkspolizei zurück. Allerdings beklagte auch die SKK nicht den gesellschaftlichen Verlust: „So kam es, daß nach dem Westen 4 435 Personen geflüchtet sind. Die Westpresse hat einen großen Lärm gemacht, und das wirkt sich nicht für die Autorität der DDR aus."[112] Auch für die Besatzungsmacht stellte die Republikflucht in erster Linie ein politisches Legitimationsproblem dar, nicht aber einen systematischen Wissens- und Wertverlust, der die gesamte DDR-Gesellschaft bedrohte. Immerhin begann sie nun aber, die Abwanderung systematisch wahrzunehmen und anzusprechen.

2.4 Die Abwanderung wird zum Problem

Sämtliche Statistiken in Ost und West zeigen den Anstieg des illegalen Verlassens der DDR seit Mitte 1952. Die steigenden Fluchtzahlen und die inzwischen konsolidierte Regierungs- und Behördentätigkeit führten dazu, daß nunmehr auch nicht unmittelbar mit Grenz- und Bevölkerungsfragen befaßte Behörden die Auswirkungen dieser Entwicklung erkannten und kritisierten. So klagte das Ministerium für Auswärtige Angelegenheiten der DDR am 2. April 1952 darüber, daß postalische Mitteilungen an Personen, die einen Ausreiseantrag ins Ausland gestellt hatten, wiederholt als unzustellbar zurückgekommen seien, weil die Betreffenden sich bereits ohne Genehmigung ins Ausland oder nach Westdeutschland abgesetzt hätten. Die Volkspolizei möge solche Fälle untersuchen und zugunsten einer reibungslosen und effizienten bürokratischen Arbeitsorganisation für Abhilfe sorgen.[113]

Schon einige Monate zuvor hatte sich das Verhalten der offiziellen Stellen in der DDR langsam geändert.[114] Durch die behördeninternen Schwierigkeiten infolge der illegalen

---

[110] Kurz nach den Ausweisungen an der Demarkationslinie kritisierten die beiden SKK-Vertreter Petrow und Chrenow die Flucht von bis zu 50 Prozent der auszusiedelnden Familien (4 435) gegenüber dem Minister für Staatssicherheit Zaisser und anderen deutschen Politikern als „Fehler" und „großen Mangel" (Aktennotiz, vermutlich am 21.6.1952 von Plenikowski erstellt, SAPMO-BArch DY 30/IV 2/13/10, Bl. 269–277, hier Bl. 274 f.); vgl. auch Bennewitz/Potratz, Zwangsaussiedlungen (1994), S. 76.
[111] SAPMO-BArch DY 30/IV 2/13/10, Bl. 270 f.; neben einem „frechen Brief" von Landesbischof Mietzenhain wurde das „loyal-neutral[e]" Verhalten von Probst Strebe in Heiligenstadt erwähnt.
[112] SAPMO-BArch DY 30/IV 2/13/10, Bl. 274. Ähnlich beurteilte der DVdI-Präsident und DVP-Chef Kurt Fischer schon 1949 die Flucht von Volkspolizisten als „ein Verbrechen, welches die Volkspolizei vor dem deutschen Volke diskreditiert" (Befehl Nr. 100/49 des Präsidenten der DVdI, abgedruckt in Glaser, „Reorganisation der Polizei" [1995], S. 319–322, hier S. 319).
[113] BArch DO 1/11, Nr. 961, Bl. 56.
[114] Nach Hirschman zeigt die Veränderung der Metapher, mit der SED und Staatsapparat die Auswanderung betrachteten, wie ihre „Selbstzufriedenheit [...] in Besorgnis" umschlug: Anfangs sei sie als „Sicherheitsventil", später aber als „Blutverlust" wahrgenommen worden (Hirschman, Abwanderung [1992], S. 338).

Auswanderung begannen die Hauptabteilung Paß- und Meldewesen und der Operativstab der Volkspolizei Ende 1951 schrittweise damit, sich systematisch für die illegale Auswanderung zu interessieren. Langsam tauchte das Thema in den Berichten der Behörde auf, die neben dem Meldewesen auch für die Ausgabe der Personalausweise, das Ausländerwesen, die Genehmigung von Interzonenreisen, das Sprengstoffwesen und die Überwachung von Vereinen, Versammlungen und Druckereien zuständig war.[115] Zum dritten Quartal des Jahres 1951 berichtete Hauptabteilungsleiter Lust am 20. Oktober 1951 über die deutsch-deutsche Fluchtbewegung noch unter der allgemeinen Überschrift „Erfahrungen und besondere Schwerpunkte". Immerhin stellte er kritisch fest, daß die Abwanderung in den Westen erheblich größer war als der Zuzug von dort. Als Konsequenz dieser aus Sachsen und Brandenburg mitgeteilten Zahlen habe die Hauptabteilung „für das IV. Quartal 1951 einen neuen Berichtsbogen entwickelt, der eine Analyse der Fluktuation der DDR und Westdeutschland geben soll. Es müssen daraufhin Maßnahmen eingeleitet werden, um derartige illegale Abgänge in Zukunft zu vermeiden."[116]

Auch in den „Monatsanalysen der polizeilichen Lage" des Operativstabes bei der HVDVP nahm die Aufmerksamkeit für die illegale Auswanderung zu. Am 15. Januar 1952 war sie noch nicht genau zu quantifizieren,[117] einen Monat später ging der Bericht schon ausführlicher auf das Thema ein und nannte Zahlen und einige besonders fluchtanfällige Berufsgruppen (Lehrer, Bauern, Facharbeiter und „Angehörige der Intelligenz"),[118] und im März beklagte der Operativstab die ungenügenden Angaben aus den Ländern und erkundigte sich selbst in einzelnen Kreisen nach dem Ausmaß, den Gründen und nach Einzelfällen der illegalen Auswanderung.[119] Nachdem Flucht und Abwanderung jahrelang bloß als konfliktfreie Lösung des ‚Klassenkampfes' oder als meldetechnisches Problem behandelt worden waren, wuchsen nun Unsicherheit und Neugierde. Einzelne Formulierungen im Bericht vom 16. April 1952 zeigen, daß die Verfasser ihre Unkenntnis über die Ursachen der zunehmenden illegalen Auswanderung noch nicht hinter allgemeinpolitischer Rhetorik verbargen: So hätten etwa 137 Bodenreformbauern in Seelow (Brandenburg) ihre Höfe verlassen wollen; als „Ursachen wurden die unglaublichsten Gründe, wie Rückkehr in den Beruf, Krankheiten usw. angeführt." Ferner wunderten sich die Verfasser des Berichtes darüber, daß selbst Neubauern flohen, die immer ihr Plansoll erfüllt hatten. Die Unfähigkeit der Volkspolizisten, die allgemeine Unzufriedenheit hinter solchen Gründen zu erkennen, spricht zwar nicht für ihre Nähe zur Bevölkerung; die Formulierungen und offenen Beschreibungen zeigen aber den Versuch, den Ursachen auf den Grund zu gehen. In einem anderen Bereich waren die Fluchtgründe offensichtlich und die ihnen zugrundeliegenden staatlichen Maßnahmen wurden von den Berichterstattern deutlich

---

[115] Am 1.1.1951 war die HA VA (Verwaltungsangelegenheiten) umstrukturiert und in die HA PM (Hauptabteilung Paß- und Meldewesen) umbenannt worden. Diese gliederte sich in die beiden Abteilungen Paß- und Meldewesen (mit den drei Referaten Meldewesen, Paßwesen und Ausweiswesen) und Überwachung (mit den drei Referaten Sprengstoff- und Giftüberwachung, Überwachung des Vereins- und Veranstaltungswesens und Überwachung der Druckereien, Vervielfältigungsbetriebe und Fotografen) sowie das Referat Schulung. Bis März 1951 übernahmen die Landesbehörden und Kreisämter der VP diese Struktur (BArch DO 1/11, Nr. 912, Bl. 2–21, hier Bl. 2).
[116] BArch DO 1/11, Nr. 912, Bl. 52 f.
[117] BArch DO 1/11, Nr. 1147, Bl. 1–7, v.a. Bl. 6.
[118] BArch DO 1/11, Nr. 1147, Bl. 8–18, hier Bl. 15 f.
[119] BArch DO 1/11, Nr. 1147, Bl. 19–34, hier Bl. 29–32.

kritisiert: Die Werbung der Volkspolizei zur Rekrutierung junger Männer verschlechtere „das Ansehen der VP [Volkspolizei] bei der Bevölkerung", und darüber hinaus würden „dem Gegner mit solchen Methoden Mittel in die Hände gegeben, die er gegen unsere gesamte demokratische Entwicklung auszunutzen versucht."[120] Die Erklärung der Republikflucht war noch nicht in die ideologischen Formeln gepreßt, mit denen sich SED und Staatsapparat in den folgenden Jahren selbst beruhigen und weitgehend handlungsunfähig machen sollten.

Die SKK spielte bei der zunehmenden Aufmerksamkeit gegenüber der Republikflucht eine wichtige Rolle.[121] Nachdem sie schon im Mai 1952 die Sperrung der Westgrenze der DDR wegen der sich an diese anschließenden Fluchten kritisiert hatte, verlangte sie in den Wochen danach wiederholt Informationen von Ost-Berliner Institutionen. Maron berichtete beispielsweise am 1. August 1952, daß im Juli 1952 6 475 Erwachsene und 1 740 Kinder aus Ost-Berlin und den fünf Ländern in den Westen verzogen waren.[122] Das Interesse der Besatzungsmacht richtete sich auch auf Details, die nicht zuletzt auf Schwächen der ostdeutschen Erhebungen aufmerksam machten. So schickte die Volkspolizei dem Leiter der Abteilung für administrative Angelegenheiten bei der SKK, Chrenow, einen acht eng getippte Seiten umfassenden Bericht über die „Differenzen zwischen den Wanderungsstatistiken des I. Quartals 1952 des Statistischen Dienstes und den statistischen Unterlagen der Deutschen Volkspolizei". Danach hatten die Landespolizeibehörden in Brandenburg, Mecklenburg, Sachsen und Thüringen 8 569 Personen weniger und in Sachsen-Anhalt 172 Personen mehr in ihren Republikfluchtstatistiken aufgeführt als die Statistischen Landesämter. Die Differenzen erklärte Maron damit, daß unbekannt verzogene Personen mal als republikflüchtig und mal als innerhalb der DDR „unbekannt verzogen" vermerkt wurden.[123] Der Anhang des Berichts enthielt noch diverse Einzelfälle von geflohenen Bauern: Ebenso wie Marons Entscheidung, die Berufsstruktur der Flüchtlinge genauer zu beachten, zeigte auch dies ein gesteigertes Bewußtsein für die Gefährdung der Funktionsfähigkeit der ostdeutschen Gesellschaft durch die seit 1952/53 verstärkte Flucht von Mitgliedern wichtiger Berufsgruppen.

Innerhalb weniger Monate hatte sich die Behandlung der Republikflucht stark verändert: Ihr Ausmaß ließ es nicht mehr zu, sie ausschließlich als Problem administrativer Ineffizienz oder nur als Beleg von ‚Klassenfeindschaft' zu behandeln. Der gesamtgesellschaftliche Verlust wurde unübersehbar und das Thema etablierte sich im öffentlichen wie im behördeninternen Diskurs. Das „Neue Deutschland" und andere Presseorgane hatten die Fluchtbewegung zwar bereits seit der Staatsgründung thematisiert; bis Ende 1952 lag der Schwerpunkt der Berichterstattung aber auf der Diffamierung der Flüchtlinge als Verbrecher, Kriminelle und Saboteure, die keinen Verlust für die DDR bedeuteten. Damit sollten westdeutsche Berichte über angebliche „politische Flüchtlinge" als Propaganda

---

[120] Leiter des Operativstabes, VP-Kommandeur Schmidt: „Analyse für den Monat März 1952", 16. 4. 1952, BArch DO 1/11, Nr. 1147, Bl. 35-58, hier Bl. 52 f. Zu Fluchten aufgrund der „rigide[n] Werbemethoden" für die KVP vgl. Wenzke, Fahnenflucht (1998), S. 259; Ackermann, Der „echte" Flüchtling (1995), S. 197-200.
[121] Die SMAD hatte sich schon in der ersten Jahreshälfte 1949 mit einem Aspekt der illegalen Auswanderung beschäftigt und die deutschen Behörden aufgefordert, Maßnahmen gegen die Desertionen aus der Volkspolizei einzuleiten (Wenzke, Fahnenflucht [1998], S. 260).
[122] BArch DO 1/11, Nr. 961, Bl. 113.
[123] BArch DO 1/11, Nr. 961, Bl. 114-120.

entlarvt werden.[124] Anfang 1953 tauchte der Begriff „Republikflüchtling" auf und es wurde vermehrt über die trügerischen Verlockungen des „goldenen Westens" sowie über zahlreiche Menschen, die reumütig in die DDR zurückkehrten, berichtet.[125] Der gesellschaftliche Verlust wurde zwar noch nicht – wie später, als Republikflüchtige als „Verräter" gebrandmarkt wurden – direkt thematisiert, doch war die Stoßrichtung deutlich: Bewohner der DDR sollten vom Verlassen der Republik abgeschreckt werden.[126] Etwa zur gleichen Zeit begann die Spitze der SED, sich mit dem Thema zu beschäftigen. So widmete sich das Sekretariat des ZK ab Mitte 1952 regelmäßig der unkontrollierten Abwanderung. Wichtig war vor allem die Flucht von zahlreichen Mitgliedern der technischen, wissenschaftlichen und medizinischen Intelligenz. Solche Fachleute und Spezialisten hatten schon seit der ersten Nachkriegszeit eine besondere Behandlung erfahren: „Die alte Bildungselite stand unter politischem Generalverdacht, sollte aber, weil für den Wiederaufbau unentbehrlich, als politisch neutralisierte Funktionselite integriert werden."[127]

Der ideologisch motivierten Politik gegen Wissenschaftler, Mediziner und andere Fachleute und der Umgestaltung ihres Berufsfeldes waren durch die Teilung Deutschlands engere Grenzen gesetzt als in den anderen Ländern im sowjetischen Einflußbereich. In der DDR durften sie weder politisch noch in ihrem Beruf zu sehr verschreckt werden, da den meisten von ihnen gute Startmöglichkeiten im Westen offenstanden. Schon im November 1951 notierte Wilhelm Pieck während eines Gesprächs mit Vertretern der SKK: „Intelligenz – Flucht in den Westen. Angst vor Verhaftung. Maßnahmen zum Verbleiben."[128] Wenig später beschäftigte sich das Sekretariat mit dem arroganten Verhalten von Genossen gegenüber Wissenschaftlern und Akademikern und kritisierte, daß es in der SED „noch immer sektiererische Einstellungen gegenüber der Intelligenz" gebe.[129] Auch Anfang April 1952, als Ulbricht, Pieck, Grotewohl und Fred Oelßner in Moskau weilten und zwei Gespräche mit Stalin führten, wurde die Behandlung der fluchtanfälligen Spezialisten angesprochen.[130]

Bei fast allen diesen Gelegenheiten stand auch die Verbesserung der materiellen Lage der Intelligenz auf der Tagesordnung. Doch dies war nur die eine Seite der Medaille zur

---

[124] Vgl. z.B. ND Nr. 303 v. 28. 12. 1949, S. 6, Nr. 76 v. 30. 3. 1950, S. 6, Nr. 195 v. 24. 8. 1951, S. 6, Nr. 124 v. 28. 5. 1952, S. 8.
[125] Vgl. z.B. Dok. 41; ND Nr. 61 v. 13. 3. 1953, S. 3, Nr. 174 v. 28. 7. 1953, S. 5
[126] 1953 erschien auch die erste illustrierte Broschüre zum Thema mit dem Titel „Vom goldenen Westen geheilt", die ebenfalls der Abschreckung dienen sollte. Zum behördeninternen Diskurs vgl. Aktenvermerk über den Besuch von Bischof Heinrich Wienken am 23. 3. 1953 bei der Parteileitung der CDU, bei dem sich der Bischof u.a. „nachdrücklich" gegen die Republikflucht ausgesprochen habe (ACDP VII-013, Nr. A1763) sowie die Anweisung der HA PM vom 29. 10. 1952 an alle BDVP, daß rückwirkend zum 1. 1. 1952 Listen mit allen Republikflüchtigen zu erstellen seien (BArch DO 1/11, Nr. 961, Bl. 179).
[127] Ernst, Von der bürgerlichen zur sozialistischen Profession (1996), S. 27.
[128] Badstübner/Loth, Wilhelm Pieck (1994), S. 379 f.
[129] SAPMO-BArch DY 30/J IV 2/3-253, S. 3, 17 f. Ebenfalls am 10. 12. 1951 beschloß das Sekretariat des ZK die „systematische[] Werbung von Angehörigen der technischen und wissenschaftlichen Intelligenz in Westdeutschland zur Übersiedlung und Arbeitsaufnahme" in der DDR: Die polemische Dauerkritik an der angeblich illegitimen Abwerbung von Fachleuten im Westen spiegelte nur die eigenen Vorhaben und ihr Scheitern (SAPMO-BArch DY 30/J IV 2/3-253, Bl. 12 f.).
[130] Vgl. die Darstellung der Gespräche bei Wolkow, Die deutsche Frage (2000), S. 45, sowie Piecks handschriftliche Notizen, in denen Einzelverträge, eine bessere Entlohnung der technischen Intelligenz und anscheinend auch ein größerer Anreiz zu mehr Eigeninitiative beschlossen wurden (Badstübner/Loth, Wilhelm Pieck [1994], S. 382-385).

2.4 Die Abwanderung wird zum Problem   41

Verhinderung von Republikfluchten. Auf der anderen standen Restriktionen und Repression: So beschloß das Sekretariat des ZK etwa zehn Wochen nach dem erwähnten Gespräch mit Stalin zum ersten Mal drastische Sanktionen gegen die illegale Auswanderung. Unter Tagesordnungspunkt 36 beschäftigten sich die Parteiführer am 19. Juni 1952 mit der Übersiedlung von Wissenschaftlern in den Westen: Der Minister für Volksbildung und weitere staatliche Funktionsträger wurden angewiesen, „Angehörigen der Intelligenz in keinem Falle die Zustimmung zur Verlegung ihres Wohnsitzes und Arbeitsortes nach Westdeutschland und Westberlin zu geben." Interessanter als die Begründung, die sich wieder der gesamtdeutschen Rhetorik bediente – als „Grund" nannte die SED die „Annahme des Generalvertrages durch die Adenauer-Regierung" –, waren die Sanktionen: Das Innenministerium erhielt den Auftrag, „eine Anordnung herauszugeben, daß in allen Fällen, in denen Familien das Gebiet der DDR verlassen haben oder verlassen wollen und nach Westberlin und Westdeutschland gegangen sind oder gehen werden, die Wohnungen mit allem Zubehör und Inhalt durch den zuständigen Kreisrat zu beschlagnahmen sind. In Fällen, wo geflüchtete Personen Angehörige in der DDR zurücklassen, sind diese aus ihrem Heimatort auszusiedeln und in anderen Orten unterzubringen." Republikflüchtige wurden also enteignet und ihre zurückgebliebenen Angehörigen in Sippenhaft genommen.[131] Diese Anordnung löste die werbenden Maßnahmen zur Verbesserung der Lebensbedingungen von Wissenschaftlern allerdings nicht ab, sondern sollte sie ergänzen.[132] Auch in der folgenden Zeit standen Werbung und Restriktionen unvermittelt nebeneinander: Am 1. September 1952 beschloß das Sekretariat etwa sowohl die „Erhöhung der Gehälter von Wissenschaftlern, Ingenieuren, Technikern" als auch den Vorschlag an das Politbüro, verschiedene in der DDR und Ost-Berlin beschäftigte Persönlichkeiten zu ihrem Wegzug aus West-Berlin zu verpflichten.[133] Am 9. September 1952 schließlich setzte das Politbüro eine eigene Kommission für Fragen der Republikflucht ein.[134] Besondere

---

[131] SAPMO-BArch DY 30/J IV 2/3/300, Bl. 11; vgl. auch „Verordnung zur Sicherung von Vermögenswerten" vom 17.7.1952 (Dok. 3), in der von Sippenhaft jedoch keine Rede ist; die Verordnung wurde am 11.6.1953 vom Ministerrat wieder aufgehoben (Dok. 5). In NVA-Propagandaunterlagen vom 1.11.1952 wird Deserteuren, die meistens auch in den Westen gingen, vorgeworfen, ihr „Verbrechen" werfe „nicht nur einen unauslöschlichen Makel auf den Deserteur selbst, sondern auch auf seine Familie, für die aus diesem Verbrechen schwerste Folgen entstehen" (zitiert nach: Wenzke, Fahnenflucht [1998], S. 254).
[132] In den Notizen Piecks zur Vorbereitung der wenige Wochen später abgehaltenen Zweiten Parteikonferenz vom 9. bis 12.7.1952 werden die positiven Maßnahmen betont: „*Behandlung der Intelligenz* – Abfluß nach Westen. pol. u. materiell – Abschluß von Einzelverträgen. [...] Zusätzliche Lebensmittel – Wohnungen. Patente. Literatur-Konferenzen." Direkt darauf folgend noch der Punkt: „*Verhältnis zu Großbauern*". Für die „Schlußkonferenz" des Zweiten Parteitages notierte Pieck: „Bessere Bezahlung der Ingenieure [...] qualifizierte Arbeiter besser bezahlen als unqualifizierte" (Badstübner/Loth, Wilhelm Pieck [1994], S. 391, 397).
[133] SAPMO-BArch DY 30/J IV 2/3-321, Bl. 1-5; ähnliches hatte das ZK Sekretariat bereits am 3.7.1952 beschlossen (SAPMO-BArch DY 30/J IV 2/3-306, Bl. 9).
[134] Hausmitteilung der Abt. Staatliche Verwaltung (Willi Barth) an Franz Dahlem, 25.9.1952, SAPMO-BArch DY 30/IV 2/13/393, Bl. 5. Über die Zusammensetzung der Kommission und die im Dokument angesprochene Wahl durch das Politbüro finden sich keine Hinweise in den Akten. Anders als Ross, „...sonst sehe ich mich veranlasst, auch nach dem Westen zu ziehen" (2001), S. 615 und Major, Going West (2002), S. 203, suggerieren, sind die in der gleichen Akte zu findenden „Vorschläge für Maßnahmen gegen die Republikflucht und zur Werbung von Fachkräften in Westdeutschland" (Bl. 6-22) nicht von der Kommission ausgearbeitet worden, sondern wurden *für* diese von der Abt. Staatliche Verwaltung als Arbeitsgrundlage erstellt. Die Vorschläge wurden von Barth überdies als „mangelhaft" bewertet.

Bedeutung entfaltete diese offenbar aber nicht, denn erst im Mai 1956 wartete sie mit einem ausführlichen Bericht auf.[135]

Neben den vorwiegend gegen den Verlust von Fachpersonal gerichteten Maßnahmen zur Verhinderung der illegalen Auswanderung[136] ließ sich das Sekretariat des ZK auch Berichte über die Abwanderungsbewegung vorlegen.[137] Am 8. Dezember 1952 nahm es eine ausführliche Darstellung von Maron zur Kenntnis und diskutierte sie gemeinsam mit dem Problem der fortgesetzt intelligenzfeindlichen Tendenzen in Fabriken der DDR.[138] Zwei Wochen später folgten Taten:[139] Das Sekretariat beschloß „Maßnahmen gegen die Republikflucht und zur Werbung von Fachkräften aus Westdeutschland", die den bisherigen, auf Spezialisten beschränkten Rahmen überschritten. Die Republikflucht wurde als gesamtgesellschaftliches Problem erkannt und behandelt. Der Text breitete das gesamte Spektrum an Themen, Interpretationen und Maßnahmen aus, mit dem in den nächsten neun Jahren in der DDR die offiziellen Debatten über die illegale Auswanderung bestritten wurden. Schon das im Titel formulierte Vorhaben, diese nicht nur zu verhindern, sondern gleichzeitig durch den Zuzug von Westdeutschen in die DDR zu kompensieren, zeigt an, daß Verbote und Kontrollen mit werbenden Maßnahmen verbunden wurden.

Angesichts der Erfahrungen in allen Orten, Behörden und Betrieben, daß immer wieder einzelne Mitbürger und Kollegen in den Westen gingen, und durch die Stellungnahmen der obersten Partei- und Staatsorgane hatte sich das Problembewußtsein für die Folgen der Auswanderung langsam in der ganzen DDR etabliert. Ein ausführlicher Bericht der Rostocker Polizei dokumentiert, daß die Abwanderung Ende 1952 auch auf Bezirks- und Kreisebene als gesellschaftliches Problem erkannt und daß auch dort versucht wurde, konkret gegen sie vorzugehen.[140] Entscheidend für die neue Aufmerksamkeit war weniger die Quantität der Flüchtlinge als die langsame Einsicht in die Folgen des Verlustes von Fachwissen: „Insbesondere wurden aber Personen republikflüchtig, die für unsere Republik von Interesse und Bedeutung sind." Dazu zählte der Verfasser „Wissenschaftler, technische Intelligenz, sonstige Intelligenz, Großbauern, Mittel- und Kleinbauern [und] Spezialarbeiter". Ansatzweise analysierte der Bericht auch die Gründe und die soziale Zusammensetzung der Flüchtlinge: Neben anhängigen Strafverfahren, der Familienzusammenführung im Westen und wirtschaftlichen Schwierigkeiten

---

[135] Vgl. Dok. 16.
[136] Weiterhin gab es privilegierende (ZK Sekretariat: 11. 9. 1952: Interzonenpässe, höhere Gehälter und Einzelverträge; ZK Sekretariat: 30. 3. 1953: Verbesserungen) und repressive Maßnahmen (ZK Sekretariat: 16. 4. 1953: Keine Westzeitschriften). Für weitere Maßnahmen vgl. die Protokolle der Sitzungen des ZK Sekretariats: 23. 3. 1953 („Kampf gegen die Flüchtlingshetze der feindlichen Agenturen"), 27. 4. 1953 (öffentliche Prozesse gegen Abwerber), 4. 5. 1953 (Unterbindung des Schiffsverkehrs nach West-Berlin) (Dok. 22; SAPMO-BArch DY 30/J IV 2/3-371, Bl. 3; 2/3-379, Bl. 32 f.; 2/3-380, Bl. 17) sowie die „Verordnung über die Neuregelung der Lebensmittelkartenversorgung" vom 9. 4. 1953, die Grenzgänger vom Bezug von Lebensmittelkarten ausschloß (GBl. I, Nr. 48, 14. 4. 1953, S. 543).
[137] ZK Sekretariat: 4. 9. 1952 (Bericht), SAPMO-BArch DY 30/J IV 2/3/322; ZK Sekretariat: 30. 3. 1953 Verbesserungen und Grenzanlagen (Bericht); die entsprechenden Unterlagen fehlen zwar in der Akte, aber die Tagesordnung vom 1. 6. 1953 enthält den Hinweis, daß sich das ZK Sekretariat in dieser Sitzung über die Flucht von Ärzten berichten ließ.
[138] SAPMO-BArch DY 30/J IV 2/3/346, Bl. 10 f.
[139] Dok. 22; SAPMO-BArch DY 30/J IV 2/3 A-334.
[140] Zu den beiden folgenden Absätzen vgl. Dok. 13.

flüchteten die Menschen auch wegen hausgemachter Mißstände der DDR, etwa der überbordenden Staatsbürokratie. Trotz einzelner solcher kritischer Hinweise blieb die Analyse insgesamt in den engen Grenzen, die schon früh für fast alle Staats- und SED-Organe verbindlich wurden; entsprechend findet sich im Bericht auch der obligatorische Hinweis auf die Feinde der DDR und die „Agenten und Handlanger des anglo-amerikanischen Imperialismus", die sich allerdings zum Teil erst durch ihre Flucht als solche ‚enttarnten'. Mit diesem Blickwinkel bereitete es gewisse analytische Probleme, daß nicht nur die Zielscheiben der Enteignungs- und Benachteiligungspolitik der SED weggingen, sondern auch immer mehr besitzlose Arbeiter, Angestellte und Bauern. Zur Erklärung und Beruhigung räsonierte der Schreiber darüber, daß die geflohenen Kleinbauern eventuell die 1945 enteigneten und mit kleinen Parzellen entschädigten Großbauern waren. Damit schien das Problem gelöst: „Die Abwanderung dieser Menschen wird unserem Aufbau wohl kaum zum Nachteil gereichen". Wie unbekümmert das Thema weiterhin behandelt wurde, zeigt auch die Darstellung der ‚erfolgreichen' Reintegration eines Mittelbauern aus Kädershagen im Kreis Bützow, der vor seiner angeblich geplanten Auswanderung nach Afrika verhaftet und dem MfS übergeben worden war. Am Tag nach seiner Entlassung habe ihn ein Kriminalpolizist schon „wieder beim Roden seiner Kartoffeln" gesehen: „Auf die Frage des Kriminalisten, was nun die Leute im Dorfe sagen, daß er von Afrika schon wieder zurück sei, antwortete er nur mit einem Lachen."

Dennoch sollte das Problem nicht mehr auf die leichte Schulter genommen werden, nachdem es „von fast allen verantwortlichen Stellen im Bezirk Rostock zu spät erkannt" worden sei: „Die Bedeutung der Republikflucht und ihre Auswirkung auf unseren Aufbau wurde unterschätzt". Die Volkspolizei erklärte es sogar „zum Schwerpunkt" ihrer Arbeit und führte in den Kreisen regelmäßige Gesprächsrunden ein, in denen der Erste Kreissekretär der SED, der Landrat, ein Vertreter der Erfassung beim Rat des Kreises und der Staatsanwalt die Ursachen erforschen sollten. Weiter sollten die Kreispolizeiämter bei jeder Flucht eine kriminalpolizeiliche Untersuchung einleiten, alle Fälle an das MfS übergeben und zudem die bislang fehlende Zusammenarbeit mit Verwaltung, MfS „und der Partei" einleiten, denn „die Bekämpfung der Republikflucht *kann und darf nicht alleine eine volkspolizeiliche Aufgabe sein und bleiben.*" Die sicherheitspolitischen Maßnahmen, zu denen auch die verstärkte Überprüfung von Zugpassagieren auf dem Weg nach Berlin zählte, reichten aber nicht aus. Mit dem klassisch kommunistischen Anspruch, gesellschaftliche Probleme durch zentrale Steuerung lösen zu können, formulierte die Rostocker Polizei ihre Hoffnung, die ‚richtigen' Menschen zum Verbleib und die Gegner zur Flucht bringen zu können: „in jedem Falle" sei die illegale Auswanderung „in administrativer wie auch ideologischer Hinsicht zu lenken."

Dieser Anspruch weitestgehender gesellschaftlicher Steuerung konnte aber kein Lösungsansatz sein, denn er selbst war einer der entscheidenden Gründe für das Problem. Viele Menschen flohen, weil sie sich einem zunehmend rabiaten Zugriff durch die Technokraten der SED entziehen wollten. Daß die rücksichtslos durchgeführten Zwangsaussiedlungen an der Westgrenze der DDR zum Anlaß für verstärkte Flucht einerseits und eine intensivere Beschäftigung mit dem Problem in der DDR andererseits wurden, war daher symptomatisch. Die im Westen wie im Osten registrierte Zunahme der Abwanderung in die Bundesrepublik seit der Abriegelung der Grenze im Mai 1952 war aber kein bloß temporäres Problem, sondern nur der Beginn einer der größten Fluchtwellen in der Geschichte der DDR.[141] Die Verschärfung des Grenzregimes war nur eine der Ursachen. Zeitlich wie kausal ging sie mit weiteren politischen Maßnahmen in der DDR einher, deren Kristallisationspunkt die Zweite Parteikonferenz der SED vom 9. bis 12. Juni 1952 war.

Im Juni ließ die SED-Spitze ihre Parteidelegierten entscheiden, daß sich die DDR nun der „planmäßigen Errichtung der Grundlagen des Sozialismus" zuwenden würde. Die Losung vom „Aufbau des Sozialismus"[142] war nicht bloß Rhetorik, sondern praktisches Programm. Massive politische und wirtschaftliche Gewichtsverlagerungen setzten ein: So bestätigte die SED den seit 1950 eingeschlagenen Weg zum beschleunigten Ausbau der Schwerindustrie, womit der Dienstleistungssektor und vor allem die Herstellung von Konsumgütern in den Hintergrund rückte, obwohl deren Verfügbarkeit in der Bevölkerung eine der entscheidenden Meßlatten im Vergleich zwischen der ost- und der westdeutschen Gesellschaft war. Die Landwirtschaft stellte die SED nun unter die Leitlinie der forcierten Kollektivierung, wobei sie die durchaus vorhandenen Sympathien vieler Bauern und Neubauern für genossenschaftliches Wirtschaften durch den kampagnenhaften Stil unterminierte. Zahlreiche Landwirtschaftliche Produktionsgenossenschaften (LPG) entstanden daher unfreiwillig und unter großem Druck. Im Zuge der Auflösung der fünf Länder Ende Juli 1952 wurde die auch zuvor keineswegs liberale staatliche Bürokratie[143] erneut politischen Überprüfungen ausgesetzt. Die letzten Reste von Föderalismus, Selbstverwaltung und Landestraditionen wurden abgeschafft, und zahlreiche Personen, die in den Augen der SED nicht hundertprozentig loyal waren, wurden entlassen. Der Festigung des eigenen Staates diente auch die militärische Aufrüstung, die das Land finanziell belastete[144] und politischen Unmut über die Rekrutierung junger Männer auslöste. Eine neue Schul- und Hochschulpolitik, die Propagierung des ‚sozialistischen Realismus' in den bildenden Künsten, die Maßnahmen gegen die ‚Junge Gemeinde' und weitere Kirchenkreise, der Ausbau des hauptamtlichen SED-Apparates und die bereits 1951 eingesetzten SED-internen Überprüfungskommissionen[145] waren weitere Facetten

---

[141] Nach der Grenzschließung stellten auch die westdeutschen Institutionen einen entscheidenden Sprung fest: Die monatlichen Anträge im Notaufnahmeverfahren stiegen vom Mai bis zum Juni 1952 von 9 793 auf 16 883 an. Daß dies nicht alleine auf die Flucht der Zwangsausgesiedelten zurückzuführen war, zeigen die in den folgenden Monaten weiterhin hohen Auswanderungszahlen. Vgl. die Grafik bei Heidemeyer, Flucht und Zuwanderung (1994), S. 338.

[142] „Zur gegenwärtigen Lage und zu den Aufgaben im Kampf für Frieden, Einheit, Demokratie und Sozialismus". Beschluß der II. Parteikonferenz (9. bis 12. Juli 1952), in: Dokumente der SED, Bd. IV, S. 70–78, hier S. 73. Zu den in folgenden zusammengefaßten Entwicklungen des Jahres 1952/53 vgl. Weber, Die DDR (2006), S. 36–41; Kowalczuk/Mitter, ‚Die Arbeiter sind zwar geschlagen' (1995), S. 34–48; Hoffmann, DDR unter Ulbricht (2003), S. 38–55. Zur Zweiten Parteikonferenz und den etwa zeitgleich eingeleiteten Maßnahmen zum forcierten Aufbau des Sozialismus mit Schwerpunkt bei den Staatsorganen, den Bauern („Klassenkampf im Dorf"), der Militarisierung und ihren ökonomischen Folgen vgl. Fricke, Zur Geschichte (1999), S. 20–25.

[143] Fast die ganze staatliche Bürokratie lag schon vor der Gründung der DDR in kommunistischer Hand. Vgl. dazu van Melis, Entnazifizierung (1999), S. 123–149; Brunner, Verwaltung (1983), S. 1223–1232.

[144] Vom Sommer 1952 bis zum Sommer 1953 gab die DDR über 2 Milliarden Mark für die eigene Rüstung aus und weitere 1,95 Milliarden Mark für die in der DDR stationierten Truppen der UdSSR (vgl. Diedrich, Militärische Aspekte [1992], S. 367). Auch für die verschärfte Bewachung der Westgrenze wurde viel Personal benötigt.

[145] Das ND veröffentlichte das Ergebnis der Überprüfungen und der Aushändigung der neuen Mitgliedsbücher: 150 696 Mitglieder und Kandidaten wurden aus der Partei ausgeschlossen (Otto Schön: Zum Ergebnis der Überprüfung der Parteimitglieder und Kandidaten, in: ND Nr. 107 v. 7. 5. 1952, S. 2).

2.4 Die Abwanderung wird zum Problem

des radikalisierten Kurses, den die SED-Führung der eigenen Partei und der gesamten Gesellschaft aufdrückte.

Die Anstrengungen zum „Aufbau des Sozialismus" hatten drastische Auswirkungen auf den Alltag der Bevölkerung. Die materiellen Lebensbedingungen verschlechterten sich und die politische Repression nahm zu. Beispielsweise erklärte die SED-Führung zum Jahreswechsel 1952/53 verschiedene Mitglieder des Ost-Berliner Regierungs- und Verwaltungsapparates zu Feinden der DDR und veranlaßte deren Verhaftung.[146] Ähnlich erging es zahlreichen weniger prominenten Bürgern, gegen die die politisierte Justiz 1952/53 drakonische Strafen aussprach. Einige davon hatten sich durch politisch abweichende Meinungen ‚schuldig' gemacht; andere wurden in willkürlicher Manier etwa nach der „Wirtschaftsstrafverordnung" oder dem „Gesetz zum Schutze des Volkseigentums" verurteilt, darunter Arbeiter und Ingenieure, denen Betriebsunfälle als Sabotage ausgelegt wurden, oder mittelständische Unternehmer, die auf diese Weise enteignet wurden.[147]

Der verschärfte Kurs führte zu wirtschaftlichen Problemen und politischer Unruhe. So kam es in zahlreichen Betrieben zu Arbeitsniederlegungen und innerbetrieblichen Auseinandersetzungen, die sich zwar „nicht grundlegend von denen früherer Jahre" unterschieden, deren Anzahl aber stark zunahm.[148] Zusätzlich zu den politischen Verschärfungen wuchsen infolge der neuen Industrie- und Agrarpolitik die Versorgungsprobleme im Land.[149] Diese Entwicklungen riefen zunehmende politische Unsicherheit und Unzufriedenheit in der Bevölkerung hervor, weil sie weit mehr Menschen betrafen als die unmittelbaren Opfer der SED-Politik. Die Probleme und der Handlungsdruck auf die SED wurden unübersehbar.[150]

Daß die Veränderungen zu weit gegangen waren, zeigte sich nicht zuletzt an Gerüchten über massive Differenzen in den Führungsgremien von Partei und Staat, die die SED in ihren politischen Lageberichten sorgfältig notieren ließ.[151] So verbreitete sich im Mai 1953 die Geschichte, Wilhelm Pieck sei in die Schweiz geflohen und dabei angeschossen wor-

---

Vgl. dazu auch die Entschließung des ZK vom 20. Oktober 1951 (7. Tagung), in: Dokumente der SED, Bd. III, S. 589–601.

[146] Als Sündenböcke für die wirtschaftlichen Schwierigkeiten wurden im Dezember 1952 der Minister für Handel und Versorgung, Karl Hamann (LDPD), und sein Staatssekretär Paul Baender (SED) verhaftet; im Januar 1953 verschwand sogar der Außenminister der DDR, Georg Dertinger (CDU), wegen angeblicher Verschwörung im Gefängnis, vgl. Beckert, Die erste und letzte Instanz (1995), S. 114–150.

[147] Einen allgemeinen Überblick zur Justiz in den fünfziger Jahren bietet Werkentin, Politische Strafjustiz (1995); zur politischen Instrumentalisierung des Wirtschaftsstrafrechts vgl. Braun, Zentrale Kommission (2000).

[148] Kowalczuk/Mitter, ‚Die Arbeiter sind zwar geschlagen' (1995), S. 43.

[149] Weber, Die DDR (2006), S. 37 f. Da es auch in der DDR nach dem Krieg eine schnelle und erhebliche Verbesserung der Versorgung gegeben hatte, speiste sich die Kritik vor allem aus dem Vergleich mit der Bundesrepublik, deren Wirtschaftswachstum erheblich stärker war. Dies zeigt auch der von Foitzik veröffentlichte Bericht „Über die Ereignisse vom 17. bis zum 19. Juni 1953 in Berlin und der DDR sowie einige Schlußfolgerungen daraus" einiger ranghoher sowjetischer Außen- und Deutschlandpolitiker, die eine „radikale Verbesserung der Lebensmittelversorgung der Bevölkerung der DDR" forderten, um „die Erhöhung des Lebensniveaus der Bevölkerung der DDR auf das Niveau der Bevölkerung Westdeutschlands" zu erreichen (Foitzik, Hart und konsequent [2000], S. 45 f.).

[150] Mit Blick auf den 17. 6. 1953 vergleicht Fricke, Zur Geschichte (1999), S. 25, die Stimmung 1952/53 mit dem „Wetterleuchten eines aufziehenden politischen Gewitters".

[151] Kowalczuk/Mitter, ‚Die Arbeiter sind zwar geschlagen' (1995), S. 48.

den.[152] Diese Phantasie über den Präsidenten der DDR, der weniger unbeliebt war als die meisten anderen Ost-Berliner Spitzenpolitiker, zeigt, daß viele Bürger die von Ulbricht dominierte Situation für aussichtslos hielten. Immer mehr Menschen beendeten ihre Konflikte, die sie aufgrund des herrschenden politischen Kurses für nicht lösbar hielten, mit der Flucht in den Westen.

---

[152] SED, Kreisleitung Rathenow am 29. 5. 1953 an die Bezirksleitung, Abt. Leitende Organe der Partei und Massenorganisationen, Sektor Parteiinformation: Bericht über die politische Lage im Kreis Rathenow, SAPMO-BArch DY 30/IV 2/5/273, Bl. 39–45, hier Bl. 43. Solche Gerüchte hatte es auch schon vorher gegeben und zahlreiche SED-Politiker – wie Erich Gniffke und Wolfgang Leonhard – flohen tatsächlich aus der SBZ/DDR.

3. Maßnahmen gegen die Republikflucht 1952-1961: Die Wirkungslosigkeit von Zuckerbrot und Peitsche

Die SBZ bzw. DDR zählte bis 1961 niemals mehr als 19 Millionen Einwohner.[1] Innerhalb von sechzehn Jahren gingen etwa drei Millionen davon nach Westdeutschland. Seit 1951 waren dies nur in einem Jahr erheblich weniger als ein Prozent der Bevölkerung.[2] Die Auswanderung war somit ein chronisches Problem des ostdeutschen Staates; die deutschen und sowjetischen Kommunisten bauten eine Gesellschaftsordnung auf, die von großen Teilen der Bevölkerung nicht akzeptiert wurde. Daher war die Bereitschaft, die Heimat zu verlassen und Zuflucht im westlichen Teil Deutschlands zu suchen, stark ausgeprägt. Angesichts ihres Umfangs und ihrer Kontinuität erscheinen die strukturellen Ursachen und Gründe für die Fluchtbewegung wichtiger als die zu bestimmten Zeiten akuten, zumeist durch politische Maßnahmen hervorgerufenen.

Diese Ausgangslage und der recht kurze Untersuchungszeitraum von 16 Jahren relativieren die Bedeutung von chronologischen Einschnitten und der Auswirkung von einzelnen politischen Aktionen und Ereignissen. Im folgenden wird die Fluchtbewegung daher nach einer Skizze der von Ost-Berlin gesetzten juristischen Rahmenbedingungen chronologisch anhand von drei großen zeitlichen Einschnitten dargestellt. Anschließend zeigen die zahlreichen größeren und kleineren Initiativen, die Regierung und SED im Laufe der fünfziger Jahre erließen, daß sie keine systematische politische Linie gegen die Republikflucht verfolgten und damit vor allen Dingen nicht die intendierte Wirkung erzielten.

3.1 Juristische Rahmenbedingungen

Die Verfassung der DDR vom 7. Oktober 1949 hatte im Artikel 8 die Bestimmung der Weimarer Verfassung übernommen, nach der sich jeder Bürger an einem beliebigen Ort niederlassen könne und im Artikel 10 darüber hinaus festgelegt: „Jeder Bürger ist berechtigt auszuwandern."[3] Freizügigkeit war den DDR-Bürgern laut Verfassung demnach auch über die Landesgrenzen hinaus garantiert. In den folgenden Jahren erließ die DDR-Regierung jedoch zahlreiche Gesetze, die das ursprünglich garantierte Recht auf Auswanderung nach und nach einschränkten; DDR-Bürger, die das Land verlassen wollten, wurden auf diese Weise kriminalisiert.

---

[1] Statistisches Jahrbuch der DDR 1961, S. 17.
[2] 1959 verließen etwa 145 000 Personen, also ungefähr 0,8 Prozent der Bevölkerung das Land. Angabe nach der Schätzung der Zentralverwaltung (ZV) für Statistik der DDR (vgl. Tabelle 1). Dies ist die niedrigste verfügbare Zahl. Die Angaben der polizeilichen Meldestellen der DDR und vor allem der westlichen Institutionen liegen noch erheblich höher. Zu letzteren vgl. Heidemeyer, Flucht und Zuwanderung (1994), S. 37–48.
[3] Zitiert nach: Handbuch der Volkskammer (1959), S. 13–68, hier S. 33. In Artikel 1 hieß es überdies: „Es gibt nur eine deutsche Staatsangehörigkeit." Ebd., S. 31.

Das erste Gesetz, das eine Strafandrohung für ein nicht genehmigtes Überschreiten der Grenze zwischen DDR und Bundesrepublik enthielt, war die „Verordnung über die Rückgabe Deutscher Personalausweise" vom 25.1.1951.[4] In ihr wurde verfügt, daß vor einer Übersiedlung nach Westdeutschland oder West-Berlin der Personalausweis abzugeben sei. Zuwiderhandlungen wurden mit Geldstrafe oder Gefängnis bis zu drei Monaten bestraft.[5] Diente diese Verordnung ursprünglich dem Bestreben, den Grenzverkehr zwischen Ost und West zu kontrollieren, wurde mit Hilfe des Paragraphen bald auch die Flucht in den Westen – über den Umweg des nicht rechtmäßig abgelieferten Personalausweises – sanktioniert. Aus dieser Anwendung der Verordnung machten die Behörden intern auch keinen Hehl: So formulierte eine Denkschrift der Volkspolizei vom September 1955 ausdrücklich, daß die Bestrafung der Republikflucht mangels eines eigenen Gesetzes indirekt geschehen solle, am einfachsten wegen des nicht abgegebenen Personalausweises: „Tatsache ist jedoch, daß die Anwendung dieser Strafe nicht deshalb geschieht, weil Bürger ihren PA [Personalausweis] mitnehmen, sondern um der Republikflucht entgegenzuwirken."[6]

Dieses Verfahren ist kennzeichnend für den juristischen Umgang mit der Republikflucht. Weil sie bis Ende 1957 keinen eigenen Straftatbestand darstellte, wurden die betroffenen Personen mittels anderer Gesetze strafrechtlich verfolgt. Schon eine Rundverfügung des Justizministers und des Generalstaatsanwalts der DDR vom September 1950 enthielt Hinweise, wie ungenehmigte Grenzüberschreitungen auch ohne formale strafrechtliche Norm bestraft werden konnten, etwa nach wirtschafts- oder preisstrafrechtlichen Bestimmungen.[7] Am 31. Januar 1953 teilte der stellvertretende Chef der Volkspolizei, Seifert, seinen Bezirksbehörden mit, daß gegen alle bei versuchter Republikflucht festgenommenen Männer Haftbefehl zu erwirken sei. Unverblümt verlangte er Untersuchungen, um sie wegen krimineller Delikte anklagen zu können, und machte dazu konkrete Vorschläge: „Verbrechen gegen die Wirtschaftsstrafverordnung, Steuerhinterziehung, Verstoß gegen das Gesetz zum Schutz des Innerdeutschen Zahlungsverkehrs, illegaler Waffenbesitz (soweit durch Haussuchungen nachgewiesen) usw."[8]

Erst mit dem „Gesetz zur Änderung des Paßgesetzes der DDR" vom 11. Dezember 1957 wurde die nicht genehmigte Überschreitung der Westgrenze der DDR in § 8 zu einem selbständigen Tatbestand.[9] Damit kam die DDR-Regierung einer bereits seit längerem erhobenen

---

[4] Vgl. Dok. 1.
[5] Bereits Ende 1953 wurde das Strafmaß für den gleichen Tatbestand auf eine Gefängnisstrafe von „bis zu drei Jahren" erhöht. Vgl. Dok. 6. Zuvor, im Juli 1952, war bereits verfügt worden, das Vermögen von Personen, die das Gebiet der DDR verlassen, „ohne die polizeilichen Meldevorschriften zu beachten, oder hierzu Vorbereitungen treffen, zu beschlagnahmen." Vgl. Dok. 3. Im Zuge des „Neuen Kurses" wurde diese Bestimmung wieder aufgehoben. Vgl. Dok. 5.
[6] Denkschrift der HVDVP, HA PM, 28.9.1955, BArch DO 1/11, Nr. 963, Bl. 39–43, hier Bl. 42.
[7] Rundverfügung Nr. 126/50 vom 26. September 1950, zitiert nach Bundesministerium für innerdeutsche Beziehungen, DDR-Handbuch (1979), S. 909. Anhand der – noch auf die NS-Zeit zurückgehenden – Paßstrafverordnung konnten die Vergehen laut der Verfügung nicht geahndet werden, weil diese eine Staatsgrenze voraussetzte, als die Demarkationslinie offenbar noch nicht angesehen wurde.
[8] BArch DO 1/11, Nr. 962, Bl. 10, 13. Müttern und Kindern sollten die Personalausweise abgenommen werden, und sie sollten mit einer vorläufigen PM 12a an ihren Wohnort geschickt werden. Dort sollten die 30 Tage gültigen PM 12a fünfmal für jeweils einen Monat verlängert werden, so daß Personen nach ihrem gescheiterten Versuch einer Republikflucht ein halbes Jahr ohne eigenen Personalausweis und in ständigem Kontakt mit der VP lebten.
[9] Dok. 8.

Forderung aus den Reihen der HVDVP nach.[10] Das Gesetz enthielt zwar nur minimale sprachliche Korrekturen gegenüber dem alten Gesetzestext vom 15. September 1954[11], diese hatten aber zur Folge, daß der nicht genehmigte Umzug nach Westdeutschland nun einen selbständigen Straftatbestand darstellte, der mit einer bis zu dreijährigen Gefängnis- oder Geldstrafe geahndet wurde. Darüber hinaus wurde im Gegensatz zum Gesetz von 1954 bereits die Vorbereitung einer Flucht kriminalisiert. Auf diese Weise wurden der ohnehin schon willkürlichen Ahndung der unerlaubten Grenzübertritte noch weitere Türen geöffnet.

Mit dem Paßänderungsgesetz setzte ein schärferes Vorgehen gegen Auswanderungswillige und illegale Grenzübertritte ein: Allein in den ersten beiden Monaten nach Erlaß des Paß- änderungsgesetzes am 11. Dezember 1957 wurden 1 095 Ermittlungsverfahren und 340 Festnahmen wegen des verschärften Republikfluchtparagraphen 8 angestrengt, von denen 854 Ermittlungsverfahren und 223 Festnahmen angebliche Vorbereitungen und Versuche zur Republikflucht betrafen.[12] Anfang April 1958 waren 1 681 Personen nach dem neuen Gesetz bestraft worden, wobei es sich nicht bei allen Fällen um versuchte Republikfluchten gehandelt haben muß, da das Gesetz auch Fristüberschreitungen bei der Aus- und Rückgabe der seit Ende Oktober 1953 für alle Reiseangelegenheiten zentralen Paß- und Meldebescheinigung (PM) 12a bestrafen ließ.[13] Das Gesetz und seine Anwendung zeigten den politischen Willen Ost-Berlins, den gesamten grenzüberschreitenden Verkehr stärker zu kontrollieren und einzuschränken. So zogen die Polizeiämter auch wieder viele Personalausweise von Fluchtverdächtigen ein, obwohl die HVDVP dies erst am 26. Juni 1956 untersagt hatte.[14] Schon im Vorfeld der Gesetzesreform wurden zunehmend weniger Reisen in den Westen erlaubt:[15] Während im ersten Quartal 1957 nur 0,1 Prozent aller diesbezüglichen Anträge abgelehnt wurden, waren es im vierten Quartal 27,7 Prozent und im Dezember 1957 sogar 38,9 Prozent.[16]

3.2 Maßnahmen zur Bekämpfung der Republikflucht im Rahmen des „Neuen Kurs"

Im Zuge der politischen Verschärfungen seit 1952 nahmen die Flucht aus der DDR und die Wahrnehmung der damit für die ostdeutsche Gesellschaft verbundenen Probleme

---

[10] BArch DO 1/11, Nr. 963, Bl. 39–43. Auch in der Staatlichen Plankommission war bereits am 28. 2. 1957 erwogen worden, „das Recht auf Abwanderung aus der DDR, welches aus dem Recht auf Auswanderung (Verfassung Artikel 10) abgeleitet wird, gesetzlich zu beschränken" (BArch DE 1, Nr. 6109, Bl. 2 f.).
[11] GBl. Nr. 81, 22. 9. 1954, S. 786. Die entscheidende Veränderung bestand darin, daß 1954 nur das unerlaubte Verlassen der DDR „nach dem Ausland" untersagt worden war. Weil in der Version vom 11. 12. 1957 das Ausland nicht mehr erwähnt wurde, war nun auch der Fortgang in die Bundesrepublik strafbar. Die einzige Entschärfung bestand darin, daß neben der Gefängnisstrafe nun auch Geldstrafen verhängt werden konnten.
[12] BArch DO 1/11, Nr. 780, Bl. 32–40, hier Bl. 32.
[13] BArch DO 1/11, Nr. 965, Bl. 49 f.
[14] HA PM am 28. 7. 1958 über 3 952 eingezogene Personalausweise, BArch DO 1/11, Nr. 965, Bl. 67; BArch DO 1/11, Nr. 963, Bl. 195.
[15] Seit dem 1. 10. 1956 wurden Anträge auf Übersiedlung nach Westen nicht mehr von den Volkspolizeikreisämtern, sondern von den Abt. IA bei den Räten der Kreise bearbeitet (BArch DO 1/11, Nr. 963, Bl. 206, 218).
[16] Verschärfend kam hinzu, daß ab dem 1. 1. 1958 angeblich zum Besuch von Republikflüchtigen keine Reisegenehmigungen mehr erteilt wurden. (Ratsvorlage vom 4. 6. 1958 in Karl-Marx-Stadt,

stark zu. Die bereits für 1952 festgestellte Initiativfunktion der sowjetischen Besatzungsmacht bei der kritischen Beobachtung der unkontrollierten Auswanderung trat ein Jahr später wieder in Erscheinung, als die SED – zu spät – versuchte, sich in geordneten Bahnen von ihrem radikalisierten Weg zum Sozialismus zurückzuziehen. Wiederum hatte Karlshorst die steigenden Fluchtzahlen wahrgenommen; die Kritik der sowjetischen Führung vom 2. und 3. Juni 1953 am verschärften Kurs zum Sozialismus bezog sich auch auf die Fluchtbewegung, die als Indiz für eine falsche Politik erkannt wurde: In der DDR sei „eine äußerst unbefriedigende politische und wirtschaftliche Lage entstanden. [...] Das kommt am deutlichsten in der massenhaften Flucht der Einwohner der DDR nach Westdeutschland zum Ausdruck."[17] In Abhängigkeit von Moskau zeigten sich die deutschen Kommunisten gezwungenermaßen lernfähig: Am 9. Juni 1953 beschloß das Politbüro auf Anordnung Moskaus den Neuen Kurs und beschrieb den bislang eingeschlagenen Weg durchaus selbstkritisch: „Eine Folge war, daß zahlreiche Personen die Republik verlassen haben".[18] Der Ministerratsbeschluß vom 11. Juni 1953[19] ergänzte den Reformkurs; Gesetze und Maßnahmen, die einzelne Berufs- und Bevölkerungsgruppen drangsaliert hatten, wurden zurückgenommen. So korrigierte die Regierung ihre bauernfeindliche Politik, indem sie die Verordnung über devastierte landwirtschaftliche Betriebe zurücknahm und sogar versprach, einzelne Entwicklungen rückgängig zu machen: „Die Bauern, die im Zusammenhang mit Schwierigkeiten in der Weiterführung ihrer Wirtschaft ihre Höfe verlassen haben und nach Westberlin oder nach Westdeutschland geflüchtet sind [...] sollen die Möglichkeit erhalten, auf ihre Bauernhöfe zurückzukehren. Ist das in Ausnahmefällen nicht möglich, so sollen sie vollwertigen Ersatz erhalten. [...] Strafen, die wegen Nichterfüllung von Ablieferungsverpflichtungen oder Steuerverpflichtungen ausgesprochen wurden, sollen überprüft werden." SED und Regierung gingen noch weiter und hoben die Verordnung vom 17. Juli 1952 auf, in der verfügt worden war, den Besitz von allen illegal Ausgewanderten zu beschlagnahmen. Alle Rückkehrer sollten ihr Hab und Gut zurückerhalten und in den „Einzelfällen", bei denen eine Rückgabe nicht möglich sei, „soll Ersatz geleistet werden. Zurückkehrenden Republikflüchtigen darf aus der Tatsache der Republikflucht keine Benachteiligung entstehen."[20] Die berufsbezogene Statistik zeigt den Erfolg dieser Entscheidung: In der zweiten Hälfte des Jahres 1953 flohen gegen über dem ersten Halbjahr 90 Prozent weniger Bauern in den Westen.[21]

Auch die geflohene Intelligenz wurde gesondert angesprochen; da ihre Flucht – neben der der Bauern – der SED am meisten Sorge bereitet hatte. So wurde etwa die Möglichkeit zur Teilnahme an Tagungen im Westen erleichtert, da zahlreiche Akademiker die entspre-

---

BArch DO 1/34, Nr. 21727); zu den Folgen dieser Kriminalisierung vgl. BArch DO 1/11, Nr. 780, Bl. 32-40.
[17] Undatierter Beschluß des ZK der KPdSU von Ende Mai 1953, in: Stöckigt, Dokument (1990), S. 651-654, hier S. 651. Auch in Hoffmann/Schmidt/Skyba, Die DDR vor dem Mauerbau (1993), S. 152-158.
[18] Kommuniqué des Politbüros in: Dokumente der SED, Bd. 4, S. 428-431, hier S. 428.
[19] ND Nr. 135 v. 12. 6. 1953, S. 1. Der Ministerrat versprach dabei Preissenkungen, die Wiedereinführung von sozialen Erleichterungen etc. und nicht zuletzt die Zusicherung an Rückkehrer, daß sie wieder in ihre alten Rechte eingesetzt würden.
[20] „Verordnung über die in das Gebiet der Deutschen Demokratischen Republik und den demokratischen Sektor von Berlin zurückkehrenden Personen" vom 11. 6. 1953 (Dok. 5).
[21] Vgl. Bispinck, Flucht- und Ausreisebewegung (2004), S. 155, sowie das Diagramm ebd., S. 154.

chenden Verbote immer wieder als unzumutbare berufliche Einschränkung kritisiert hatten.[22] Auch der sonstige Reiseverkehr wurde im Zuge dieser Erleichterungen liberalisiert. So tat das Politbüro seine Auffassung kund, daß die „Aufenthaltsgenehmigungen für Westdeutsche und Westberliner sowie die Frage der Ausstellung von Interzonenpässen im Sinne der Erleichterung des Verkehrs zwischen Ost- und Westdeutschland neu geregelt werden" müßten; ausdrücklich schlug es die Anerkennung „familiäre[r] Gründe" für grenzüberschreitende Reisen vor.[23] Am 15. Juni 1953 wies daraufhin die HVDVP ihre nachgeordneten Polizeiämter an, fast alle Privatreisen zu gestatten.[24] Die Zahl der Westreisen stieg danach sprunghaft an: Während im April und Mai 806 bzw. 853 solcher Reisen genehmigt worden waren, betrug die Zahl der ausgestellten Pässe im Juni, Juli und August 1953 3836, 134 545 bzw. 287 504.[25]

Der ‚Neue Kurs' wirkte wie eine Sensation[26] und hatte einen spürbaren Rückgang der Flüchtlingszahlen zur Folge. Die Erleichterungen wurden fast überall zustimmend und mit Genugtuung aufgenommen, führten aber nicht zu weniger, sondern eher zu mehr Kritik an Ulbricht, Pieck und Grotewohl, den wichtigsten Repräsentanten von SED und Regierung.[27] Entscheidend dafür war, daß zwar viele Revisionen angekündigt und angeordnet, von den Staats- und Parteiorganen vor Ort aber nur halbherzig durchgeführt wurden und daß es nicht zur Zurücknahme der im Mai verfügten Erhöhung der Arbeitsnormen kam.[28] Nicht zufällig lösten gerade Arbeiter wenige Tage später die Unruhen vom 17. Juni 1953 aus und bildeten deren Rückgrat.[29] So ging unter den Republikflüchtigen die Zahl der Arbeiter im folgenden Jahr – im Gegensatz zu allen anderen Berufsgruppen – auch nicht zurück, sondern stieg um über sieben Prozent von 48 431 (1953) auf 52 145 (1954), während sich die Zahl der Bauern und Handwerker von 11 613 bzw. 11 744 auf 2 389 bzw. 5 913 drastisch verringerte.[30] Neben der Rücknahme der Maßnahmen gegen selbständig wirtschaftende Bauern, Handwerker und Einzelhändler sowie gegen Akademiker entspannte auch der weniger aggressive Kurs gegen die Kirchen das öffentliche Leben. Durch wirtschaftspolitische Korrekturen und nicht zuletzt durch die Übergabe der SAG-Betriebe an die DDR und eine starke Verringerung der sowjetischen Reparationsfor-

---

[22] Kommuniqué des Politbüros, S. 430.
[23] Ebd.
[24] Dienstanweisung 25/53, BArch DO 1/11, Nr. 955, Bl. 39 f.
[25] Der sprunghafte Anstieg wurde auch in den Führungsgremien der SED angesprochen. So beschloß das Politbüro am 4. 8. 1953, die Zahl der wöchentlichen Interzonenzüge nach Hamburg, Frankfurt am Main und München von drei auf sieben zu erhöhen (SAPMO-BArch DY 30/IV 2/2/312, Bl. 8).
[26] Kowalczuk/Mitter, ‚Die Arbeiter sind zwar geschlagen' (1995), S. 48 f.
[27] In der Arbeiterschaft wurden sogar Rücktrittsforderungen an die Regierung laut. Vgl. Kowalczuk/Mitter, ‚Die Arbeiter sind zwar geschlagen' (1995), S. 50.
[28] Erhöhung der Arbeitsnormen durch den Ministerrat am 28. 5. 1953 (GBl. Nr. 72, 2. 6. 1953, S. 781); Beschluß des ZK der SED vom 14. 5. 1953, in: Dokumente der SED, Bd. IV, S. 411 f.
[29] Weber, Die DDR (2006), S. 42; Kowalczuk/Mitter, ‚Die Arbeiter sind zwar geschlagen' (1995). Auch Fricke, Zur Geschichte (1999), S. 37, betont die Enttäuschung der Arbeiterschaft, deren Erwartungen nicht erfüllt wurden, „während den Bauern, den Kleinunternehmern, Gewerbetreibenden und Handwerkern Zugeständnisse gemacht wurden". Zum Volksaufstand des 17. Juni ist anläßlich seines 50. Jubiläums 2003 eine Flut von Literatur erschienen. Für einen Überblick über die Neuerscheinungen vgl. Bispinck u.a., Krisen und Aufstände (2004), S. 11–13; Wettig, Der 17. Juni (2003); Fricke/Engelmann, „Tag X" (2003), S. 7–19; Diedrich, Waffen gegen das Volk (2003), S. 155–165.
[30] Vgl. Tabelle 3. Eine weitere Ausnahme bilden die Kasernierten Volkspolizisten, deren mit illegaler Auswanderung verbundenen Desertionen ebenfalls seit 1952 angestiegen waren, ihren Höhepunkt aber erst im Juli und August 1953 erreichten. Vgl. Wenzke, Fahnenflucht (1998), S. 260 ff., 284, Anm. 26.

derungen seit Anfang 1954 verbesserte sich darüber hinaus auch bald die Versorgungslage in der DDR.[31]

Soweit die Beschlüsse, an die ein großer Teil der Bevölkerung offensichtlich glaubte: Die Zahl der Flüchtlinge nahm schlagartig ab und zahlreiche bereits geflüchtete Personen kehrten in die DDR zurück.[32] Doch hielten sich die Reformen in engen Grenzen, denn die Mitte Juni 1953 mit Hilfe von sowjetischen Panzern konsolidierte SED-Herrschaft und die damit zusammenhängende Stärkung der Hardliner um Ulbricht sorgten dafür, daß sich einige Facetten, nicht aber die Grundlagen von Politik und Gesellschaft in der DDR änderten. Dies wurde vor allem an der Behandlung der Rückkehrer sichtbar, die ganz anders aussah als in den offiziellen Kommuniqués formuliert. Bei der Durchführung der zentral beschlossenen Politik zeigte sich wieder das unausgesprochene aber wirkungsvolle Zusammenspiel zwischen radikalen Parteivertretern an der Basis und radikalen Politikern an der Spitze der SED. Das in der SBZ/DDR exzessiv praktizierte politische Doppelspiel konnte bei der von oben verordneten Liberalisierung nicht wirkungslos bleiben: Die offizielle Rhetorik hatte seit 1945 stets der deutschen Einheit und zentralen Elementen von Rechtsstaatlichkeit und Demokratie gehuldigt, wobei dieselben Redner gleichzeitig dazu aufgerufen hatten, jeden Schritt und jede Maßnahme auf das Wohl der eigenen Partei und die Durchsetzung ihrer „Wahrheit" auszurichten. So verstanden die stark verunsicherten SED-Vertreter an der Basis den Neuen Kurs – ähnlich wie die demokratischen Spielräume in der zweiten Hälfte der vierziger Jahre – nur als taktisches Manöver, nicht aber als grundsätzliche Neuorientierung. Sobald sich daher Möglichkeiten zur Fortsetzung der radikalen Politik zeigten, wurden sie von vielen kommunistischen Funktionsträgern – auch gegen die offiziellen Parteibeschlüsse – genutzt.

Ein Teil der angekündigten Erleichterungen wurde daher niemals ernsthaft realisiert, im deutsch-deutschen Reiseverkehr führte der Neue Kurs aber dennoch zu substantiellen Veränderungen: Wurden im ersten Halbjahr 1953 lediglich 7 840 Privatreisen nach Westdeutschland genehmigt, waren es im zweiten Halbjahr stolze 1 081 387.[33] Die Liberalisierung des Interzonenverkehrs nahmen SED und Regierung nach der Konsolidierung ihrer Macht auch nicht sofort zurück, sondern erweiterten die Genehmigungsspielräume am 8. September 1953 sogar noch: Das Politbüro bestimmte, „in Ausnahmefällen" auch Aufenthaltsgenehmigungen für die streng bewachte Sperrzone zu erteilen.[34] Allerdings er-

---

[31] Weber, Die DDR (2006), S. 43.
[32] Anders als Hirschman, Abwanderung (1992), S. 336, annimmt, sind die hohen Fluchtzahlen von 1953 nicht auf das Scheitern des Aufstands zurückzuführen. Der „Bericht über die illegalen Abwanderungen nach dem 9. Juni 1953" des Staatssekretariats für Innere Angelegenheiten, Abt. Bevölkerungspolitik, vom 5. 11. 1953 nennt die abnehmenden Zahlen der Auswanderer und die ansteigenden der Rückkehrer und Erstzuziehenden (BArch DO 1/07, Nr. 11780). Auch in den Statistiken der Bundesrepublik nehmen die Zahlen schon im Juli 1953 stark ab. Obwohl die Repression nach dem 17. Juni verschärft einsetzte und viele Menschen verhaftet und aus ihren Firmen entlassen wurden, ging die Zahl der Westabwanderer von 40 381 (Juni) auf 17 260 (Juli) und 14 682 (August) drastisch zurück (Notaufnahmestatistik; ähnlich die HVDVP-Statistik; die Zahlen des Staatssekretariats für Innere Angelegenheiten, Abt. Bevölkerungspolitik, vom 5. 11. 1953 zeigen die gleiche Tendenz). Zum Zusammenhang zwischen Fluchtbewegung, „Neuem Kurs" und Volksaufstand vgl. Bispinck, Flucht- und Ausreisebewegung (2004).
[33] Jahresbericht der Abt. PM für 1953, BArch DO 1/11, Nr. 914, Bl. 209-219, hier Bl. 213.
[34] SAPMO-BArch DY 30/IV 2/2/322, Bl. 6. Gleichzeitig gestattete das PB den Einsatz weiterer Interzonenzüge, beauftragte dabei aber auch das AZKW mit der Kontrolle aller Reisenden; ferner durfte die Anzahl der ausgestellten Interzonenpässe 8 000 pro Tag nicht überschreiten (SAPMO-BArch DY 30/IV 2/2/312, Bl. 7 f.).

3.2 Maßnahmen zur Bekämpfung der Republikflucht im Rahmen des „Neuen Kurs" 53

ließ das Politbüro auf dieser Sitzung auch einschränkende Bestimmungen: So nahm es eine Vorlage zur „Regelung der Interzonenreisen für Mitarbeiter des Staatsapparates und des Verwaltungsapparates der volkseigenen Wirtschaft" an, die zwar in allgemeiner Form versicherte, daß auch die benannten Personen von den „Erleichterungen für die Ausstellung von Interzonenpässen für *Privatreisen* nach Westdeutschland [...] grundsätzlich nicht ausgeschlossen" seien. Im unmittelbaren Anschluß formulierte sie aber einschränkende Bedingungen, die den zahlreichen Staatsbediensteten – allein in der öffentlichen Verwaltung etwa 234 000 Mitarbeiter[35] – eine Westreise fast unmöglich machte.[36] Ganz offensichtlich hielt sich die SED nur widerwillig und halbherzig auf dem von Moskau und den Straßen der Republik geforderten Neuen Kurs.

Auch ein Beschluß des Politbüros vom Dezember 1953 zeigte die alte politische Härte, mit der die SED-Führung auf die Republikflucht reagierte.[37] Ein von Plenikowski vorgelegter Bericht und Maßnahmenkatalog enthielt zwar keine direkten Drohungen an die illegalen Auswanderer mehr, wohl aber deutliche Beschimpfungen, die auch die angeblich Verantwortlichen im Westen einschlossen. Entsprechend wurden die Intensivierung des Berichtswesen, mehr Aufklärung, mehr „Wachsamkeit" und regelmäßige ressortübergreifende Besprechungen verabredet. Die am 24. Februar 1954 im Sekretariat des ZK beschlossenen Maßnahmen zur Durchführung dieses Beschlusses[38] spiegeln die wiedergewonnene Selbstsicherheit der hegemonialen Partei noch stärker: Die Polemik gegen den Westen nahm zu, die Bundesrepublik wurde mit gröbsten Faschismus- und Verelendungsvorwürfen bedacht und die Maßnahmen im eigenen Land sahen neben weiterer Unterstützung für Rückkehrer auch wieder eine Zunahme und Verfeinerung der sicherheitspolitischen Überwachung vor.[39] So sollten die Zuwanderer und Rückkehrer aus dem Westen eine „ideologische Betreuung" erfahren, wenn auch „jede plumpe Beobachtung" untersagt blieb.

Wie sich die Berliner Partei- und Regierungsorgane den Kampf gegen die illegale Auswanderung idealiter vorstellten, läßt sich an einem geschönten Bericht des Generalinspekteurs der Volkspolizei, Seifert, vom 26. Februar 1954 an den Leiter der Abteilung für staatliche und administrative Organe der sowjetischen Hohen Kommission in Karlshorst, Petrow, ablesen: Seit Anfang 1953 werde jede Flucht von der Volkspolizei registriert; in Betrieben, Städten und Kreisen mit besonders hohen Auswanderungsraten würden eigene Untersuchungen durchgeführt; alle betreffenden Organe von Regierung, Polizei, staatlicher Verwaltung und Partei arbeiteten zusammen und viele Fluchtversuche seien durch die Mitarbeit der Bevölkerung verhindert worden. Daß sich die Wirklichkeit nicht ganz so

---

[35] Zahl der Mitarbeiter in der Öffentlichen Verwaltung einschließlich Sozialversicherung mit Stand vom 31. 8. 1950. Statistisches Jahrbuch der DDR 1957, S. 167.
[36] Die politische Verantwortung für Reisen und die damit erleichterten Republikfluchten wurde an die jeweiligen Dienstvorgesetzten delegiert. Anstelle von Besuchen bei Verwandten im Westen wurde empfohlen, diese in die DDR einzuladen. Für machtpolitisch sensible Bereiche wie MdI, MdJ und Oberstes Gericht galten darüber hinaus „besondere Anweisungen" (SAPMO-BArch DY 30/IV 2/2/322, Bl. 6, 86–89).
[37] Am 15. 12. 1953 beschloß das PB „weitere Maßnahmen im Kampf gegen die Republikflucht" (SAPMO-BArch DY 30/IV 2/2/337, Bl. 7 f., 49–52).
[38] SAPMO-BArch DY 30/J IV 2/3/420, Bl. 17-25.
[39] Andrea Schmelz zufolge markieren diese zu Beginn des Jahres 1954 beschlossenen Maßnahmen „den Anfang eines akribisch geführten Kontroll- und Überwachungsapparates über die West-Ost-Migranten in die DDR". Schmelz, Migration und Politik (2002), S. 111.

einfach gestaltete, deutete Seifert nur an: Seit einiger Zeit würden fluchtverdächtigen und ausreisewilligen Personen nicht mehr ihre Personalausweise abgenommen, denn „die Erfahrungen haben gezeigt, daß damit nicht die Republikflucht, sondern in der Mehrzahl nur die Mitnahme der Personalausweise verhindert wurde."[40] Obwohl die Politik keineswegs so gradlinig und erfolgreich verlief, wie Seifert sie beschrieb, zeigt der Bericht, daß die Liberalisierungstendenzen Mitte 1953 nur von kurzer Dauer gewesen waren. Das Ziel, durch eine liberalere Politik ein tragbares gesellschaftliches Arrangement zu finden, wurde aufgegeben.

Nachdem SED und Staatsorgane schon in den Monaten nach dem 17. Juni 1953 mit großer Härte gegen vermeintliche Gegner und gegen Abweichler in den eigenen Reihen vorgegangen waren,[41] machte der vierte Parteitag der SED im April 1954 das ‚offizielle' Ende des Neuen Kurses deutlich erkennbar.[42] Wiederum verschärfte die SED ihre sozialistische Rhetorik und wiederum wurde der wirtschaftspolitische Kurs – etwa durch den weiteren Ausbau der Schwerindustrie – radikalisiert. Wie in den Jahren zuvor konnten aber auch jetzt wieder „die Schwächen der Wirtschaft [...] trotz gewaltiger Anstrengungen nicht überwunden" werden, wodurch sich die Instabilität der DDR wieder vergrößerte: „Die radikalen Strukturveränderungen hatten kein florierendes System hervorgebracht, sondern eine krisenhafte Gesellschaft. Die sozialen Umschichtungen blieben ohne breite Zustimmung."[43]

3.3 Weitere Maßnahmen gegen Flucht und Abwanderung bis zum Mauerbau

Unter dem Eindruck des Neuen Kurses hatten sich erkennbar weniger Menschen für den Weg in den Westen entschieden.[44] Allerdings war nur der unmittelbare Druck durch Enteignungen, Repressionen oder den Zwang zur Mitgliedschaft in Genossenschaften abgemildert worden, nicht aber das allgemeine Klima der politischen Intoleranz und wirtschaftspolitischen Einseitigkeit. Daher bedeuteten die Fluchtzahlen auch nur im Verhältnis zu den Monaten der extremsten Abwanderung in der ersten Jahreshälfte von 1953 eine Entspannung. Absolut waren die Zahlen für die DDR weiterhin bedrohlich hoch und das einmal erkannte Problem der Auswanderung blieb daher auch unter staatlicher und parteilicher Beobachtung, wofür in besonderem Maße die Hauptverwaltung Deutsche Volkspolizei und die Abteilung Staat und Recht beim ZK der SED verantwortlich zeichneten. Beide Apparate beobachteten die Flucht- und Abwanderungsbewegung aufmerksam, schrieben zahlreiche Berichte, erstellten Statistiken, untersuchten die Motive und Ursachen der Fliehenden und initiierten politische Maßnahmen oder reagierten auf solche.[45]

---

[40] BArch DO 1/11, Nr. 962, Bl. 180 f.
[41] Fricke, Zur Geschichte (1999), S. 72–78; Kowalczuk, Volkserhebung (1995), S. 160–167.
[42] Weber, Die DDR (2006), S. 43 ff.
[43] Weber, Die DDR (2006), S. 45.
[44] Sowohl nach den Zahlen der Anträge im Notaufnahmeverfahren der Bundesrepublik (vgl. die Tabelle bei Heidemeyer, Flucht und Zuwanderung (1994), S. 338 f.) als auch nach denen der ZV für Statistik der DDR (vgl. Bericht über die Entwicklung der Wanderung über die Grenzen der Deutschen Demokratischen Republik bis zum 31. Dezember 1961 in: BArch DE 2, Nr. 1721, S. 15 f.) flohen in der zweiten Jahreshälfte 1953 nur etwa halb so viele Bürger in den Westen wie zwischen Januar und Juni.
[45] Die meisten dieser Vorgänge finden sich in folgenden Akten: BArch DO 1/11, Nr. 960–967 und SAPMO-BArch DY 30/IV 2/13/393–402.

3.3 Weitere Maßnahmen gegen Flucht und Abwanderung bis zum Mauerbau

Trotz diverser Aktivitäten setzte sich in den Behörden schnell die Einsicht durch, daß administrative, polizeiliche und politische Maßnahmen gegen den Weggang in den Westen weitgehend wirkungslos waren. Anfang August 1954 lehnte die Hauptabteilung Paß- und Meldewesen den Vorschlag der Betriebsparteiorganisation des Edelstahlwerkes Döhlen, von jedem besuchsweise in den Westen Reisenden eine Urlaubsbescheinigung zu verlangen, mit dem Hinweis ab, dies sei „ein Versuch, der Republikflucht mit formalen Mitteln vorzubeugen."[46] Die von Partei und Polizei selbst initiierten Maßnahmen waren aber nicht weniger formal. Daher scheinen diese häufig nicht nur oder nicht einmal in erster Linie dem Kampf gegen die Republikflucht gedient zu haben. Wichtiger war wohl der Nachweis der Behörde, überhaupt aktiv zu sein und für die staatliche Autorität zu kämpfen, auch wenn dabei zumeist nicht mehr herauskam als das „Herumkurieren an Erscheinungen einer systeminternen, nicht zu beseitigenden Ursache".[47] Daß die Einsicht in die eigene Wirkungslosigkeit verbreiteter war als zugegeben, zeigen die zahllosen Stellungnahmen, die genauso klangen wie die Antwort der Hauptabteilung PM vom 22. Mai 1954 an Seifert, der hatte wissen wollen, ob Ehefrauen ihren republikflüchtigen Ehemännern nachfolgen dürften: „Bei Ablehnung der Übersiedlung ist zu erwarten, daß sie republikflüchtig werden."[48]

Das Problem bestand nicht in einzelnen Verordnungen, Gesetzen oder Verboten, sondern in der offenen Grenze der DDR. Die Westgrenze war durch das im Mai 1952 eingeführte Grenzregime zwar nicht mehr ungehindert zu passieren, Berlin aber blieb eine offene Stadt, in der fast jeder die Systemgrenze zu Fuß, per S-Bahn, Fahrrad oder Auto ohne größere Komplikationen überqueren konnte. Angesichts der nationalen und internationalen Kräfteverhältnisse führte die Erfolg- und Hilflosigkeit im Kampf gegen den massenhaften Wegzug aber nicht zu einer offenen Kapitulation Ost-Berlins, da dies der Aufgabe des gesamten Staates gleichgekommen wäre. Statt dessen blieb es bis zum August 1961 bei einzelnen, häufig unkoordinierten und nicht selten sogar widersprüchlichen Maßnahmen, wobei das offizielle Beobachten, Sammeln und Berichten zu den Haupttätigkeiten gehörte.[49] Damit beschäftigten sich auf lokaler, regionaler und zentraler politischer Ebene viele Staats- und Parteimitarbeiter, die zahlreiche Akten hinterließen und das Problem der Republikflucht ins allgemeinpolitische Weltbild in der DDR einordneten: Die Abwanderung in den Westen bestätigte die eigene dichotome Wahrnehmung des Ost-West-Systemgegensatzes, wobei die entscheidenden Ursachen fast immer nur auf der westlichen Seite verortet wurden. In den eigenen Reihen machten die SED und ihre Staatsorgane nur individuelle Fehler aus, die vorwiegend damit erklärt wurden, daß es den Kritisierten noch an der notwendigen politischen Eindeutigkeit mangele.[50]

Ihre verbohrte Haltung reflektierte die Position der politischen Führung der DDR nach den Unruhen im Sommer 1953: Diese hatten nicht nur eine verbreitete Unzufriedenheit

---

[46] Dok. 23; Dok. 23 a.
[47] Lemke, Berlinkrise (1995), S. 49.
[48] BArch DO 1/11, Nr. 962, Bl. 199.
[49] Die Sammlungs- und Berichtstätigkeit nahm bisweilen groteske Ausmaße an und führte zu interner Kritik. So stellte sich für den stellvertretenden Kaderleiter der TH Dresden die Frage, ob die zweimalige Ablieferung von Monatsberichten zur Republikflucht „zweckmäßig und notwendig" sei, und ob „überflüssige Schreibarbeiten" nicht besser zu vermeiden seien. Schreiben an das Staatssekretariat für Hochschulwesen, Kaderabteilung, 3. 1. 1958, BStU ZA, MfS-AS, Nr. 2487/67 Bd. I, Bl. 4.
[50] Vgl. dazu Kap. 4.3.

in der Bevölkerung zum Ausdruck gebracht, sondern auch die Einsatzbereitschaft der UdSSR für den ostdeutschen Staat erhöht, so daß sich die DDR-Führung in einer erheblich gesicherteren Position wußte als zuvor. Das militärische Eingreifen der Sowjetunion im Sommer 1953 kam einer Bestandsgarantie gleich, die durch die schrittweise Übertragung der Souveränität bis 1955 offiziell besiegelt wurde.[51] Die von außen garantierte Sicherheit der DDR und die Erfahrung vom Sommer 1953, daß sich selbst unter den Arbeitern zahlreiche Gegner der SED befanden, stärkten nur die – zuweilen paranoide – Aufmerksamkeit gegenüber möglichen Widersachern im eigenen Land, nicht aber das Gespür für die eigentlichen Ursachen der fortgesetzten Auswanderung. Eine Konsequenz war die weitgehende Hilflosigkeit und Passivität der Führungsgremien der DDR gegenüber der Flucht. Alle Aktivitäten einzelner Behörden gegen die Republikflucht blieben bis zum Mauerbau weitgehend erfolglos. Daher gab es in den fünfziger und sechziger Jahren nach dem ‚Neuen Kurs' nur noch zwei zentrale politische Einschnitte in der Geschichte der deutsch-deutschen Fluchtbewegung: Zum einen verschärfte die Regierung Ende 1957 das Paßgesetz und schränkte die Reisemöglichkeiten der DDR-Bevölkerung ein, nachdem sie 1956 und 1957 die hohen Fluchtzahlen nicht hatte reduzieren können. Zum anderen steigerte sich die auf Berlin konzentrierte internationale und deutsch-deutsche Krise seit 1960 bis zum bekannten Ende, dem Mauerbau am 13. August 1961.

Nach einer Zeit der Ruhe zeigte sich schon im Herbst 1955 ein wieder erhöhtes Problembewußtsein gegenüber der erneut ansteigenden Fluchtwelle. So befaßte sich etwa das Sekretariat des ZK im Oktober 1955 mit der Flucht von Jugendlichen,[52] im Spätsommer 1955 wurde wiederholt vorgeschlagen, den Umzug von Ost- nach West-Berlin wieder – wie bereits vor dem 30. Juni 1953 – genehmigungspflichtig zu machen,[53] und im Oktober 1955 und Anfang 1956 wies der Chefinspekteur der Volkspolizei (Seifert) verschiedene Minister brieflich auf die Republikflucht in ihren Arbeitsbereichen und ihren nachgeordneten Behörden und Betrieben hin.[54] Auch einzelne Polizeiabteilungen schlugen immer häufiger Maßnahmen gegen die illegale Auswanderung vor, wie den Einzug von Personalausweisen, die Reduzierung von Reisegenehmigungen in den Westen, stärkere Kontrollen beim Zugang nach Ost-Berlin, die strengere Überprüfung von Besuchern aus der Bundesrepublik, die Enteignung von Geflüchteten und verschärfte Beobachtungs- und Bespitzelungsaufträge an die Abschnittsbevollmächtigten der Volkspolizei, die zum Beispiel alle Zeitungsanzeigen nach Wohnungsauflösungen und Möbelverkäufen auswerten sollten.[55]

---

[51] Schon am 25.3.1954 übergab die UdSSR der DDR mit der Souveränitätserklärung ‚erweiterte' Souveränitätsrechte. Am 20.9.1955 schloß die UdSSR dann den „Vertrag über die Beziehungen zwischen der DDR und der UdSSR", der die DDR für souverän erklärte, und löste ihre Hohe Kommission auf (Weber, Die DDR [2006], S. 47). Seit dem 1.12.1955 übernahm die DGP alleine die Bewachung und Kontrolle ihrer Grenzen, wovon nur der alliierte Verkehr auf der Transitstrecke zwischen Westdeutschland und West-Berlin ausgenommen blieb (Lapp, Die Transitwege [1999], S. 102 ff.; Zeittafel zur Militärgeschichte [1989], S. 55).
[52] Protokoll der Sitzung des ZKSekr vom 12.10.1955, SAPMO-BArch DY 30/J IV 2/3-490, Bl. 1 f.
[53] Leiter der HA PM, Fischer, am 31.8.1955 an Chefinspekteur Grünstein (BArch DO 1/11, Nr. 963, Bl. 46 f.); Chefinspekteur der VP, Seifert, im September 1955 an Innenminister Maron (BArch DO 1/11, Nr. 963, Bl. 45).
[54] BArch DO 1/11, Nr. 963, Bl. 49 ff.; BArch DO 1/11, Nr. 963, Bl. 138 ff.
[55] BArch DO 1/11, Nr. 963, Bl. 142-146; BArch DO 1/11, Nr. 963, Bl. 177 ff.; BArch DO 1/11, Nr. 637, Bl. 46.

3.3 Weitere Maßnahmen gegen Flucht und Abwanderung bis zum Mauerbau

Die Ende 1957 verabschiedete Novellierung des Paßgesetzes der DDR[56] und das damit einhergehende schärfere Vorgehen gegen Auswanderungswillige und illegale Grenzübertritte zeigten schließlich deutliche Wirkung: In der Bevölkerung verbreitete sich zwar erheblicher Unmut,[57] aber die Zahl der Republikfluchten nahm stark ab. Dies war – anders als Mitte 1953 – in besonderem Maße auf die Kriminalisierung und Repression zurückzuführen. Allerdings erleichterte auch die politische und wirtschaftliche Lage das Verbleiben in der DDR. Seit 1957 und in der ersten Jahreshälfte 1958 stieg die Industrieproduktion – nach Angaben der DDR – um acht bzw. zwölf Prozent an und die Konsumgüterindustrie machte Fortschritte, die sich im Lebensstandard der Bevölkerung bemerkbar machten. Beispielsweise verschwanden im März 1958 die Lebensmittelkarten und die Rationierung von Fleisch, Fett und Zucker.[58] Große Teile der Bevölkerung hatten sich offenbar in der DDR eingerichtet, genossen deren – im Vergleich zur Zusammenbruchsgesellschaft von 1945 – herausragende soziale Errungenschaften und schätzten das politische Klima weniger repressiv ein als zuvor.

Obwohl die Zahl der Republikfluchten 1958 und 1959 im ganzen stark zurückging,[59] blieb das Thema auf der Tagesordnung. Die politischen Gremien beschäftigten sich – ebenso wie die Medien und einzelne Behörden – weiterhin damit. Oft ging es dabei um die allgemeine Fluchttendenz, bewegten sich die Zahlen doch weiterhin in den meisten Monaten im fünfstelligen Bereich. Da aber besonders viele Mediziner, Lehrer, Hochschullehrer sowie andere Fachleute und Spezialisten die DDR verließen, die für deren Wirtschaft und Gesellschaft besonders wichtig waren,[60] richteten sich zahlreiche offizielle Aktivitäten auf diese Berufsgruppen.[61]

Die Entscheidung dieser Fachleute, die DDR zu verlassen, orientierte sich nur in nachgeordneter Weise an einzelnen Gesetzen und Verboten, die sich auf Fragen der Grenze und des Grenzübertritts bezogen, zumal diese durch das Schlupfloch in Berlin

---

[56] Vgl. dazu oben, Kap. 3.1, S. 48 f.
[57] So verweist z.B. eine Ratsvorlage aus Karl-Marx-Stadt vom 31.5.1958 wiederholt auf Ärger über das Gesetz in der Bevölkerung: S. 3 f., 7 (BArch DO 1/34, Nr. 21725).
[58] Weber, Die DDR (2006), S. 50. Zur Wirtschaftsgeschichte der DDR immer noch grundlegend: Roesler, Sozialistische Planwirtschaft (1978); vgl. jetzt auch Schwarzer, Zentralplanwirtschaft (1999); Steiner, Von Plan zu Plan (2004). Zur Konsumgeschichte vgl. Merkel, Utopie (1999); Kaminsky, Wohlstand (2001); Heldmann, Herrschaft, Wirtschaft, Anoraks (2004); Stitziel, Fashioning Socialism (2005).
[59] Nach Angaben der Zentralverwaltung für Statistik wurden 1958 rund 216 000 und 1959 144 000 Bürger republikflüchtig gegenüber 315 000, 364 000 bzw. 352 000 in den Jahren 1954 bis 1956 (vgl. Tabelle 1). Die westdeutschen Angaben bestätigen diesen Trend. Dazu Heidemeyer, Flucht und Zuwanderung (1994), S. 37–48.
[60] Während die Gesamtzahl der Auswanderer von 1957 auf 1958 – je nach Statistik – um ca. ein Drittel zurückging und 1959 sogar weniger als halb so viele Menschen auswanderten wie 1957, stieg die absolute Anzahl z.B. bei den Ärzten und den Wissenschaftlern zwischen 1957 und 1958 auf das Doppelte, bei den Lehrern immerhin um ein Drittel. 1959 gingen die absoluten Zahlen zwar auch bei diesen Berufsgruppen zurück, doch hatten sich ihre Anteile an der gesamten Auswanderung gegenüber 1957 verdoppelt (Wissenschaftler, Forscher) bzw. verdreifacht (Ärzte), vgl. Tabelle 3. Zu den Ärzten auch: Ernst, Prophylaxe (1997), S. 54–59; Ernst, Von der bürgerlichen zur sozialistischen Profession (1996), S. 27 f.; zu Ingenieuren: Augustine, Frustrierte Technokraten (1996), S. 54; zu Wissenschaftlern: Jessen, Akademische Elite (1999), S. 92 f.; Conelly, Zur „Republikflucht" (1994); zu Lehrern: Geißler, Republikflucht von Lehrern (1992); Geißler, Geschichte des Schulwesens (2000), S. 503–511.
[61] Vgl. z.B.: Bericht der HA PM über besonders stark steigende Republikflucht von Ärzten, Lehrern und Ingenieuren (BArch DO 1/11, Nr. 965, Bl. 30 f.); Vorschlag des ZKSekr an PB vom 2.7.1958, im Kontext der Republikflucht die Lage der Ärzte zu behandeln (SAPMO-BArch DY 30/J IV 2/3-606, Bl. 5).

jederzeit relativ leicht umgangen werden konnten und die materiellen Einbußen gerade für diese Berufsgruppen durch die attraktiven Angebote aus dem Westen einfach zu kompensieren waren. Viel wichtiger war daher die politische Stimmung in der DDR. Nach der allgemeinen Beruhigung der Lage hatte die SED-Führung wieder damit begonnen, ihre sozialistische Umgestaltungspolitik zu radikalisieren. Auf dem fünften Parteitag der SED vom 10. bis 16. Juli 1958 festigte Ulbricht seine Führungsposition und verkündete seine Idee vom „Überholen" der Bundesrepublik und der „Vollendung" des Sozialismus.[62] Dazu wies der Parteitag den Weg zur Beschleunigung der „sozialistischen Entwicklung" in der Wirtschaft, was für private Landwirtschafts- und Handwerksbetriebe weitere Zwangskollektivierungen bedeutete und für private Handels- und Industriebetriebe weitere Enteignungen. Die Folgen waren verheerend, denn die Produktion ging stark zurück, die Versorgung der Bevölkerung verschlechterte sich erheblich und viele Selbständige verließen ihre Betriebe und Häuser und gingen in den Westen, weil sie keine Möglichkeit mehr sahen, ihren bisherigen Status zu behaupten.[63] In dieser Zeit wurden weitere, vor allem für Akademiker spürbare politische Schritte vorgenommen wie die dritte Hochschulpolitische Konferenz der SED vom 28. Februar bis 2. März 1958 zur Einführung der „sozialistischen Universität",[64] die vom ZK im Januar 1959 beschlossenen Thesen zur „sozialistischen Umgestaltung des Schulwesens" oder die Bitterfelder Konferenz im April 1959 und die Durchsetzung des sozialistischen Realismus in der bildenden Kunst.[65]

Das in der ganzen Bevölkerung verbreitete Unbehagen über die Lage in der DDR äußerte sich seit dem Frühjahr 1960 wieder in erkennbar ansteigenden Flüchtlingszahlen. Hatten die DDR-Behörden für 1959 bloß 144 225 Menschen gezählt, die in den Westen geflüchtet waren, stieg die Zahl 1960 wieder um vierzig Prozent auf 202 711 an.[66]

Die politischen Institutionen erkannten die Wirkung ihrer Politik recht bald, zumal Ulbricht gegenüber Chruschtschow schon im Mai 1958, also vor dem fünften Parteitag, geäußert hatte, daß nur ein wirtschaftliches Schnellprogramm das West-Ost-Gefälle ausgleichen könne.[67] Vor allem der Polizeiapparat merkte 1960 schnell, daß die Anzahl der illegalen Auswanderer im Vergleich zum Vorjahr extrem anstieg,[68] stellte allerdings in offiziellen Berichten die eigenen Erfolge im Kampf gegen die Republikflucht heraus: So be-

---

[62] Zum Parteitag und seinen Folgen vgl. Hoffmann, DDR unter Ulbricht (2003), S. 78 f.
[63] Weber, DDR Grundriß (2000), S. 78 f., 87 f. Weber, Die DDR (2006), S. 51 ff. Zu den sozialen Erschütterungen, die diese Politik auf dem Land bewirkte, vgl. v.a. Osmond, Kontinuität (1996).
[64] Anfang 1958 schnellten die Zahlen der republikflüchtigen Nachwuchswissenschaftler an den Universitäten hoch, als die SED den Universitäten mit der Einführung einer neuen Assistentenordnung einen weiteren Politisierungsschub verordnete: Im ersten Halbjahr 1958 flohen 224 wissenschaftliche Mitarbeiter und Hochschullehrer, während es im gleichen Zeitraum 1957 nur 53 gewesen waren (Staatssekretariat für das Hoch- und Fachschulwesen, Kaderabteilung, „Analyse der Republikflucht", 8. 8. 1959, abgedruckt in: Conelly, Zur „Republikflucht" [1994], S. 337-343, hier S. 338). Als die SED-Führung feststellte, daß die Flucht zu einem deutlichen Mangel an Nachwuchskräften geführt hatte, verordnete sie am 16. 9. 1958 eine zurückhaltendere Gangart (Jessen, Akademische Elite [1999], S. 92 f.).
[65] Vgl. Weber, Die DDR (2006), S. 54 f.
[66] Tabelle 1.
[67] Vgl. Major, Torschlußpanik (2000), S. 224.
[68] Vgl. z.B. Bericht der HA PM vom 16. 7. 1960, in dem ein „erheblicher Anstieg der Republikfluchten" konstatiert wird, der „beinahe alle soziale Gruppen" erfasse (BArch DO 1/11, Nr. 966, Bl. 170-182, hier Bl. 170).

richteten die Hauptabteilungen PM und Kriminalpolizei am 16. Juli 1960 nicht nur von den vielen tausend Flüchtlingen, sondern behaupteten auch, innerhalb weniger Monate mehr als 10 000 Personen erfolgreich von der Republikflucht abgehalten zu haben. Tatsächlich leitete die Polizei vor allem auf den Straßen und Schienenwegen rund um Berlin verschärfte Kontrollen und Überprüfungsmaßnahmen ein. Diese erschwerten zwar die Flucht, im ganzen aber blieben sie erfolglos, solange Berlin seine offene Grenze behielt. Recht unverblümt illustrierte die Transportpolizei ihre Hilflosigkeit bei den Straßen- und Bahnkontrollen in einem Bericht über die Flucht von Bürgern aus dem Süden der DDR: Um die Zugbegleitkommandos der Polizei zu täuschen, fuhren Sachsen und Thüringer für wenige Tage nach Mecklenburg in Urlaub, um dort Rückfahrkarten in ihre Heimatstädte zu lösen, die sie durch Berlin führten. So kamen sie in die geteilte Stadt, ohne bei den Kommandos Verdacht zu wecken.[69]

Der erneute Anstieg der Republikfluchten rief offenbar auch das MfS auf den Plan. Am 4. Mai 1960 erließ Mielke „Maßnahmen zur Einengung der Republikfluchten", in die „alle[] Mitarbeiter aller Linien" sowie das „gesamte Netz der inoffiziellen Mitarbeiter" einbezogen werden und die „in engster Zusammenarbeit [...] mit Partei- und Staatsorganen, mit der Deutschen Volkspolizei, der Transportpolizei, der Deutschen Grenzpolizei und des AZKW [Amt für Zollkontrolle und Warenverkehr]" durchgeführt werden sollten.[70] Dazu zählten vor allem kontrollierende Maßnahmen wie die Überprüfung von Westkontakten, die Überwachung von Personen, die mit Partei- oder Staatsorganen in Konflikt geraten oder deren Angehörige geflohen waren sowie verschärfte Grenz- und Zugkontrollen, aber auch die Unterstützung von Propagandamaßnahmen und die Aufklärung von Ursachen der Republikflucht, wobei „Maßnahmen zur Beseitigung einzuleiten" waren, „falls es sich um Fehler und Mängel oder um Unzulänglichkeiten von Staats- und Wirtschaftsorganen" handelte. Weitere inoffizielle Maßnahmen wie Postkontrollen sowie die Gewinnung von Taxichauffeuren, Fahrkartenverkäufern und Briefträgern als Inoffizielle Mitarbeiter (IM) wurden wenig später ergänzt.[71] IM sollten nicht nur auf dem Gebiet der DDR, sondern auch in Westdeutschland, z. B. zur „Absicherung der DDR-Teilnehmer an wissenschaftlichen Tagungen und Kongressen" eingesetzt werden.[72] Schwerpunkt der Arbeit der IM gegen die Republikflucht waren jedoch die West-Berliner und westdeutschen Notaufnahme- und Flüchtlingslager. Dazu hatte es bereits ein Jahr zuvor eine konkrete Arbeitsrichtlinie gegeben.[73] In den Notaufnahmestellen Marienfelde, Gießen und Uelzen sollte „ein qualifiziertes Netz von inoffiziellen Mitarbeitern" aufgebaut werden, wobei vor allem „den Angestellten der Registratur grosse Bedeutung beizumessen" war, da diese Einblick in die Flüchtlingsakten hatten. Das auf diese Weise beschaffte Material sollte für Propagandaaktionen in Presse und Rundfunk verwendet werden. Ferner sollten die Angestellten „durch ständige Aufklärungs- und Zersetzungsaktionen" beeinflußt werden, um „Verwirrungen und Ansatzpunkte für Werbungen zu schaf-

---

[69] HVDVP, HA Transportpolizei, Leiter der Abteilung ZBK, Major der VP Hähnlein, am 14. 10. 1960 an nachgeordnete Transportpolizei, BArch DO 1/11, Nr. 1428, Bl. 14 f., auch ebd., Bl. 16 f.
[70] Anweisung Nr. 1/60 (Dok. 24).
[71] „Politisch-operative Maßnahmen und Erfahrungen zur Einschränkung und Verhinderung von Republikfluchten in Ausführung der Anweisung Nr. 1/60 vom 4. 5. 1960", 7. 7. 1960 (Dok. 24 a)
[72] Dok. 24 a.
[73] „Arbeitsrichtlinie für die Hauptabteilung VII/2 und die Abteilungen VII/2 in den Bezirksverwaltungen", 5. 5. 1959. BStU ZA, MfS-BdL, Nr. 002388, Bl. 1–8.

fen", und der „Arbeitsablauf in den Notaufnahmeverfahren durch operative Maßnahmen spürbar" gestört werden. Auch in den Flüchtlingslagern sollten IM für „aktive Zersetzungs-, Flugblatt- und Briefaktionen" gewonnen werden, um zu erreichen, daß „der Arbeitslauf in den Lagern erheblich gestört und die Unzufriedenheit unter den Republikflüchtigen gesteigert wird". Ziel war es letztendlich, möglichst viele Flüchtige „von der Richtigkeit der Rückkehr in die DDR zu überzeugen", wobei vor allem Spezialisten zu gewinnen waren. Das MfS nutzte also den Strom der Republikflüchtigen, um zahlreiche IM unauffällig in die Bundesrepublik zu schleusen,[74] wo sie nicht nur in Flüchtlingslagern als Agenten tätig wurden. Auch der wohl bekannteste DDR-Spion, Günter Guillaume, wurde vom MfS als angeblicher Flüchtling über das Notaufnahmelager Marienfelde nach Westdeutschland geschleust. Noch im März 1961 arbeitete das MfS einen Entwurf aus, der folgende Schritte vorsah: IM sollten in Westdeutschland Personen diskriminieren und ausschalten, „die propagandistisch zur Forcierung der R[epublik]-Flucht beitragen", sie sollten „Mißbehagen, Mißgunst und Mißtrauen gegen R[epublik]-Flüchtige" verstärken, Republikflüchtige persönlich diffamieren, um sie für westdeutsche Dienst- und Arbeitsstellen „verdächtig und untragbar zu machen", und prominente Flüchtige als unglaubwürdig hinstellen.[75]

Welche dieser Aktionen tatsächlich durchgeführt wurden und inwieweit sie von Erfolg gekrönt waren, läßt sich aufgrund der in der Einleitung angesprochenen schwierigen Quellenlage nur zum Teil feststellen.[76] Erfolgreich waren die in Marienfelde tätigen IM vor allem hinsichtlich der Materialbeschaffung. Zahlreiche Unterlagen aus dem Notaufnahmeverfahren, darunter Anträge auf Notaufnahme und Bescheide der Aufnahmebehörde, gelangten auf konspirativen Wegen in die Hände der Staatssicherheit.[77] Die gestohlenen Dokumente wurden vom Ministerium ausgewertet, vor allem hinsichtlich der Motive der Geflüchteten.[78] Ein Beispiel für die nachträgliche Diffamierung von Republikflüchtlingen im Westen ist der Fall von Dieter Hennemann. Dieser war, nachdem er aus politischen Gründen aus dem Schuldienst entlassen worden war, im Dezember 1950 nach West-Berlin geflüchtet. Aufgrund seiner Flucht und seiner späteren Tätigkeit für das „Informationsbüro West" wurde er von Mitarbeitern des Staatssicherheitsdienstes „bearbeitet". So erhielt seine Frau einen Brief, in dem Hennemann der ehelichen Untreue und des Verkehrs mit Homosexuellen bezichtigt wurde. In Lokalen und Telefonzellen im Wohnviertel des Ehepaares wurden vervielfältigte Heftchen ausgelegt, die eine diffamierende

---

[74] Dazu die ehemaligen HV A-Mitarbeiter Richter und Rösler: „Schnell erkannte die HV A die damit [mit der Fluchtbewegung] verbundenen operativen Möglichkeiten. Nicht wenige dieser Umsiedler konnten sich nämlich sehr effektvoll als politische Flüchtlinge darstellen; andere zogen bald Profit aus der Wirtschaftswunderzeit. Solche Möglichkeiten der beruflichen und sozialen Eingliederung wurden bewußt genutzt, indem einige der fähigsten inoffiziellen Mitarbeiter (IM) der HV A den Auftrag erhielten, mit geeigneter Legende in den Westen zu gehen und sich dort [...] eine Existenz aufzubauen, die später für die Spionagetätigkeit auswertbar war." Richter/Rösler, Westspione (1992), S. 33. Vgl. auch Knabe u.a., West-Arbeit (1999), S. 78f.
[75] Entwurf: „Maßnahmen und Vorschläge zur Bekämpfung der Republikflucht (Ergänzung zur Anweisung Nr. 1/60 v. 4. 5. 1960)", 2. 3. 1961 (Dok. 24 b).
[76] Die einschlägigen Arbeiten von Knabe u.a., West-Arbeit (1999) und Knabe, Unterwanderte Republik (1999), gehen auf die West-Arbeit des MfS zur Bekämpfung der Republikflucht nicht näher ein.
[77] Diese Unterlagen finden sich u.a. in folgenden Akten der BStU: MfS-AS, Nr. 231/63; MfS-HA VI, Nr. 4376; MfS-HA VI, Nr. 8742.
[78] BStU ZA, AS 109/65, Bd. 10, Bl. 8, zitiert nach Eisenfeld, Flucht und Ausreise (2002), S. 343.

3.3 Weitere Maßnahmen gegen Flucht und Abwanderung bis zum Mauerbau

und durch Lügen und Verdrehungen entstellte Lebensgeschichte Hennemanns enthielten.[79] Auch Versuche von Zersetzungsmaßnahmen in Flüchtlingslagern lassen sich nachweisen. So hatte etwa zum 15. März 1956 eine Delegation des Bundesrates einen Besuch im Flüchtlingslager Berlin-Marienfelde angekündigt. Einen Tag vorher wurden in den verschiedenen West-Berliner Lagern angeblich amtliche Schreiben lanciert, in denen die Flüchtlinge aufgefordert wurden, sich wegen Unklarheiten in ihren Papieren am folgenden Tag um 9.30 Uhr in einer bestimmten Abteilung des Lagers Marienfelde zu melden. Eine Ansammlung verunsicherter Flüchtlinge, die nach besagter Abteilung suchten, hätte sicher einen schlechten Eindruck bei der zum gleichen Zeitpunkt eintreffenden Bundesratdelegation hinterlassen. Doch konnte die Aktion noch rechtzeitig verhindert werden, nicht zuletzt weil die Unterwanderung des Lagers Marienfelde durch die Stasi den Behörden schon frühzeitig bekannt war.[80] Für die fluchtwilligen DDR-Bürger gravierender war freilich eine andere Maßnahme des Staatssicherheitsdienstes. 1958 gelang es, den Top-Agenten Götz Schlicht alias „Dr. Lutter" an der Spitze der im Lager Marienfelde tätigen Außenstelle des Untersuchungsausschusses freiheitlicher Juristen zu installieren. Schlicht befragte ankommende Flüchtlinge gezielt nach Personen, die ihnen bei der Flucht geholfen hatten oder die selbst Fluchtabsichten hegten. Diese Informationen leitete er an die MfS-Zentrale in Berlin weiter. Die betroffenen Personen, zwischen März 1958 und August 1961 waren dies mindestens 650, wurden in der DDR überprüft, überwacht, festgenommen und der Beihilfe zur bzw. der Vorbereitung der Republikflucht beschuldigt.[81] Auf diese Weise konnten zwar zahlreiche Republikfluchten verhindert werden, angesichts des anhaltenden Flüchtlingsstroms waren diese mit hohem Aufwand erzielten Erfolge jedoch nur ein Tropfen auf den heißen Stein.

Auch die konspirativen Maßnahmen des Staatssicherheitsdienstes haben mithin die Fluchtbewegung in den Westen – wie die Maßnahmen aller anderen Institutionen auch – nicht nennenswert einschränken können. Trotzdem wurden vom MfS noch bis wenige Wochen vor dem Mauerbau neue Anstrengungen zu diesem Zweck unternommen: Am 8. Juli 1961 erklärte Mielke die „politisch-operative Arbeit zur Vorbeugung und Verhinderung von Republikfluchten" zur „entscheidendste[n] Schwerpunktaufgabe" und beauftragte einen verantwortlichen Mitarbeiter, Oberst Harnisch, mit der Koordination aller Maßnahmen.[82]

Doch während das MfS noch behauptete, „daß es möglich und notwendig ist, die Republikflucht durch entsprechende Gegenmaßnahmen einzuengen"[83], war nicht nur der Polizei, sondern auch den politisch Verantwortlichen bereits klar, daß nur eine umfassende Kontrolle der gesamten Bevölkerung oder eine vollständige Überwachung der Grenze die Auswanderung wirkungsvoll eindämmen konnte. Diese Erkenntnis machte alle Institutionen, die politisch oder administrativ mitverantwortlich waren, im Laufe des Jahres 1960 zunehmend nervöser. Der Auszug der Bürger aus der DDR schien unaufhaltsam und bedrohte die Funktionsfähigkeit der eigenen Gesellschaft immer stärker. Die Verluste „schufen einen Teufelskreis von Unzufriedenheit und Wanderlust: Je mehr Men-

---

[79] Zu diesem Fall vgl. Nieske, Republikflucht (2001), S. 283–298.
[80] Zu diesem Vorgang vgl. Ciesla, „Feindobjekt" (2005), S. 160 f.
[81] Zu diesen Vorgängen vgl. Ciesla, „Feindobjekt" (2005), S. 162.
[82] Befehl Nr. 301/61 vom 8. 7. 1961, BStU ZA, MfS-BdL, Nr. 000705, Bl. 1–4.
[83] Anweisung Nr. 1/60, 4. 5. 1960, BStU ZA, MfS-BdL, Nr. 003499, Bl. 1.

schen flohen, desto schlimmer wurde es wirtschaftlich – je schlimmer es wurde, desto mehr flüchteten."[84]

Auch innerhalb der Staats- und Parteiapparate wurde der Ton Anfang der sechziger Jahre nervöser.[85] Die einzelnen Abteilungen lieferten zwar noch die typischen Berichte aus einzelnen Bezirken und Betrieben ab,[86] und alle Gremien setzten ihre üblichen, weitgehend wirkungslosen Aktivitäten fort.[87] Im Hintergrund bereiteten sich die politischen Spitzen aber längst auf eine endgültige Lösung vor, um die Flucht- und Abwanderungsbewegung zu unterbinden. Dazu traf die SED internationale Vorbereitungen und Absprachen, die schließlich in der Nacht vom 12. zum 13. August 1961 in den Mauerbau durch Berlin mündeten.[88]

Mit der Grenzschließung im August 1961 erkannte die DDR-Führung an, daß sie gegenüber der Unzufriedenheit eines Großteils der Bevölkerung hilflos war. Gleichzeitig befreite sie sich damit auch von ihrer jahrelangen Machtlosigkeit gegenüber der Fluchtwelle. Wie schon die drei großen Einschnitte gezeigt haben, bewegten sich einige Schritte gegen die Republikflucht sehr nahe an den traditionellen Bereichen der Reise- und Grenzpolitik.

„Auf eine Frage, wie man dieser Abwanderung von Fachkräften entgegenwirkt, erklärte der Kaderleiter, daß sie niemanden festhalten können, wenn sie nach Westdeutschland wollen. Das Zweckmäßige wäre seines Erachtens, die Grenzen dicht zu machen."[89] So wie der Kaderleiter des Magdeburger VEB (Volkseigener Betrieb) Schwermaschinenbau Karl Liebknecht trat eine ganze Reihe von kompromißlosen SED-Mitgliedern schon Mitte der fünfziger Jahre für die völlige Schließung der westlichen und der Berliner Grenze der DDR ein. Den möglichen Exekutoren dieser rigorosen Maßnahme fiel diese Entscheidung nicht so leicht, da sie internationalen Zwängen unterlagen, vor allem aber die damit verbundene politische Bankrotterklärung vermeiden wollten. Zum einen sollte die gesellschaftliche Akzeptanz gewonnen werden – auf nichts anderes zielte Ulbrichts Idee vom Überholen des westlichen Konsumniveaus –, zum anderen ging es um den Nachweis des eigenen politischen Geschicks: „Republikfluchten sind kein Naturgesetz, mit diesem Problem muß man fertig werden."[90]

Angesichts der offenen Stadt Berlin war das Ziel nur schwer zu erreichen: Wurde der Reiseverkehr eingeschränkt, stieg der Unmut der Bevölkerung, gewährte Ost-Berlin in diesem Punkt mehr Freiheiten, so beendeten viele ihren Urlaub im Westen nicht mehr. Das

---

[84] Major, Torschlußpanik (2000), S. 227.
[85] Vgl. z.B. die Note der DDR-Regierung an Westalliierte gegen BRD-Revanchismus vom 13.6.1961 (SAPMO-BArch DY 30/J IV 2/2/768, Bl. 49); die Äußerungen des PB zum West-Berliner Kirchentag vom 11.7.1961 (SAPMO-BArch DY 30/J IV 2/2/775, Bl. 2 f.); Beschluß des PB zur Verstärkung der Auslandspropaganda bzgl. Westberlinfrage vom 25.7.1961 (SAPMO-BArch DY 30/J IV 2/2/779, Bl. 141-161).
[86] Vgl. etwa den Bericht des SED-Sekretariats über Republikflucht im Bezirk Halle (SAPMO-BArch DY 30/J IV 2/3-740, Bl. 60–83).
[87] Vgl. z.B. PB am 18.10.1960 zu Maßnahmen zur Verbesserung der Verhältnisse an der Westgrenze (SAPMO-BArch DY 30/J IV 2/2/730, Bl. 2); ZKSekr am 4.11.1960 zu Maßnahmen zum Stop der Republikflucht von Ärzten und Lehrern (SAPMO-BArch DY 30/J IV 2/3-710, Bl. 1 f.); PB setzt am 18.7.1961 Arbeitsgruppe zur Bekämpfung der Republikflucht „mit legalen Mitteln" ein (SAPMO-BArch DY 30/J IV 2/2/777, Bl. 3).
[88] Zum Mauerbau vgl. Küchenmeister, Mauerbau (2001); Eisenfeld/Engelmann, Mauerbau (2001). Zu verschiedenen Aspekten des Mauerbaus und seiner Vorgeschichte vgl. auch die Beiträge in Hertle/Jarausch/Kleßmann, Mauerbau und Mauerfall (2002); Steininger, Mauerbau (2001).
[89] HA PM am 26.11.1955 an ZK der SED (BArch DO 1/11, Nr. 963, Bl. 64).
[90] Staatssekretär Grünstein am 6.9.1958, BArch DO 1/11, Nr. 79, Bl. 5.

Dilemma war leicht zu erkennen. So äußerte Maron schon Anfang August 1953, also zu Beginn der liberaleren Ausgabe der Interzonenpässe, die Vermutung, daß ein großer Teil der Reisenden „den Interzonenpaß zur Legalisierung der Republikflucht ausnutzt."[91] Die Maßnahmen gegen die Republikflucht mußten zwar die Androhung von Sanktionen wie Enteignung, Besuchsverbote oder Haft einschließen, gleichzeitig wollte sich das Regime aber gegenüber der (noch) verbliebenen Bevölkerung freundlich aufführen und darüber hinaus einige der Geflohenen zurückgewinnen. Mehr als drei Jahre später stellte sich für den inzwischen zum Innenminister avancierten Maron die gleiche Frage: „Es sollen deshalb Vorschläge ausgearbeitet werden, die dazu geeignet sind, die Republikfluchten einzuschränken, auch wenn damit für bestimmte soziale Gruppen oder bestimmte Gebiete Einschränkungen im Interzonenreisewesen herauskommen." Eine Lösung für den Zielkonflikt, daß jede Maßnahme zugleich die eine Richtung bediente, der anderen aber zuwiderlief, hatte er auch nicht: „Diese Maßnahmen dürfen jedoch nicht so sein, daß damit die von der Regierung der DDR proklamierte Freizügigkeit im Reiseverkehr aufgehoben oder für große Bevölkerungsteile stark eingeschränkt wird. Wenn das auch im bestimmten Widerspruch zueinander steht, so muß man zwischen beiden Erfordernissen den richtigen Weg finden."[92] Ihn zu finden, blieb den nachgeordneten Behördenmitarbeitern überlassen.

Etwa 1952/53 – also zeitgleich mit der Wahrnehmung der problematischen Seiten der massenhaften Auswanderung – begann die DDR-Führung damit, Fachleute aus dem Westen anzuwerben. Den Hintergrund bildete der aus dem Rostocker Polizeibericht von 1952 bereits zitierte Anspruch,[93] die deutsch-deutsche Migration „in administrativer wie auch ideologischer Hinsicht" zugunsten der DDR „zu lenken". Die ‚Feinde' sollten das Land verlassen und kompetente Fachleute ihre Zukunft in der DDR erkennen.[94]

Um die ‚richtigen' Menschen zu gewinnen, initiierte die DDR Werbekampagnen, in denen etwa Ärzte aufgefordert wurden, der im Westen noch verbreiteten Arbeitslosigkeit durch den Umzug in die DDR zu entgehen.[95] Den Zugezogenen wurde zudem der Neubeginn durch günstige Kredite oder Einrichtungsgegenstände für neue Wohnungen erleichtert.[96] Angesichts zahlloser bürokratischer Hürden und sicherheitspolitischer Maßnahmen, die den Zuziehenden das berufliche und private Leben erschwerten, verpuffte die positive Wirkung solcher Starthilfen gewöhnlich aber schnell. Recht bald zeichnete

---

[91] Maron am 7. 8. 1953 an MdI Stoph und Abt. PM (BArch DO 1/11, Nr. 962, Bl. 98 f.).
[92] HVDVP, HA PM, VP-Inspekteur Fischer, 13. 3. 1957: Vermerk über zwei Besprechungen bei Minister Maron und bei Genosse Großmann, BArch DO 1/11, Nr. 964, Bl. 93–98, hier Bl. 93.
[93] Vgl. Dok. 13.
[94] Zu diesem Themenkomplex vgl. auch Schmelz, Migration und Politik (2002), S. 79 ff.
[95] Vgl. BArch DO 1/11, Nr. 961, Bl. 29 f.
[96] BArch DO 1/11, Nr. 708, Bl. 34; BArch DO 1/11, Nr. 780, Bl. 2 f., 5; vgl. auch den Bericht „Die Fluchtbewegung aus Westdeutschland und Westberlin in die Deutsche Demokratische Republik", in dem Überbrückungsgelder durch Städte und Gemeinden, die Bereitstellung von „geeignete[m] Wohnraum" sowie günstige Kredite für Möbel und Hausrat erwähnt werden. (BArch DO 1/34, Nr. 23724). Vgl. auch die „Anordnung über die finanzielle Hilfe für Personen, die ihren Wohnsitz aus Westdeutschland und Westberlin in das Gebiet der Deutschen Demokratischen Republik oder des demokratischen Sektors von Groß-Berlin verlegen" (Dok. 7) und die ähnlich lautende Anordnung zur „Kreditgewährung", beide vom 29. 4. 1954 (ZBl. Nr. 20, 22. 5. 1954, S. 204 ff.). Anfang 1958 wurden die Vergünstigungen wieder eingeschränkt und galten nur noch für erstmalig Zuziehende. Vgl. die entsprechenden Anordnungen vom 24. 2. 1958 (GBl. Nr. 23, 10. 4. 1958, S. 306 f.) und vom 28. 4. 1958 (GBl. Nr. 31, 24. 5. 1958, S. 308). Zum Entscheidungsprozeß für diese Einschränkungen vgl. SAPMO-BArch DY 30/J IV 2/2/539, Bl. 5 und SAPMO-BArch DY 30/J IV 2/2/546, Bl. 4.

sich ab, daß die ehrgeizigen Pläne der SED, hochqualifizierte Fachleute ins Land zu holen, in einem „Desaster" endeten.[97] Ihren einzigen nennenswerten Erfolg verzeichnete die DDR infolge des Neuen Kurses.[98]

Die quantitativen Mißerfolge dieser Maßnahmen blieben den Ost-Berliner Parteien und Institutionen nicht verborgen, aber sie fanden aufgrund des unbedingten Primats der Sicherheitspolitik und der allgemeinen Versorgungsprobleme keine Alternativen. So gab es immer wieder Appelle, Menschen aus der Bundesrepublik abzuwerben[99] und die CDU-Leitung ließ sich noch 1957 zu dem Versuch hinreißen, ausgerechnet geflohene Industrielle und Unternehmer zur Rückkehr in die DDR zu bewegen,[100] obwohl ein Parteifreund schon 1955 darauf hingewiesen hatte, daß nur wenige Westdeutsche die DDR attraktiver fänden als die Bundesrepublik, solange sie dort „stundenlang nach einem halben Pfund Margarine" anstehen müßten.[101] Trotz der zuweilen weitreichenden Zugeständnisse[102] blieben die Erfolge gering. Statt dessen beschlich die Verantwortlichen langsam die Erkenntnis, daß viele Menschen ihre Zuzugs- und Integrationsangebote annahmen, für die diese gar nicht gedacht waren: Spätestens Ende der fünfziger Jahre gingen daher fast alle mit Flucht und Abwanderung beschäftigten Behörden der DDR dazu über, das Problem der Zuziehenden aus dem Westen in erster Linie unter kriminalistischen und strafrechtlichen Aspekten zu betrachten. So sollten die Zuwanderer immer genauer hinsichtlich ihrer Seßhaftigkeit und ihres Strafregisters überprüft werden[103] und auch die fi-

---

[97] So Jessen, Akademische Elite (1999), S. 297–301, 424 f., über die Versuche, westliche Wissenschaftler an DDR-Hochschulen zu holen, weshalb solche Kampagnen seit 1953 nicht wiederholt worden seien.
[98] Allerdings kehrten auch 1953 viele mit einem Vorbehalt zurück; so kamen Mütter und Kinder zurück, während die Väter in West-Berlin blieben. Vgl. Maron am 30. 4. 1954 an Matern, im ZK der SED (BArch DO 1/11, Nr. 962, Bl. 198).
[99] Die Werbung von Bürgern der Bundesrepublik war nur eine der Maßnahmen, die in umgekehrter Richtung als Politik von Kriegstreibern, Spaltern und Imperialisten beschimpft wurde. Obwohl die SED sich jede westliche Einmischung in die Angelegenheiten der DDR verbat, schickte sie regelmäßig Kader zu westdeutschen Bundestags- und Landtagswahlen (vgl. z.B. SAPMO-BArch DY 30/J IV 2/2/583, Bl. 2 f.; SAPMO-BArch DY 30/J 2/3-35, Bl. 11; SAPMO-BArch DY 30/J 2/3-98, Bl. 6; SAPMO-BArch DY 30/J IV 2/3-175, Bl. 8; SAPMO-BArch DY 30/J IV 2/3-193, Bl. 1 f.; SAPMO-BArch DY 30/J IV 2/3-184, Bl. 11 f.; SAPMO-BArch DY 30/J IV 2/3-175, Bl. 18), die SED empfing westdeutsche Jugendliche mit Schimpftiraden über die Gründung der Bundeswehr, während sie selbst ihre bewaffneten Organe ausbaute (SAPMO-BArch DY 30/IV 2/2/337, Bl. 49 ff.; BArch DO 1/34, Nr. 21724; Dok. 22) und ließ „Mittelwellensender für Westdeutschland an der Zonengrenze" errichten, während sie den Empfang des westdeutschen Rundfunks kriminalisierte (SAPMO-BArch DY 30/J IV 2/3-67, Bl. 2). Besonders offensichtlich war diese Doppelbödigkeit in ihrer Polemik gegen die westliche Grenz- und Reisepolitik: Während Ost-Berlin die Grenze zunehmend stärker verriegelte, empörten sich SED und ND immer wieder über den „regelrechte[n] Polizeiterror" bewaffneter westlicher Organe „entlang der Interzonengrenze" (SAPMO-BArch DY 30/J IV 2/3-430, Bl. 14 f.).
[100] Zu dem erfolglosen Versuch vgl. den Musterbrief Sefrins vom 1. 7. 1957 und zahlreiche Antwortbriefe (ACDP VII-011, Nr. A1015).
[101] Aus einem Informationsbericht der CDU-Parteileitung vom 15. 12. 1955, zitiert nach Suckut, Erwartung (1993), S. 427.
[102] Vgl. z.B. BArch DO 1/11, Nr. 917, Bl. 3, 40; 1956 lud die Regierung auf der ersten Seite des ND selbst straffällige Republikflüchtige zur Rückkehr ein: „Sie können damit rechnen, daß sie mit der gleichen Großzügigkeit behandelt werden, wie die 20 000 Verurteilten, die aus der Strafhaft entlassen wurden und die ohne Benachteiligung ihrer friedlichen Arbeit nachgehen können." (ND Nr. 233 v. 28. 9. 1956, S. 1).
[103] Vgl. dazu die Antwort der HA PM auf eine Anfrage vom 25. 1. 1957, welche Gegenmaßnahmen gegen unzuverlässige Rückkehrer und Zuziehende (Arbeitsscheue, Bummelanten, Landstreicher, Kriminelle etc.) getroffen werden können, die auch eine Liste mit Ablehnungsgründen enthält (BArch DO 1/11, Nr. 964, Bl. 19–33; Anfrage: Bl. 17 f.).

3.3 Weitere Maßnahmen gegen Flucht und Abwanderung bis zum Mauerbau

nanziellen und materiellen Vergünstigungen wurden drastisch eingeschränkt.[104] Letzteres geschah auch mit Rücksicht auf die einheimische Bevölkerung, die den Zuwanderern überwiegend ablehnend gegenüberstand und „alle Sonderzahlungen an Migranten aus der Bundesrepublik mißbilligte".[105]

Gemessen an ihrem empirischen und analytischen Interesse an der Republikflucht widmeten die Organe der DDR den Rückkehrern und Zuziehenden überdimensional viel Aufmerksamkeit. Die meisten mit der deutsch-deutschen Grenze beschäftigten Mitarbeiter von DDR-Behörden bevorzugten dieses Thema, weil die Zuwanderung der Selbstdarstellung der DDR nicht ganz so drastisch widersprach wie die chronische Westflucht. Außerdem bewegte sich die SED sicherer auf dem Gebiet der Absichtserklärungen und Propaganda, als auf dem der konkreten und am Ergebnis überprüfbaren Politik. So legte das Sekretariat des ZK am 22. Dezember 1952 in seinen „Maßnahmen gegen die Republikflucht" auch fest, regelmäßig positive Berichte über in die DDR gekommene westdeutsche Arbeitnehmer in der DDR zu veröffentlichen, Betriebsversammlungen einzuberufen und auf Wandzeitungen die positiven und negativen Beispiele hervorzuheben. Da zu den „Hauptursachen" für die Flucht das „Nichterkennen der Perspektiven beider deutscher Staaten"[106] sowie „mangelndes Staatsbewußtsein und mangelndes Vertrauen zu den Perspektiven der sozialistischen Entwicklung"[107] zählten, sollte das politische Bewußtsein durch Werbung gehoben werden: „Es muß uns noch überzeugender gelingen, die Unbesiegbarkeit des Sozialismus und die Entwicklung in der DDR als Perspektive für ganz Deutschland darzulegen".[108] Dazu hängten SED und Freier Deutscher Gewerkschaftsbund (FDGB) in Betrieben Wandzeitungen aus, sollten namhafte Mediziner sich gegen die Flucht ihrer Kollegen äußern,[109] ließ die SED Artikel veröffentlichen[110] und Plakate drucken;[111] die „Kommission zu Fragen der Republikflucht" entwickelte im Mai 1956 für das Politbüro einen Maßnahmenkatalog für die „fortlaufend" zu verbessernde Agitation u. a. durch Presse, Radio, DEFA-Wochenschau, Spiel- und Dokumentarfilme, Romane und Hörspiele.[112] So druckten die Tageszeitungen[113] und Zeitschriften zahlreiche Artikel ab, die sich in ihrer Intention nicht wesentlich von-

---

[104] Am 25. 6. 1957 entschied sich das PB für eine Einschränkung der Vergünstigungen für Rückkehrer und Zuziehende: finanzielle Hilfe sollten Erstzuziehende nur dann erhalten, „wenn ihr Verhalten dies rechtfertigt und die Voraussetzungen zur Abtragung des Kredits gegeben sind." Regionale Konzentrationen von Rückkehrern und Zuziehenden sollten vermieden werden (SAPMO-BArch DY 30/J IV 2/2/546, Bl. 4).
[105] Schmelz, Migration und Politik (2002), S. 287.
[106] Ratsvorlage zum Tagesordnungspunkt 4 der Ratssitzung vom 4. 6. 1958 (BArch DO 1/34, Nr. 21725).
[107] SAPMO-BArch DY 30/J IV 2/2/775, Bl. 12-98, hier Bl. 49: Sitzung des Politbüros des Zentralkomitees am 11. 7. 1961.
[108] BArch DO 1/11, Nr. 558, Bl. 78-101: „Die Aufgaben der Volkspolizei im Kampf gegen die Republikflucht [...]" vom Dezember 1957.
[109] SAPMO-BArch DY 30/J IV 2/2/608, Bl. 3 (Sitzung des PB am 2. 9. 1958).
[110] Vgl. z.B. die Aufforderung des ZKSekr vom 24. 2. 1954 zur „ständige[n] Pressearbeit" über Republikflucht: Diskreditierung der Bundesrepublik durch Rückkehrer; Presse- und Rundfunkvertreter sollen „die Lage in den westberliner und westdeutschen Elendslagern studieren und ihre Eindrücke popularisieren." (SAPMO-BArch DY 30/J IV 2/3-420, Bl. 18).
[111] Allerdings verfügte das ZKSekr am 22. 8. 1956, zwei vorgelegte Plakate gegen die Republikflucht nicht auszuhängen, „weil offensichtlich ist, daß sie die gestellte politische Aufgabe nicht erfüllen können" (SAPMO-BArch DY 30/J IV 2/3-325, Bl. 4).
[112] Dok. 16.
[113] Vgl. zum Beispiel die Artikelreihe ‚Die uns verraten' in: Volksstimme. Organ der Bezirksleitung Karl-Marx-Stadt der Sozialistischen Einheitspartei Deutschlands zwischen dem 3. 12. 1957 und dem 13. 5. 1958 sowie die in Kap. 2.4, S. 40, Anm. 125 zitierten Artikel des ND.

einander unterschieden, egal ob sie in Satireblättern,[114] Frauen-[115] und Publikumszeitschriften[116] oder in den Monatsheften der Polizei[117] erschienen, aber auf das jeweilige Publikum zugeschnitten waren. Überall las man vom Elend in den Flüchtlingslagern, von falschen Versprechungen, von Erpressungen durch westliche Geheimdienste, von der Arbeitslosigkeit und von gescheiterten Flüchtlingen, die nach ihrer Rückkehr reuevoll über ihr Schicksal berichteten und sich für die Wiederaufnahme in der DDR bedankten. Solche Maßnahmen – die beileibe nicht nur gegen Flucht und Abwanderung organisiert wurden – stießen in der Bevölkerung auf wenig Interesse,[118] in Einzelfällen führten sie sogar zu offenem Widerspruch: „Die Abteilungsversammlungen, die bei Republikfluchten innerhalb des Betriebes durchgeführt werden, sind nicht immer befruchtend im Kampf gegen die Republikfluchten. Es kommt immer wieder vor, daß außer dem Parteisekretär, dem Kaderleiter und der AGL [Abteilungsgewerkschaftsleitung] keiner von den Versammelten weiter eine Stellung zur Frage der Republikfluchten einnimmt. Im Gegenteil, aus dem Hintergrund werden öfters Stimmen laut in der Form: ,Warst Du denn schon mal drüben – wenn Du noch nicht drüben warst, dann sei lieber still – kannst uns nicht überzeugen'. Diese Tatsache führt dann dazu, daß die Abteilungsversammlungen formal durchgeführt werden, um lediglich darüber abzustimmen, daß der republikflüchtige Kollege fristlos entlassen und aus dem FDGB ausgeschlossen wird."[119]

Angesichts der geringen Wirksamkeit der Werbung für die DDR, konzentrierten sich deren Organe bald nicht mehr auf die positive Eigenwerbung, sondern verstärkten die Kampagnen gegen den Westen.[120] Neben Diffamierungen von einzelnen Flüchtlingen[121] produzierten die unterschiedlichsten Organe eine unendliche Flut von Dokumenten, Zei-

---

[114] Z.B. Satire „Ein ,politischer' Flüchtling" (Dok. 38); Karikatur, die das Innere eines Flüchtlingslagers darstellt mit der Unterschrift: „An wen schreibst Du jetzt ein Gesuch, an Adenauer oder Reuter?' ,An die DDR. Daß wir wieder zurückwollen...'", in: „Frischer Wind", 4. Februarheft 1953, S. 5.

[115] „Flucht und Heimkehr. Eine wahre Begebenheit", in: Die Frau von heute, 20. 7. 1956, S. 4 f.; „Der letzte Ausweg eines Republikflüchtigen: Der Strick", in: ebd., 20. 2. 1961, S. 20; „Eine Frau kehrte zurück" (Dok. 39).

[116] „Wenn der Groschen fällt...", Berichte über Rückkehrer in: Neue Berliner Illustrierte, 4. Aprilheft, S. 2 f.

[117] „Die Flucht in die ,freie Welt'", Bericht über die Republikflucht von Volkspolizisten, die trotz dieses „schweren Verbrechens" lieber zurückkommen wollen, statt in der Bundesrepublik leben zu müssen, in: Der Kämpfer, 28. 1. 1956, S. 2; „Für einen Judaslohn die DDR verraten", Bericht über einen desertierten Volkspolizisten, der wegen seiner aussichtslosen Lage in der Bundesrepublik in die DDR zurückkehrt, obwohl dort das Gefängnis auf ihn wartet, in: ebd., 26. 5. 1956, S. 4.

[118] Bei dem Versuch des Volkspolizeikreisamtleiters, im Dederon-Werk mit den Akademikern über die verhinderte Republikflucht eines promovierten Chemikers und seiner Frau zu sprechen, gab „die ältere Intelligenz [...] dazu nur sehr ausweichende Stellungnahmen ab, während die junge Intelligenz sich überhaupt nicht dazu äußerte." (SPK, Chemiekaderkommission, am 28. 7. 1960, BArch DO 1/34, Nr. 21725).

[119] Ähnliches wird aus der Universitätsklinik Jena berichtet: „Die Bemühungen der Klinikverwaltung, Professoren und leitende Ärzte zur Unterstützung im Kampf gegen die Republikfluchten zu gewinnen, verliefen bis jetzt ergebnislos." Beide Fälle aus einem Brief Seiferts vom 6. 7. 1956 an das ZK (Dok. 17).

[120] Liste von verschiedenen Artikeln zur Republikflucht, die zeigt, daß sich das Engagement gegen die Republikflucht vor allem auf Propaganda gegen den Westen konzentrierte, SAPMO-BArch DY 30/ IV 2/13/395, Bl. 153 f. Eine Liste vom 29. 11. 1957 der verschiedenen DEFA-Filme gegen die Republikflucht in: MdI, HA Innere Angelegenheiten, Abt. I, am 16. 1. 1958 an 14 Bezirke und Magistrat von Groß-Berlin, Abt. Innere Angelegenheiten (BArch DO 1/34, Nr. 21725).

[121] Immer wieder wurde dabei das „mangelnde[] Bewußtsein dieser Menschen" hervorgehoben (BArch DO 1/11, Nr. 966, Bl. 226; BArch DO 1/11, Nr. 966, Bl. 97; BArch DO 1/11, Nr. 79, Bl. 159, 163), konkrete Anschuldigungen gegen einzelne Auswanderer blieben aber sehr selten. Vgl. u.a. Artikelserie „Die uns verraten" in: Volksstimme; Flugblatt „Zerfetzt das Lügengespinst um die ,Republikflucht'" von 1953

tungsartikeln, Radiosendungen und persönlichen Berichten „über die krasse Unfreiheit in Westdeutschland, über die wachsende Arbeitslosigkeit und den sinkenden Lebensstandard",[122] die immer wieder mit individuellen Zeugenberichten angereichert wurden.

In Nauen verteilte die SED-Kreisleitung 1953 Flugblätter mit einem „Hilfeschrei aus Westdeutschland": In einem Brief klagte ein junges Paar aus Nauen über seine Arbeit unter erbärmlichen Bedingungen auf einem Bauernhof bei Heidelberg und bat um Möglichkeiten zur Rückkehr in die DDR. Noch deutlicher als der Bericht war die Schlußfolgerung der Kreisleitung: „Schenkt dem betrügerischen Geschnatter der RIAS-Enten kein Gehör. Helft mit, das Ziel und die Politik unserer Regierung, die Einheit Deutschlands, sowie den neuen Kurs zu verwirklichen. Verstärkt den Briefverkehr nach Westdeutschland. Fordert Verwandte und Bekannte, soweit sie republikflüchtig geworden sind, auf, in ihre Heimat zurückzukehren."[123] Zu den stereotypen Vorwürfen an die als reaktionär, kriegstreiberisch und NS-freundlich apostrophierte Bundesrepublik gesellten sich die Schilderungen vom sozialen Elend der Arbeiter und Arbeitslosen, die die SED mit zahlreichen Details und Einzelfalldarstellungen von hochqualifizierten Zuziehenden und Rückkehrern ergänzen lassen wollte. Eine Folge dieses Bestrebens waren Rückkehrer, die unglaubliche Geschichten über die Zustände in Westdeutschland erzählten, mit denen sie wohl in erster Linie die Erwartungen der Interviewer befriedigen wollten. Solche Erzählungen stießen bisweilen selbst bei den Sicherheitsorganen auf Skepsis. So berichtete ein aus Köln in die DDR zurückgekehrtes Ehepaar von Belästigungen durch Besatzungssoldaten, von Jugendlichen, die sich zu großen Gruppen zusammenrotteten, und davon, „daß man selbst am Tage auf der Straße nicht sicher wäre, weil kriminelle Elemente beim größten Verkehr Schaufenster einschlagen oder mit Pistolen zerschießen". Selbst dem Polizist, der den Bericht aufnahm, schienen diese Schilderungen „etwas übertrieben"; trotzdem kam er zu dem Schluß, daß sie „keine Erfindungen sind, sondern daß ihnen diese Zustände die Veranlassung gaben, in die DDR zurückzukehren".[124]

Inwiefern solche Geschichten auch bei der Bevölkerung Glauben fanden, ist schwer zu bestimmen. Der Exodus ließ auf jeden Fall nie nennenswert nach, und als die SED-Führung ihre Macht wieder gefestigt hatte, reduzierte sich das Entgegenkommen auf eine jeweils individuell angepaßte Privilegierung einzelner Menschen, deren Flucht verhindert werden sollte.[125] Den verantwortlichen Organen Ost-Berlins war bewußt, daß eine diffe-

---

mit der Nennung von Namen und Fluchtschädigung (in: SAPMO-BArch DY 30/IV 2/13/394, Bl. 98 f.; weitere Flugblätter gegen Republikflucht und für Rückkehrer und Zuziehende in: SAPMO-BArch DY 30/IV 2/13/394, Bl. 406 ff.).

[122] Anweisung des ZKSekr vom 22. 12. 1952 (SAPMO-BArch DY 30/J IV 2/3-35, Bl. 49).
[123] SAPMO-BArch DY 30/IV 2/13/394, Bl. 406 ff., hier Bl. 406.
[124] Dok. 37.
[125] Solche individuellen Privilegierungen konnten sich jedoch auch als Bumerang erweisen. Ein hochbezahlter Facharzt nutzte seine fast unbeschränkte Möglichkeit zu Westreisen dazu aus, vor seiner Flucht die gesamte Einrichtung seines Hauses nach Westdeutschland zu schaffen (Einzelinformation über die Republikflucht eines Lungenspezialarztes, 28. 4. 1961, BStU ZA, MfS-ZAIG, Nr. 408, Bl. 1–7). Zur Privilegierung vgl. auch Kap. 4; zu Medizinern vgl. Jessen, Akademische Elite (1999), S. 188, 218, und das Kommuniqué des PB vom 19. 10. 1960 über „Maßnahmen zur weiteren Entwicklung des Gesundheitswesens und zur Förderung der Arbeit der medizinischen Intelligenz" (ND Nr. 351 v. 20. 12. 1960, S. 1 f.) sowie ähnliche Versprechungen an Lehrer (Deutsche Lehrerzeitung vom 9. 12. 1960, S. 1 f.; zu taktischen Konzessionen der SED vgl. auch Jänicke, Der dritte Weg [1964], S. 168); zu Einzelverträgen für erfahrene Ingenieure vgl. Augustine, Frustrierte Technokraten (1996), S. 67.

renziertere Behandlung ihrer Bürger das beste Mittel zur Verhinderung von Unzufriedenheit und damit auch von Republikfluchten war: „Das Hauptkettenglied ist die Verbesserung der Arbeit mit den Menschen und ihre Einbeziehung in die Leitung und Lenkung des Staates."[126] Problematisch war insbesondere das Selbstverständnis der SED, die sich selbst zur Inkarnation des Willens der Bevölkerungsmehrheit erklärte.[127] Daher fiel es ihr – abgesehen von der dramatischen Ausnahmesituation im Sommer 1953 – schwer, die eigenen Maßnahmen als Ursache für die massenhafte Abwanderung zu erkennen, galt ihr doch der Umbau der Gesellschaft in einer diffusen Mischung aus politischem Idealismus und dogmatischer kommunistischer Parteiideologie als Weg zum Wohl der Mehrheitsgesellschaft. Selbst solche politische Initiativen, mit denen die Flucht besonders verstärkt wurde, dienten angeblich nur der Erhöhung des Lebensstandards in der DDR: Mit den Kollektivierungen in der Landwirtschaft sollten die Produktion und das Lebensmittelangebot erhöht werden, mit den Enteignungen in Handel und Industrie wurden Leistungsverbesserungen und der Abbau von angeblich personalintensiven Überkapazitäten versprochen, die Entscheidung für die Konzentration auf den schwerindustriellen Sektor basierte auf dem Wunsch, die gesamte DDR-Wirtschaft auf robuste Füße zu stellen. Dies galt nicht nur für die Wirtschaftspolitik, sondern für jede Initiative der SED: Selbst der erschwerte Zugang für Akademikerkinder zum Hochschulstudium galt als Privilegierung der Bevölkerungsmehrheit und die restriktive Kunst- und Kulturpolitik als Annäherung an den Mehrheitsgeschmack. Angesichts dieser Selbstinterpretation erschien die Durchsetzung von politischen Liberalisierungen nicht nur aufgrund des politischen Eigengewichts der Partei- und Verwaltungsapparate in den Kreisen und Bezirken schwer, sondern mehr noch aufgrund der in ihnen mehrheitlich vertretenen Auffassung, daß ein möglichst schneller Weg zum Sozialismus die sicherste Garantie nicht nur für die eigene Macht, sondern auch für die beste aller denkbaren Gesellschaften war.

Da die allgemeinen Privilegierungen nicht ausreichten und die Grenz- und Reisepolitik nicht liberalisiert wurde, bemühte sich Ost-Berlin wiederholt um Trostpflaster, etwa die Verbesserung der Tourismusmöglichkeiten in den sozialistischen Bruderstaaten, vor allem der CSR und Polen.[128] Im Bereich der Grenz- und Reisepolitik blieben konkrete Liberalisierungen aber – wiederum abgesehen vom Sommer 1953 – in nennenswertem Umfang aus. Angesichts der weitgehend ungebrochenen Flucht und Auswanderung in den fünfziger Jahren und ihrer demographischen Folgen verwundert es, daß die SED statt dessen immer wieder politische Verschärfungen verfügte, die die Republikfluchten zeitweise noch stärker ansteigen ließen. Beispielhaft zeigt sich dies an der Einführung einer neuen Assistentenverordnung für die Universitäten 1957/58: „Es ist aus der Rückschau nur schwer nachzuvollziehen, [...] daß die verantwortlichen Entscheidungsträger diese naheliegende Konsequenz ihrer Politik offenbar kaum vorhergesehen haben. Es hätte nicht viel Phantasie dazugehört, sich die Reaktion junger Wissenschaftler vorzustellen, die ihre berufliche Zukunft durch politische Pressionen bedroht sahen und denen zugleich eine

---

[126] So Seifert in den Schlußfolgerungen eines Berichts vom 9. 3. 1961 an MfS Mielke (BArch DO 1/11, Nr. 967, Bl. 65–69, hier Bl. 66).
[127] Genau dies gab ein Arzt in seinem Abschiedsbrief als Hauptgrund für seine Republikflucht an: „Was für mich in der DDR immer unerträglicher wurde, war die Anmaßung des Staates, für seine Bürger zu ‚denken' und das einmal festgelegte Dogma als allgemein verbindlich zu erklären." (Dok. 29).
[128] Vgl. Beschluß des ZKSekr am 20. 6. 1956 (SAPMO-BArch DY 30./J IV 2/3-517, Bl. 4 f.).

attraktive Alternative zugänglich war, wenn sie sich nur eine Fahrkarte der Berliner S-Bahn kauften."[129]

Statt den Reiseverkehr über die deutsch-deutsche Grenze zu liberalisieren, wurden die Restriktionen in den fünfziger Jahren noch erweitert, indem die Züge nach Berlin durch Zugbegleitkommandos kontrolliert wurden und die Transportpolizei den Ring um Berlin bewachte, damit sich niemand unerlaubt der offenen Grenzstadt nähern konnte.[130] Neben dem Verbot, die DDR ohne offizielle Erlaubnis der Volkspolizei zu verlassen, richtete die Polizei noch verschiedene Systeme von Karteikarten, Registrierungen und Sichtvermerken ein, die einzelnen Fluchtversuchen vorbeugen sollten. So sei jede verhinderte Flucht auf der Kreismelde- und Meldestellenkartei „in der Spalte Akten- und Strafhinweise" zu vermerken, wodurch die Polizei über etwaige Umzüge der betreffenden Personen informiert wurde,[131] die Hauptabteilung PM führte eine „Sperrkartei für Aufenthaltsgenehmigungen"[132] und die Volkspolizeiämter führten namentliche Listen von Republikflüchtigen.[133] Darüber hinaus mußte beim Kauf von Fotoapparaten und anderen hochwertigen optischen Geräten oder beim Abheben hoher Geldsummen von Sparkonten der Personalausweis vorgelegt werden: Die Polizei notierte dies in ihren Karteien und strengte zuweilen stärkere Überwachungen der betroffenen Personen an, da sich viele Flüchtlinge durch ihre Ersparnisse oder durch die in der DDR preiswerten und im Westen gut verkäuflichen Waren den Neuanfang erleichtern wollten.[134] Nur selten wurde von Erfolgen dieser Maßnahmen berichtet. So lobte die Hauptabteilung PM im August 1954 zwar die Republikfluchtkarteien bei den Volkspolizeikreisämtern als gut geführt, mußte aber schon kurz darauf feststellen, „daß die Republikfluchtkartei [im Volkspolizeikreisamt Gotha] nicht in einem gut auswertbaren Zustand ist."[135] Auch sonst wiesen viele Behördenmitarbeiter darauf hin, daß sie die Karteisysteme aufgrund ihrer Arbeitsüberlastung nicht auf einem aktuellem Stand halten konnten und daß viele Registrierungen dadurch wirkungslos blieben,[136] zumal die Behörden noch zahlreiche andere administrative und statistische

---

[129] Jessen, Akademische Elite (1999), S. 92.
[130] Vgl. z.B. BArch DO 1/11, Nr. 965, Bl. 141 (19.12.1958); BArch DO 1/11, Nr. 966, Bl. 21 (5.3.1959).
[131] HVDVP am 21.10.1955: Anweisung an die VPKÄ über BDVP (BArch DO 1/11, Nr. 963, Bl. 59).
[132] Bericht Seiferts aus Anlaß der Republikflucht des technischen Leiters und des Direktors der VEB Elektromotorenwerk Wernigerode am 6.3.1957 an das ZK der SED, das MfS, das ZK für staatliche Kontrolle und die HA PM (BArch DO 1/11, Nr. 964, Bl. 91).
[133] HA PM am 7.2.1953 (BArch DO 1/11, Nr. 962, Bl. 16).
[134] Das PB bestätigte am 21.12.1954 „Maßnahmen gegen Schieber und Spekulanten in Berlin": u.a. mehr Kontrollen, größere Anforderungen an die Buchführung von Privatunternehmen (u.a. bzgl. innerdeutschen Zahlungsverkehrs), Einschränkung des Einkaufs in Ost-Berlin, Verschärfung der Kontrollen um Berlin, Verbesserung des ostdeutschen Warensortiments (SAPMO-BArch DY 30/IV 2/2/397, Bl. 5, 36–40); Forderungen nach besserer Kontrolle von Westreisenden bzgl. der Mitnahme von optischen Geräten (21.10.1955: BArch DO 1/11, Nr. 637, Bl. 41); nach BArch DO 1/11, Nr. 780, Bl. 5 (27.4.1956) wurden auch Sparkassenkredite auf der Karteikarte der Abt. PM notiert: Die Karten müssen ziemlich groß gewesen sein.
[135] BArch DO 1/11, Nr. 962, Bl. 208–211.
[136] Seifert, HA K, kritisierte am 22.12.1956, daß die „Sperrkartei für Westberliner Bürger" mit 55000 Einträgen bei den Untersuchungsorganen nicht bekannt sei und nicht genutzt werde (BArch DO 1/11, Nr. 780, Bl. 22); vgl. auch den Hinweis der HA PM am 1.7.1957 an verschiedene BDVP: Mehrere hundert unbearbeitete Sperrvermerke in den Aufnahmestellen seien noch nicht in die Sperrkartei eingearbeitet: ganz offensichtlich funktionierten die zahlreichen Karteien zur Überprüfung und Kontrolle der Grenzwanderer nur unzureichend (BArch DO 1/11, Nr. 964, Bl. 128).

Erfassungen vornehmen. Viele Maßnahmen, etwa die genaue Registrierung der bei Besuchsreisen mitgeführten hochwertigen Industrieerzeugnisse, verhinderten keine Fluchten, sondern führten erst dazu.

Bei fast allen Maßnahmen gegen die illegale Auswanderung machten die Behörden der DDR die gleiche Erfahrung der Unwirksamkeit. Da sich der Massenexodus aber zu einer existentiellen Bedrohung entwickelte, bemühten sich verschiedene Institutionen um eine Zusammenarbeit. Schon Anfang der fünfziger Jahre entstanden auf zentraler und regionaler Ebene die ersten Kommissionen mit Mitgliedern verschiedener Abteilungen der staatlichen Verwaltung und der SED.[137] Ihre Aktivitäten beschränkten sich aber auf Analysen, politische Absichtserklärungen und einzelne Versuche, die Abwanderung durch Gespräche mit den Fluchtwilligen oder die Behebung konkreter Mißstände in einzelnen Betrieben, Städten oder Behörden zu verhindern.[138] Die entscheidende Instanz blieb während der gesamten Zeit bis zum Mauerbau die Polizei, besonders deren Hauptabteilung Paß- und Meldewesen, die sich vor allem Mitte der fünfziger Jahre über das mangelhafte Interesse der verschiedenen Behörden und Institutionen der DDR an den Fluchten als „Ressortgeist" zu beklagen begann. Sie forderte zunehmend häufiger eine Popularisierung des Kampfes gegen die Republikflucht. Dabei ging es nicht mehr nur um Kommissionen, sondern um den Versuch, die Flucht zu einem Thema zu erklären, das in sämtlichen Bereichen der Politik berücksichtigt werden mußte. Dazu gab es zahlreiche unterstützende Erklärungen, aber die Zusammenarbeit funktionierte trotzdem nicht, zumal keine der betroffenen Institutionen konkrete Handlungsmöglichkeiten angesichts der Fluchtgründe hatte. Denn diese bezogen sich nur teilweise auf konkrete Probleme, häufiger jedoch auf die allgemeinen Arbeits- und Lebensbedingungen in der DDR.

Ganz offensichtlich hielt die Politik von SED und DDR-Regierung gegen die illegale Auswanderung keine Überraschungen bereit. Die Erfolglosigkeit der regierungsamtlichen Mittel ist fast so bekannt wie ihr Ende, der Mauerbau. Die verschiedenen politischen Maßnahmen, die speziell gegen die Republikflucht gerichtet waren, hatten – abgesehen von der Verschärfung der Reise- und Grenzpolitik Ende 1957 – keinen bedeutenden Einfluß auf den Auswanderungswillen der Bevölkerung. Wie die Verantwortlichen wiederholt beklagten, hatten der Entzug von Reisegenehmigungen oder Personalausweisen oder die Schließung der Westgrenze der DDR keine nennenswerte Eindämmung zur Folge. Wichtiger war, mit welcher Geschwindigkeit und mit welchem Rigorismus die SED ‚ihre' Gesellschaft auf den Weg zum Sozialismus schickte.

Zahlreiche Hinweise belegen, daß sich die verantwortlichen Funktionäre keine Illusionen über die Wirkung ihrer Politik machten. So hielt das Protokoll einer Hauptabteilungsleiterbesprechung der HVDVP vom 13. Juni 1959, auf der über die Zunahme von Desertionen in den Reihen der Volkspolizei gerätselt wurde, fest: „Switalla brachte

---

[137] Das ZK hatte am 22.12.1952 noch die Einrichtung von Kreiskommissionen gegen die Republikflucht abgelehnt (SAPMO-BArch DY 30/J IV 2/3 A-334); Maron weist am 26.3.1953 alle Chefs der BDVP an, sich wöchentlich mit dem Leiter der HA PM über die Statistiken zur Republikflucht zu verständigen (BArch DO 1/11, Nr. 962, Bl. 31); Beschluß des PB vom 15.12.1953 über „weitere Maßnahmen im Kampf gegen die Republikflucht" verlangt v.a. eine Intensivierung des Berichtswesens, mehr Aufklärung, mehr „Wachsamkeit" und regelmäßige ressortübergreifende Besprechungen: recht allgemeine Forderungen, die auf kein spezifisches Wissen, sondern nur auf das entstandene Problembewußtsein deuten (SAPMO-BArch DY 30/IV 2/2/337, Bl. 7f., 49–52).
[138] Vgl. z.B. BArch DO 1/11, Nr. 964, Bl. 213–222, hier Bl. 214–218.

zum Ausdruck, daß durch die Erarbeitung einer Weisung nichts an den Desertionen geändert wird."[139] Einen Auftrag des Innenministers, Vorschläge gegen die Abwanderung vorzulegen, beantwortete die Spitze der Volkspolizei im September 1955 mit dem Hinweis, daß „nach eingehender Prüfung [...] keine wirksamen Methoden vorgeschlagen werden können."[140] Auf die gleiche Anfrage lieferte die Hauptabteilung PM zwar einige konkrete Vorschläge wie die Wiedereinführung der Genehmigungspflicht für Verzüge in den Westen und bessere Kontrollen an den Sektorengrenzen. Aber auch sie konnte ihre Einsicht in das unkontrollierbare Verhalten der Betroffenen nicht verbergen: „Es darf jedoch hierbei nicht unerwähnt bleiben, daß dieses Verfahren zu einer Erhöhung der Zahlen über Republikfluchten führen kann."[141] Diese Einschätzung kann stellvertretend für praktisch alle gegen die „Republikflucht" gerichteten restriktiven und repressiven Schritte des SED-Regimes bis zum Mauerbau stehen, die in erster Linie dazu beitrugen, daß immer mehr Bürger die DDR verließen.

---

[139] BArch DO 1/11, Nr. 93, Bl. 44.
[140] BArch DO 1/11, Nr. 963, Bl. 45.
[141] BArch DO 1/11, Nr. 963, Bl. 46 f. am 31. 8. 1955 an Grünstein.

4. Fluchtgründe aus Sicht von DDR und SED: Komplexe Motive und einseitige Wahrnehmung

Viele hunderttausendmal trafen Menschen zwischen 1945 und 1961 die Entscheidung, die SBZ/DDR zu verlassen. Welche Gründe führten sie zu dieser nach Hirschman fast immer „private[n] und typischerweise stumme[n] Handlungsweise", bei der es im Gegensatz zum öffentlichen Widerspruch „Abstimmung mit anderen, Delegierung und all die übrigen Kennzeichen kollektiven Handelns" gewöhnlich nicht gab?[1] Hirschmans generelle Beobachtung über den privaten und häufig klandestinen Charakter der Abwanderung gewinnt für die deutsch-deutsche Fluchtbewegung besondere Bedeutung, da sich die Bürger der DDR aufgrund der Diktatur in ihrer bisherigen Heimat davor hüten mußten, ihre Fluchtabsichten zu verraten, und erst recht davor, sie zu erläutern.[2] Dies wußten auch die Behördenmitarbeiter, die für die Beobachtung und Bekämpfung der Republikflucht verantwortlich waren. So warnte ein Bezirksarzt, der das Gesundheitsministerium 1958 über die Abwanderung von Medizinern informierte, die Leser seines Berichtes vor methodischer Naivität, da „immer [...] damit gerechnet werden [muß], daß die vom Arzt angegebenen einzelnen Gründe nur vorgetäuscht sind."[3] Tatsächlich haben sich nur sehr wenige Flüchtlinge vor ihrem Grenzübertritt zu ihrer Motivation geäußert. Dies macht die Ermittlung der individuellen Fluchtgründe schwierig. Einfacher festzustellen ist, wie die Fluchtmotive in der ostdeutschen Gesellschaft, vor allem von Seiten der Regierung, Parteien und Behörden der DDR wahrgenommen wurden. Dieser Blick unterscheidet sich von den meisten bisherigen Untersuchungen zu diesem Thema, die sich vorwiegend auf die Äußerungen der Geflüchteten nach ihrer Ankunft im Westen und auf ihre rückblickenden Betrachtungen stützen. Dies gilt nicht nur für geschichtswissenschaftliche, sondern auch für zeitgenössische Untersuchungen: Schon in den fünfziger Jahren führten Sozialwissenschaftler in der Bundesrepublik umfangreiche Erhebungen und Befragungen unter den Flüchtlingen aus der DDR über ihre Fluchtmotive durch. Einer besonderen Beliebtheit erfreuten sich dabei die gerade angekommenen Bewohner der West-Berliner und westdeutschen Aufnahmelager sowie die jugendlichen Zuwanderer, die in die Bundesrepublik kamen, ohne je zuvor in einer demokratischen Gesellschaft gelebt zu haben.[4] Da sie bei westdeutschen Politikern und Mitarbeitern sozialer Einrichtungen Befürchtungen vor einer integrationsresistenten Jugend auslösten, bestand ein zentrales Erkenntnisinteresse dieser Studien darin, desintegrativen Tendenzen unter den jugendlichen Zuwan-

---

[1] Hirschman, Abwanderung (1992), S. 351. Ähnliches stellt Wenzke, Fahnenflucht (1998), S. 281, über die Fahnenflucht als „Akt extremer Individualität" fest.
[2] Vgl. auch Bispinck, Flucht- und Ausreisebewegung (2004), S. 152.
[3] Bezirksarzt Dr. Papsdorf am 30.7.1958 an das Ministerium für Gesundheitswesen (BArch DO 1/34, Nr. 21719).
[4] Die beiden besten zeitgenössischen Überblicksdarstellungen bieten Klein, Ursachen und Motive (1955), und Storbeck, Flucht oder Wanderung (1963). Vgl. auch Birkenfeld u.a., Sprung in die Freiheit (1953); von Nottbeck, Gründe und Hintergründe (1953); Ruge, Station der Flucht (1953); Berg, Notaufnahmelager (1956); Kegel, Psychische Situation (1953).

derern entgegenzuwirken.[5] Neben solchen vorwiegend sozialwissenschaftlich angelegten Studien gab es zahlreiche Interviews und Zeitzeugenberichte wie die von Erika von Hornstein veröffentlichten, die in ihrer politischen Aussage meistens zugleich deutlicher und zurückhaltender waren als die wissenschaftlichen Forschungen: zurückhaltender, weil sie auf große Integrationsentwürfe und Politikkonzepte verzichteten, gleichzeitig aber auch deutlicher und fordernder, weil sie die Massenflucht anhand von individuellen Schicksalen konkretisierten und mitsamt ihren zum Teil lebensbedrohlichen Ausmaßen darstellten.[6]

Die Reaktion auf die Flüchtlinge im Westen blieb bis zum Mauerbau 1961 zwiespältig: Zum einen bewies jeder Flüchtling in Zeiten des Kalten Krieges die Überlegenheit des Westens gegenüber der DDR; zum anderen stellten Zuwanderer für Westdeutschland in der Nachkriegszeit ebenso wie für die SBZ/DDR eine soziale Belastung dar.[7] Neben den Problemen bei der Versorgung mit Nahrungsmitteln, Wohnungen und Arbeitsplätzen spielten Aspekte wie die Furcht vor einer „Entleerung" der DDR, die unkontrollierte Einschleusung von Agenten und vor allem der Mißbrauch von Privilegien, die für politisch bedrängte Auswanderer reserviert waren, eine wichtige Rolle bei der westdeutschen Analyse der Fluchtmotive. Obwohl die bundesrepublikanischen Institutionen praktisch keinen Zuwanderer an der Grenze zurückwiesen und die DDR nicht nur in Sonntagsreden als Diktatur und Unrechtsstaat geißelten, unterschieden sie deutlich zwischen politisch bedrängten Flüchtlingen und solchen, die aufgrund familiärer, wirtschaftlicher oder anderer als vorwiegend privat eingeschätzter Gründe die DDR verließen. Eine wesentliche Rolle spielte der Zugang zu staatlicher Unterstützung, bei der sich die „Opferkonkurrenz"[8] der unmittelbaren Nachkriegszeit zwischen Vertriebenen und Einheimischen in den fünfziger Jahren so verschob, daß sich die seit wenigen Jahren etablierten Vertriebenen durch die Bedürfnisse der ehemaligen DDR-Bürger bedroht zeigten. Nicht zufällig bezweifelte gerade der Bonner Vertriebenenminister Lukaschek eine tatsächliche politische Bedrohung vieler DDR-Flüchtlinge und bezeichnete diejenigen, „die glaubten, in der Bundesrepublik ein besseres Leben führen zu können", als die größte Gruppe der Zuwanderer.[9] Diese Verteilungskämpfe wogen immerhin so schwer, daß die Bundesrepublik nur einen kleinen Teil der Zuwanderer aus dem Osten als Opfer der SED-Politik anerkannte: Den begehrten C-Ausweis, der die politische Zwangslage der Ausgewanderten anerkannte und dafür sozialstaatliche Privilegien gewährte, erhielten zwischen dem 1. Juli 1953 und dem 31. Dezember 1961 nur 14,2 Prozent der aufgenommenen DDR-Flüchtlinge,[10] wobei sich die Einschätzung der Fluchtmoti-

---

[5] Darin trafen sich die sozialwissenschaftlichen Interessen mit denen der westdeutschen politischen Institutionen, die einen großen Teil der Studien durch öffentliche Gelder finanzierten. Zu den desintegrierten oder desintegrierenden Persönlichkeiten wurden etwa „steuerungslose[] Intellektuelle" wie Rudi Dutschke gezählt, der nur einer von verschiedenen führenden Persönlichkeiten der Studentenbewegung war, die aus der DDR gekommen waren (Zitat aus Köllner, Umfang und Gründe [1961], S. 436 f.; vgl. auch Ackermann, Der „echte" Flüchtling [1995], S. 194).
[6] Gerade von Hornstein legte besonderen Wert darauf, den Blick auf die „einfachen Menschen, [...] die sonst stumm bleiben", zu lenken (von Hornstein, Die deutsche Not [1960], S. 11); vgl. auch von Koenigswald, Der unabsehbare Strom (1957).
[7] Vgl. Kap. 2.1, S. 24 f.
[8] Bade, Wege (1990), S. 7; vgl. auch Dettmer, Konflikte (1983).
[9] „Das Flüchtlingsproblem sehr ernst", in: FAZ Nr. 193 v. 22. 8. 1952.
[10] Heidemeyer, Flucht und Zuwanderung (1994), S. 47.

ve im Laufe der Jahre veränderte.[11] Beispielsweise setzte sich in der Bundesrepublik erst Mitte der fünfziger Jahre die Erkenntnis durch, daß bei wirtschaftlichen Fluchtmotiven nicht sinnvoll zwischen politischen und unpolitischen Gründen unterschieden werden konnte,[12] und erst seit 1957 wurden „schwere Gewissenskonflikte" als Zwangslage anerkannt.[13] Um die Frage der berechtigten, also durch eine Zwangslage legitimierten Flucht rankten sich die langen Diskussionen über die Unterscheidung zwischen „echten" und „unechten" Flüchtlingen, bei denen das Fluchtmotiv das entscheidende Kriterium war.

Die enge Verbindung zwischen der Bestimmung der Fluchtmotive und der Anerkennung als „echtem" und darum privilegiertem Flüchtling führte dazu, daß sich diese „zu politischen Zwecken gestiftete Kunstfigur [...] zu verselbständigen tendierte".[14] Jede öffentliche Analyse der Fluchtgründe hatte Auswirkungen auf die politische Debatte, die zwischen antikommunistischer Frontstellung und finanzpolitisch interessierter Sparsamkeit changierte. Dieser Kontext war nur ein Grund für die Schwierigkeiten im Westen, die Motive und Gründe systematisch zu erfassen. Verstärkt wurde sie durch die politisch überfrachtete Atmosphäre in den West-Berliner und westdeutschen Auffangstellen, in denen die Zuwanderer sofort von zahlreichen deutschen und westalliierten Stellen über die Situation in der DDR und über ihre persönliche Geschichte befragt wurden.[15] Diese Situation förderte häufig Berichte zutage, die sich vorwiegend daran orientierten, was die Zuwanderer glaubten, vor den Vertretern der westlichen Staaten sagen zu müssen. Zudem schien es dank der öffentlichen Debatten im Kalten Krieg auch einfacher zu sein, von politischen Vorkommnissen als von privaten Schicksalen zu erzählen. So berichten die von Erika von Hornstein wiedergegebenen Fluchtgeschichten fast durchweg von Interventionen staatlicher Organe der DDR, namentlich der Polizei und des Staatssicherheitsdienstes. Die häufig chaotischen privaten Lebenslagen, die bei vielen Betroffenen ebenfalls einen wichtigen Anteil an ihrem Motivbündel ausmachten, blieben in den Berichten dagegen häufig undeutlich, schwer durchschaubar und daher weniger greifbar.[16] Dabei bewegten vielfach gerade unpolitische Motive zum Weggang in den Westen, der durch familiäre, freundschaftliche und berufliche Kontakte für die meisten DDR-Bürger kein fremdes Territorium war.[17]

---

[11] Zur Entwicklung der juristischen Einschätzung verschiedener Fluchtmotive in Westdeutschland vgl.: Ackermann, Der „echte" Flüchtling (1995), S. 65–125.
[12] So heißt es z.B. in einem Artikel im SBZ-Archiv von 1955: „Wirtschaftliche Gründe werden von den Zonenflüchtlingen zwar oft angegeben, sie sind aber unter einem umgekehrten Vorzeichen zu verstehen. [...] Was als wirtschaftlicher Grund angeführt wird, hat in den meisten Fällen ein politisches Gepräge. [...] Der wegen eines Wirtschaftsvergehens angeklagte Zonenbewohner ist tatsächlich in der Regel das politische Opfer" (Schöller, Alarmierende Zunahme [1955], S. 311 f. Vgl. zu diesem Problem auch Ackermann, Der „echte" Flüchtling [1995], S. 116 ff.).
[13] Ackermann, Der „echte" Flüchtling (1995), S. 118.
[14] Ackermann, Der „echte" Flüchtling (1995), S. 283 f.
[15] Vgl. dazu Kimmel, Notaufnahmeverfahren (2005), S. 121-129; zu den Erfahrungen der Betroffenen mit den Befragungen vgl. ebd., S. 132 f.
[16] Schon die erste von Erika von Hornstein wiedergegebene Geschichte einer jungen Mutter macht die Schwierigkeiten drastisch deutlich: Die dramatischen persönlichen Familien-, Nachbarschafts- und Beziehungsprobleme verschwinden fast hinter den Repressionsmaßnahmen der Stasi und der Berufsbeschreibung des neuen Liebhabers, eines Volkspolizisten (von Hornstein, Die deutsche Not [1960], S. 15–29).
[17] Eine Folge dieser überpolitisierten, aber auch besonders unübersichtlichen Situation der Auswanderer waren – neben der antikommunistischen Rhetorik – Motivlisten, die eher einer Addition als einer Systematisierung glichen, und gleichzeitig den diktatorischen Charakter der DDR zuweilen überpointiert herausstellten. Vgl. etwa die Listen in: Bundesminister für gesamtdeutsche Fragen, Flucht aus der Sowjetzone (1961), S. 21 f.; Külz, Die Flüchtlinge (1950), S. 11-14.

4. Fluchtgründe aus Sicht von DDR und SED

Noch Ackermanns einschlägige Kapitel über die Fluchtmotive zeigen, wie schwer es fällt, die Vielfalt möglicher Motive und Gründe zur Abwanderung aus der DDR in den Westen zusammenzufassen.[18] Seine Darstellung gibt zahlreiche Passagen aus verschiedenen Berichten wieder, ohne daß die disparaten Texte und Einschätzungen zu einer schlüssigen Synthese zusammengebunden würden. Die verschiedenen, teilweise sogar gegensätzlichen Perspektiven und Interessen zwischen Ost und West, zwischen Staats- und Parteiorganen und einzelnen Betroffenen oder zwischen Sozialarbeitern und Finanzpolitikern führten bei Zeitgenossen häufig zu einseitigen Systematisierungen. Das Zustandekommen solcher Einseitigkeit läßt sich auch an den seit 1952 wiederholt ausgegebenen Weisungen an die Volkspolizei und andere mit den Republikfluchten befaßte DDR-Organe ablesen, die besagten, daß es „in Zukunft nicht mehr vorkommen [dürfe], daß angeblich keine Gründe für die RF [Republikflucht] zu ermitteln sind. Die Einschätzung hat ebenfalls in Zukunft einen politischen Charakter zu tragen und darf nicht formal sein."[19] Nicht zuletzt solche Anweisungen verursachten auf DDR-Seite zuweilen überpolitisierte Berichte, in denen die Berichterstatter ihre Ahnungslosigkeit über individuelle Fluchtmotive hinter politischen Floskeln verbargen.

Für die westliche Wahrnehmung beispielhaft ist Heidemeyers Zusammenfassung der Fluchtmotive in sieben Gruppen:[20] Neben den drei ersten Gruppen, deren Flucht durch den Krieg verursacht war (1-3),[21] unterscheidet Heidemeyer je zwei Gruppen der „Zwangs-" und der „Arbeitswanderung". Zum Zwang zählt er politische Gründe von Widerstand und Verfolgung bis zum Ausweichen vor Zwangsverpflichtungen etwa im Uranbergbau oder bei der Kasernierten Volkspolizei (KVP) (4) sowie wirtschaftliche Verdrängungsprozesse beispielsweise durch Enteignung oder die Zwangsmitgliedschaft in Genossenschaften (5). Als Arbeitsmigranten schätzt Heidemeyer diejenigen ein, die aufgrund der wirtschaftlich besseren Erwartungen in den Westen kamen (6) sowie die undeutlich beschriebene Gruppe der „Asozialen, Kriminellen und Agenten" (7). Ebenso wie die meisten der von ihm untersuchten westdeutschen Institutionen kommt auch Heidemeyer zu dem Ergebnis, daß nur eine Minderheit wegen politischer Gefahren abwanderte, die Mehrheit dagegen „aus eher eigennützigen wirtschaftlichen Motiven".[22]

Aus der Sicht der Bewohner und der Institutionen der DDR stellten sich die Motive und Gründe etwas anders dar, wobei zu unterscheiden ist zwischen denen, die die DDR verließen, und denen, die ihren Sozialismus gegen die Fluchtbewegung verteidigen wollten und die Flüchtlinge als Verräter oder Feinde brandmarkten. Die Perspektiven der DDR-Gesellschaft sind bislang wenig bekannt, zumal die offiziellen Analysen ostdeutscher Institutionen entweder unzugänglich oder ebenso unerträglich ideologisiert waren wie die

---

[17] Ackermann, Der „echte" Flüchtling (1995), Kapitel 3.1 und 3.3. Vgl. auch die Statistik in: Eberle, Gegnerschaft (1996), S. 454f., deren zusammengetragene „Begründungen" zu einem beträchtlichen Teil keine Gründe und Motive nennen, sondern vor allem wiedergeben, wie die Parteikontrollkommission die Geflohenen einschätzte: „Alkoholismus", „Schulden", „moralisch verkommen", „asozial und arbeitsscheu".
[19] SPK, Chemiekaderkommission, am 28.7.1960 (BArch DO 1/34, Nr. 21725).
[20] Heidemeyer, Flucht und Zuwanderung (1994), S. 54-58. Vgl. auch die prinzipiell ähnlichen Systematisierungen bei Klein, Ursachen und Motive (1955), S. 370f., und Storbeck, Flucht oder Wanderung (1963), S. 158-163.
[21] Die Flucht vor sowjetischen Truppen (1), die Rückkehr der im Krieg evakuierten Stadtbevölkerung (2) und die Weiterwanderung der Vertriebenen aus den ehemals ostdeutschen Gebieten (3).
[22] Heidemeyer, Flucht und Zuwanderung (1994), S. 57.

4. Fluchtgründe aus Sicht von DDR und SED

Verlautbarungen in den DDR-Medien. Stärker wahrgenommen wurden literarische Verarbeitungen wie die 1963 erschienenen Bücher „Der geteilte Himmel" von Christa Wolf und „Die Aula" von Hermann Kant, die allerdings weniger als Information über ostdeutsche Sichten auf die – inzwischen weitgehend unterbundene – Republikflucht, denn als Seismographen für die allgemeinpolitische Stimmungslage nach dem Mauerbau befragt wurden.[23]

Im folgenden wird vorwiegend aus offiziellen Berichten zitiert, in denen sich Staats- und SED-Funktionäre direkt oder indirekt über die Fluchtmotive äußerten. Dadurch bevorzugt auch diese Untersuchung nur eine von verschiedenen möglichen Perspektiven, nämlich die der SED und ihres Staates. Sofern die Flüchtlinge selbst zu Wort kommen, verdankt sich die Überlieferung der betreffenden Quellen zumeist der Polizei oder der Staatssicherheit, die Abschiedsbriefe aus dem regulären Postverkehr abfingen und sammelten. Noch deutlicher als bei den westlichen Texten ist bei den in der DDR abgefaßten Analysen zu erkennen, daß sie in einem interessegeleiteten politischen Umfeld entstanden sind. Ihre Verfasser verfolgten vor allem die beiden Ziele, Fluchten zu vermeiden und das Thema politisch zu bagatellisieren. Bagatellisiert wurde der Massenexodus, weil er ganz offensichtlich eine „Abstimmung mit den Füßen" gegen die DDR darstellte, letztlich also eine Kritik an der SED-Herrschaft, ohne die der ganze ostdeutsche Staat nicht denkbar war.

Die Berichterstatter in der DDR zählten viele Fluchtgründe auf, die man in westlichen Analysen fast identisch wiederfindet. So sandte Maron in Folge der sowjetischen Kritik an den Zwangsaussiedlungen an der Westgrenze der DDR eine Liste von Fluchtgründen an die SKK, in der er zwar zuerst die „gegnerische Beeinflussung" und die „negative Einstellung zur DDR" nannte, dann aber auch die kritische Einstellung der Bevölkerung zu den Genossenschaften, die Angst vor weiteren staatlichen Zwangsmaßnahmen und die allgemeinen wirtschaftlichen Schwierigkeiten aufzählte.[24] Solche vorwiegend in Polizeibehörden und in der ZK-Abteilung für Staat und Recht verfaßten Berichte über die Flucht und Abwanderung entwickelten sich schnell zu detailfreudigen Spiegeln der gesellschaftlichen Mängel und Unzufriedenheiten, die fast alle wirtschaftlichen, politischen und kulturellen Problembereiche berührten, letztlich aber immer im dichotomen System der kommunistischen Weltdeutung verfangen blieben. Durch die reflexhaft anmutende Einordnung aller Phänomene in die Schwarz-Weiß-Muster von internationalem Systemgegensatz und Kaltem Krieg wurden selbst konkret beschriebene DDR-interne Fehlentwicklungen zu Folgen feindlicher Einflußnahme externalisiert oder als individuelle Fehler einzelner Funktionäre individualisiert.

Die Ursachen, die zur Flucht führten, waren fast immer komplexer, als es die bipolaren Interpretationen nahelegten, denn jeder einzelnen Flucht lag eine eigene Mischung verschiedener Gründe und Motive zugrunde.[25] So bot die Auswanderung häufig die Möglichkeit, persönliche Probleme zu lösen, die nichts mit dem internationalen Systemgegensatz zu tun hatten, die man aber dank der politisch-geographischen Grenze einfach hinter sich lassen konnte. Außerdem zählte die Attraktivität der Bundesrepublik zu den wichtig-

---

[23] Zur Thematisierung der Flucht in den beiden Romanen vgl. Müller-Toovey, Flucht und Ausreise im Spiegel der Kunst (2005), S. 174 f.
[24] BArch DO 1/11, Nr. 961 Bl. 104 f.
[25] Patrick Major spricht von einem „complex cocktail of motives". Vgl. Major, Going West (2002), S. 202.

sten Fluchtgründen, was die DDR-Berichterstatter selbstverständlich nicht oder nur in demagogisch abwertender Form notierten. Westdeutschland bewies vor allem in der zweiten Hälfte der fünfziger Jahre seine wirtschaftliche Überlegenheit, als die Mehrheit der Bevölkerung materiell unter weit besseren Bedingungen lebte als die Menschen in der DDR.

Herrschte im Westen die Frage nach der politischen Zwangslage als Motiv für die Zuwanderung vor, konzentrierten sich die meisten der in der DDR verfaßten Berichte auf die Arbeitswelt, auf einzelne Betriebe, Betriebsteile oder Berufsgruppen und stellten die Flüchtlinge in erster Linie als Mitglieder ihrer beruflichen oder sozialen Gruppe dar, wodurch zahlreiche Mißstände in der DDR und auch private Themen nur nachgeordnet behandelt wurden. Die Unterscheidung zwischen beruflichen, privaten und sonstigen Fluchtgründen war angesichts der gesellschaftspolitischen Wirklichkeit in der DDR allerdings nur schwer vorzunehmen. Neben der bereits erwähnten jeweils individuellen Mischung verschiedener Gründe lag dies vor allem an der beschränkten Gültigkeit der Grenzen zwischen privater und beruflicher Lebenswelt in einer Gesellschaft, die von der politischen Führung unter dem extrem weitreichenden Primat der Politik umgestaltet wurde, denn in der Perspektive dieser Machthaber blieben die beruflichen, die privaten und alle sonstigen Fluchtgründe letztlich nur Ausdruck einer richtigen oder falschen, also SED-loyalen oder illoyalen Haltung.

4.1 Berufsspezifische Fluchtgründe

Daß sich die meisten offiziellen Berichte an einzelnen Berufsgruppen oder bestimmten Arbeitsplätzen orientierten, lag an der überragenden Bedeutung von Beruf und Arbeit in allen modernen Gesellschaften, die in der DDR noch dadurch gesteigert war, daß die SED ‚ihr' Land in erster Linie als Arbeitsgesellschaft verstand. Obwohl diese Perspektive den Blick auf zahlreiche Fluchtgründe verstellte, fokussierte sie doch eines der wichtigsten Motivfelder der deutsch-deutschen Fluchtbewegung, nämlich die Behandlung vieler Menschen aufgrund ihrer beruflichen Qualifikation und Tätigkeit.[380] Schon in den ersten Jahren der SBZ/DDR zeigte sich das Phänomen der Vertreibung zahlreicher Menschen, die zu den alten, angeblich dem Untergang geweihten Eliten gezählt wurden oder wirtschaftlich selbständig waren. Die anfangs bewußt initiierte oder in Kauf genommene Vertreibung als gewaltfreie ‚Lösung' sozialer oder politischer Konflikte nahm zwar ab, als zu Beginn der fünfziger Jahre das bedrohliche Ausmaß der Abwanderung ins allgemeine Bewußtsein rückte. Restriktive Maßnahmen gegen einzelne Bevölkerungsgruppen setzten sich aber in den fünfziger und sechziger Jahren fort und gaben immer wieder Anlaß zur Flucht. Dies betraf vorwiegend Bauern, Handwerker sowie Angehörige akademischer Berufe und Selbständige. Ihre Auswanderung hatten die Staats- und Parteifunktionäre meistens keineswegs geplant oder gewünscht, aber sie wurde in Kauf genommen, weil das Erreichen von allgemein beschlossenen Planzielen Vorrang hatte. Die Analyse der Flucht-

---

[26] Dies zeigt sich auch am überdurchschnittlich hohen Anteil der „arbeitsunfähige[n] Personen" an den erteilten Genehmigungen zur Übersiedlung in den Westen, die im Februar 1959 76,0 Prozent, im Oktober sogar 80,2 Prozent betrugen (Übersicht über den Innerdeutschen Reiseverkehr vom 17. 3. 1959 und weiter unten vom Oktober 1958, und öfters in: BArch DO 1/34, Nr. 21727; 6. 10. 1958, BArch DO 1/11, Nr. 79, Bl. 154).

gründe anhand der Großgruppen Bauern, Handwerker, Akademiker und andere Spezialisten sowie Arbeiter orientiert sich an den zugrunde gelegten Quellen. Zahlreiche gruppenunspezifische Motive zeigen, daß die Einteilung unzureichend ist. Dennoch erlaubt diese Perspektive einen genaueren Blick auf die Wahrnehmung der Fluchtmotive durch SED und Staatsapparat und auf ihre Wertschätzung der verschiedenen Auswanderer.

Die SBZ/DDR verlor jedes Jahr mehrere tausend *Bauern*, die es vorzogen, im Westen zu leben. Schwerpunkte dieser Fluchtbewegung waren – nach den Enteignungen und Ausweisungen im Zuge der Bodenreform Mitte der vierziger Jahre – die Jahre 1952/53 und 1960/61: Im Jahr 1953 zählte die Zentralverwaltung für Statistik insgesamt 11 613 und in den beiden letzten Jahren vor dem Mauerbau 6 283 bzw. 5 257 geflohene Bauern; zu keiner anderen Zeit gab es vergleichbar hohe Zahlen.[27] Fluchtanlaß in diesen Jahren war fast immer die Kollektivierungspolitik, die die SED in diesen Zeiten besonders vorantrieb. Der erste Zeitraum stimmt mit der allgemeinen Fluchtwelle in Folge der Zweiten Parteikonferenz der SED vom 9. bis 12. Juli 1952 überein und endet mit der Verkündung des Neuen Kurses im Sommer 1953.[28] In diesen Monaten forcierte die SED ihre Politik vor allem gegen die noch verbliebenen Großbauern,[29] die nach der Enteignung und Vertreibung der Großgrundbesitzer häufig im Verdacht standen, die informellen Macht- und Informationszentren auf dem Land zu bilden. Viele von ihnen gerieten durch die seit 1950 sukzessive erhöhten Ablieferungsanforderungen in Schwierigkeiten, zumal auch die Beschaffung von Saatgut, Düngemitteln, Maschinenersatzteilen und anderen Dingen, die zur landwirtschaftlichen Standardausrüstung gehörten, für sie zunehmend schwieriger wurde. Auch Ernteausfälle aufgrund von Unwettern wurden bei der Festlegung des Solls bei Großbauern kaum berücksichtigt. So konnte eine Mecklenburger Landwirtin ihr Soll nicht erfüllen, weil ein schwerer Hagelsturm ihre Ernte im Sommer 1950 fast vollständig vernichtet hatte. Sie wurde daraufhin eines Wirtschaftsverbrechens angeklagt. Zwar sprach das Landgericht Güstrow die Großbäuerin frei, doch sollte sie 1951 die Ablieferungsrückstände des Vorjahres ausgleichen, wozu die Erträge bei weitem nicht ausreichten. Daraufhin wurden sämtliche Vorräte auf ihrem Hof beschlagnahmt. Einer drohenden erneuten Verhaftung entzog sie sich durch die Flucht in den Westen.[30] Die politischen Probleme verschärften sich 1952 noch durch eine verhältnismäßig schlechte Ernte, die zu allgemeinen Versorgungsengpässen führte.[31] Hatten SED und Staatsapparat zuerst die Großbauern als Hauptverantwortliche für alle Probleme ausgemacht, richteten sich ihre Vorwürfe seit Beginn der Vergenossenschaftlichung gegen die selbständigen Bauern, da die eigene Landwirtschaftspolitik und die LPG-Gründungen per se als ‚fortschrittlich'

---

[27] Vgl. Tabelle 3. Die Zahlen gehen auf eine umfangreichere Statistik zurück, in der in einzelnen Jahren Großbauern, LPG-Mitglieder und andere Sondergruppen aus- und wieder eingegliedert wurden. Da diese Differenzierungen vor allem für die konflikthaften Jahren der Vergenossenschaftlichung ungenau sind – zahlreiche Bauern flohen wenige Stunden oder Tage, nachdem sie einen Vertrag zum Beitritt in die LPG unterschrieben hatten – werden die Zahlen hier zusammengezählt. Die westdeutsche Notaufnahmestatistik bestätigt diesen Trend: hier war der Anteil der Berufsgruppe „Pflanzenbau/Tierwirtschaft" an den Aufgenommen in den Jahren 1952, 1953 und 1960 am höchsten; vgl. die Tabelle bei Heidemeyer, Flucht und Zuwanderung (1994), S. 51.
[28] Vgl. oben Kap. 3.2, S. 49–54.
[29] Vgl. dazu Bauerkämper, Ländliche Gesellschaft (2002), S. 288–300.
[30] Vgl. dazu Bispinck, Motive (2005), S. 57; Nieske, Republikflucht (2001), S. 82–85; Nieske, Vom Land (1997), S. 330–336.
[31] Vgl. Baring, Der 17. Juni (1983), S. 34 ff.

galten und damit grundsätzlicher Kritik entzogen waren. Die angeblich ungenügende Produktivität selbständiger Bauern wurde in erster Linie mit politischen und strafrechtlichen Mitteln beantwortet. Viele Bauern gerieten so ins Visier der Sicherheitsorgane und der Staatsanwaltschaften oder wurden aufgefordert, ihre Höfe in die neuen Produktionsgenossenschaften einzubringen.[32] Die Folge war wenig überraschend: Nachdem Ende der vierziger und Anfang der fünfziger Jahre viele Neubauern die ihnen während der Bodenreform zugeteilten unrentablen Kleinparzellen aufgegeben hatten,[33] flohen seit 1952 auch viele alteingesessene Bauern, weil sie ihr Ablieferungssoll nicht erfüllen konnten oder sich nicht in die LPG integrieren wollten.[34]

Auch die zweite Fluchtwelle spiegelte eine Verschärfung sowohl der allgemeinpolitischen Lage als auch der Landwirtschaftspolitik wieder. Seit 1960 forcierte die SED die zwischenzeitlich zurückgestellte Vergenossenschaftlichung wieder. Die Gründung der LPG wurde dazu genutzt, den Einfluß und häufig auch die Anwesenheit alteingesessener Bauern und ihrer Familien zu beseitigen, nicht zuletzt weil das Kompetenzgefälle zwischen ihnen und vielen der aus Gründen politischer Opportunität eingesetzten Funktionsträger der LPG die Autorität von Staat und SED und den Glauben an die Überlegenheit der sozialistischen Wirtschaft unterminierte.[35] Am 14. April 1960 erklärte die Regierung auch die letzte Gemeinde der DDR zum „vollgenossenschaftlichen Dorf", aber der Unmut darüber war groß: „Das flache Land wurde in den nächsten Monaten ununterbrochen von Protesten, Gewalt, Brandstiftung, Selbstmord, Republikflucht und der Auflösung vieler LPG heimgesucht. Erst mit dem Mauerbau kam die Ruhe."[36] Die Flucht von einigen tausend Bauern überraschte niemanden[37] und wurde auch nicht zum Anlaß für Kurskorrekturen genommen.

Den Zusammenhang zwischen forcierter Landwirtschaftspolitik und verstärkter Auswanderung erkannten auch HVDVP und SED in ihren Analysen. Immer wieder wiesen sie auf die Flucht von Bauern hin, „die erst 2 Tage Mitglied der LPG waren."[38] Die Hauptabteilung Innere Angelegenheiten des Innenministeriums wußte in einer vertraulichen Dienstsache vom 12. Mai 1960 zu berichten, daß „der überwiegende Teil" der geflohenen Bauern „erst vor kurzem der Genossenschaft beigetreten [sei]. Ein Mangel ist, daß die po-

---

[32] Zur „Politik gegen Bauern" in der SBZ/DDR vgl. Mitter, Die Bauern und der Sozialismus (1995) (Zitat S. 83); „Verordnung über devastierte landwirtschaftliche Betriebe" vom 20. 3. 1952, GBl. Nr. 38, 27. 3. 1952, S. 226 f.; Ulbricht, Gegenwärtige Lage (1952), S. 102–114; Bauerkämper, Ländliche Gesellschaft (2002), S. 159 ff.; Bauer, Blockpartei (2003), S. 335 ff.; Bell, Enteignungen (1992); Nehrig, Bauern (1993); Schulz, Ruhe im Dorf? (1990); Werkentin, Politische Strafjustiz (1995), S. 52–112.
[33] Osmond, Kontinuität (1996), S. 147 f.
[34] Nach Kramer, Landwirtschaft (1957), S. 25, sollen bis zum 31. 10. 1953 ca. 14 000 selbständige Bauern geflohen sein. Zur Bauernflucht vgl. auch die von Nieske, Republikflucht (2001), gesammelten Erinnerungsberichte.
[35] Vgl. einen anschaulichen Bericht dazu in: von Hornstein, Die deutsche Not (1960), S. 30–42.
[36] Osmond, Kontinuität (1996), S. 159. Nach einem Bericht über die Lage in der Landwirtschaft vom 3. 3. 1961 stiegen die Fälle vorsätzlicher Brandstiftung von 1959 auf 1960 um 56 Prozent. Als Hauptursache wurde zutreffend „Haß gegen die LPG" ausgemacht. BStU ZA, MfS-BdL, Nr. 005157, Bl. 28.
[37] Karl Schirdewan hatte Anfang Januar 1958 kurz vor seinem Ausschluß aus dem ZK darauf hingewiesen: „Mit der Beschleunigung des Aufbaus des Sozialismus auf dem Lande müssen wir auch [damit] rechnen, daß in größerer Zahl werktätige Einzelbauern republikflüchtig werden." (Schirdewan, Aufstand [1994], S. 207; zur zweiten Fluchtwelle der Bauern vgl. Major, Torschlußpanik (2000), S. 226 f.
[38] HVDVP, Generalmajor der VP Dombrowsky am 30. 9. 1958 an die HA Innere Angelegenheiten über Genossen Staatssekretär Grünstein (BArch DO 1/34, Nr. 21725).

litische Massenarbeit bei der Werbung oftmals nicht genügend differenziert durchgeführt wurde." Ein Beispiel aus der Gemeinde Glindow (Potsdam-Land) beschrieb den offensichtlichen Einfluß des politischen Stils der SED: „Das Gerücht, daß die Obstbauern ihre Häuser los werden, bekam noch mehr Nahrung durch das von der dort tätigen Brigade herausgegebene Flugblatt. Darin stand, daß die Bankkonten, Kraftfahrzeuge und Möbel als persönliches Eigentum den Bauern verbleiben, von Haus, Grund und Boden wurde nichts erwähnt. Die Agitatoren brachten gegenüber alten Bauern zum Ausdruck, daß [sie], wenn sie zum Eintritt in die Genossenschaft zu alt sind, in ein Altersheim kommen und in ihrem Haus arbeitsfähige Menschen untergebracht werden (es bedurfte längerer Aussprache, um die Menschen von dieser falschen Auffassung zu befreien)."[39] Ebenso bekannt wie solche häufig wiederkehrenden Einzelfälle waren strukturelle Probleme wie das des Ablieferungssolls, das zu zahlreichen Fluchten führte.[40]

Die Bildung der LPG führte zur Zuspitzung von Konfliktlagen, die die ländliche Gesellschaft der DDR auch zu anderen Zeiten prägten. Das Verhältnis zwischen den politischen Institutionen und einem großen Teil der ländlichen Bevölkerung, vor allem der noch selbständigen Bauern, war von erheblichem Mißtrauen geprägt. Den allgemeinen Hintergrund bildete die seit 1945 auf dem Land erst langsam gefestigte Erkenntnis, daß die SED den „seit Jahrhunderten überkommene[n] und scheinbar festgefügte[n] Begriff vom Eigentum am Boden [...] mehr und mehr gelockert" hatte, und daß die Eigentumsverhältnisse dadurch „äußerst labil geworden" waren.[41] Konkret erwuchs das Mißtrauen nicht nur aus der Berliner Landwirtschaftspolitik, sondern eher noch aus kleinen Vorfällen vor Ort, etwa wenn die Polizei nicht einmal den Genossenschaftsbauern vertraute und ihrem gerade 24 Stunden zuvor gewählten LPG-Vorsitzenden wegen angeblicher Republikfluchtpläne den Personalausweis abnahm.[42] Vor allem die alteingesessene ländliche Bevölkerung hielt die SED für bauernfeindlich und inkompetent. Schon die Bodenreform war bei vielen Bauern nicht auf Gegenliebe gestoßen, weil sie mit einer Bevorzugung von Neubauern einhergegangen war, die in vielen Fällen fachlich ungeeignet waren. Die radikale Wendung der Landwirtschaftspolitik 1952/53 verstärkte die Aversionen, denn allein schon das Tempo der gesellschaftlichen Veränderungen widersprach der von Regelmäßigkeit und Kontinuität geprägten und abhängigen Lebensweise und Mentalität der ländlichen Gesellschaft. Obwohl Regierung und SED mit dem Neuen Kurs im Sommer 1953 zahlreiche der abgelehnten Maßnahmen zurücknahmen, mußten sie weiterhin mit der „grünen Front"[43] der Bauern rechnen. Auch ohne die forcierte Enteignungs- oder Vergenossenschaftlichungspolitik flohen jährlich mehrere Tausend Bauern in den Westen, denn die generelle Einschätzung der SED als bauernfeindliche Partei verstärkte sich im Laufe der Jahre noch durch ihre offensichtliche Inkompetenz. Oft war nicht die LPG-Gründung selbst, sondern die damit verbundene Personalpolitik der Anlaß für die Republikflucht. Im Notaufnahmelager Marienfelde in West-Berlin gaben Bauern als Fluchtmotiv die Befürchtung an, „einem jungen, nur politischen Mann ausgeliefert zu werden, der

---

[39] Analyse der Republikfluchten in der Landwirtschaft, BArch DO 1/34, Nr. 21718.
[40] Dombrowsky, Generalmajor der Volkspolizei, HVDVP, Der Leiter, am 10.9.1958 an die HA Innere Angelegenheiten über Gen. Staatssekretär Grünstein (BArch DO 1/34, Nr. 21725).
[41] Bohne, Die Dritte Welle (1953), S. 283.
[42] Vertrauliche Dienstsache 12.5.1960, BArch DO 1/34, Nr. 21718.
[43] Brant, Der Aufstand (1954), S. 256.

nicht aus dem Dorfe stammt und von der Landwirtschaft wenig oder keine Ahnung" hat. Wörtlich äußerte ein Bauer: „Ich hatte eigentlich gar keinen wirtschaftlichen Grund. Ich hatte Angst vor mir selber, daß ich unserem Vorsitzenden nicht einmal die Mistgabel ins Kreuz jage. Ein junger Schnösel war das, vom Tuten und Blasen nicht die geringste Ahnung, nur dauernd politische Phrasen im Kopf. Das Transparent an der Scheunentür wurde wichtiger als die Arbeit im Stall."[44] Angesichts der negativen Folgen der politischen und administrativen Einflußnahme und Regelungskompetenz glaubten die wenigsten alteingesessenen Bauern – trotz aller Propaganda – an die immer wieder öffentlich behauptete Überlegenheit der Genossenschaften.

Dazu trug bei, daß sich viele SED-Funktionäre tatsächlich nicht um eine bessere Verständigung zwischen ihnen und der Landbevölkerung bemühten, sondern ihre arrogante Grundeinstellung gegenüber der dörflichen und kleinstädtischen Bevölkerung geradezu pflegten. Nie sahen sie den Grund für ein Problem bei Regierung und Partei, sondern immer nur bei den ‚unaufgeklärten' Landwirten: „Bei der Analysierung der Abwanderungsgründe der Bauern sticht besonders hervor, daß alle Gesetze und Maßnahmen unserer Regierung auf völliges Unverständnis bei den Bauern stoßen."[45] Da die Kritik der Bauern aber nicht immer von der Hand zu weisen war und die Berichte der Dramatik der Fluchtwellen wenigstens ansatzweise gerecht werden mußten, fanden die Genossen mit der Zeit auch andere Ursachen für die Probleme, ohne damit allerdings die von ihrer Partei- und Staatsspitze entschiedene Politik zu kritisieren oder zu belasten. Zur Zielscheibe der Kritik machten sie daher zum einen die bereits erwähnten unfähigen Bürokraten, zum anderen den Westen. Den Bürokraten wurde unterstellt, einzelne Fehler zu machen, die mit ihrer fachlichen Unterqualifizierung oder ihrem politischen Übereifer erklärt wurden und durch Schulung und größere politische Linientreue abgestellt werden sollten. Der Westen dagegen nahm systematisch durch „Abwerbung" und „Menschenhandel" Einfluß, etwa wenn DDR-Bürger die „Grüne Woche" in West-Berlin besuchten oder wenn in der DDR Gerüchte kursierten, daß es westdeutsche Bestimmungen zur Unterstützung der Überseeauswanderung etwa nach Kanada gebe oder daß Bauern im Westen für ihr Land entschädigt würden.[46]

In einem ähnlichen Rahmen beurteilten die Berichterstatter die Republikflucht von *Handwerkern*[47], die ebenfalls häufig von politischen Maßnahmen gegen selbständige Betriebe veranlaßt wurde. Nie waren selbständige Betriebe in der SBZ/DDR wohl gelitten ge-

---

[44] Dok. 21.
[45] Dok. 15.
[46] BArch DO 1/34, Nr. 21724: „Methoden der Abwerbung von Bürgern der DDR", o.D. (1960/61), S. 14; MdI HA Innere Angelegenheiten, Analyse der Republikfluchten in der Landwirtschaft, 12.5.1960 (BArch DO 1/ 34, Nr. 21718).
[47] Zum Handwerk in der DDR vgl. die wirtschaftswissenschaftliche Studie von Büter, Handwerk (1997); Buck, Formen (1995), S. 1130 ff., 1163–1168; für die SBZ Großbölting, Zwischen ökonomischer Marginalisierung (2000) sowie für die Phase bis 1953 Owzar, Sozialistische Bündnispolitik (2001). S. 339–444. Owzars Studie, die sich auf Thüringen konzentriert, geht von einer im Vergleich zu anderen Sozial- und Berufsgruppen deutlich geringeren Auswanderungsquote bei Handwerkern aus. Bei ihm finden sich auch interessante Hinweise auf die Gründe, die Handwerker zum Verbleib in der DDR veranlaßten (S. 451–455). Einzelne Hinweise zu republikflüchtigen Handwerkern finden sich auch bei Scheybani, Handwerk (1996), S. 173 ff.; in älteren, vom Bundesministerium für Gesamtdeutsche Fragen (Plönies/Schönwalder, Sowjetisierung [1951]) und der Friedrich-Ebert-Stiftung herausgegebenen Broschüren (Friedrich-Ebert-Stiftung, Handwerk und Gewerbe [1976]) sowie für die SBZ-Phase bei Schmidt, Gewerblicher Mittelstand (2000), S. 239 f.

wesen, und jedes Jahr waren zahlreiche ihrer Eigentümer in den Westen gegangen. Infolge des fünften Parteitages 1958 richtete sich ein verstärkter Druck zur Eingliederung in Genossenschaftsbetriebe auch auf Handwerksbetriebe. Mit der bereits bei den Bauern angewandten Mischung aus Propaganda, Versprechungen und Zwang schafften es Regierung und SED, die Zahl der selbständigen Betriebe stark zu dezimieren. Viele Handwerker gewann man damit aber nicht für die neuen Produktionsgenossenschaften, sondern vertrieb sie außer Landes. Die staatlichen Behörden nahmen diesen Exodus nicht erheblich anders wahr als den der Bauern. Im Vordergrund stand die Verantwortung der Handwerker selbst, die zwar kein staatlich festgelegtes Ablieferungssoll zu erfüllen hatten, dafür aber – neben den alltäglichen Problemen etwa bei der Materialbeschaffung – nicht unerheblich unter der Steuerpolitik und den 1949/50 einsetzenden Steuerüberprüfungen litten.[48] Die daraus resultierenden wirtschaftlichen Schwierigkeiten nahmen die staatlichen Behörden nur achselzuckend zur Kenntnis: Aus Frankfurt flohen drei „Schneidermeister bzw. Schneiderinnen [...]. Sie hatten angeblich wirtschaftliche Schwierigkeiten, lehnten es aber ab, einer Produktionsgenossenschaft beizutreten."[49] Einem selbständigen Tischler, der den Eintritt in eine Genossenschaft hartnäckig verweigert hatte, wurde, nachdem man bei einer Hausdurchsuchung Konsumgüter aus West-Berlin gefunden hatte, ein Strafverfahren sowie die Schließung seines Betriebes angedroht, woraufhin er mit seiner Frau flüchtete.[50] Diese Politik gegen Handwerker veranlaßte den Leiter der Hauptabteilung Innere Angelegenheiten im Innenministerium, Bergmann, im Oktober 1958 immerhin zu einem kritischen Vorstoß gegenüber der Staatlichen Plankommission, ohne daß er allerdings auf die politisch opportune antiwestliche Rhetorik verzichtete: Die ansteigende Tendenz in der Republikflucht der Handwerker zeige, „daß der Klassengegner die Abwerbung verstärkt auch auf diesen Personenkreis konzentriert und dadurch versucht, die weitere Einbeziehung dieser Bevölkerungsschichten in den sozialistischen Aufbau zu hemmen." Trotzdem schlug er vor, prüfen zu lassen, „ob nicht die in einzelnen Bezirken der DDR in letzter Zeit aufgetretenen Entstellungen in Durchführung des Beschlusses des V. Parteitages Einfluß auf diese Entwicklung haben."[51] Obwohl ihre Folgen also bekannt waren und wirksam blieben, änderte sich die Politik gegenüber den Handwerkern nicht nennenswert. Noch im Februar 1961 bemängelte die Polizei, daß Parteigruppen in verschiedenen Kreisen „mit aller Gewalt versuchten, alle Handwerker zu Produktionsgenossenschaften des Handwerks zusammenzuschließen. Es bedurfte mehre-

---

[48] Vgl. dazu Buck, Formen (1995), S. 1163–1168; Owzar, Sozialistische Bündnispolitik, S. 309 f.; Tatzkow, Gehen oder bleiben (1993), S. 208 f.
[49] Dombrowsky, Generalmajor der Volkspolizei, HVDVP, Der Leiter, am 30.9.1958 an die HA Innere Angelegenheiten über Gen. Staatssekretär Grünstein (BArch DO 1/34, Nr. 21725).
[50] Der Leiter des Bundes-Notaufnahmeverfahrens in Berlin, Begründung für Erteilung der Aufenthaltserlaubnis, 26.6.1959 (BStU ZA, MfS-AS, Nr. 231/63, Bd. II, Bl 5 f.). Ein weiteres Beispiel hat von Hornstein, Die deutsche Not (1960), S. 115–119, aufgezeichnet.
[51] BArch DO 1/34, Nr. 21725. Tatsächlich ist der im selben Dokument angeführten Statistik kein Anstieg, sondern ein leichter Rückgang der republikflüchtigen Handwerker zu entnehmen: 1957 flohen im Monat durchschnittlich 141, von Januar bis August 1958 durchschnittlich 130 Handwerker. Den Angaben der ZV für Statistik ist sogar ein deutlicher Rückgang von 2 494 (1957) auf 1 814 (1958) zu entnehmen, der aufgrund der insgesamt stark zurückgegangenen Fluchtbewegung jedoch einen leichten prozentualen Anstieg von 0,71 Prozent auf 0,85 Prozent bedeutet. Daß die Zahlen der ZV für Statistik deutlich über denen des MdI liegen, zeigt einmal mehr, mit welcher Vorsicht solche Angaben zu genießen sind.

rer Hinweise der Bezirksleitung, bis diese falsche Arbeit korrigiert wurde."[52] Solche Mahnungen und Vorschläge zu mehr Zurückhaltung blieben aber Einzelfälle. Im Vordergrund der Ursachenforschung stand die angebliche Abwerbung durch die Bundesrepublik. Als Beleg dafür wurden beispielsweise Berichte in westdeutschen Medien angeführt, nach denen als politische Flüchtlinge anerkannten Handwerkern, Gewerbetreibenden und Unternehmern in der Bundesrepublik Aufbaukredite von bis zu 35 000 DM, in Ausnahmefällen sogar bis zu 50 000 DM gewährt würden. Diese Berufsgruppen seien zudem „auf Grund ihrer teilweise abwartenden Haltung für die Beeinflussung durch den Gegner besonders empfänglich".[53] Insgesamt wurde der Republikflucht von Handwerkern weniger Aufmerksamkeit geschenkt als der anderer Berufsgruppen, und das obwohl es schon 1952 aufgrund der Republikflucht im Gefolge der Zwangsaussiedlungen Schwierigkeiten bei der (Neu-)Besetzung der Handwerksbetriebe gegeben hatte.[54] Unternehmer, die über größere Betriebe verfügten, gingen zum großen Teil bereits in den ersten Jahren nach Kriegsende in den Westen. Sie werden in den offiziellen Berichten jedoch in erster Linie nicht als Flüchtlinge, sondern – häufig nicht zu unrecht – als Abwerber erwähnt.[55]

Die führende Partei der DDR verstand sich als Arbeiterpartei, in deren Tradition Bauern und Handwerker nur von nachgeordneter politischer Bedeutung waren. Daraus erklärt sich auch ihr im ganzen recht geringes Interesse für die Abwanderung aus diesen Bevölkerungs- und Berufsgruppen. Der Weggang von *Arbeitern* mußte sie dagegen mehr beunruhigen, da sie ihren Staat als Verwirklichung der im Marxismus-Leninismus beschriebenen historischen Aufgabe der Arbeiterklasse verstand. Deren Angehörige sollten die ersten und wesentlichen Profiteure der Veränderungen sein. Gegen Arbeiter konnte es zudem keine wirtschaftlich existenzgefährdenden Eingriffe wie Enteignung oder zwangsweise Vergenossenschaftlichung geben, und auch das soziokulturelle Verhalten dieser Bevölkerungsgruppe enthielt keine von der SED als ‚reaktionär' oder ‚klassenfeindlich' denunzierten Elemente. Doch trotz dieser klassenspezifischen Privilegierung[56] flohen auch zahlreiche Arbeiter aus der DDR in den Westen. Bezogen auf ihren prozentualen Anteil an der gesamten Bevölkerung wanderten zwar weniger Arbeiter als Bauern oder Akademiker ab, absolut gesehen lag ihre Zahl aber immer um ein vielfaches über der der anderen Berufsgruppen. Vermutlich flohen Arbeiter und andere niedrig qualifizierte Arbeitnehmer daher seltener wegen akuter Gefahr oder einzelner Maßnahmen, als aufgrund alltäglicher Sorgen und Probleme in der DDR, die sie mit der Mehrheit der Bevölkerung teilten und die längerfristig bestanden. Diese Unzufriedenheit paßte nicht in das Bild von der DDR-Gesellschaft, das Regierung und SED für allgemeingültig ausgaben und in dem gesellschaftliche Probleme als Folge des Kapitalismus und der NS-Diktatur dargestellt wurden, deren ‚Korrekturen' aber zu Lasten der ehemals sozial, ökonomisch oder kulturell Privilegierten gehen sollten. In den ersten Jahren der SBZ und DDR konn-

---

[52] Bericht vom 13. 2. 1961 (BArch DO 1/11, Nr. 967, Bl. 37–60, hier Bl. 38).
[53] „Methoden der Abwerbung von Bürgern der DDR", o.V., o.D. [1960], BArch DO 1/34, Nr. 21724, hier S. 12.
[54] Bericht der operativen Kommission aus dem Kreis Eisenach, 16. 6. 1952 (SAPMO-BArch DY 30/IV 2/13/11, Bl. 62).
[55] Vgl. dazu Hefele, Die Verlagerung (1998).
[56] Von einer Privilegierung kann nur im Verhältnis zu anderen Bevölkerungsgruppen gesprochen werden; auch die Arbeiter hatten an den Kriegsfolgen und dem Aufbau des Sozialismus schwer zu tragen. Die starke Beteiligung von Arbeitern an den Unruhen um den 17. 6. 1953 machte dies besonders deutlich.

te dieses Bild noch eine gewisse Plausibilität für sich reklamieren, spätestens Mitte der fünfziger Jahre wurde aber angesichts der Vollbeschäftigung und des breiten Konsumanstiegs in Westdeutschland deutlich, daß der Aufbau im Westen fast allen Bevölkerungsgruppen zugute kam und auch den meisten Arbeitern und Angestellten einen weit über dem DDR-Durchschnitt liegenden Lebensstandard ermöglichte.

Vor dem Widerspruch zwischen politischem Anspruch und gesellschaftlicher Wirklichkeit in Ost- und Westdeutschland kapitulierten die meisten Berichterstatter in den Reihen der Polizei und des ZK: Bei der Suche nach den Ursachen für die Westabwanderung von Arbeitern und Angestellten kamen sie zu noch weniger konkreten und problemorientierten Ergebnissen als bei den anderen Berufsgruppen. Ideologische Formeln über ‚falsches Bewußtsein‘ waren die einfachste Form, mit der Abwanderung von Arbeitern – und von SED-Mitgliedern – umzugehen: „Es gibt solche Erscheinungen, wo Genossen mit langjähriger Parteizugehörigkeit nach ihrem Besuch in Westdeutschland die Lage falsch einschätzen und die Konjunktur in Westdeutschland verherrlichen." Neben dem Verdacht, daß das Ostbüro der SPD seinen Einfluß geltend gemacht hatte, hieß die Diagnose gewöhnlich „in erster Linie politische Unklarheiten"[57] und „Unaufgeklärtheit"[58]. Die Flucht von Arbeitern und Angestellten wurde in den Berichten über einzelne Betriebe und Branchen zwar erwähnt, in den Mittelpunkt rückten aber immer Akademiker und hochspezialisierte Fachleute, deren Weggang jeden Betrieb entscheidender prägte als der Verlust von Arbeitern. Dennoch scheinen auch einige der berufsspezifischen Gründe durch, die Arbeiter und Angestellte mit ihren Familien aus der DDR wegführten. Zwei Problemfelder standen dabei im Vordergrund: die Folgen der mangelhaften betriebsinternen Arbeitsorganisation und der zu geringe Verdienst.

In keinem Bericht wurde daran gezweifelt, daß zahlreiche Republikfluchten „auf innerbetriebliche Mängel",[59] also auf das schlechte Management in der volkseigenen Wirtschaft zurückgingen. Eine wichtige Folge des Mißmanagements war ein zuweilen eklatanter Mangel an Rohstoffen, Vorprodukten und Ersatzteilen, der vor allem die industriell organisierte Arbeit erschwerte, lähmte und zwischenzeitlich auch ganz unterbrach. Dies führte bei fast allen Mitarbeitern zu Frustration, langen Wartezeiten und häufig auch zu Verdienstausfällen.[60] „Begünstigend für Republikfluchten wirkt sich der in vielen volkseigenen Betrieben vorhandene unkontinuierliche Arbeitsablauf aus, durch den Wartezeiten entstehen, artfremder Einsatz von Fachkräften erfolgt und die materielle Interessiertheit der Werktätigen nicht gefördert wird. Diese Mängel in der ökonomischen Leitung der Betriebe hemmen die politische Arbeit, wirken sich demoralisierend auf die Arbeiter aus und rufen Unglauben an die Überlegenheit der sozialistischen Wirtschaft hervor."[61] Nur in Ausnahmefällen richtete sich direkte Kritik gegen Leitungsfunktionäre wie im VEB Nordthüringisches Textilkombinat Bleicherode (Betriebsstätte Gernrode), wo die Ursa-

---

[57] Bericht über die Verbesserung der Arbeit mit den Menschen und der Parteierziehung im Bezirk Halle und die Lehren des Kampfes gegen die Republikflucht Jugendlicher, Lehrer, Ärzte, Facharbeiter im Sekretariat des ZK vom 31. 5. 1961 (SAPMO-BArch DY 30/J IV 2/3-740, Bl. 4–82, hier Bl. 73 f.).
[58] Dok. 15.
[59] Dombrowsky HVDVP, Leiter der HA K am 13. 7. 1955: „Kriminalpolizeiliche Analyse über Republikfluchten, Rückkehrer und Neuzugänge", hier über das Werk für Fernmeldewesen in Berlin-Oberschöneweide (BArch DO 1/11, Nr. 708, Bl. 18–34, hier Bl. 18).
[60] Vgl. z.B. Dok 14.
[61] Bericht vom 13. 2. 1961 (BArch DO 1/11, Nr. 967, Bl. 37–60, hier Bl. 42 ff.).

che der stark ansteigenden Republikfluchten „nach Meinung der Kollegen [...] im unkollegialen Verhalten des Betriebsstättenleiters R. begründet [ist]. Derselbe kann mit den Menschen nicht umgehen, will jemand eine Beschwerde vortragen, so läßt er diese Person einfach stehen."[62] Trotz der weithin zurückhaltenden Kritik an Genossen in betrieblich leitenden Funktionen war offensichtlich, daß die Produktion häufig unter Problemen litt, die auf die ungenügende Wahrnehmung von Leitungsämtern zurückzuführen war, daß akute Fehlplanungen häufig den Anstoß gaben, nach einer Arbeit im Westen zu suchen: „In der Kesselschmiede des Karl-Marx-Werkes in Potsdam-Babelsberg wußte z. B. keiner der Arbeiter, was er nach der Umstellung machen soll und die Absicht, Grenzgänger zu werden, wurde diskutiert."[63]

Als wohl ärgerlichste Folge der mangelhaften Leitungskompetenz mußten viele vor allem jüngere Arbeiter häufig ihren Arbeitsplatz wechseln und unterhalb der eigenen Qualifikation arbeiten.[64] Damit kam man aber nicht dem Arbeitsalltag ohne feste Arbeitsplatzbeschreibung näher, wie ihn Marx für den Kommunismus verheißen hatte, in dem es möglich sein sollte, „heute dies, morgen jenes zu tun, morgens zu jagen, nachmittags zu fischen, abends Viehzucht zu treiben, nach dem Essen zu kritisieren, wie ich gerade Lust habe".[65] Den vorkommunistischen Alltag in der DDR nahmen die Betroffenen eher als Willkür wahr, durch die sie ihre Fähigkeiten gerade nicht entfalten konnten; ein junger Schaltmechaniker des VEB Elektro-Projekt Berlin beschrieb ihn in seinem Kündigungsschreiben: „Dauernde Wartezeiten, in welchen ich vom Lagerarbeiter, Kartoffelträger, Beifahrer, Versandarbeiter, Kohlenträger, Möbelträger, Transportarbeiter über Tiefbauarbeiter beinahe alle Arbeiten eines Hilfsarbeiters mitgemacht habe."[66] Das Elektro-Motoren-Werk Wernigerode setzte gegen Ende 1955 70 Prozent aller ehemaligen Lehrlinge berufsfremd ein. Ähnliches galt für den VEB Stern-Radio und das Kali Werk in Staßfurt, die 17 Mechaniker und acht Rundfunkmechaniker bzw. 25 Junghäuer und Lehrhäuer „nicht im erlernten Beruf, sondern mit allen vorkommenden Arbeiten beschäftigt[en]". Solche Fälle waren keine Ausnahmen: „Ähnliche Erscheinungen" gab es in vielen Betrieben, wobei die Abteilung für Innere Angelegenheiten im Bezirk Magdeburg darauf hinwies, daß die Abteilung Arbeit und Berufsausbildung darüber nicht einmal im einzelnen informiert war. Obwohl solche Probleme mit der Arbeitskräftelenkung individuellen Unmut hervorriefen und erhebliche Verluste bedeuteten, schafften die staatlichen Planungsinstanzen keine Abhilfe.[67]

---

[62] Die Meldung dieses Falles an die Hauptabteilung Kader fiel Hauptabteilungsleiter Bergmann aus dem Innenministerium sicherlich nicht schwer, weil er damit die antiwestlichen Ressentiments gegen zurückkehrende Republikflüchtige und andere Zugezogene aus dem Westen verstärkte: Der Betriebsstättenleiter habe bis Anfang der fünfziger Jahre an der Textilfachschule in Münchberg/Bayern studiert, wo sich auch eine Niederlassung der Firma befand, zu der dieser VEB früher gehört hatte. „Außerdem ist er mit der Tochter des verstorbenen früheren Werkdirektors Busch verheiratet". Darüber hinaus hätten sich SED und FDGB im Betrieb ja auch schon gegen R. geäußert (MdI Hauptabteilungsleiter Bergmann [HA Innere Angelegenheiten] am 21. 1. 1958 an HA Kader [BArch DO 1/34, Nr. 21725]).
[63] Bericht vom 13. 2. 1961 (BArch DO 1/11, Nr. 967, Bl. 37-60, hier Bl. 42 ff.).
[64] Z.B. die ausgebildete Weberin, die infolge akuten Arbeitsmangels aus der VEB Woll- und Seidenspinnerei Gera entlassen wurde, keine ihrer Fähigkeit entsprechende Arbeit fand und daraufhin republikflüchtig wurde (BArch DO 1/11, Nr. 963, Bl. 53 ff.).
[65] Marx/Engels, Ideologie (1983), S. 33; vgl. auch Marx, Kapital (1983), S. 512.
[66] Bericht vom 13. 2. 1961 (BArch DO 1/11, Nr. 967, Bl. 37-60, hier Bl. 43).
[67] An die Regierung der DDR, MdI, Staatssekretariat für Innere Angelegenheiten am 12. 12. 1955 (BArch DO 1/34, Nr. 11803). Über eine Beschäftigung unter ihrer Qualifikation beschweren sich auch viele Zugezogene aus der Bundesrepublik (Schmelz, West-Ost-Migranten [1999], S. 96ff.) und zahlrei-

Dem berufsfremden Einsatz vorwiegend jugendlicher Arbeiter entsprach die Arbeitsplatzunsicherheit in verschiedenen Betrieben. Arbeiter fürchteten angebliche Schließungsabsichten für bestimmte Werke,[68] ältere Kollegen die Ablösung durch Hochschulabsolventen. So wußte das Innenministerium im Herbst 1957 von Gerüchten im Stahl- und Walzenwerk Brandenburg, „daß alle Dispatcher und Abteilungsleiter durch Jungingenieure abgelöst werden sollen." In gewohnter Manier tat der ministeriale Verfasser die Gerüchte als feindliche Desinformation ab, durch die „Unsicherheit hervorgerufen werden [sollte], damit dieser Personenkreis veranlaßt wird, sich nach Möglichkeit einen anderen Arbeitsplatz und zwar nach [!] Westberlin zu suchen."[69] Bereits wenige Monate später aber hatten sich die Gerüchte bestätigt, wie Innenstaatssekretär Grünstein den Minister für Berg- und Hüttenwesen in einem Schreiben über die stark gestiegenen Republikfluchten aus diesem Stahl- und Walzwerk informierte.[70] Zuerst führte er die Abwanderung zwar auf Abwerbungsversuche der im Aufbau befindlichen Stahl- und Walzwerke in Bremen und Berlin-Tegel zurück, „in denen die westliche Lebensart sowie die Verdienstmöglichkeiten […] in den rosigsten Farben gepriesen werden." Danach aber verheimlichte auch er nicht die eklatanten „Mängel im Produktionsablauf", die zu „Verärgerungen" führten, „die teilweise die Abwerbung erleichtern". Und tatsächlich wurden die Dispatcher und Abteilungsleiter inzwischen durch Jung-Ingenieure ersetzt: „Hierbei ist man an einen Abteilungsleiter herangetreten und hat ihn gefragt, ob er im Lok-Dienst arbeiten würde. Dieser Kollege soll ein alter erfahrener Facharbeiter sein, der geäußert hat: ‚Wenn sie mich versetzen, dann gehe ich nach Bremen!' Unter den Schichtleitern besteht die Meinung: ‚Wir haben unsere Schuldigkeit beim Aufbau getan, jetzt können wir gehen!'"

Schon früh hatten sich Arbeiter dem von starken politischen Eingriffen geprägten Arbeitsalltag durch einen Umzug nach Westdeutschland entzogen. So stellte der brandenburgische Minister für Arbeit und Sozialwesen, Schwob, bereits 1947 fest, daß „viele junge Leute unser Gebiet [verlassen], um sich vor einer Arbeitseinweisung zu drücken",[71] und einige Gerichtsurteile gegen „Arbeitsbummelanten" konnten nicht vollstreckt werden, weil sich die betroffenen Personen in den Westen abgesetzt hatten.[72] Aus ähnlichen

che Akademiker und Spezialisten, die „von ihrer gesamten Leitungstätigkeit abgehalten werden, indem sie zu zweckfremder Arbeit herangezogen werden". (SPK, Chemiekaderkommission, am 28.7.1960, BArch DO 1/34, Nr. 21725); zur Arbeitskräftelenkung vgl. generell Hoffmann, Aufbau und Krise (2002).
[68] So etwa ein Oberingenieur und ein Elektromonteur aus dem RFT-Werk Leipzig (HVDVP, Seifert an MdI, Oktober 1955, BArch DO 1/11, Nr. 963, Bl. 53 ff.).
[69] MdI, HA Innere Angelegenheiten, Abt. I am 4.11.1957 an HVDVP HA PM (BArch DO 1/34, Nr. 21725).
[70] Grünstein am 5.3.1958 an Steinwand (BArch DO 1/34, Nr. 21725).
[71] BArch DQ 2/2030, Protokoll über die Amtsleitertagung im Landesarbeitsamt Potsdam am 15.7. 1947, zitiert nach Hoffmann, Aufbau und Krise (2002), S. 55. In Sachsen-Anhalt verließen allein in den Monaten Januar und Februar 1948 „350 männliche Arbeitskräfte wegen Verpflichtung zum Bergbau durch das dortige Arbeitsamt" die SBZ (Statistische Erfassung der aus der Ostzone nach dem Westen geflüchteten Personen, 7.4.1948, BStU ZA, MfS-AS, Nr. 224/66, Bd. II, Bl. 321); in Mecklenburg und Thüringen waren am 15.3.1948 jeweils ein Viertel der seit Kriegsende in den Westen gegangenen Personen, bei denen das Fluchtmotiv ermittelt werden konnte, wegen „Entziehung der Dienstverpflichtung" abgewandert (ebd., Bl. 324 ff.).
[72] Amtliches Mitteilungsblatt für den Kreis Haldensleben vom 14.2.1948 enthält „Liste von Personen, die in Schnellgerichtsverfahren zu Gefängnisstrafen zwischen sechs und elf Wochen verurteilt worden waren; 18 namentlich genannte Personen hatten sich der Aburteilung durch Flucht entzogen." (Hoffmann, Aufbau und Krise [2002], S. 60, Anm. 74: BArch DQ 2/137, Bl. 274).

4. Fluchtgründe aus Sicht von DDR und SED

Gründen wurde auf einer Tagung von Volkpolizeileitern im Januar 1950 mehr Rücksicht gegenüber Arbeitern empfohlen, die in der britischen Zone lebten, aber im Elektrizitätswerk Harbke in Sachsen-Anhalt arbeiteten, „damit uns diese Arbeiter nicht verlorengehen."[73] Eine Berechnung über die Abwanderung aus staatlichem Sektor und aus Privatbetrieben in Karl-Marx-Stadt bestätigte 1958 diese Aversionen: „In den staatlichen Institutionen wie Verwaltungen, Banken usw. sind vom 1. Januar 1957 bis 31. März 1958 2 684 Personen illegal abgewandert. Das sind gleich 8,65 Prozent der dort beschäftigten Personen. In dem privaten Sektor wo zum überwiegenden Teil die Löhne, die sozialen Belange und der Einfluß der Parteien und Massenorganisationen sich noch nicht so stark wie in unserer volkseigenen Industrie auswirkt, wanderten im gleichen Zeitraum 6 382 Personen illegal ab. Das sind gleich 1,56 Prozent der dort beschäftigten Personen."[74]

In einer bemerkenswerten interpretativen Freiheit aber sahen die Autoren der Vorlage selbst in diesen eindeutigen Zahlen keinen Anlaß zu einer gründlichen Kritik der Fehler in den VEB und den staatlichen Behörden. Vielmehr wiesen sie die Ratsmitglieder darauf hin, daß die Zahlen „die Meinung [widerlegen], die von einem Teil unserer Bevölkerung in Versammlungen und Aussprachen vertreten wird, daß wirtschaftliche Schwierigkeiten zur Republikflucht führen", womit sie die Kritik am unbefriedigenden Lohn- und Konsumniveau in der DDR bagatellisieren wollten. Sie sahen den entscheidenden Grund für die Abwanderung nicht in den materiellen Lebensbedingungen und der volkseigenen Wirtschaft, sondern in der mangelhaften Erkenntnis der Betroffenen, nämlich „im Nichterkennen der Perspektiven beider deutscher Staaten". Daß ihr konkretes Leben für viele Arbeiter aber wichtiger war als derartige Floskeln, zeigen die zahlreichen Hinweise auf das unterschiedliche Lohnniveau in beiden deutschen Staaten. Fast alle Berichte hielten fest, daß die Arbeiter im Westen einen erheblichen finanziellen Zugewinn erwarten konnten, egal ob es sich um Berg-,[75] Bau-,[76] Textil-[77] oder Metallarbeiter[78] oder um Fachverkäuferinnen[79] und Handelsorganisation (HO)- und Konsumangestellte handelte.[80] Verschärfend kam hinzu, daß die schlechte Betriebsorganisation zu Wartezeiten und damit auch zu Verdienstausfällen der leistungsabhängig Bezahlten und zu Einbußen im Prämiensystem führte, so daß beispielsweise Facharbeiter aus dem VEB Rheinmetall Sömmerda zur westdeutschen Rheinmetall AG in Düsseldorf überwechselten, weil sie am Monatsende weniger verdient hatten als ihre ungelernten, aber fest bezahlten Kollegen.[81] In den Bezirken nahe West-Berlin führte das Lohngefälle dazu, daß zahlreiche Menschen von ihren Wohnsitzen in Ost-Berlin oder in den Kreisen Potsdam und Frankfurt in West-Berliner Betriebe pendelten und sich bis zu 125 Mark, seit Ende November 275 Mark monatlich in der ‚harten' Westwährung auszahlen lassen durften. Ein einfaches Rechenbeispiel des Innenmi-

---

[73] BArch DO 1/07, Nr. 567, Bl. 21 ff.
[74] „Ratsvorlage zum Tagesordnungspunkt 4 der Ratssitzung vom 4. 6. 1958" (S. 6) (BArch DO 1/34, Nr. 21725).
[75] HA PM am 4. 10. 1957 an ZK der SED, Abt. Sicherheitsfragen. BArch DO 1/11, Nr. 964, Bl. 174 f.
[76] Seifert am 16. 9. 1957 an ZK-Sicherheitsabteilung, die Abt. VE im Hause und die HA PM (BArch DO 1/11, Nr. 964, Bl. 161).
[77] HA Innere Angelegenheiten, Abt. I am 19. 11. 1957 an BA Betriebsschutz (BArch DO 1/34, Nr. 21725).
[78] Dok. 14.
[79] HVDVP an ZK, MfS u.a. am 7. 2. 1958 (BArch DO 1/11, Nr. 965, Bl. 37–40, hier Bl. 40).
[80] Dombrowsky am 2. 11. 1957 (BArch DO 1/11, Nr. 964, Bl. 193–201, hier Bl. 197).
[81] Dok. 14; ähnlich: Dok. 15 und Augustine, Frustrierte Technokraten (1996), S. 67.

nisters verdeutlichte den möglichen Verdienstgewinn: „Beispiel: Ein Arbeiter, der bisher in einem VEB angenommen 600 DM brutto erhielt, verdient jetzt in Westberlin 400 WM. 35 Prozent des Lohnanteils = 140 WM. Ausgezahlt erhält er 125 Westmark. In der Wechselstube umgetauscht: 125 x 4,75 = DM 593,75. Rest der Lohnsumme in DM der DNB [Deutsche Notenbank]: DM 275,00. Gesamtverdienst: DM 868,75."[82]

Die offiziellen Stellen der DDR nahmen solche Angelegenheiten in erster Linie als wirtschafts- und sicherheitspolitische Probleme wahr, da sie die ostdeutsche Wirtschaft schwächten und das Sicherheitsbedürfnis nach einer möglichst umfassenden Abschottung vom Westen unterminierten. Selbst in der Einführung von Autos durch zurückgekehrte Republikflüchtige sahen sie „große[] Schwierigkeiten in den Kreisen", weil die Rückkehrer mit ihren PKW indirekt für die Republikflucht werben würden, besonders wenn sie sich das Geld dafür während eines kurzen Aufenthaltes in der Bundesrepublik verdient hätten.[83]

Die Republikfluchtberichte über Arbeiter, Bauern und Handwerker wirken im Vergleich zu denen über *Akademiker* und Spezialisten blaß. Trotz der Versorgungsengpässe, die durch die Flucht von Bauern und Handwerkern verstärkt wurden, und trotz der religiös anmutenden Verehrung der ‚Arbeiterklasse' und ihrer vorgeblich welthistorisch zentralen Rolle richtete sich die Aufmerksamkeit in den Büros des Arbeiter- und Bauernstaates und der Arbeiterpartei hinsichtlich der Republikflucht in erster Linie auf den Akademikerschwund und seine Ursachen und Umstände. Den Weggang dieser Fachleute schildern die offiziellen Berichte mit zahlreichen Details, so daß die privaten Bedingungen genauer ausgeleuchtet werden, mehr Rücksicht auf kulturelle Eigenheiten genommen wird und auch Fragen wie Sozialprestige und informelle Netzwerke ernsthaft behandelt werden. Neben der – teilweise nur indirekt geäußerten – Arroganz gegenüber Handwerkern und Bauern und der vermeintlichen Sicherheit der kommunistischen Funktionäre beim Umgang mit Problemen aus der Welt der Arbeiter lag dies wohl vor allem daran, daß die Akademiker einige kulturelle und professionelle Fähigkeiten wie selbstverständlich beherrschen, die sich viele Funktionäre des neuen Staates häufig erst im Laufe der Nachkriegszeit angeeignet hatten. Außerdem war der gesellschaftliche Wert eines Mediziners, Lehrers und Ingenieurs – ebenso wie der eines spezialisierten Facharbeiters – plastisch vorstellbar und jeder einzelne Verlust daher konkret zu bestimmen. Viele Bauern, Handwerker, Arbeiter und Angestellte rissen demgegenüber nur kleinere Lücken in die Berufswelt der DDR, da sie häufig schnell durch Nachrücker ersetzt werden konnten. Darüber hinaus konnten die Berichterstatter auf zahlreiche – häufig wohl formulierte – Stellungnahmen geflüchteter Akademiker zurückgreifen, die im Nachhinein etwa bei Kollegen und Nachbarn abgefragt oder von den Sicherheitsorganen abgefangenen Abschiedsbriefen entnommen wurden; solche Selbstzeugnisse und Erklärungen finden sich bei Arbeitern, Angestellten, Bauern oder Nichtberufstätigen deutlich seltener.

---

[82] Anschreiben und Bericht von Maron vom 30. 11. 1955 an Gen. Generaloberst, Stellvertreter des Vorsitzenden des Ministerrates der DDR, Stoph, und in Abschrift an Minister Wollweber (MfS), Gen. Roebelen (ZK der SED) und MdI-SK (BArch DO 1/11, Nr. 955, Bl. 58–65, hier Bl. 62). Zu den Grenzgängern und ihren wirtschaftlichen Vorteilen vgl. Schütrumpf, Grenzgängerproblem (1984) sowie die kurzen Hinweise bei Major, Torschlußpanik (2000), S. 229 f.

[83] Da zahlreiche Autos aus der Bundesrepublik eingeführt wurden, aber nicht angemeldet werden durften, wies die HA PM sogar auf die Gefährdung der DDR durch die in Garagen abgestellten Autos hin, da sie zu öffentlichen Diskussionen über den Reiz von Republikfluchten führten (vgl. Dok. 27).

Zu den gut ausgebildeten Fachleuten zählten die Berichte neben Medizinern, Ingenieuren, Lehrern und anderen Akademikern auch zahlreiche Fachkräfte und Spezialisten vorwiegend aus technischen Berufen, die mal unter der Rubrik „Intelligenz", teilweise aber auch separat als „Facharbeiter" Berücksichtigung fanden. Im ganzen bildeten diese Fachleute und Akademiker zwar nur einen kleinen Teil aller Republikflüchtigen,[84] aufgrund ihrer sozial und ökonomisch hervorgehobenen Stellung und der von ihnen besetzten Leitungspositionen wurden Republikfluchten aus ihren Reihen jedoch mit besonderer Aufmerksamkeit registriert. Die „Flucht des Geistes aus der DDR"[85] hatte verschiedene Ursachen, unter denen die berufliche Situation eine besonders wichtige Rolle spielte. Aufgrund der traditionell sehr hohen beruflichen und geographischen Mobilität dieser Bevölkerungsgruppe scheint diesen Menschen der Weggang zudem vor allem im Vergleich zu den erwähnten Handwerkern und landbesitzenden Bauern häufig leichter gefallen zu sein.

Allgemein zusammengefaßt werden die meisten Fluchtgründe wohl am besten unter dem Gefühl der Benachteiligung, das die meisten gut ausgebildeten Menschen in der DDR umtrieb. Zum einen bildete der Abbau sozialer Privilegien einen zentralen Dreh- und Angelpunkt der Politik und Ideologie der SED, der traditionell überdurchschnittlich bezahlte Berufsgruppen schon in der Zusammenbruchsgesellschaft der frühen Nachkriegszeit als deutliche Bedrohung erschienen waren. Zum zweiten wußten alle Fachkräfte, daß ihnen der Westen attraktive berufliche Alternativen bot. Vor allem seit der Konsolidierung der westdeutschen Prosperität Mitte der fünfziger Jahre stieg die Sicherheit, im Westen eigenen Wohlstand aufbauen zu können.

Ähnlich wie viele Arbeiter beurteilten auch zahlreiche Akademiker und Spezialisten die finanzielle Entlohnung für ihre Arbeit als besonders offensichtliche Benachteiligung.[86] Da der Weg in den Sozialismus zum Ende sozialer Privilegien einzelner Berufsgruppen führen sollte, gab es in der DDR keine so großen Einkommensspannen wie in der Zeit vor 1945 und in Westdeutschland. Im Laufe der fünfziger Jahre wurde der Unterschied zum Westen immer deutlicher sichtbar. Fast alle Arbeitskräfte konnten sich in der Bundesrepublik einen erheblich größeren Wohlstand ermöglichen als ihre Kollegen in der DDR.[87] Die weiterhin bestehenden privaten und beruflichen Kontakte ermöglichten den meisten Akademikern zudem einen leichten Vergleich zwischen ihrem Verdienst und dem ihrer Studien- und Berufskollegen im Westen. Deutliche Spannen zwischen Ost und West zeigten sich nicht nur bei Medizinern oder Spitzenwissenschaftlern, sondern in fast allen Berufen, etwa bei Lehrern, deren Gehälter im Westen an allen Schultypen „bedeutend"

---

[84] Ihr Anteil schwankte nach Angaben der ZV für Statistik zwischen zwei und dreieinhalb Prozent, wobei nicht sicher ist, inwiefern Facharbeiter dazugezählt wurden, da nicht ermittelt werden kann, was genau sich hinter der Kategorie „Ingenieure, Techniker, Chemiker" verbirgt. Vgl. Tabelle 3.
[85] So der Titel eines Sonderdrucks aus dem Bulletin des Presse- und Informationsamtes der Bundesregierung, Nr. 199 und 214/1960.
[86] „Die Hauptmethoden [der Abwerbung] waren die Formen des Versprechens, indem Spezialisten und Intelligenzlern besser bezahlte Stellungen in Westdeutschland angeboten wurden" (HVDVP HA K am 16. 4. 1955: „Analyse über die Feststellungen von Abwerbern", BArch DO 1/11, Nr. 708, Bl. 10–13, hier Bl. 11).
[87] Dabei kam zuweilen auch eine unkritische Sicht auf den Westen zum Tragen, so daß nicht wenige enttäuschte Zuwanderer und sogar das Hilfswerk der Evangelischen Kirche Deutschlands etwa den RIAS kritisierten, dessen Sendungen von vielen DDR-Bürgern als offizielle Verlautbarungen Bonns und als Einladungen in den Westen mißverstanden würden (Ackermann, Der „echte" Flüchtling [1995], S. 103).

höher waren.[88] Auch die westdeutsche Industrie zahlte vor allem seit dem chronischen Mangel an qualifizierten Arbeitskräften erheblich mehr als volkseigene Betriebe oder die verbliebenen selbständigen mittelständischen Unternehmen in der DDR. Neben den höheren Gehältern bestand im Westen auch die Möglichkeit zu selbständiger Arbeit, ein Wunsch, der beispielsweise bei Juristen verbreitet war, vor allem aber bei zahlreichen Medizinern. Für den Wunsch, eine eigene Firma, Kanzlei oder Arztpraxis in der DDR zu eröffnen, gab es in der DDR aber nur sehr geringe Realisierungschancen, worüber sich viele Ärzte – nicht zuletzt mit Blick auf die schlechte Organisation des öffentlichen Gesundheitswesens – beschwerten.[89]

Das Mißtrauen der Betroffenen rührte aber nicht nur aus den widersprüchlichen Aktivitäten von SED und Regierung, sondern mehr noch aus der eigenen Anschauung in den Nachbarländern. Ein Bericht an das Sekretariat der SED über die Parteiarbeit und Republikfluchten im Bezirk Halle faßte das verbreitete Mißtrauen präzise zusammen: „Nach wie vor ist bei einem Teil der Ärzte die Frage des Vertrauens das wichtigste Problem. Sie glauben nicht an die Ehrlichkeit und Beständigkeit der Intelligenzpolitik der Partei." Unbehagen lösten vor allem die seit Ende der fünfziger Jahre verstärkten Forderungen nach einem Friedensvertrag und die damit zusammenhängende Berlinkrise aus. Viele Fachkräfte in der DDR fürchteten sich vor den Konsequenzen einer noch größeren Annäherung der DDR an die sozialistischen ‚Bruderstaaten', da „dort die Ärzte wie durchschnittliche Facharbeiter bezahlt werden".[90] Ähnlich äußerten sich die Chefärzte im Kreis Senftenberg bei einer Aussprache im Februar 1961: „Der Arzt in den Volksdemokratien verdient nicht mehr als ein guter Facharbeiter. Es wird allgemein angenommen, daß die Stellung der Ärzte revidiert wird, sobald die Westberlin-Frage zur Zufriedenheit der DDR geklärt wird."[91]

Die Frage des Verdienstes wurde in ministeriellen und anderen Beratungen über die Flucht zwar wiederholt angesprochen, aber meistens herrschte die Einschätzung vor, daß andere als finanzielle Gründe vorherrschend sein müßten: „Gen. Oberst Kotulan (BDVP [Bezirksbehörde der Deutschen Volkspolizei] Frankfurt) erklärte ebenso wie der Gen. Oberst Knöpke, daß finanzielle Schwierigkeiten der Ärzte nicht der Grund einer R[epublik]-Flucht sein können. Ein gewisser Dr. Frank kam 1955 nach Frankfurt und hatte monatlich ca. 4 000 DM Gehalt. Frank hat bei seiner R[epublik]-Flucht eine gut eingerichtete Wohnung mit allem Komfort unberührt verlassen." Auf der gleichen „Cheftagung" des

---

[88] Bericht über die Republikflucht von Lehrern vom 2. 12. 1958 (Dok. 18).
[89] Vgl. z.B. BArch DO 1/34, Nr. 21719: Leiter der HA K der HVDVP, Odpadlik, am 15. 4. 1959: Bericht „Analyse der Republikfluchten von Personen der Intelligenz"; Bericht der HA PM an ZK der SED vom 25. 1. 1958 über die Republikflucht von Ärzten (Dok. 19); „2. Bericht über die Reaktion der medizinischen Intelligenz auf das Kommunique des Politbüros [...]", BStU ZA, MfS-HA XX/AKG, Nr. 1048, Bl. 307. Im Politbüro wurde am 2. 9. 1958 über „Maßnahmen zur Veränderung der Lage der medizinischen Intelligenz" debattiert und unter anderem erwogen, für Ärzte einen „unnormierten Arbeitstag" einzuführen, womit ihr Angestelltenstatus wenigstens teilweise abgemildert wurde (SAPMO-BArch DY 30/J IV 2/2/608, Bl. 18).
[90] SAPMO-BArch DY 30/J IV 2/3-740, Bl. 60–83, hier Bl. 77 f.
[91] Bericht vom 13. 2. 1961, BArch DO 1/11, Nr. 967, Bl. 37–60, hier Bl. 44. Ähnlich: Dombrowsky, Generalmajor der Volkspolizei, HVDVP, Der Leiter, am 10. 9. 1958 an die HA Innere Angelegenheiten über Gen. Staatssekretär Grünstein (BArch DO 1/34, Nr. 21725); Abschiedsbrief eines Arztes vom 29. 5. 1959: „Maßgebend für meine Entscheidung [zur Flucht] ist [...], daß ich vielleicht in 10 Jahren auf der Höhe meines Könnens wieder so viel verdiene wie ein Facharbeiter, so wie es uns aus der CSR bekannt ist." (Dok. 30).

Innenministeriums im Oktober 1958 äußerte sich ein Genosse aus Neubrandenburg: „Fest steht, daß kein Arzt aus finanziellen Gründen unsere Republik verläßt."[92] Offensichtlich machten sich schon Mitte der fünfziger Jahre zahlreiche Funktionäre keine Vorstellung mehr davon, wie groß die Verdienstunterschiede zwischen Ost und West sein konnten. Selbst in der Chemiekaderkommission der Staatlichen Plankommission herrschten Vorstellungen von Wohlstand, die keinem Besuch in einem der Villenvororte von West-Berlin Anfang der sechziger Jahre standgehalten hätten: „Fast alle Wünsche der Intelligenz aus den Großbetrieben werden erfüllt. [...] Der Kauf von Autos wurde bisher realisiert. Dabei tauchte als neues Problem die Beschaffung von Garagen auf. Dieses ist im Moment in Zeitz [Bezirk Halle] sehr akut. Böhlen [Bezirk Leipzig] hat sich insofern geholfen, daß sie ein Freigelände zur Verfügung gestellt haben und die Intelligenz zusammen mit den Maurern in Gemeinschaftsarbeit Garagen bauen."[93] Als Maßstab zur Beurteilung der finanziellen Bedürfnisse vor allem hochqualifizierter Fachkräfte und Wissenschaftler hatten die Staats- und Parteifunktionäre ausschließlich die eigene Gesellschaft im Blick, nicht aber Westdeutschland oder die Situation in Deutschland vor dem Krieg. Damit entsprachen sie den politischen Vorgaben, die vor allem Funktionären fast jeden Kontakt in den Westen untersagten[94] und die gesamte jüngere deutsche Vergangenheit mit antifaschistisch-antikapitalistischen Rundumschlägen desavouierten. Die Folge dieser politischen Linientreue war aber eine Blindheit für die sozialen Maßstäbe und Bedürfnisse von zahlreichen Menschen in der DDR, also eine selbstgewählte Unfähigkeit, die Mehrheit der eigenen Bevölkerung zu verstehen und sich mit ihr ernsthaft auseinanderzusetzen.

4.2 Weitere Fluchtgründe

Selbst wenn ihre Gehälter in Ost und West gleich hoch gewesen wären, hätten die materiellen Lebensbedingungen von Akademikern und anderen Fachkräften in Ost- und Westdeutschland deutlich für den Umzug in die Bundesrepublik gesprochen. Dies zeigt die lange Liste von systematischen Fluchtgründen, die keiner bestimmten Berufsgruppe zuzuordnen sind. Diese Motive waren vorrangig für die privilegierten Berufsgruppen ausschlaggebend, da diese das eigene Leben vor 1945 und die Situation der Kollegen im Westen als Maßstab für ihren jetzigen Lebensstandard nahmen.[95] Daher lösten die folgen-

---

[92] BArch DO 1/11, Nr. 79, Bl. 134–167, hier Bl. 135, 139 f. Der geflohene Arzt hatte seine Wohnungseinrichtung sicherlich nicht aus Desinteresse an den Einrichtungsgegenständen „unberührt" zurückgelassen. Ende der fünfziger Jahre flohen die meisten Menschen ohne Gepäck, weil sie sich sonst auf dem Weg nach Berlin verdächtig gemacht hätten. Eine regelrechte Wohnungsauflösung führte häufig zu Nachfragen der ABV oder Polizei. Ähnlich pauschal – und fehlerhaft – urteilte auch der Bezirksarzt Dr. Papsdorf am 30. 7. 1958 gegenüber dem Ministerium für Gesundheitswesen: „Erwähnt werden muß, daß wirtschaftliche Gesichtspunkte oder ein Nicht-vorwärts-kommen als Grund keine Rolle spielen. Hervorgehoben werden muß, daß Ärzte, die nach Westdeutschland gehen, kein materielles Opfer scheuen, um ihr Ziel durchzusetzen. Sie trennen sich mit Leichtigkeit von ihrer vielfach sehr gut eingerichteten Wohnung sowie auch von ihrem Kraftfahrzeug" (BArch DO 1/34, Nr. 21719).
[93] SPK, Chemiekaderkommission, am 28. 7. 1960 (BArch DO 1/34, Nr. 21725).
[94] Vgl. den Schriftwechsel zwischen dem Minister für Kohle und Energie, Goschütz und Innenminister Maron, 16./ 30. 8. 1957 in BArch DO 1/11, Nr. 964, Bl. 142 ff.
[95] So schreibt eine republikflüchtige Angestellte aus dem DIA Chemie in ihrem Abschiedsbrief an die Mutter: „Wir werden monatlich ca. 450–500 Westmark sparen können, ohne dabei knapp zu leben. So

den Gründe v.a. bei denjenigen Republikflucht aus, die im Westen die besten Aussichten auf eine Besserung der Lage hatten.

Zu den am meisten beklagten konkreten Mängeln gehörte zweifellos die Unterbringung in unzureichenden *Wohnungen*.[96] Anders als bei den finanziellen Ansprüchen leugnete niemand in der DDR das Problem des Wohnraummangels, über das sich beinahe die gesamte Bevölkerung beschwerte, nicht nur Akademiker und Spezialisten. Angesichts des in ganz Deutschland verbreiteten Problems, die Altbevölkerung und die Millionen Flüchtlinge aus den ehemaligen deutschen Ostgebieten in den häufig kriegsbeschädigten Städten und Häusern unterzubringen, gingen viele Angehörige ehemals stark bevorzugter Berufsgruppen stillschweigend davon aus, eine bessere Unterbringung zu verdienen als die Bevölkerungsmehrheit. Obwohl die SED dem nicht immer gerecht werden konnte, teilte sie diese Ansicht, weshalb sich etwa das Sekretariat des ZK schon früh um eine privilegierte Unterbringung der Intelligenz bemühte.[97] Die guten Absichten reichten aber nicht aus, so daß das Problem bestehen blieb und einige Jahre lang auch die mit der Republikflucht befaßten Funktionäre beschäftigte. 1955 klagte etwa der Leiter der Hauptabteilung Kriminalpolizei in der HVDVP über das mangelhafte Engagement verschiedener Bürokraten und nahm dabei auch die Wohnungsämter ins Visier: Ein Ingenieur aus Ost-Berlin sei geflohen, nachdem er zweieinhalb Jahre mit seiner vierköpfigen Familie in einem Zimmer „hauste", ohne daß ihnen eine Wohnung zugewiesen worden sei.[98] Noch Anfang der sechziger Jahre war die Wohnungsfrage selbst in großen Betrieben „ein weiteres schwieriges Problem" beim Kampf gegen die Auswanderung: „53 Intelligenzler der Farbenfabrik Wolfen sind ohne Wohnung [...]. Es gibt solche Fälle, daß ein Intelligenzler seit 4 Jahren auf der Couch in der Küche seiner Eltern schläft. Trotz Vorstellungen und Einschaltung des Staatsapparates ist dieses Problem nicht zu lösen." Einzelne Lösungsvorschläge der Wohnungsämter bewiesen wieder das geringe Fingerspitzengefühl staatlicher Ämter im Umgang mit für die Volkswirtschaft wichtigen Personen und verstärkten bei manchem standesbewußten Akademiker die Gedanken an Auswanderung wohl eher, als daß sie sie vertrieben: „Die AWG [Arbeiterwohnungsbaugenossenschaft] wird dagegen von den Intelligenzlern sehr wenig in Anspruch genommen, weil nur zwei Zimmer und Küche in dieser gebaut werden. [...] Außerdem wollen sie den körperlichen Einsatz in der AWG nicht leisten, sie sind gewillt, diese als NAW [Nationales Aufbauwerk] -Stunden im Werk abzuleisten."[99]

---

kann ich in 2 Monaten eine erstklassige Schlafzimmereinrichtung oder 4 Kühlschränke kaufen. Kann man das bei uns?" (Abschrift des Abschiedsbriefes vom 28. 7. 1956, BStU ZA, MfS-AS, Nr. 26/59, Bl. 30). Offen bleibt dabei, was die Schreiberin mit vier Kühlschränken anfangen wollte.

[96] Zu Wohnungsnot, beengten Wohnverhältnissen in der DDR vgl. Jenkis, Wohnungswirtschaft (1976), v.a. S. 173-199; Hoffmann, Wohnungspolitik (1972); Faber, Wohnungswirtschaft (1953); Zimmermann, Wohnung (1995), S. 75-114.

[97] Vgl. z. B. den Tagesordnungspunkt „Wohnungsbauten für die technische Intelligenz" auf der Sitzung des Sekretariats des ZK am 20. 12. 1951 (SAPMO-BArch DY 30/J IV 2/3-256, Bl. 2).

[98] „Kriminalpolizeiliche Analyse über Republikfluchten, Rückkehrer und Neuzugänge" vom 13. 7. 1955 (BArch DO 1/11, Nr. 708, Bl. 18-34, hier Bl. 20).

[99] SPK, Chemiekaderkommission, am 28. 7. 1960 (BArch DO 1/34, Nr. 21725). Jessen, Akademische Elite (1999), S. 424 f., nennt einige besonders drastische Berichte von 1955 über die Wohnungsnot von Universitätsangehörigen, die zu Nervenzusammenbrüchen, doppelseitiger Lungenentzündung und der Erfrierung beider Wangen eines Kindes führte. In allen Akten zur Republikflucht finden sich zahlreiche weitere Hinweise auf die Wohnungsprobleme, z.B.: „Analyse über die Entwicklung der Republikflucht in den Jahren 1954-1955 u. 1956." vom 3. 5. 1956 (BArch DO 1/34, Nr. 21723a).

Gerade solch konkrete Probleme wie die Wohnungsfragen gaben häufig den Ausschlag zum Weggang.[100] Lösungen hätten die Auswanderung deutlich einschränken können, da die (Miß-)Erfolge der DDR-Bauwirtschaft fast zu einem Symbol für die Leistungsfähigkeit der gesamten DDR-Wirtschaft und Bürokratie wurden. Daran erinnerte das Innenministerium die Leiterin der Hauptabteilung Arbeitskräfte, Dr. Hildegard Heinze, im DDR-Ministerium für Arbeit und Berufsausbildung, die den Brief auf einer Arbeitstagung an Mitarbeiter der Abteilung Wohnraumlenkung im Dezember 1957 bekanntgab: Es könne „nicht nur Aufgabe der Abt. Innere Angelegenheiten sein [...], unsere Bürger, die nach Westdeutschland verziehen wollen, von der Perspektive, die sie in unserem Arbeiter- und Bauernstaat hatten [!], zu überzeugen. Auch die Fachgebiete Wohnraumlenkung bei den örtlichen Räten haben durch eine ordnungsgemäße Wohnungspolitik dafür zu sorgen, daß unsere Bürger erkennen, in welchem Maße sich ständig der Aufbau des Sozialismus bei uns durch die Verbesserung auch ihres persönlichen Lebens auswirkt. Gerade mit Hilfe der Wohnraumlenkung [...], können die dafür zuständigen Mitarbeiter dazu beitragen, daß die Republikflucht weiter nachläßt und darüber hinaus diejenigen Familienangehörigen, die bereits nach Westdeutschland verzogen sind, wieder hierher zurückkehren."[101] Die Wohnungssituation im Westen wurde ein immer deutlicherer Beleg für dessen Leistungsfähigkeit und Attraktivität, zumal dort nicht nur begehrte Fachkräfte ausreichend große Wohnungen fanden, sondern selbst junge ungelernte Arbeiter aus der DDR beneidenswerte Zustände schilderten: „Mir geht es glänzend. Ich habe eine große Wohnung für mich, auch Platz für Dich, verdiene sehr gut. [...] Du bist doch schon 18 Jahre. Schmeiß doch Deine Lehre ins Wasser. Ich verdiene auch ohne meinen Beruf [...] mein gutes Geld."[102] Am Wohnungsproblem orientierten sich auch Versuche westlicher Firmen, qualifizierte Mitarbeiter aus der DDR zu gewinnen. Wiederholt stellten Polizei- und ZK-Berichte fest, daß westliche Firmen in Grenznähe oder West-Berlin mit neuen Fertigungsstätten gleich neue Wohnanlagen für ihre Mitarbeiter bauten. Eine entsprechende Warnung kam aus dem Funkwerk Köpenick: „Die AEG soll in Gesundbrunnen [West-Berlin] ein neues Werk errichten und vor allen Dingen Wohnungen dazu bauen, so daß bei Fertigstellung mit weiteren Abwerbungen zu rechnen ist."[103]

Die angestrebten Erfolge der DDR-Bauwirtschaft kamen nicht zustande und die Verteilung des vorhandenen Wohnraums blieb nicht nur individuell, sondern auch politisch unzufriedenstellend. Der allgemeine Unmut in der Bevölkerung nahm zu und richtete sich

---

[100] Als Beispiel vgl. VKH Deutscher Innen- und Außenhandel an Ministerium für Außenhandel und Innerdeutschen Handel, Kaderabteilung: „Meldung über ungesetzliche Veränderung des Wohnsitzes (R.-Flucht)", 17. 6. 1958 (BStU ZA, MfS-AS, Nr. 26/59, Bl. 56 ff.).
[101] Heinze an den Rat des Bezirkes Dresden, Abt. Arbeit und Berufsausbildung, Dezember 1957 (BArch DO 1/34, Nr. 21725).
[102] Dok. 34.
[103] BArch DO 1/34, Nr. 11803. Ebd. auch Hinweise auf Wohnraumprobleme von Lehrern. Am 19.11. 1957 wurde im MdI darauf hingewiesen, daß im Kunstseidenwerk Bremnitz Kataloge von gleichartigen westdeutschen Betrieben kursierten, in der u. a. Wohnungen angeboten wurden. (MdI, HA Innere Angelegenheiten, Abt. I an BA Betriebsschutz, BArch DO 1/34, Nr. 21725). Noch 1960 enthielt eine Aufstellung der „Methoden der Abwerbung von Bürgern der DDR" ähnliche Hinweise, dieses mal über die Allianz-Versicherung, die in Berlin Tiergarten und Tempelhof eigene Wohnkomplexe einrichte (BArch DO 1/34, Nr. 21724).

sogar gegen die – nirgends sonderlich zahlreichen[104] – Zuwanderer aus dem Westen,[105] um die sich die Regierung der DDR in der ersten Hälfte der fünfziger Jahre noch recht eifrig bemühte. So ging im Sachsenwerk Niedersedlitz in Dresden unter den 300 Mitarbeitern, die „dringend einer Wohnung bedürfen", ein einfacher Ratschlag um: „Wir werden erst republikflüchtig werden, und man wird uns nach unserer Rückkehr schon eine Wohnung geben."[106] Die tatsächliche Behandlung der Zuziehenden und Rückkehrer weckt allerdings Zweifel daran, ob dieser Weg zum Erfolg geführt hätte, denn die ehemaligen Bewohner der Bundesrepublik standen nicht nur unter dem Generalverdacht der politischen Unzuverlässigkeit, sondern erhielten auch nur selten die vollmundig versprochenen Integrationsleistungen wie Wohnungen und adäquate Arbeitsplätze.[107] So wußte nicht nur die Polizei von dem Schicksal eines Ingenieurs und seiner Familie, die Anfang 1955 aus Westdeutschland nach Jena zurückgekehrt waren: Die Zeitungen hatten über die Rückkehrer „viel geschrieben und positiv diskutiert" und der Familie war „dabei schnellstens eine Wohnung zugesagt [worden]. Die fünfköpfige Familie wurde vorläufig in ein Zimmer eingewiesen und befindet sich jetzt, nach einem halben Jahr, noch immer in dieser Behelfswohnung. Aus dem Bericht geht hervor, daß sich die Bevölkerung über den Fall lustig macht."[108] Neben dem angesprochenen öffentlichen Prestigeverlust verursachte der Wohnraummangel zahlreiche familiäre Probleme.

So unterrichtete ein „als besonders gut bezeichnete[r] Fachdozent" aus Weißwasser (Sachsen) bereits vier Jahre an der etwa 130 Kilometer entfernten Ingenieur-Schule ‚Fritz Selbmann' in Mittweida, „ohne daß ihm die Möglichkeit gegeben werden konnte, eine Wohnung zu erhalten. Seine Familie wohnt noch in Weißwasser, er kommt nur alle 4–6 Wochen dazu, nach Hause zu fahren."[109] Da die gemeinsame Wohnung der Familie eine Werkswohnung gewesen war, hatte die Familie sie zwischenzeitlich auch noch räumen müssen, wodurch nicht nur der Lehrer, sondern auch seine Frau und Kinder nicht mehr in den eigenen Möbeln leben konnten. Solche monate-, zum Teil sogar jahrelangen Tren-

---

[104] Wiederholt ergingen Anweisungen, „Konzentrationen" von Rückkehrern und Zuziehenden in einzelnen Orten und Betrieben zu vermeiden. Vgl. z.B. „Vorlage für die Leitung der HVDVP über Maßnahmen zur Verbesserung der Aufnahme und Behandlung von Rückkehrern und Erstzuziehenden" (BArch DO 1/11, Nr. 93, Bl. 129–136, hier Bl. 133); Bericht über Rückkehrer und Erstzuzüge im 1. Halbjahr 1958, o.D. (BArch DO 1/11, Nr. 79, Bl. 100); Staatssekretär Grünstein am 5. 3. 1958 an Minister Gen. Steinwand, Ministerium für Berg- und Hüttenwesen: Die Einstellung von Erstzuziehenden im Stahl- und Walzwerk Brandenburg sei „möglichst zu unterbinden", da dort bereits 129 Rückkehrer und Erstzuziehende beschäftigt seien (BArch DO 1/34, Nr. 21725).
[105] Vgl. Schmelz, West-Ost-Migranten (1999), S. 90–94.
[106] „Bericht über die illegalen Abwanderungen aus der Deutschen Demokratischen Republik und den Kampf gegen die Republikflucht im Jahre 1954" (SAPMO-BArch DY 30/J IV 2/3 A-455; der Bericht wurde am 23. 3. 1955 dem Sekretariat des ZK vorgelegt, SAPMO-BArch DY 30/J IV 2/3-463, Bl. 2).
[107] Zu den Schwierigkeiten bei der Versorgung der Rückkehrer und Zuziehenden mit Wohnungen und Arbeit vgl. Schmelz, West-Ost-Migranten (1999), S. 98 ff., sowie die unzähligen Hinweise in den einschlägigen Akten.
[108] Dok. 15.
[109] BArch DO 1/34, Nr. 11803. Weniger wichtigen Mitarbeitern wurde dagegen kaum Verständnis für unzumutbare Wohnungsverhältnisse zuteil: Zu einem flüchtigen Sektionsgehilfen der Universitätsklinik Greifswald, der in seinem Abschiedsbrief das Scheitern seiner Ehe infolge von Wohnungsschwierigkeiten als Fluchtgrund angegeben hatte, heißt es lapidar, dies sei „nur ein vorgeschobener Grund". MfS, Kaderarbeiter Meissner [A]: Meldung über Republikflucht von Heinz B. (BStU ZA, MfS-AS, Nr. 2453/67, Bl. 2 ff., Zitat Bl. 2).

nungen von ihren Familien verstärkten nicht nur bei vielen Akademikern den Eindruck, für ihre qualifizierte Arbeit ungenügend entlohnt zu werden, sondern riefen auch die Empörung staatlicher Funktionäre hervor, die den Wert der Familie zumindest ideologisch sehr hoch ansiedelten.

Während der Wohnungsmangel und die damit verbundenen Probleme allgemein anerkannt waren und offen angesprochen werden konnten, galten die zahlreichen weiteren materiellen *Versorgungsengpässe* von Kleidung und Schmuck über besondere Lebensmittel bis zu Autos in den offiziellen Berichten als Nebensächlichkeiten. Entsprechenden Klagen gingen die DDR-Organe gewöhnlich nicht näher nach, sondern erklärten sie zu Zeugnissen von mangelhafter ‚Aufgeklärtheit' oder politischer Unreife, weshalb die – zumeist männlichen – Berichterstatter die Unzufriedenheit darüber nicht zufällig meistens bei Frauen verorteten, vor allem bei nicht-berufstätigen Ehefrauen: „Außerdem werden die Intelligenzler in den Buna-Werken von ihren Ehefrauen negativ beeinflußt, in dem [sic!] sie ihnen nach Feierabend von dem Fehlen der sogenannten ‚1 000 kleinen Dinge' erzählen."[110] In der Vorstellung der Partei- und Staatsfunktionäre stellten sich die Geschlechterverhältnisse recht einfach dar: Die Männer engagierten sich für den Aufbau, ihre Ehefrauen aber „arbeiten meistens nicht, sondern sitzen zu Hause. Sie wirken ständig auf ihre Männer ein und sagen ihnen, daß man in Westdeutschland weit besser leben könnte." Daher spiele „die Frage der Ehefrauen der Ärzte [...] eine große Rolle" bei der Bekämpfung der unerwünschten Auswanderung.[111] Beinahe erschien es so, als befänden sich die vom Sozialismus überzeugten Männer gemeinsam mit ‚ihrer' DDR in einem schweren Abwehrkampf gegen die Konsumabhängigkeit ihrer Ehefrauen: „Man hat nicht selten den Eindruck, als ob Ärzte, die vielfach zunächst die Absicht haben, in der DDR zu bleiben, schließlich den fortgesetzten Angriffen ihrer Frauen erliegen. Hierbei sind es oft ganz äußerliche Gesichtspunkte, die zugrunde liegen, z. B. Bekleidungsfragen, luxuriöses Leben, Reisen ins Ausland usw."[112] Anstatt sich aber über die ungenügende Versorgung und die dafür mitverantwortlichen Produktionsausfälle Gedanken zu machen, interpretierten Genossen selbst dieses Problem unter der Überschrift „Methoden der Abwerbung von Bürgern der DDR" zu einem Akt westlicher Aggressivität: „Im September diesen Jahres 1960 soll die Jahresvollversammlung des Weltärztebundes in Verbindung mit dem 63. deutschen Ärztetag stattfinden. In dem Programm, daß auch an Ärzte in der DDR verschickt wurde, sind u. a. Veranstaltungen für die Ehefrauen der Ärzte vorgesehen, die durch die pharmazeutischen Fabriken organisiert und finanziert werden."[113]

---

[110] SPK, Chemiekaderkommission, am 28. 7. 1960 (BArch DO 1/34, Nr. 21725); dazu ähnlich: Ernst, Prophylaxe (1997), S. 67.
[111] HVDVP, Sekretariat, Unterschrift Gläser, Major der VP, am 6. 10. 1958: Protokoll einer 8-stündigen (!) Cheftagung vom 3. 10. 1958 mit Minister Maron, Seifert, Wenzel u.a.: „Tagesordnung: Beratung über die Fragen, die sich aus dem Kommuniqué des Politbüros zum Gesundheitswesen und der medizinischen Intelligenz ergeben" (BArch DO 1/11, Nr. 79, Bl. 134-167, hier Bl. 153).
[112] Bezirksarzt Dr. Papsdorf („VI/1/Ro.") am 30. 7. 1958 an das Ministerium für Gesundheitswesen (BArch DO 1/34, Nr. 21719). Diese Abhängigkeit wurde als generationenunabhängig dargestellt: „Rückkehrende jugendliche Mädchen lassen erkennen, daß sie sich bei Besuchen in Westdeutschland oder Westberlin von den angeblich besseren und eleganteren Waren blüffen [!] ließen; daß man, um diese angeblich besseren Waren zu kaufen, auch Geld benötigt, spürten sie erst, als sie sich unter sehr schlechten Arbeitsbedingungen [...] verkaufen mußten." (Dok. 15).
[113] BArch DO 1/34, Nr. 21724.

Durch die anhaltend hohen Fluchtzahlen geriet im Laufe der Jahre fast jeder Kontakt mit dem Westen in den Verdacht politischer Unzuverlässigkeit. In der frühen Nachkriegszeit hatten dabei noch im engeren Sinn sicherheitspolitische Bedenken im Vordergrund gestanden. Mit der wachsenden Attraktivität des Westens, die fast nur denjenigen DDR-Bürgern verborgen blieb, die nichts davon wissen wollten, mißtrauten Regierung und SED aber fast allen persönlichen Kontakten zwischen Ost- und Westdeutschland. Die wirksamste Einflußnahme des Westens sah man dabei in der persönlichen Kontaktaufnahme und -pflege bei *Westreisen*, weshalb diese ein dauerhaftes Thema bei der Beobachtung und Bekämpfung der Auswanderung aus der DDR waren. Immer wieder flohen Bürger der DDR, die bereits über Kontakte in den Westen verfügten oder ihren Neuanfang im Westen bei genehmigten Besuchen dort vorbereitet hatten. Eine kriminalpolizeiliche „Analyse der Republikfluchten von Personen der Intelligenz" vom 15. April 1959 bemerkte, daß fünf von achtzig geflohenen Ärzten zuvor mit offizieller Erlaubnis Kongresse im Westen besucht hatten.[114] Bei zahlreichen weiteren Fluchten stellten die Untersuchungsorgane schon länger bestehende Verbindungen in die Bundesrepublik fest, meistens zu Verwandten oder ehemaligen Kollegen, die häufig selbst aus der DDR weggegangen waren. Allerdings mußten die Berichterstatter erkennen, daß nicht nur Westreisen die Auswanderung verstärkten, sondern daß es genauso fluchtfördernd sein konnte, wenn die offiziellen Reisegenehmigungen, die begehrten PM 12a, nicht erteilt wurden. „So erklärte der Bauingenieur Lebus aus Meiningen vor seiner Republikflucht, daß er gezwungen sei, republikflüchtig zu werden, da er keine Genehmigung zum Besuch seiner im Jahre 1955 republikflüchtig gewordenen Eltern erhalte. Ingenieur Lebus wurde in fachlicher und gesellschaftlicher Hinsicht gut beurteilt."[115] Ähnlich schrieb eine Lehrerin in ihrem Abschiedsbrief nach der Republikflucht, daß sie „niemals auf den Gedanken gekommen wäre, für immer von hier fortzugehen, wenn sie die Möglichkeit gehabt hätte, jedes Jahr in ihrem Urlaub zu ihren Angehörigen nach Westdeutschland zu reisen."[116] Von einem Arzt wußte die Kriminalpolizei, daß er „nicht von der Gnade und Willkür der Volkspolizei abhängig sein" wollte, „wenn er seine engsten Verwandten in Westdeutschland besuchen will", und ein junger Ingenieur begründete seinem Werksleiter im VEB Harzer-Eisenerzgruben den Weggang damit, daß er nach zwei Kurzaufenthalten von insgesamt acht Tagen für seinen Jahresurlaub keine Reisegenehmigung mehr in die nahegelegene Bundesrepublik erhalten habe, obwohl dort „meine Braut, meine Eltern und meine Geschwister" wohnten.[117] Gleiches berichtete das Transportpolizeiamt Wittenberge über eine Frau, deren Verwandte alle in der Bundesrepublik lebten und die nicht einmal mehr ihre Geschwister besuchen durfte, seitdem ihre Mutter gestorben war. Wie in zahlreichen anderen Fällen wurde auch diese Flüchtige von ihrem direkten Vorgesetzten so eingeschätzt, daß sie nie geflohen wäre, wenn sie jährlich eine Reiseerlaubnis erhalten

---

[114] BArch DO 1/34, Nr. 21719: Leiter der HA K der HVDVP, Odpadlik, am 15. 4. 1959.
[115] Dieser und die beiden folgenden Fälle ebd.
[116] Vgl. auch den Abschiedsbrief (20. 4. 1959) einer Krankenschwester an ihren ehemaligen Chef: „Die Veranlassung zu meiner Reise gab mir Herr [Name von der BStU geschwärzt], er hätte mir meine Bescheinigung für den Interzonenpaß nicht verweigern sollen, dann wäre ich gar nicht auf den Gedanken gekommen, Rostock zu verlassen." (BStU ZA, MfS-AS, Nr. 2453/67, Bl. 101).
[117] BArch DO 1/11, Nr. 965, Bl. 7–13, hier Bl. 9 f. Leiter der HVDVP, Generalmajor der VP, Dombrowsky, am 8. 1. 1958 an ZK, Gen. Borning; MfS, Gen. Szinda; Innere Angelegenheiten u. weitere Abteilungen der VP.

hätte.[118] Angesichts der zahlreichen familiären, freundschaftlichen und beruflichen Beziehungen zwischen Ost und West sahen die meisten Betroffenen die Reisebeschränkungen – die auch für die an westlichen Universitäten immatrikulierten Kinder von Akademikern in der DDR galten[119] – „als eine unerträgliche Einschränkung ihrer persönlichen Freiheit an"[120]. Diese Einschätzung war in der ganzen Bevölkerung und selbst in der Volkspolizei weit verbreitet: Zahlreiche unklare, verzögerte oder vertröstende Antworten von Polizeiämtern gegenüber den Antragstellern zeigen, daß die Ende 1957 wieder verschärften Reiseverbote[121] auch innerhalb der offiziellen Stellen nicht unumstritten waren und nach außen nur schwer vertreten werden konnten: „Bei Beantragung von Interzonenpässen ist man in Leipzig zu feige, den Intelligenzlern eine klare ablehnende Antwort zu geben, sondern läßt sie wochenlang warten."[122] Daß in Karl-Marx-Stadt seit Anfang 1958 „keine Anträge für illegal abgewanderte Personen mehr entgegengenommen" wurden, führte zu einer „großen politisch-ideologischen Auseinandersetzung vor allem auf der Gemeinde- und Kreisebene. [...] Das Ausweichen vor offenen und ehrlichen Auseinandersetzungen mit Betriebsangehörigen über Reisen in die NATO-Staaten gibt Anlaß zu berechtigten Verärgerungen der Antragsteller."[123] Mit einem ähnlichen Anliegen wandte sich Hauptreferent Wilke der Hauptabteilung Innere Angelegenheiten im MdI am 6. Mai 1958 an die Präsidialkanzlei: Personen, denen die Ausreise verweigert worden sei, seien nicht mehr auf eine spätere Liberalisierung hin zu vertrösten. „Wir möchten hierzu bemerken, daß eine derartige Argumentation nicht der gegenwärtigen Situation entspricht. Sie ruft bei den Antragstellern Hoffnungen hervor, die in der Tat nicht Wirklichkeit werden können. Man sollte deshalb [...] zukünftig auf einer anderen Ebene argumentieren und den Antragstellern offen zu verstehen geben, daß es gegenwärtig keine Genehmigung zur Übersiedlung gibt und warum es auch keine gibt. Für einen offenen klaren Bescheid werden unsere Bürger mehr Verständnis entgegenbringen als für Versprechungen, die in der Tat nicht realisiert werden können."[124]

Die Bestimmungen gegen einen freizügigen Reiseverkehr galten – außer in den kurzen Perioden größerer Liberalität – in beide Richtungen und wurden von den Polizeidienststellen schematisch angewandt. So begründete ein Arzt aus Sonneberg (Thüringen) seine Republikflucht mit dem besonders scharfen Besuchsverbot in der Sperrzone im Westen der DDR, wodurch ihn seine vor fünf Jahren geflohenen Kinder nicht mehr besuchen konnten.[125] Als Anfang 1959 ein Gemeindebürgermeister „und bewährtes Mitglied unserer Partei" im Kreis Königs Wusterhausen starb, wurde nicht einmal „dem Wunsch seiner

---

[118] LAS Trapo Schwerin 28, Nr. 79, Bl. 31-35: „Abschrift. Transportpolizei-Amt, Abt. Kriminalpolizei Wittenberge" am 12.11.1960.
[119] Vgl. BArch DO 1/11, Nr. 960, Bl. 65 f.
[120] BArch DO 1/34, Nr. 21719: Bezirksarzt Dr. Papsdorf am 30.7.1958 an das Ministerium für Gesundheitswesen.
[121] In Karl-Marx-Stadt wurden z.B. im ersten Quartal 1957 36 000 Anträge auf PM 12a gestellt und nur 54 abgelehnt, im ersten Quartal 1958 dagegen 12 763 Anträge auf PM 12a gestellt und 7 341 abgelehnt (BArch DO 1/34, Nr. 21725); dies galt auch für die DDR insgesamt, vgl. z.B. die Genehmigung fast aller Anträge für PM 12a 1957 und die zahlreichen Ablehnungen 1958 (BArch DO 1/11, Nr. 79, Bl. 101).
[122] Rat des Bezirkes Halle, Abt. Innere Abgelegenheiten am 6.10.1958 an MdI, HA Innere Angelegenheiten (BArch DO 1/34, Nr. 21725).
[123] Ratsvorlage vom 31.5.1958 in Karl-Marx-Stadt (BArch DO 1/34, Nr. 21725).
[124] BArch DO 1/34, Nr. 21725.
[125] Leiter der HA K der HVDVP, Odpadlik, am 15.4.1959 (BArch DO 1/34, Nr. 21719).

Verwandten, seine Schwester aus Westberlin, die positiv unserer Republik gegenüber steht, an den Trauerfeierlichkeiten teilnehmen zu lassen, [...] von der Passierscheinstelle [...] entsprochen."[126] Verschiedene Dienststellen kritisierten wiederholt, daß die lokalen Polizeidienststellen bei der Vergabe von Reisegenehmigungen zu rigoros verfuhren. Nicht selten wurden gerade Akademiker von den Polizisten in rüder Art abgewiesen: Einem Oberarzt, der eine Reisegenehmigung zu seinem schwerkranken Vater nach Westdeutschland beantragt hatte, entgegnete der Mitarbeiter des Volkspolizeikreisamts: „Warten Sie doch lieber, bis Ihr Vater gestorben ist, denn zweimal bekommen Sie die Genehmigung nicht." Daraufhin floh der Arzt in den Westen.[127] Da sie die von zentralen SED- und Regierungsstellen für Akademiker gewährten Freizügigkeitsregelungen nicht anwandten, erwartete die Hauptabteilung Kriminalpolizei eine „bessere Kontrolle der von Partei und Regierung erlassenen Beschlüsse und Gesetze über die Arbeit mit der Intelligenz, besonders durch die zuständigen staatlichen und gesellschaftlichen Institutionen."[128] Solche Vorschläge zeitigten letztlich aber durch das Zusammenspiel von zentralen und lokalen Dienststellen fast keine Folgen, weil Kritik und Ursachenanalyse niemals eindeutig formuliert und die liberaleren Anweisungen aus Berlin nur selten langfristig gültig waren. So blieben auch die auf höchster Ebene formulierten Vorhaben weitgehend wirkungslos, etwa wenn Innenminister Maron Anfang Oktober 1958 die „sture und schematische Anwendung" von Verordnungen sowie „Überspitzungen und Verzerrungen" bei der Vergabe von Reisegenehmigungen kritisierte: „Es darf auch keinen Wettbewerb geben, wer am meisten ablehnt. [...] Wir können doch kein Verbot zum Heiraten oder Getrenntleben aussprechen."[129] Die Regierung befand sich gegenüber ihrer Bevölkerung ganz offensichtlich in einem Dilemma: Erlaubte Westreisen wurden zur Republikflucht genutzt, untersagte Reisen aber konnten ebenso zum Anlaß werden. In dieser ausweglosen Situation änderten SED und Regierung die Genehmigungsverfahren in den letzten Jahren vor dem Mauerbau nicht mehr nennenswert. Dies zeitigte verheerende Folgen, denn viele Menschen verstanden die Reisebeschränkungen im Kontext der Berlinkrise als Vorboten einer völligen Grenzschließung und gingen gerade aufgrund der Furcht, daß bald auch das Schlupfloch Berlin geschlossen würde: „Ich nehme für mich und meine Familie, solange es irgend geht, das Recht auf Selbstbestimmung in Anspruch, das heute jedem Afrikaner zugestanden und von der Sowjetunion propagiert wird!"[130]

Besonderen Ärger verursachten die Reiseverbote, wenn es um Tagungen oder Kongresse im Westen ging, die in erster Linie der Weiterbildung dienten, aber auch die beruflichen und privaten Kontakte zwischen Ost und West stärkten. Fast kein Bericht über die Flucht von Akademikern läßt Probleme wegen solcher Tagungen in westlichen Ländern

---

[126] „Zusammenfassung der von den 1. Stellvertretern gegebenen Informationen für den Monat März 1959" (BArch DO 1/11, Nr. 19, Bl. 149–162, hier Bl. 158).
[127] „Beispiele sektiererischen Verhaltens gegenüber der Intelligenz", o.V., 1. 11. 1960, BStU ZA, MfS-SdM, Nr. 1228, Bl. 285.
[128] BArch DO 1/34, Nr. 21719: Leiter der HA K der HVDVP, Odpadlik, am 15. 4. 1959. In vorsichtiger Form wurde auch vorgeschlagen „zu prüfen, inwieweit es ratsam erscheint, bei der Ausgabe von PM 12a an die gesamte Intelligenz großzügiger zu verfahren".
[129] BArch DO 1/11, Nr. 79, Bl. 134–167, hier Bl. 155: HVDVP, Sekretariat, Unterschrift Gläser, Major der VP, vom 6. 10. 1958.
[130] Abschiedsbrief eines Arztes vom 29. 8. 1960 aus Wiesbaden an den Pfarrer an seinem bisherigen Wohnort Lehnin (BArch DO 1/34, Nr. 21724).

unerwähnt, denn wohl kaum zu Unrecht vermuteten die Behörden dahinter häufig die Absicht, sich durch die Kontakte zu ehemaligen Studienfreunden und Kollegen eine Fluchtmöglichkeit aus der DDR offen zu halten. Dieses Mißtrauen verschärfte sich dadurch, daß solche fachspezifischen Zusammenkünfte auch unabhängig vom politischen Systemgegensatz traditionell der Stellenvermittlung dienten, die von den DDR-Organen aber nie anders denn als feindliche Abwerbung verstanden werden konnte.[131] Der Sektor Kader im Sekretariat für das Hoch- und Fachschulwesen stellte in seiner Analyse über die Fluchten im ersten Quartal 1961 fest, daß die teilweise mit der Devisenknappheit der DDR begründeten Verbote von „Tagungs-, Kongreß- und Studienreisen" in verschiedenen Fällen „zu großen persönlichen Verärgerungen" führten sowie zu „Drohungen, daß sie ihre gefertigten wissenschaftlichen Arbeiten in Westdeutschland verlegen werden, um in den Besitz von Westgeld zu gelangen und zum Teil auch [...] zu Republikfluchten."[132] Die Empörung sei groß und selbst der Teil der Ärzte, der „Verständnis für diese Schwierigkeiten" habe, „verlangt aber, daß wir ihnen vertrauen und mit ihnen offen über diese Schwierigkeiten sprechen."[133]

Auch für dieses Problem gab es von staatlicher Seite keine realistischen Lösungsvorschläge. Das Vorhaben, die eigenen Akademiker häufiger ins östliche Ausland reisen zu lassen, war nur für eine kleine Minderheit attraktiv, da den meisten Kandidaten die Sprachkenntnisse fehlten und sie nicht an irgendwelchen Weiterbildungen interessiert waren, sondern an der Pflege jahrzehntelang gewachsener und bewährter Netzwerke und Diskussionszusammenhänge.[134] Darüber hinaus verstärkten die Reisen zu Kollegen ins osteuropäische Ausland bei vielen Akademikern die Sorge davor, daß sich die Verhältnisse in der DDR diesen ‚Vorbildern' noch weiter annähern könnten.

Als ebenso wenig tragbar wie die Verbote, sich im Westen weiterzubilden, empfanden die meisten Mitglieder akademischer Berufe den stark beschränkten *Zugang zum Studium für ihre Kinder*. Abgesehen von Ausnahmen[135] gehörte es zum bildungspolitischen Pro-

---

[131] Entsprechende Kritik am Besuch von Fachtagungen im Westen in: Unterlagen über die Flucht von Chemikern aus Halle (Saale) (BArch DO 1/34, Nr. 21725); „Methoden der Abwerbung von Bürgern der DDR" (BArch DO 1/34, Nr. 21724); Hinweis auf Grüne Woche, Kongresse für ärztliche Fortbildung u.a. Veranstaltungen in West-Berlin, um „Kontakte mit Bürgern der DDR aufzunehmen." (Bericht vom 13. 2. 1961, BArch DO 1/11, Nr. 967, Bl. 37-60, hier Bl. 41); „Entwurf. Argumentation über die Probleme der Republikfluchten und des Reiseverkehrs" (BArch DO 1/34, Nr. 21724).
[132] Weitere Beispiele für die Androhung von Republikflucht bei Ross, „...sonst sehe ich mich veranlasst, auch nach dem Westen zu ziehen" (2001), S. 622-626.
[133] BArch DO 1/34, Nr. 21721 (11. 4. 1961).
[134] So nahm die westdeutsche Vereinigung ‚Deutsche Gesellschaft für Chirurgie' allein im Jahr 1957 34 neue Mitglieder aus der DDR in ihre Reihen auf und zählte Anfang 1959 401 DDR-Bürger zu ihren Mitgliedern. Die Gesellschaft pflegte rege grenzüberschreitende Aktivitäten wie Referentenvermittlung oder den Versand von Fachpublikationen. Der von Innenminister Maron an das MfS und verschiedene andere Ministerien versandte Bericht vom 21. 1. 1959 sah darin vor allem „Gefahren der feindlichen Beeinflussung" (BArch DO 1/11, Nr. 966, Bl. 3 ff.).
[135] Die am 23. 7. 1953 von der Regierung der DDR erlassene „Verordnung über die Neuregelung des Abschlusses von Einzelverträgen mit Angehörigen der Intelligenz in der DDR" führte neben anderen „Hauptgebieten" auch die „Förderung der Ausbildungsmöglichkeiten für Kinder" auf (GBl. Nr. 89, 30. 7. 1953, S. 897-901, hier S. 899). Diese Regelungen hatten allerdings auch zahlreiche Probleme bei der Auslegung entsprechender Vereinbarungen zur Folge. Konflikte tauchten vor allem dann auf, wenn die schulischen Leistungen der Akademikerkinder als unzureichend eingeschätzt wurden (vgl. den Fall von Dr. Gründel im Bericht vom 6. 10. 1958, BArch DO 1/34, Nr. 21725; Hinweise auch bei Jessen, Vom Ordinarius [1996], S. 80; vgl. auch die Verordnung vom 12. 7. 1951, in: GBl. 1951, S. 681).

gramm der DDR, „Kinder von Angehörigen der Intelligenz und des Kleinbürgertums [...] aufgrund des festgelegten Planes ungeachtet vorhandener Leistungen nicht zum Studium an Ober-, Fach- und Hochschulen in der DDR" zuzulassen.[136] Verschärft wurde diese soziale und politische Auswahl noch dadurch, daß sich jedes Jahr mehr Abiturienten zum Studium bewarben, als überhaupt zugelassen wurden.[137] Dies führte dazu, daß viele Akademiker wie ein führender Chemiker der Farbenfabrik Wolfen zu der Überzeugung kamen, daß „Nichtarbeiterkinder [...] keine Perspektive in der DDR" hatten und ihren Weggang in den Westen mit den eingeschränkten Zukunftschancen ihrer Kinder begründeten.[138] Im gleichen Kontext erwähnten die Berichte gewöhnlich auch die sozialistische Schulerziehung, die vorwiegend bürgerliche Eltern wegen der politischen Bekenntnisse, der mangelhaften Qualität in der Lehre und vor allem der antireligiösen Stoßrichtung kritisierten: „So verließ der Zahnarzt Dr. W. O. aus Magdeburg die DDR deshalb, weil er nicht wollte, daß seine Kinder in der Schule im atheistischen Sinne erzogen werden. Dr. O. war streng katholisch."[139]

Nicht selten führten auch *Überforderung* am Arbeitsplatz oder *Arbeitsüberlastung* zur Republikflucht. Hinter diesen Fluchtmotiven stecken zwei strukturelle Gründe: zum einen der Einsatz sehr junger, häufig ungenügend qualifizierter Menschen in leitenden Positionen. So wurde der „tatsächliche Grund" der Republikflucht des Brigadeleiters eines VEB darin gesehen, daß ihm „auf Grund seiner Schwächen in organisatorischen Fragen die Dinge über den Kopf gewachsen sind" und er „Schwierigkeiten in der Anleitung seiner Mitarbeiter" hatte;[140] der Betriebsleiter eines VEB wurde republikflüchtig, weil er „den Aufgaben nicht gewachsen" war und er „Angst [hatte], daß er nochmals zur Verantwortung gezogen wird".[141] Daß solche Probleme weit verbreitet waren, zeigt der Brief eines DDR-Bürgers an das ZK der SED, in dem er dieses über die tatsächlichen Ursachen der Republikflucht aufklären will, in dem es u. a. heißt: „In vielen Fällen liegt ein reines Versagen der Nerven zugrunde. Meiner Ansicht nach geben wir den jungen Menschen heute

---

[136] „Analyse über die Entwicklung der Republikflucht in den Jahren 1954–1955 u. 1956" vom 3. 5. 1956 (BArch DO 1/34, Nr. 21723a). Zur Zulassung von Schülern zu höherer Bildung vgl. auch Geißler, Geschichte des Schulwesens (2000), S. 320–324.
[137] 1954 bewarben sich in der DDR 25 000 Abiturienten, aber nur 20 000 konnten berücksichtigt werden. Wie Abteilungsleiter Kiehl vom Staatssekretariat für Hochschulfragen, Abt. Studentenangelegenheiten, am 5. 1. 1955 gegenüber der HA PM mitteilte, sei bei der Auswahl einerseits „die soziale Struktur unseres Volkes berücksichtigt" worden, andererseits wären „nur fachlich gute und politisch aufgeschlossene junge Menschen immatrikuliert" worden (BArch DO 1/11, Nr. 962, Bl. 229 f.).
[138] Rat des Bezirkes Halle, Abt. Innere Abgelegenheiten, am 6. 10. 1958 an das MdI, HA Innere Angelegenheiten, Gen. Meyer: Bericht über die Flucht von drei führenden Chemikern der Farbenfabrik Wolfen (BArch DO 1/34, Nr. 21725); vgl. auch Bericht der HA PM an ZK der SED vom 25. 1. 1958 mit Fallbeispielen zur Republikflucht von Ärzten, in dem u.a. Studienbeschränkungen für Kinder genannt werden (Dok. 19); Bezirksarzt Dr. Papsdorf schreibt am 30. 7. 1958 an das Ministerium für Gesundheitswesen, daß die Ärzte als Grund für Republikflucht „[i]n erster Linie" die „ungerechtfertigten Ablehnungen für den Besuch der Oberschule oder der Universität" für ihre Kinder angeben (BArch DO 1/34, Nr. 21719).
[139] Leiter der HA K der HVDVP, Odpadlik, am 15. 4. 1959 (BArch DO 1/34, Nr. 21719). Vgl. auch die in der vorhergehenden Anmerkung angeführten Berichte.
[140] „Einzel-Information über die Ergebnisse der Überprüfung der von dem Ingenieur [anonym] in seinem Brief an den Ministerpräsidenten Gen. Otto Grotewohl dargelegten Gründe seiner Republikflucht", 9. 3. 1961. BStU ZA, MfS-ZAIG, Nr. 391, Bl. 1–5, hier Bl. 4.
[141] Staatssekretariat für Staatssicherheit, Wollweber, an Ministerpräsident Grotewohl, 16. 8. 1954: „Auszüge aus Berichten einiger Bezirksverwaltungen über Tendenzen und Schwerpunkte der DDR-Flucht", 7. 8. 1954, BStU ZA, MfS-SdM, Nr. 1200, Bl. 105–113, hier Bl. 111.

schon viel zu früh verantwortungsvolle Posten, zu denen auf die Dauer die Nerven nicht ausreichen. [...] Verständnisvolle Hilfe fehlt nur zu oft. Und dann: Die überbeanspruchten Nerven halten nicht mehr Stand, enttäuscht suchen die jungen Menschen anderswo ihr Glück."[142] Zum anderen lag die Ursache in der Republikflucht selbst, die gerade in Berufen, in denen ohnehin Personalmangel bestand, wie bei Ärzten und Lehrern, das „dagebliebene" Personal zusätzlich belastete und dadurch eine Art Teufelskreis auslöste. Je mehr Kräfte flohen, desto höher wurde die Arbeitsbelastung für den einzelnen, was wiederum zu verstärkten Fluchttendenzen führte: „Eine andere Erscheinung, die Ursache zur Republikflucht von Ärzten werden kann, ist die Tatsache, daß durch die vielen, mitunter sehr konzentriert erfolgten Abgänge, bei den in der DDR verbliebenen Ärzten Arbeitsüberlastung eintritt"[143]. So klagte beispielsweise eine Ärztin: „Wir sind hier am Ort nur noch zwei Ärzte, gegenüber fünf vor 12 Jahren. Ich habe so leidenschaftlich Praxis gemacht, aber jetzt – diese Massen – mir graut jeden Tag vor der Sprechstunde."[144] Eine Krankenschwester begründete ihre Republikflucht in einem Brief an ehemalige Kollegen folgendermaßen: „Ich konnte die Nachtdienste nicht mehr machen [...] Ich wäre bald durch die Arbeitszeit ins Irrenhaus gegangen."[145] Bei Lehrern waren es oft zusätzliche gesellschaftspolitische Aufgaben, die zur Arbeitsüberlastung und schließlich zur Republikflucht führten.[146]

Zahlreiche Berichte beschreiben die Reisebeschränkungen, die Wohnungsprobleme und selbst die höheren Gehaltsansprüche mit vielen facettenreichen und illustrierenden Beispielen. Einige Aspekte und Fluchtgründe blieben hingegen farblos und schematisch. Dazu zählen vor allem das *religiöse Bekenntnis* und die Kirchenzugehörigkeit. In unzähligen Berichten wird zwar der kirchliche Hintergrund und zuweilen auch das ehrenamtliche Engagement in Kirchengemeinden erwähnt, aber fast nirgends konkretisieren sich kausale Zusammenhänge zwischen privatem religiösen Bekenntnis, kirchlichem Engagement, der religionsfeindlichen Haltung von Staat und SED und der Republikflucht. Recht nebulös wird von „kirchlichem Einfluß" berichtet, als hätten die Amtskirchen ein Interesse am Weggang ihrer Gemeindemitglieder in den Westen,[147] obwohl offizielle Verlautbarungen der Kirchenleitungen wiederholt zum Verbleib in der DDR aufriefen.[148] Eine gewisse Aus-

---

[142] Anonymisiertes Schreiben an das ZK der SED, Politbüro, 27. 11. 1957 (Dok. 35).
[143] MfS, Abt. Information, Information Nr. 23/58, 8. 4. 1958: „Illegales Verlassen der DDR durch Ärzte, Zahnärzte und medizinisches Pflegepersonal", BStU ZA, MfS-ZAIG, Nr. 97, Bl. 1–8, hier Bl. 5.
[144] BStU ZA, MfS-ZAIG, Nr. 97, Bl. 6.
[145] BStU ZA, MfS-ZAIG, Nr. 97, Bl. 7.
[146] „Bericht über die Gründe und Entwicklung der Republikflucht bei Lehrern", BStU ZA, MfS-ZAIG, Nr. 139, Bl. 1–4, hier Bl. 2.
[147] „Die klerikal-militaristischen Kräfte der katholischen und evangelischen Kirche haben eine Reihe von Maßnahmen getroffen, wie z.B. die Verkündigung des Fastenhirtenbriefes der ostdeutschen Bischofskonferenz der katholischen Kirche sowie die verschiedensten Kanzelabkündigungen zur sozialistischen Umgestaltung der Landwirtschaft, die die Christen in Gewissenskonflikte brachten und als Ausweg nur die Republikflucht offenließen" (Bericht vom 13. 2. 1961, BArch DO 1/11, Nr. 967, Bl. 37–60, hier Bl. 41). Unter der Überschrift „Zur Beeinflussung durch die Kirche" werden beispielsweise einige Pfarrer genannt, die zur Ausreise animiert haben sollen und deren Fälle teilweise an das MfS übergeben wurden („Bericht über die Republikflucht [...] für die Zeit vom 1. 1. 1954 bis 31. 12. 1955", BArch DO 1/11, Nr. 963, Bl. 100–130, hier Bl. 122 f.).
[148] Beispielhaft für die Verlautbarungen, in denen vor zu schnellen und rein eigennützigen Entscheidungen zur Auswanderung gewarnt wird, ist die Stellungnahme der Synode der evangelischen Kirche der Union vom November 1960 (SAPMO-BArch DY 30/J IV 2/3-714, Bl. 8; Dok. 25; Dok. 26) und die Pre-

4.2 Weitere Fluchtgründe

nahme bildeten Hinweise auf die Junge Gemeinde, die wesentlich konkreter ausfielen. Wahrscheinlich war sie infolge der Anschuldigungen von Staat und SED auch in den Kreisen der Parteibürokratie und Volkspolizei bekannt. So hieß es beispielsweise 1955, daß Mitglieder der Jungen Gemeinde „auf Anraten der Kirche die DDR verlassen" hätten, statt zur KVP zu gehen,[149] und 1958 berichtete die Polizei von der Kinderklinik der Karl-Marx-Universität Leipzig, daß Lehrlinge dort bei ihrer Einstellung noch das FDJ-Abzeichen tragen würden, 14 Tage später aber schon das Kreuz der Jungen Gemeinde. Die Kirche würde von dort aus republikflüchtige Schwestern in kirchliche Krankenhäuser in Westdeutschland und ins westeuropäische Ausland vermitteln.[150] Den fortgesetzten Einfluß der Kirchen beklagte das Innenministerium auch am 22. Oktober 1960 in einem Bericht über Probleme im Zusammenhang mit der Republikflucht von Jugendlichen: In Halle trete „die Kirche bei der Beeinflussung der jungen Intelligenz sehr stark in Erscheinung" und führe mit ihnen beispielsweise „Rüstzeiten" durch.[151] Trotz dieser Detailbeobachtungen waren die Berichte über den möglichen Einfluß der Kirchen auf die illegale Auswanderung aus der DDR in erster Linie von Ressentiments und allgemeiner politischer Ablehnung geprägt,[152] die sich etwa in der Verärgerung über Pakete zeigte, die westdeutsche Kirchenkreise in die DDR schickten: „Diese ganze Aktion läuft auf eine Diskriminierung unseres Arbeiter- und Bauernstaates hinaus und führt zur Verherrlichung des Bonner Staates in den Köpfen einzelner solcher Empfänger."[153] Ein deutlicher Hinweis auf den geringen Kenntnisstand oder das nachgeordnete Interesse an religiösen Fragen ist die ‚Monopolstellung' der christlichen Konfessionen in den offiziellen Berichten: Das Judentum findet überhaupt keine Erwähnung, obwohl viele ostdeutsche Juden und vor allem zahlreiche Rabbiner vor den antisemitischen Gefährdungen im gesamten sowjetischen Einflußbereich in den fünfziger Jahren aus der DDR flohen.[154]

Häufig rief der offizielle Atheismus der DDR-Regierung und ihrer Verwaltung weniger Probleme hervor als die alltägliche religionsfeindliche Atmosphäre an Arbeitsplätzen, in Schulen oder Nachbarschaften. Beispielhaft zeigt sich dies an der Republikflucht des katholischen Diplomingenieurs Hans Büttner aus dem Zentralen Konstruktionsbüro für metallurgische Industrie in Leipzig im August 1954, einer „Kapazität" auf dem Gebiet der Energieeinsparung. In den Berichten über seine Flucht wird eine subalterne Genossin in der Personalabteilung kritisiert, die den Wissenschaftler wiederholt ohne Anlaß als reak-

---

digt des Bischofs von Meißen, Otto Spülbeck, vom 31.12.1960 (Pilvousek, Kirchliches Leben [1994], S. 158–167, besonders S. 162 ff.). Hohmann, Lehrerflucht (2000), S. 33, zitiert entsprechende Ratschläge der „katholischen [...] wie der evangelischen Geistlichkeit" aus dem Brief eines katholischen Grundschullehrers: „Wenn Ihr geht, kommen Kommunisten an Eure Stelle."

[149] Dok. 15.
[150] BArch DO 1/11, Nr. 965, Bl. 32 ff.: Leiter der HVDVP, Generalmajor der VP, Dombrowsky, am 7.2. 1958 an ZK, Gen. Borning u.a.
[151] Dok. 20.
[152] Vgl. zum Beispiel das Protokoll vom 6.9.1958 über die Cheftagung mit den 1. Stellvertretern der Vorsitzenden der Räte der Bezirke und den Chefs der BDVP am 4.9.1958: „Republikfluchten der Intelligenz mit auf Wühlarbeit der Kirche zurückzuführen. Ideologie gegen Staat und Partei" (BArch DO 1/11, Nr. 66, Bl. 1–5, hier Bl. 4 f.).
[153] „Die Rolle der Kreisparteiorganisation Heiligenstadt bei der Lösung der politisch-ideologischen und wirtschaftlichen Aufgaben in ihrem Gebiet" von 1957 (SAPMO-BArch DY 30/J IV 2/3 A-564).
[154] Nach Angabe von Keßler, Die SED und die Juden (1995), S. 101, verließen allein im Januar 1953 400 Juden die DDR gen Westen; vgl. auch ebd., S. 99–105; Keßler, Zwischen Repression und Toleranz (1993).

tionär beschimpft habe und seinen Glauben und seinen bürgerlichen Lebensstil nicht tolerieren wollte: „Die Familie Büttner gehört dem katholischen Glaubensbekenntnis an und keiner staatsfeindlichen Sekte."[155] Das unhöfliche und religionsfeindliche Verhalten war für alle dienstlichen Belange bedeutungslos, brachte den Ingenieur aber in einen nicht unerheblichen Konflikt, weil die bloß zwischenmenschliche Dimension durch die ‚politischen' Rahmenbedingungen überlagert wurde: Erst durch die Anwürfe der Personalsachbearbeiterin sah sich der Ingenieur zu einem Loyalitätsbekenntnis zugunsten der DDR genötigt, das er aufgrund seiner Religionszugehörigkeit vermeiden wollte. Sobald der Konflikt eskaliert war, überragte er die zwischenmenschliche und betriebsinterne Ebene, weil sich die Mitarbeiterin der Kaderabteilung auf ihre Partei berufen konnte, der man Mitte der fünfziger Jahre nur dann widersprechen sollte, wenn ein Interesse an weiteren Konflikten bestand.[156] Auch ein Polizeibericht vom Juni 1958 zeigt, daß der christliche Glaube aus eher alltäglichen und aus politisch-ideologischen Gründen zur Flucht führen konnte: So äußerte ein aus Gera geflohener Konstrukteur katholischer Konfession, daß er „kein Interesse" mehr daran habe, „seinen Glauben von einigen Menschen als Aberglauben [ab]stempeln zu lassen."[157] Seltener als aufgrund solch alltäglicher Konflikte, wie sie auch in den genannten Hirtenworten beider Konfessionen beschrieben wurden, flohen Menschen wegen eines direkten Bekenntniszwangs. Darauf bestanden die Kommunisten vor allem in den Bereichen, die sie als wichtigste Missionsfelder ihrer privilegierten Welterkenntnis ansahen. So floh eine Geschichtsprofessorin aus Jena mit ihren Eltern in den Westen, weil sie den ‚fachlichen' Anforderungen der SED nicht gerecht werden wollte und es daher unterließ, „sich mit dem historischen und dialektischen Materialismus vertraut zu machen. Von ihr wurde die Meinung vertreten, daß sie das mit ihrer Religion nicht vereinbaren kann."[158]

In vielen der religiös motivierten Konflikte scheint die seit Bestehen der DDR von der SED-Spitze beklagte intelligenzfeindliche Haltung ihrer eigenen Mitglieder durch,[159] die als klassischer sozialer Konflikt keineswegs nur aus sozialistischen Gesellschaften bekannt ist. Obwohl die DDR auf die Fachkräfte angewiesen war, prägte die SED letztlich eine antielitäre Grundhaltung, die neben der politischen Macht auch auf der vermeintlichen Überlegenheit ihrer ‚wissenschaftlichen' Weltanschauung beruhte. Dadurch galten nur diejenigen, die sich der Partei unterwarfen, als gleichwertige Partner, alle anderen aber als Feinde oder Zielobjekte politisch-pädagogischer Betreuung: „Für uns als Genossen der Partei ist es doch klar, daß die Intelligenz eine schwankende Haltung einnimmt, sie wird bei Erfolgen, die die Arbeiterklasse hat, die Arbeiterklasse in der Erfüllung ihrer Aufga-

---

[155] BArch DO 1/34, Nr. 11800.
[156] Eine ähnliche Situation zeigt die etwa zeitgleiche Flucht des Ingenieurs Willi Richter, dessen Begründung „wir kehren nicht mehr zurück, so bitter es ist, aber der bösen Macht muß ich weichen", sich nicht gegen die SED, sondern gegen intrigante, aber durch ihre SED-Mitgliedschaft unangreifbare Kollegen richtete (BArch DO 1/34, Nr. 11800).
[157] Ein weiteres Beispiel für die Politisierung von Privatem ist die Reaktion der Berichterstatter aus der Abt. Innere Angelegenheiten, die dem Leiter der Abt. Arbeit im Montagewerk Halle „erhebliche ideologische Unklarheiten" vorwarfen, weil er dem Weggang der Jugendlichen auch als „Modekrankheit" bezeichnete, bei der sie „sich nun einmal die Hörner abstoßen müssen" (Dok. 20).
[158] Dombrowsky, Generalmajor der Volkspolizei, HVDVP, Der Leiter, am 16. 6. 1958 an Abt. Innere Angelegenheiten über Gen. Staatssekretär Grünstein (BArch DO 1/34, Nr. 21725).
[159] Als frühe Beispiele vgl. die Sitzungen des Sekretariats des ZK am 10. 12. 1951 (SAPMO-BArch DY 30/J IV 2/3-253, Bl. 3) und am 8. 12. 1952 (SAPMO-BArch DY 30/J IV 2/3/346 Bl. 10 f.).

ben unterstützen, ebenso gut wird die Intelligenz aber bei Krisen bzw. bei weniger Erfolgen eine abwartende und zurückhaltende Stellung einnehmen."[160] Entsprechend vermißte eine „kriminalpolizeiliche Analyse über Republikfluchten, Rückkehrer und Neuzugänge" bei vielen DDR-Bürgern – gemeint waren wohl insbesondere die Mitglieder der SED – das „richtige Verhältnis" zur Intelligenz, da sie „nicht die notwendige Geduld zur Umerziehung dieser Menschen an den Tag" legten.[161] Die hohen Fluchtzahlen und die wirtschaftliche Abhängigkeit von den auch im Westen begehrten Fachleuten machten einen rücksichtsvollen Umgang mit ihnen notwendig, weshalb ein zu negatives, arrogantes oder ausgrenzendes Verhalten wiederholt als „sektiererisch"[162] kritisiert wurde. Da SED und Staatsapparat es jedoch vermieden, das Verhältnis zwischen der Partei mit ihrer vermeintlichen Erkenntnisprivilegierung und den Akademikern samt ihrer fachlichen Fähigkeiten und privaten Überzeugungen zu klären, waren Konflikte unausweichlich. Es blieb bei kosmetischen Korrekturen in dem hierarchisch gedachten Verhältnis zwischen Partei und Akademikern.[163]

Die Folge dieser politisch motivierten Haltung gegenüber Spezialisten, die häufig kein Interesse an Politik zeigten und in erster Linie nur ihre beruflichen Aufgaben erfüllen wollten, war zunehmende Sprachlosigkeit. Ein Brigadebericht in Buna stellte fest, daß „die Angehörigen der Intelligenz des Werkes [Wolfen] bevormundet" worden seien und daher „keine offene und ehrliche Atmosphäre herrschen konnte." Die Erfahrungen hätten aber gezeigt, „wie wichtig es ist, mit den Intelligenzlern zu sprechen, denn die Intelligenzler warten darauf, daß man sich mit ihnen unterhält."[164] Wie unkommunikativ das Verhältnis zwischen Parteivertretern und Akademikern zuweilen war, demonstrierte die „ZK-Brigade Bitterfeld" im März 1961 unfreiwillig, als sie zusammenfaßte, daß die SED-Leitung im VEB Farbenfabrik Wolfen ihr „Vertrauensverhältnis zu den Angehörigen der Intelligenz bedeutend [!] verbessert [habe], indem sie aufmerksam ihre Meinungen anhört, sich mit ihnen berät" und keine „überspitzte[n] Anforderungen hinsichtlich ihrer Bewußtseinsbildung" mehr stellte. Die Abgründe der SED-eigenen Arroganz ahnend, fügte die Brigade noch warnend hinzu, für solche Verbesserungen „sei es nicht ausreichend, [...] mit der Intelligenz lediglich eine Tonart höflicher zu reden".[165] Die stereotyp wiederholten Forderungen nach einem offeneren Verhältnis zwischen Partei und Spezialisten

---

[160] Leiter des VPKA Brandenburg/Havel, Major der VP, Passenheim, Protokoll der Bürositzung der Kreisleitung-Stadt am 1.10.1957 betr. „Ursachenerforschung der Republikfluchten im Stahl- und Walzwerk Brandenburg", 3.10.1957, BArch DO 1/34, Nr. 21725.
[161] BArch DO 1/11, Nr. 708, Bl. 18–34, hier Bl. 21 f.: Dombrowsky HVDVP, Leiter der HA K am 13.7.1955.
[162] Vgl. zum Beispiel „Informationsbericht über die Bevölkerungsbewegung für das Jahr 1959 einschließlich der legalen Verzüge nach Westdeutschland" vom 26.1.1960: Wichtiger Fluchtgrund der technischen Intelligenz auch „das oft noch sektiererische Verhalten von Staats- und Wirtschaftsfunktionären" (SAPMO-BArch DY 30/J IV 2/3 A-695).
[163] Daß die Korrekturen bloß oberflächlich sein sollten, schloß nicht aus, daß einzelne SED-Funktionäre gerade wegen dieses Verhaltens gerügt, aus der Partei ausgeschlossen und teilweise sogar kriminalisiert wurden: Ein Fall von „sektiererische[m] Verhalten der Parteileitung [...] gegenüber der Intelligenz" im Werk Wolfen, der durch einen Korruptionsfall verschärft wurde, endete mit der Verhaftung des bisherigen 1. Sekretärs der BPO, des Arbeitsdirektors, seines Stellvertreters und des persönlichen Referenten des Werksdirektors (SPK, Chemiekaderkommission, am 28.7.1960, BArch DO 1/34, Nr. 21725).
[164] SPK, Chemiekaderkommission, am 28.7.1960, BArch DO 1/34, Nr. 21725.
[165] SAPMO-BArch DY 30/J IV 2/3 A-775.

blieben allerdings häufig fruchtlos, so daß zum Teil selbst dann, wenn Fluchtpläne von Akademikern bekannt waren, „niemand mit ihnen [sprach], um in diese Menschen einzudringen und sie gründlich kennenzulernen und wenn erforderlich, bestimmte Mängel, die sie unzufrieden werden lassen, zu beseitigen."[166]

Fast alle Akademiker und Spezialisten, die keine überzeugten SED-Anhänger waren, sahen ihre berufliche Lage stärker von den politischen Rahmenbedingungen als von ihrer beruflichen Leistung abhängig. Einflußreiche und inkompetente Leiter, vor allem aber die Betriebsparteiorganisationen konnten die Arbeit schwer machen und Karrieren verhindern. Im August 1960 kritisierte Abteilungsleiter Bergmann (Hauptabteilung Innere Angelegenheiten) gegenüber der Kaderabteilung der Staatlichen Plankommission, daß „bei leitenden Ingenieuren" noch immer nicht die Überzeugung ausgeräumt sei, „daß sie als Parteilose oder Blockfreunde in der DDR keine Perspektive haben und über kurz oder lang durch Mitglieder der Sozialistischen Einheitspartei Deutschlands ersetzt werden. [...] So wurde beispielsweise dem inzwischen republikflüchtigen Ingenieur M., Leiter der Abt. Forschung und Entwicklung beim VEB Braunkohlenbohrungen und Schachtbau in Welzow zu verstehen gegeben, daß er ohne Parteizugehörigkeit und aktive gesellschaftliche Arbeit nur solange in seiner Position bleiben kann, bis geeigneter Ersatz vorhanden ist. Der flüchtige Abteilungsleiter für Strahlenchemie vom Institut für angewandte Physik der Reinstoffe in Dresden, Dipl.-Physiker G., gibt in einem hinterlassenen Brief an, daß die politische Qualifikation über die fachliche gestellt wird."[167] Das Gefühl der Benachteiligung, daß die meisten Fachkräfte im Blick auf den Westen hatten, verstärkte sich angesichts solcher antiakademischen und arbeitshemmenden Zustände in den eigenen Betrieben.

Die SED vertrat ihren antiakademischen Kurs vor allem aufgrund ihrer Ressentiments gegen alle Eliten der Zeit bis 1945 und in der Hoffnung, die ‚alte Intelligenz' so schnell wie möglich durch ihre in der DDR ausgebildete ersetzen zu können. Der Nachwuchs von den DDR-Hochschulen brachte aber nicht die erhoffte Entlastung, denn die jungen Mediziner, Ingenieure, Wissenschaftler und Lehrer waren, ähnlich wie andere besonders qualifizierte Berufsgruppen, nicht weniger fluchtanfällig als ihre älteren Kollegen.[168] Auch ihnen blieb die Attraktivität des Westens nicht verborgen, dessen berufliche Angebote sich

---

[166] BArch DO 1/34, Nr. 11803. Ein weiterer Hinweis auf die gestörte Kommunikation zwischen den versierten Fachleuten und den politisch überzeugten Genossen ist der Ratschlag, bei „persönliche[n] Aussprachen [...], besondere[n] Wert darauf zu legen [...], daß mit Angehörigen der Intelligenz solche Gen. Gespräche führen, die ein ebenbürtiges fachliches Niveau haben." (BArch DO 1/34, Nr. 11803) Zu dem häufig unhöflichen Ton von Funktionären und Polizisten vgl. auch BArch DO 1/11, Nr. 79, Bl. 159.
[167] BArch DO 1/34, Nr. 21725.
[168] Unter den Geflohenen waren 1960 301 leitende Angestellte und 1 051 Angehörige der Intelligenz, von denen 914 nach 1945 ausgebildet worden waren. („Stand und Entwicklung der Bevölkerungsbewegung im Jahre 1960" vom 13. 2. 1961, BArch DO 1/11, Nr. 967, Bl. 37-60, hier Bl. 38). Von den zwischen 1948 und September 1958 geflüchteten Lehrern waren 1 341 nach und nur 315 vor 1945 ausgebildet (Analyse über die Republikfluchten der Lehrer von den Grund-, Mittel- und Oberschulen sowie Sonderschulen, o.V., o.D.: BArch DO 1/34, Nr. 21720. Bei den Medizinern gab es in den Jahren 1953 bis 1959 überdies selten mehr als doppelt so viele neu ausgebildete Ärzte wie Geflüchtete; 1958 lag die Anzahl der Geflüchteten mit 1 269 sogar deutlich höher als die der Absolventen mit 1 080 (Aktenvermerk vom 13. 2. 1960 aus Dresden, o.V.: Republikflucht von Ärzten und Zahnärzten und die Zahl der „Absolventen": BArch DO 1/34, Nr. 21719). Zum Verhältnis zwischen vor und nach 1945 ausgebildeten Akademikern vgl. auch Jessen, Akademische Elite (1999), S. 48; Ernst, Prophylaxe (1997), S. 58 f.

auch an die Absolventen der DDR-Hochschulen richteten. Abgesehen von der westlichen Anziehungskraft verhinderten vor allem vier Gründe, daß sich die in der DDR ausgebildeten Menschen mit einer größeren Loyalität bedankten: Zum ersten waren sie mit den Betrieben weniger verbunden als die älteren Kollegen, die dort schon lange gearbeitet und häufig den Neuaufbau nach den Kriegszerstörungen mitgetragen hatten.[169] Zum zweiten machten die „sektiererische[n] Tendenzen" vieler Genossen und Arbeiter auch vor den Jungakademikern nicht halt, selbst wenn sie der SED angehörten und keine politisch abweichenden Meinungen vertraten: „So erklärte in einer Abteilungsparteiversammlung der Zündkerzenabteilung ein junger Ingenieur, wenn er gewußt hätte, welchen ungerechtfertigten Anwürfen er von Arbeitern ausgesetzt würde, hätte er als Arbeiterjunge nie studiert."[170] Zum dritten litt die Arbeit vieler Fachkräfte unabhängig von ihrem Alter und Ausbildungsort an den zumeist hausgemachten politischen, administrativen und arbeitstechnischen Schwierigkeiten in den Betrieben der DDR.

Viertens kam hinzu, daß weder die jungen noch die alten Fachkräfte angesichts der auch hinsichtlich der Freizeitmöglichkeiten attraktiveren Angebote des Westens die kulturelle Langeweile der DDR vor allem auf dem Land ertragen wollten. Die entsprechenden Klagen und von verschiedenen Berichterstattern und Brigaden formulierten Schlußfolgerungen wiesen immer wieder auf den Mangel an Theatern, Bibliotheken, Restaurants, Cafés und Kinos in fast allen Kreisen der DDR hin. Mit Blick auf die Auswanderungswelle wurde immer wieder Abhilfe gefordert und Beschlüsse gefaßt wie der des Sekretariats des ZK vom 30. März 1953, „in allen Orten, vor allem in solchen, wo Großbetriebe und Hochschulen sind, [...] Klub- und Kulturräume für die Intelligenz zu schaffen und besondere Veranstaltungen durchzuführen."[171] Besonders drastisch spürbar waren die kulturellen Defizite vor allem dort, wo es durch den forcierten Aufbau der Industrie sowieso an fast allem, vor allem auch an geeignetem Wohnraum, mangelte. So beriet das Sekretariat des ZK am 26. April 1961 „Schlußfolgerungen zum Bericht der Arbeitsgruppe des Zentralkomitees, die im Kreis Bitterfeld tätig war",[172] dem „bedeutendste[n] Kreis des Bezirkes Halle und eine[m] der bedeutendsten Kreise der DDR überhaupt", in dem besonders viele Mitglieder der wissenschaftlich-technischen Intelligenz lebten. Nach deutlicher Kritik am baulichen Zustand, an den wenigen Freizeitmöglichkeiten, den schlechten Verkehrsverhältnissen, dem Mangel an Kinos, Theatern, Kulturhäusern, Hotels, Bädern, Sporteinrichtungen und Grünanlagen und an der Stadtreinigung, die „trotz des sehr hohen Staubgehaltes der Luft [...] keinerlei besondere Maßnahmen" ergriffen habe, wodurch „die Stadt regelrecht verdreckt" sei, verlangte die Parteispitze einen umfassenden Plan zur drastischen Verbesserung der Lebensqualität in Bitterfeld, der bis zum 31. August 1961 vorzulegen war. Der Plan sollte fast alle Lebensbereiche umfassen, wie Kultur, Wohnungsbau, Schulen, Gesundheitswesen, Stadtverschönerung und nicht zuletzt auch die Arbeit mit den Akademikern „auf eine[r] wesentlich höhere[n] Stufe" als bisher. Da nicht nur die tatsächlichen Verbesserungen, sondern schon die Erstellung des Plans vom Mauerbau ein-

---

[169] SPK, Chemiekaderkommission, am 28.7.1960: „Die alte Intelligenz im Werk hängt sehr an ihrer Arbeit und arbeitet sehr häufig bis über den Feierabend hinaus" (BArch DO 1/34, Nr. 21725).
[170] SAPMO-BArch DY 30/J IV 2/3 A-635 (Sekretariat des ZK am 29.10.1958: Organisationsabteilung des ZK am 2.10.1958).
[171] SAPMO-BArch DY 30/J IV 2/3-373, Bl. 3.
[172] SAPMO-BArch DY 30/J IV 2/3 A-775.

4. Fluchtgründe aus Sicht von DDR und SED

geholt wurde, konnte die Anweisung ihre Wirkung zur Verhinderung der Auswanderung nicht mehr entfalten. Häufig reichten aber auch einfachere und nicht vom ZK angeordnete Maßnahmen, um die kulturelle Enge in der DDR etwas zu erweitern. So wußte ein Jugendlicher aus dem Randgebiet von Berlin, welche Ereignisse nicht nur den Akademikern, sondern der überwiegenden Mehrheit der Bevölkerung zugute kamen: „Hoffentlich ist in Westberlin bald wieder ein Revanchistentreffen oder eine Ausstellung, dann gibt es bei uns auch wieder Tanz und andere kulturelle Veranstaltungen."[173] Zahlreiche Klagen über die kulturelle Langeweile in der DDR finden sich in den offiziellen Berichten über die Attraktivität westlicher Musik, Literatur, Mode, Rundfunksender und Kinos, die vor allem in West-Berlin besorgt bzw. erlebt werden konnten. So wurde in einem „Bericht der Brigade des Sekretariats des Zentralkomitees an das Politbüro" vom 2. Oktober 1958 mit Bezug auf die Situation in der Gemeinde Liebau (Kreis Sonnenberg), die am 10-m-Streifen liegt, kritisiert, daß der Rat des Bezirkes nicht dafür sorge, „daß es in dieser Gemeinde die notwendige kulturelle Entwicklung gibt, um den Menschen das Gefühl der Seßhaftigkeit zu geben". Außer einer 14tägigen Kinovorstellung gäbe es „kein kulturelles Leben", was u. a. dazu führe, daß diese Gemeinde „sehr oft" von Westdeutschland fotografiert und „als Objekt der Hetze gegenüber der DDR ausgenutzt" werde.[174] In einem Bericht der „Kommission zu Fragen der Republikflucht" beim Politbüro vom 25. Mai 1956 wird u. a. folgendes vorgeschlagen: „Besserer Ausbau der Freizeitgestaltung, insbesondere durch stärkere Ausnutzung von Stadien und Sportplätzen für künstlerische Großveranstaltungen, für Zwecke des Tanzes, Kinovorführungen im Freien".[175]

Die lange Liste von Vorhaben zur Verbesserung der Lebensumstände in Bitterfeld ist ein Spiegel der Ursachen der verbreiteten Unzufriedenheit und Republikflucht. Durch die Betriebs- und Berufszentrierung wurden nicht alle Facetten erfaßt, weshalb die Berichterstatter einzelne Aspekte zum Teil nur am Rande ansprachen oder in fast allen gleichermaßen erwähnten. Dabei ging es vor allem um private, häufig familiäre Lebensentscheidungen, um den Einfluß weltpolitischer Entwicklungen auf die Auswanderung, um die größere Mobilität der Mitte der vierziger Jahre aus den ehemaligen deutschen Ostgebieten geflohenen Menschen und um die starke Machtkonzentration in bürokratischen Apparaten, die im SED-Jargon als ‚Bürokratismus' kritisiert wurde. Auch in diesen Bereichen bot der Weggang in den Westen den Bürgern der DDR eine Möglichkeit, Probleme konfliktfrei zu lösen oder ihnen auszuweichen, unabhängig davon, ob es sich um eher individuelle Fragen handelte oder um Verantwortungsbereiche, in denen die – wenig entwickelte – Problemlösungskompetenz der SED gefragt gewesen wäre.

Die Problemlösung mit Hilfe der offenen Westgrenze der DDR nutzten zahlreiche Menschen auch in *privaten Angelegenheiten:* Vor allem in den ersten Jahren nach dem Krieg ging es häufig um die Zusammenführung von Familien, deren Angehörige im Osten und im Westen lebten: Von den 854 Personen, gegen die zwischen dem 13. Dezember 1957 und dem 13. Februar 1958 – also nach Änderung des Paßgesetzes – wegen „vorbereitetem und

---

[173] „Stand und Entwicklung der Bevölkerungsbewegung im Jahre 1960" vom 13. 2. 1961 (BArch DO 1/ 11, Nr. 967, Bl. 37–60, hier Bl. 49). Nach Major, Vor und nach dem 13. August (1999), S. 330, 340, hatte die DDR-Regierung ein solches Treffen in der West-Berliner Waldbühne im September 1960 allerdings dazu genutzt, eine kurzfristige Grenzschließung nach West-Berlin zu begründen.
[174] SAPMO-BArch DY 30/J IV 2/3 A-635.
[175] Dok. 16.

versuchtem illegalen Verlassen der DDR" Ermittlungsverfahren eingeleitet wurden, gaben die meisten (21 Prozent) als Motiv „Zusammenleben mit Familienangehörigen und Verwandten" an.[176] Später kamen als Gründe neue oder gescheiterte Ehen und Liebesbeziehungen[177] und die Flucht vor Vaterschaftspflichten, Familienstreitigkeiten[178] oder strafrechtlicher Verfolgung[179] häufiger hinzu. In den Akten der staatlichen Behörden und der SED finden sich nur verhältnismäßig wenig Unterlagen zu Fragen der persönlichen Lebensführung. Die SED stand diesen Lebensbereichen keineswegs indifferent gegenüber: So verhandelte und entschied sie in ihren obersten SED-Gremien, dem Politbüro und dem Sekretariat des ZK, regelmäßig über private Lebensentscheidungen von Parteimitgliedern, die heiraten, sich verloben, umziehen oder eine Kur antreten wollten.[180] Da es sich dabei um Kader handelte, deren gehorsame Verfügbarkeit zu den Grundlagen der kommunistischen Partei gehörte, unterstand auch ihr Privatleben unter deren politischer Verfügungsgewalt. Anders lagen die Dinge bei den Republikflüchtigen, die sich ja ausdrücklich der Verfügungsgewalt der SED und ihres Staates entzogen. Bei ihnen schienen

---

[176] „Bericht über Anwendung und Auswirkung des Paßänderungsgesetzes, 19. 2. 1958, BArch DO 1/11, Nr. 780, Bl. 32–40, hier Bl. 34. Der Wunsch, zu Verwandten in den Westen zu ziehen, konnte jedoch häufig auch ohne Republikflucht erfüllt werden, da zu diesem Zweck Ausreisegenehmigungen erteilt wurden, eine Praxis, die im Laufe der Jahre jedoch immer restriktiver gehandhabt wurde: Bereits Ende 1952 heißt es in einem Bericht: „Wo Personen aufgrund der landjährigen [sic!] Trennung wieder mit ihren Angehörigen zusammensein wollen, sind diese zu bewegen, ihre Angehörigen nach hier zu holen." (Bericht von Ende 1952, o.V., o.D., BArch DO 1/11, Nr. 780, Bl. 6–19, hier Bl. 8); seit August 1953 war die Erteilung zur Ausreise in den Westen zwecks Familienzusammenführung nur noch zu erteilen, „sofern die Angehörigen nicht republikflüchtig geworden waren" (Generalinspekteur der VP, Maron, an MdI, Minister Stoph, BArch DO 1/11, Nr. 963, Bl. 7); in einem „Protokoll der Arbeitsbesprechung mit den Referatsleitern Bevölkerungspolitik der Abt. Innere Angelegenheiten der Räte der Bezirke" vom 16. 4. 1957 heißt es, daß Familienzusammenführungen „nur in sehr stark begründeten Fällen" zu genehmigen seien (BArch DO 1/34, Nr. 21725).

[177] Sekretariat für das Hoch- und Fachschulwesen, Sektor Kader am 11. 4. 1961: „Quartalsanalysen der Republikfluchten I. Quartal 1961": „Des weiteren ist erkenntlich, daß eine Reihe von Personen ihre zerrütteten Eheverhältnisse und Ehestreitigkeiten dadurch zu klären versuchen, indem sie die Republik verlassen." (BArch DO 1/34, Nr. 21721) In einer Informationsmeldung zur Republikflucht im VEB ‚Henry Pels' (Erfurt) vom 25. 10. 1957 weist der Beauftragte der Zentralen Kommission für Staatliche Kontrolle (ZKSK), Wessel, u.a. auf „schwierige[] Familienverhältnisse" und „Liebesverhältnisse" hin (BArch DO 1/34, Nr. 21725).

[178] Vgl. z.B. die Vorgänge um die Flucht eines 17jährigen, der bei Onkel und Tante lebte, da der Vater ihn finanziell ausnutzte und schlug, während seine Mutter im Westen war und zum Zeitpunkt der Scheidung keine Unterkunft hatte. Bei einem Besuch mit Onkel und Tante im Westen blieb er bei seiner Mutter, weshalb der Vater nun Onkel und Tante wegen Abwerbung bestrafen lassen will. (BArch DO 1/34, Nr. 21725: Rat des Kreises Borna, Abt. Innere Angelegenheiten an die HA Innere Angelegenheiten, Abt. Bevölkerungsbewegung, 19. 6. 1957).

[179] Ein anscheinend für die sowjetische Besatzungsmacht bestimmter Bericht von 1954 über „Personen, die wegen krimineller Delikte oder Steuerhinterziehung republikflüchtig wurden" zählt eine zwischen 1949 und 1952 von 341 auf 3 160 jährlich ansteigende Zahl solcher Fluchtfälle. 1953 schnellte die Zahl auf 13 060 hoch, auch deshalb, weil die HA PM erst zu diesem Zeitpunkt mit der systematischen Erfassung anfing und die Jahre zuvor auf Recherchen der Kriminalpolizei zurückgreifen mußte (BArch DO 1/11, Nr. 962, Bl. 159). Vgl. einen Fall von Körperverletzung aus dem Kreis Ludwigslust in: LAS RdB Schwerin, Nr. 258, Bl. 25.

[180] So verlangte z.B. das ZKSekr am 23. 4. 1953 eine Charakteristik über den Verlobten einer Genossin, wegen dem sie in den Westen wollte (SAPMO-BArch DY 30/J IV 2/3-378, Bl. 6). Ähnlich erging es am 17. 10. 1949 Jürgen Kuczynski, als das ‚Kleine Sekretariat' sein Treffen mit Familienangehörigen aus London in Prag vorab prüfte (SAPMO-BArch DY 30/J IV 2/3-57, Bl. 7).

die offiziellen Erklärungsmuster häufig nicht mit der Beobachtung und Bewertung ihres Privatlebens kompatibel zu sein, so daß die offiziellen Berichte es meistens nur denkbar knapp abhandelten.

Die Unfähigkeit der SED, die Fluchtmotive vieler Menschen zu erfassen, zeigt auch das fast völlige Fehlen von allgemeinpolitischen Erklärungen von Auswanderern. So führten die Berichte nur äußerst selten *weltpolitische Gründe* als Ursache für den Weggang an.[181] Explizite Bezugnahmen wie die des Leiters der zahnärztlichen Klinik in Halle blieben Ausnahmen: „Der Zahnarzt Dr. Heinrich Hansmann aus Halle äußerte sich dahingehend, daß er nicht länger auf der Naht zwischen zwei Machtblöcken leben kann, da es auf die Dauer zwischen den beiden größten Mächten kaum so ruhig zugehen wird wie bisher."[182] In den letzten beiden Jahren vor dem Mauerbau nahm der Einfluß der internationalen Politik stark zu. Die weltpolitische Lage und die zunehmende Republikflucht während dieser zweiten Berlinkrise beunruhigte nicht nur die Bevölkerung, sondern auch die loyalen Funktionsträger der DDR. Einer von ihnen stellte im Februar 1961 fest, daß „ein weiterer Höhepunkt der Hetze und eine damit verbundene Steigerung der Republikfluchten [...] zum Zeitpunkt des Scheiterns der Gipfelkonferenz zu verzeichnen" gewesen sei: „Ein großer Teil der Flüchtigen schenkte den Hetzparolen Gehör, daß mit der Schaffung der freien Stadt Westberlin die verwandtschaftlichen Bindungen mit Angehörigen in Westdeutschland unterbunden werden."[183] Am 31. Mai 1961 wurde dem Sekretariat des ZK aus Halle berichtet, daß der Kampf gegen die Auswanderung „nach der Torpedierung der Gipfelkonferenz in Paris durch den USA-Imperialismus" und durch die verstärkte „ideologische Diversion gegen die DDR" schwieriger geworden sei.[184] In einem Informationsbericht des CDU-Kreisverbands Wolmistedt an die Parteileitung von Ende Juli 1961 wird neben der wachsenden Kriegsfurcht in der Bevölkerung auch eine Einstellung erwähnt, „die unter Jugendlichen sehr stark verbreitet ist: Jetzt ist noch Zeit, nachher sind die Grenzen dicht. So wird ganz offen über das evtl. Verlassen der DDR gesprochen"[185] Trotz der Berlinkrise und der verbreiteten Kriegsangst verdrängte die Weltpolitik die alltäglichen Sorgen aber niemals vom ersten Rang des individuellen Interesses, so daß beispielsweise die Aufmerksamkeit für das Gipfeltreffen zwischen Kennedy und Chruschtschow in Wien „durch die starken Diskussionen über Versorgungsfragen unter[ging]".[186]

Zu den Menschen, die infolge weltpolitischer Veränderungen aus Deutschland flohen, gehörten auch die zahlreichen Vertriebenen, die bis 1945 in den ehemaligen Ostgebieten des Deutschen Reiches gewohnt hatten. Bereits Anfang der fünfziger Jahre hatten die DDR-Behörden die besondere politische Behandlung dieser Bevölkerungsgruppe been-

---

[181] Zur beinahe entgegengesetzten Wahrnehmung im Westen vgl. Heidemeyer, Flucht und Zuwanderung (1994), S. 60 ff., der die politischen und weltpolitischen Gründe für die Flucht sehr hoch veranschlagt.

[182] Leiter der HA K der HVDVP, Odpadlik, am 15. 4. 1959: „Analyse der Republikfluchten von Personen der Intelligenz" (BArch DO 1/34, Nr. 21719).

[183] Bericht vom 13. 2. 1961 (BArch DO 1/11, Nr. 967, Bl. 37–60, hier Bl. 39 f.). Dem Sekretariat des ZK wurde am 31. 5. 1961 aus Halle berichtet, daß der Kampf gegen die Auswanderung „nach der Torpedierung der Gipfelkonferenz in Paris durch den USA-Imperialismus" und durch die verstärkte „ideologische Diversion gegen die DDR" schwieriger geworden sei (SAPMO-BArch DY 30/J IV 2/3-740, Bl. 4–82, hier Bl. 62).

[184] SAPMO-BArch DY 30/J IV 2/3-740, Bl. 4–82, hier Bl. 62.

[185] ACDP VII-011, Nr. A1117.

[186] Bericht aus Suhl vom 13. 6. 1961, SAPMO-BArch DY 30/IV 2/9.02/50, Bl. 3–7.

det, weil sie die etwa 4,3 Millionen Menschen[187] inzwischen für erfolgreich in die Gesellschaft der DDR integriert hielten.[188] Eine Folge davon war, daß sie nicht mehr als eigene Bevölkerungsgruppe gezählt wurden und in den verschiedenen Statistiken keine eigene Kategorie mehr bildeten.[189] Dies verhindert auch eine wenigstens annähernde Quantifizierung ihres Anteils an den Republikflüchtigen. Dennoch wird bis 1961 immer wieder davon berichtet, daß die „Umsiedler" häufiger in den Westen gingen als der Rest der Bevölkerung der DDR.[190] Dies schien den Berichterstattern von SED und Polizei vor allem drei Umständen geschuldet zu sein: Zum ersten waren die Zugezogenen in ihren Städten und Kreisen weniger verwurzelt als die Altbevölkerung. Als weiterer Grund wurden oft Organisations- und Kommunikationsnetze der Vertriebenen erwähnt. Neben den in Ost und West verstreuten Familien tauchen in diesem Zusammenhang vor allem Kirchengemeinden auf, die in der DDR als Knoten in den informellen Umsiedlernetzwerken wirkten, sowie die westdeutschen Landsmannschaften, deren Aktivitäten in der DDR zwar untersagt waren, aber nicht vollständig unterbunden werden konnten.[191] Zum dritten belegte die Weiterwanderung der „Umsiedler" in den Augen der Berichterstatter den starken Einfluß der westdeutschen Politik: Vor allem die Bonner Lastenausgleichsgesetzgebung entfaltete eine starke Sogwirkung auf die „ehemaligen Umsiedler" und wurde immer wieder als Beleg für die staatlich organisierte Abwerbung angeführt.[192] Eine weitere Personengruppe, die fluchtanfälliger erschien als der Bevölkerungsdurchschnitt, waren die Rückkehrer aus Westdeutschland, die ebenfalls häufig ihre alten heimatlichen Wurzeln verloren hatten. Viele von ihnen wurden bis 1961 weder in Ost- noch in Westdeutschland langfristig ansässig, sondern wechselten wiederholt ihre Wohnorte und gerieten als unberechenbare Größe in Ost wie West häufig in den Verdacht, asozial oder kriminell zu sein.[193]

---

[187] Zahl der bis Oktober 1948 in die SBZ gekommenen Vertriebenen nach Wille, Die Vertriebenen (2000), S. 203.
[188] Vgl. dazu Wille, SED und „Umsiedler" (1999); Schwartz, Vertriebene (2004).
[189] In der Bundesrepublik stellte sich die Frage, ob die Menschen, die nach 1945 nur einige Jahre in der DDR gewohnt haben, zu den Auswanderern gezählt werden sollten (Heidemeyer, Flucht und Zuwanderung [1994], S. 41 f.). Auch in der DDR wurden natürlich diejenigen nicht mitgezählt, die sich – etwa nach der Kriegsgefangenschaft in der UdSSR oder als Spätaussiedler – aus Osteuropa auf dem Landweg durch die SBZ/DDR direkt in die Bundesrepublik begaben bzw. von den SBZ-Organen sofort dorthin weitergeleitet wurden. Zur Weiterwanderung von Vertriebenen vgl. Heidemeyer, Vertriebene als Sowjetflüchtlinge (2000); Zank, Wirtschaft und Arbeit (1987), S. 150 f.
[190] Vgl. z.B. BArch DO 1/11, Nr. 962, Bl. 137 ff., hier Bl. 139; BArch DO 1/11, Nr. 963, Bl. 100–130, hier Bl. 122; BArch DO 1/11, Nr. 967, Bl. 37–60, hier Bl. 39 f.; BArch DO 1/11, Nr. 967, Bl. 37–60, hier Bl. 42; „Methoden der Abwerbung von Bürgern der DDR" (BArch DO 1/34, Nr. 21724); MdI HA Innere Angelegenheiten, Analyse der Republikfluchten in der Landwirtschaft, 12. 5. 1960, „Vertrauliche Dienstsache Nr. 41/60" (BArch DO 1/34, Nr. 21718).
[191] Zu Kirchen und Landsmannschaften: BArch DO 1/34 Nr. 21724: „Methoden der Abwerbung von Bürgern der DDR"; „Bericht über die Republikflucht aus der Deutschen Demokratischen Republik für die Zeit vom 1. 1. 1954 bis 31. 12. 1955", BArch DO 1/11 Nr. 963, Bl. 100–130, hier Bl. 122; „Thesen zur Analyse über Rückkehrer und Zuziehende aus Westdeutschland und Westberlin" von Anfang 1961, o.D., BArch DO 1/11 Nr. 967, Bl. 26–33, hier Bl. 32; Informationsbericht über die Republikflucht der Lehrer im Monat August 1960" (BArch DO 1/34, Nr. 21720); MdI HA Innere Angelegenheiten, Analyse der Republikfluchten in der Landwirtschaft, 12. 5. 1960 (BArch DO 1/34, Nr. 21718).
[192] Zum Lastenausgleich vgl. neben den o.g. Dokumenten den Bericht vom 13. 2. 1961 (BArch DO 1/11 Nr. 967, Bl. 37–60, hier Bl. 39 f.); Heidemeyer, Flucht und Zuwanderung (1994), S. 262 ff.
[193] Vgl. beispielhaft MdI HA Innere Angelegenheiten, Analyse der Republikfluchten in der Landwirtschaft, 12. 5. 1960 (wie oben); Schmelz, West-Ost-Migranten (1999), S. 101–104. Zum Kriminalitätsvorwurf an Rückkehrer und Zuziehende vgl. auch Röhlke, Entscheidung (2005), S. 108 f.

4.3 Erklärungen

Die Analyse der Fluchtgründe beschränkte sich in den meisten offiziellen Berichten auf phänomenologische Beschreibungen. Nur selten thematisierten oder konkretisierten sie die Verantwortung für einzelne Fluchten oder für den Anstieg der gesamten Abwanderung. Statt dessen reproduzierten alle SED-nahen Berichte zwei immer wiederkehrende Erklärungsmodelle, die in die allgemeinen Schemata der politischen Rhetorik in der DDR paßten. Sie lieferten scheinbar vollständige Erklärungen für das existenzbedrohende Problem der DDR, ohne dabei zur Sprache zu bringen, daß erst nennenswerte Veränderungen der gesellschaftspolitischen Grundlagen der DDR und eine starke Beschränkung der SED-Herrschaft dem Problem hätten Einhalt bieten können: Mit dem ersten Schlagwort „Bürokratismus" individualisierten die Berichterstatter die Verantwortung für die Fluchtbewegung, indem sie das Fehlverhalten einzelner Funktionäre überbetonten, während sie beim zweiten die Schuld in den Westen externalisierten, dessen wichtigstes Kampfmittel gegen die DDR die systematische Abwerbung von Arbeitskräften sei.

Das Schlagwort des „*Bürokratismus*" führten Parteivertreter bereits seit den vierziger Jahren im Mund, wobei die Stoßrichtung der Kritik variierte. Fast immer richtete sie sich gegen administrative Tätigkeiten, die als zu eigenständig empfunden wurden, weil sie sich an verwaltungstechnischen Regeln orientierten, die dem aktuellen politischen Interesse der SED zuwiderliefen. Das Schlagwort diente – wie bereits in der NS-Zeit – vorwiegend als Chiffre für die ungenügende Anpassung von Verwaltungsstellen an die politischen Autoritäten und ihre tagesaktuellen Forderungen, die einem verwaltungstechnisch korrekten Ablauf widersprachen. Im Rahmen der Bekämpfung der Republikflucht äußerten die – ebenfalls in bürokratischen Apparaten angesiedelten – Berichterstatter ihren Unmut über „Bürokratismus" meistens hinsichtlich der langatmigen und rigiden Auslegung von einschränkenden Bestimmungen, die sich zuungunsten von Antragstellern auswirkten. Das beliebteste Adjektiv, um diese Kritik zusammenzufassen, war „herzlos". In unzähligen Berichten taucht es als Vorwurf gegen Mitarbeiter auf, die nicht ausreichend auf die Belange der Antrag- und Bittsteller eingegangen seien und diese zum Teil erst dadurch in den Westen getrieben hätten: So gebe es „zwischen unserem volksdemokratischen Staat und seiner Politik und den Bürgern" zwar „keinen Widerspruch, [...] durch überhebliches, bürokratisches und herzloses Verhalten von Staats- und Wirtschaftsorganen" sei das Verhältnis aber gestört.[194] Das Sekretariat des ZK kritisierte am 31. Mai 1961 „Überspitzungen und herzloses Verhalten gegenüber den Menschen"[195] und auch das Politbüro stieß im Juni 1961 bei der Suche nach den Hauptursachen für die Republikflucht auf das „herzlose[], bürokratische[] Verhalten einzelner Funktionäre im Staatsapparat"[196] Um die Individualisierung dieser Fehler zu unterstreichen und um zu zeigen, daß die zu formale Arbeitsweise nichts mit den politischen Entscheidungszentren und den seit 1945 geschaffenen gesellschaftlichen Strukturen zu tun hatte, formulierten die entsprechenden Berichte häufig auch deutliche persönliche Vorwürfe gegen die einzelnen Mitarbeiter, sich etwa als

---

[194] Einsatzplan der Brigade im Bezirk Halle von 1961 (SAPMO-BArch DY 30/IV 2/13/169, Bl. 1–8, hier Bl. 2).
[195] SAPMO-BArch DY 30/J IV 2/3-740, Bl. 4–82, hier Bl. 63, 71 f.
[196] SAPMO-BArch DY 30/J IV 2/2/775, Bl. 12–98, hier Bl. 49.

„kluge Lehrmeister" oder „als ‚Chefs' auf[zu]spielen" und „ein spießerhaftes Leben [zu] führen".[197]

Da die Regierung zu verschiedenen Zeiten aber unterschiedliche Maße an politischer Großzügigkeit zuließ, hatten die kritisierten Verwaltungsmitarbeiter der Polizei und der Abteilungen für Innere Angelegenheiten wechselhaften Anforderungen zu entsprechen, die nur selten präzise formuliert waren. So wirkte die Kritik an ihrer zu pedantischen Arbeitsweise häufig vorgeschoben, da sie den Individuen eine viel größere Kompetenz und Verantwortung unterstellte, als ihnen im politisch-administrativen Apparat der DDR zukam. In den Zeiten der Liberalisierung konnten zwar eindeutige Forderungen formuliert werden – so wies die Bezirkspolizeibehörde Schwerin ihre nachgeordneten Ämter etwa im Sommer 1953 angesichts des ‚Neuen Kurses' an, die „schleppend[en]" Verfahren bei der Ausgabe von Interzonenpässen zu beschleunigen und dabei „unbürokratisch vorzugehen"[198] – sobald aber restriktivere Bestimmungen erlassen wurden, verlangten die übergeordneten Instanzen von den zuvor als „herzlos" beschimpften Mitarbeitern die Durchsetzung der harten Linie, ohne aber die daraus folgenden Konflikte vor Ort zu berücksichtigen. So mußten die Behördenmitarbeiter gegenüber der Bevölkerung für Entscheidungen eintreten, die sie nicht selbst beeinflussen konnten. Als die Regierung in Ost-Berlin beispielsweise kurz vor der Weihnachtsreisezeit Ende 1957 das Paßgesetz verschärfte und die Reisemöglichkeiten radikal einschränkte, wurde von vielen Behördenmitarbeitern „bemängelt, daß eine Aufklärung in der Presse nicht erfolgt ist. [...] Nach Angaben der Referatsleiterin sollen solche Diskussionen aufgetreten sein, daß, wenn diese Maßnahmen beibehalten werden, es bald einen zweiten ‚17. Juni' geben wird. Teilweise nehmen die Besucher – je nach Temperament – eine aggressive Haltung ein, indem sie mit Stühlen und Krückstöcken die Mitarbeiter bedrohen, bzw. ihre eigenen Stücke vor Wut zerschlagen. Zusammenfassend muß gesagt werden, daß die Arbeit für die einzelnen Mitarbeiter außerordentlich schwierig ist, da sie nicht die Zeit haben, sich individuell mit jedem Besucher zu beschäftigen und ihnen den Sinn auseinander setzen können. Im Prinzip sind die Mitarbeiter froh, wenn sich ein Besucher recht schnell zufrieden gibt und den Raum verläßt."[199] Auch in Karl-Marx-Stadt wünschte sich die Abteilung Innere Angelegenheiten „eine offensive Auseinandersetzung über die Verwerflichkeit von Reisen in die NATO-Staaten", denn „das Ausweichen vor offenen und ehrlichen Auseinandersetzungen mit Betriebsangehörigen über Reisen in die NATO-Staaten gibt Anlaß zu berechtigten Verärgerungen der Antragsteller."[200] In vergleichbare Situationen wie die Verwaltungsmitarbeiter gerieten auch politisch übereifrige Genossen durch die Ost-Berliner Grenz- und Reisepolitik, wenn sie bei Diskussionen den Ärger von Betroffenen auf sich zogen: „In einem anderen Falle führte ein Radarspezialist in einer politischen Diskussion Zitate von Schopen-

---

[197] PB-Beschluß vom 18.12.1956 über Parteiarbeit im Kreis Magdeburg (SAPMO-BArch DY 30/ J IV 2/2/519, Bl. 32-37).
[198] Im gleichen Fernschreiben vom 3.7.1953 teilte die BDVP Schwerin allen VPKÄ-Leitern noch verschiedene Richtlinien für einen freundlicheren und hilfsbereiten Umgang mit den Antragstellern mit (LAS BDVP Schwerin 13, Nr. 85, Bl. 3).
[199] „Aktenvermerk. Bei der Abteilung Innere Angelegenheiten des Rates der Stadt Weimar ist besonders zu den Weihnachtsfeiertagen seit Mitte November ein sehr starker Andrang von Besuchern zu verzeichnen" (BArch DO 1/34, Nr. 21725).
[200] Rat des Bezirkes Karl-Marx-Stadt, Abt. für Innere Angelegenheiten, Strobel, Leiter der Abteilung am 31.5.1958: „Ratsvorlage zum Tagesordnungspunkt 4 der Ratssitzung vom 4.6.1958" (BArch DO 1/34, Nr. 21725).

hauer an. Ihm wurde hierzu erwidert, daß Meinungen solcher Reaktionäre keine Gültigkeit hätten. Der Intelligenzler darüber in Wut geraten, bezeichnete daraufhin den Genossen als ‚plattfüssigen Judenlümmel' und verließ die Deutsche Demokratische Republik."[201]

Trotz der häufig unberechtigten Kritik an „herzlosen" Behördenmitarbeitern traf der Vorwurf des Bürokratismus auf viele Ämter der DDR zu, in denen die Bürger in obrigkeitsstaatlicher Manier abgefertigt wurden, ohne beispielsweise Erklärungen für ablehnende Bescheide zu erhalten. Darin glich die Kritik am Bürokratismus den dauernden Behauptungen von der westlichen *Abwerbung* in den Berichten der DDR-Organe: So wie es tatsächlich schikanöse Behördenmitarbeiter gab, so leugnete auch niemand die zahlreichen westlichen Versuche, Bürger der DDR zum Umzug in die Bundesrepublik zu animieren.[202] Zahlreiche Faktoren spielten bei den Abwerbungen eine Rolle, wobei sie zunehmend leichter fielen, je mehr die Spanne zwischen west- und ostdeutscher Prosperität anwuchs. Im Schriftgut der DDR-Behörden zur Republikflucht bildet die Abwerbung durch den Westen eine der am häufigsten verwendeten Erklärungen. Das stärkste Argument für den Weg in den Westen, seine wirtschaftliche Überlegenheit, blieb dagegen fast immer unerwähnt. Statt dessen konstruierten die Behördenschriftsteller zum Teil phantastisch anmutende Erklärungsmuster zum Thema Abwerbung, in denen selbst die offensichtlichsten Tatsachen nur noch schwer wiederzuerkennen waren.

Berufswechsel und geographische Mobilität waren seit vielen Jahrhunderten feste Bestandteile der europäischen Gesellschaften. In zahlreichen Berufssparten organisierte sich der fachspezifische Arbeitsmarkt überregional. Dies galt besonders für die Tätigkeiten, die eine akademische Ausbildung oder anderweitige Spezialkenntnisse voraussetzten, die nicht in allen Orten erlernt werden konnten. Aber auch für durchschnittlich qualifizierte Handwerker, Arbeiter und Angestellte war es in Deutschland seit langem denkbar, für eine neue Anstellung aus Rostock oder Hamburg nach München, Köln oder Dresden umzuziehen. Die eingeschränkte Mobilität nach Kriegsende und die Demarkationslinie zwischen der Ost- und den Westzonen schränkte solche Berufswechsel zwar ein, änderte aber nichts grundlegendes an der individuellen und kollektiven Wahrnehmung des gemeinsamen Arbeitsmarktes in ganz Deutschland westlich der Oder.[203] Trotz aller politischen Schwierigkeiten blieb dieser gesamtdeutsche Arbeitsmarkt tatsächlich bis 1961 bestehen.

Seit den ersten Vertreibungen und Enteignungen in der SBZ hatten sich Industrielle und andere Arbeitgeber erfolgreich darum bemüht, ihre Betriebe in einem westdeutschen Bundesland wiederaufzubauen. Dabei griffen sie häufig auf leitende Mitarbeiter und Spezialisten ihrer alten Firmen zurück.[204] Den Behörden der DDR waren solche Fälle

---

[201] Dombrowsky HVDVP, Leiter der HA K, am 13. 7. 1955: „Kriminalpolizeiliche Analyse über Republikfluchten, Rückkehrer und Neuzugänge" (BArch DO 1/11, Nr. 708, Bl. 18–34, hier Bl. 21). Wie sich solche Auseinandersetzungen bis zur Westflucht steigern konnten, zeigt auch der Fall des Dekans der veterinärmedizinischen Fakultät der Karl-Marx-Universität Leipzig und Nationalpreisträgers Prof. Dr. Dedié (BArch DO 1/11, Nr. 964, Bl. 231).
[202] Für realistische und relativ glaubwürdige Beispiele solcher „Abwerbungen" vgl. BStU ZA, MfS-ZAIG, Nr. 161 und Nr. 431 (Ärzte).
[203] So war für die meisten DDR-Bürger Republikflucht auch „kein Verrat an der DDR, sondern nur ein geographischer Arbeitsplatzwechsel" (Ideologische Probleme und Argumente unter den Angehörigen der Intelligenz, o.V., 1. 11. 1960, BStU ZA, MfS-SdM, Nr. 1228, Bl. 280).
[204] Hefele, Die Verlagerung (1998). Nach Chefinspekteur der VP Seifert unternahmen „die ehemaligen Besitzer unserer volkseigenen Betriebe, die größtenteils in Westdeutschland wieder gleichartige Betriebe besitzen, alles [...], um Fachkräfte abzuwerben" (am 6. 7. 1956 an das ZK, Dok. 17).

zum Teil namentlich bekannt. So wies die Hauptabteilung für Innere Angelegenheiten die Hauptabteilung Betriebsschutz 1957 auf einen Fall aus Karl-Marx-Stadt hin, wo westdeutsche Besucher ihre ehemaligen Kollegen aus der Textilindustrie abwarben: Der ehemalige Unternehmer B. habe in Lörrach eine neue Weberei aufgebaut und drei Jahre zuvor „etliche Meister" aus den Betrieben der ‚Palla', einem Textilbetrieb in St. Egidien zwischen Zwickau und Chemnitz, abgeworben. Einer der Meister sei „vor einigen Wochen" zu einem längeren Besuch in Meerane, einem Ort bei Zwickau gewesen und habe Arbeiter privat zu seinen Eltern eingeladen. Daraufhin hätten zwei der besten Arbeiterinnen ihren Urlaub in Lörrach verbracht und seien nicht zurückzukommen, sondern arbeiteten nun bei B.[205] Es wurde auch über Briefe, Geschenkpakete und Empfehlungsschreiben an Spezialisten mit dem gleichen Ziel, kompetente Arbeiter in den Westen zu holen, berichtet, die zum Teil recht erfolgreich gewesen sein müssen: „Im Kreise Forst, Bezirk Cottbus, hat der ehemalige Tuchfabrikant Hentzschke nach seinem jetzigen Betrieb in Iserlohn[206] schon so viele Arbeiter abgezogen, daß man dort, wenn man von Iserlohn spricht, dieses Klein-Forst nennt."[207] Zahlreiche dieser Abwerbungsgeschichten beziehen sich auf Fälle aus großen Konzernen, deren westliche Produktionsstandorte für viele Mitarbeiter bald attraktiver wirkten als die in Ostdeutschland: So litt zum Beispiel in Jena der VEB Zeiß darunter, daß „in Westdeutschland im Pseudo-Betrieb [!] Zeiß viele Automatendreher gesucht werden".[208] Eine besonders große Anziehungskraft entfalteten die Firmen und Behörden, die ehemaligen Mitarbeitern ihre schon vor 1945 erworbenen Sonderrechte anerkannten. Dazu zählte die Wiederverwendung von ehemaligen Beamten der Deutschen Post und der Reichs- bzw. Bundesbahn mitsamt der im Artikel 131 des Grundgesetzes geregelten Großzügigkeit gegenüber ehemaligen NSDAP-Mitgliedern und der Fortbestand von „vor 1945 entstandenen Versorgungsansprüchen" und die Gültigkeit von „mit dem Zusammenbruch erloschene[n] Lebensversicherungen". Zur Begründung seines Ausreiseantrages und in Erwartung entsprechender Leistungen legte ein ehemaliger Eisenbahner den Behörden in Luckau sogar das entsprechende „Merkblatt über den Versorgungsanspruch von Angehörigen der Deutschen Reichsbahn bzw. früheren Beamten" vor.[209]

Die Grundlage dieser Berufswechsel bildeten meistens normale freundschaftliche, familiäre oder kollegiale Kontakte, über die entsprechende Informationen weitergegeben wurden. Solche Netzwerke bestanden seit langem unabhängig von politischen Anschauungen oder wurden zur Linderung der Kriegsfolgen geknüpft. Zum Beispiel bemühten sich ehemalige Bürger von Demmin darum, ein Adressenverzeichnis aller ehemaligen Schüler der höheren Schule Demmins zusammenzustellen, wozu sie auch Briefe in die

---

[205] MdI, HA Innere Angelegenheiten, Abt. I am 15.11.1957 an BA Betriebsschutz (BArch DO 1/34, Nr. 21725).
[206] Gemeint ist die Firma Henschke und Co. (heute Hänsel Textil), die 1947 nach Iserlohn im Sauerland (Nordrhein-Westfalen) übersiedelte. Für diesen Hinweis danke ich Tim Peters.
[207] Aus einem Bericht von 1955 über die Republikflucht (Dok. 15). Dort werden noch weitere Fälle aus verschiedenen Branchen aufgezählt: „Das sind die Beispiele, wie sie sich in allen Bezirken mehr oder weniger bemerkbar machen, nur zum Teil noch nicht bekannt sind."
[208] VP Seifert am 6.7.1956 an das ZK (Dok. 17). Anschaulich auch der Fall der drei führenden Chemiker der Wofatit-Forschung aus Wolfen, die zu Bayer-Leverkusen gegangen sein sollen (BArch DO 1/34, Nr. 21725) und der Wechsel von zahlreichen Mitarbeitern der Fernmeldeämter in Leipzig zum „Siemens & Schuckert Konzern" (BArch DO 1/34, Nr. 21724: „Methoden der Abwerbung von Bürgern der DDR" von etwa 1960/61).
[209] BArch DO 1/34, Nr. 21724: „Methoden der Abwerbung von Bürgern der DDR" von etwa 1960/61.

DDR verschickten und am 31. Januar 1959 einen Artikel in der ‚Pommerschen Zeitung' abdruckten.[210] So wie das ZK solche Aktivitäten gegenüber dem Chef der Deutschen Volkspolizei (DVP), Maron, als Abwerbung interpretierte, so verstand auch die Polizei selbst ein einfaches Fußballturnier in Westdeutschland, in dessen Folge drei Mitarbeiter republikflüchtig wurden, als Angriff auf die DDR, weil ein mittelständischer Unternehmer die ostdeutsche Delegation aus dem alten Betrieb in der DDR durch „hohe Geld- und Sachspenden" beeinflußt habe.[211] Ähnlich interpretierten die Berichterstatter alle weiteren deutsch-deutschen Kontakte, egal ob es sich um familiäre oder freundschaftliche Privatbesuche, um Treffen mit ehemaligen Kollegen, um den Besuch von Fachtagungen, um Briefkontakte oder einfach nur um Urlaubsgrüße auf Postkarten handelte[212] oder um öffentliche Veranstaltungen wie die ‚Grüne Woche' in Berlin, um „illegal eingeschleuste Schundliteratur" oder um den westlichen Rundfunk, wobei die „Schlagerparade" von „Radio Luxemburg eine besondere Rolle spielt[e]".[213]

Tatsächlich verfügten die meisten Flüchtlinge vor ihrem Weggang schon über Informationen aus dem Westen und über Kontakte dorthin, die ihren Neuanfang erleichterten.[214] Trotz der zunehmenden Hindernisse und Verbote in der deutsch-deutschen Kommunikation konnten die DDR-Organe den Austausch solcher Informationen nicht stoppen. Angesichts ihrer Hilflosigkeit entwickelten sie – im internen Schriftgut ebenso wie in den Medien – ein rhetorisches Feuerwerk gegen die allgegenwärtige „Abwerbung", das den Westen so darstellte, als existiere er einzig dazu, um der DDR ihre Bürger abspenstig zu machen. „Die Republikflucht wird von Bonner Stellen planmäßig organisiert und von ihnen als ein wesentliches Mittel zur Weiterführung des ‚kalten Krieges' betrachtet." Das „Kaiserministerium" arbeite „mit den verschiedenen Ost- und Spionagebüros nach einem einheitlichen Plan" und betrachte „als das Hauptmittel die Ausnutzung der gegenwärtigen Wirtschaftskonjunktur in Westdeutschland".[215] Aufgrund der erwähnten Erklärungsnot

---

[210] MdI HA Innere Angelegenheiten, Analyse der Republikfluchten in der Landwirtschaft, 12. 5. 1960, „Vertrauliche Dienstsache Nr. 41/60" (BArch DO 1/34, Nr. 21718).
[211] BArch DO 1/11, Nr. 962, Bl. 161 f.
[212] Vgl. z.B. BArch DO 1/11, Nr. 964, Bl. 91; MdI, HA Innere Angelegenheiten, Abt. I am 15. 11. 1957 an BA Betriebsschutz (BArch DO 1/34, Nr. 21725); der Leiter der HA Innere Angelegenheiten im MdI kritisierte am 21. 1. 1958, daß im Obertrikotagenwerk Eichsfeld im Zimmer des Kaderleiters und an vielen anderen Stellen für jedermann zugänglich Postkarten von Republikflüchtigen hingen (BArch DO 1/34, Nr. 21725).
[213] „Methoden der Abwerbung von Bürgern der DDR" (BArch DO 1/34, Nr. 21724). Der Werbewirksamkeit eingeführter Westautos gleich verurteilte die Polizei es auch, wenn sich jugendliche Republikflüchtige mit ihrem Motorrad vor ihren ehemaligen Betrieben zeigten (Dok. 17).
[214] Zahlreiche Hinweise hierzu finden sich in den Akten von HVDVP und MdI. Vgl. z.B. „Informationsbericht über die Republikflucht der Lehrer im Monat August 1960 (BArch DO 1/34, Nr. 27120), in der darauf hingewiesen wird, daß „[f]ast alle der flüchtigen Lehrer [...] in Westdeutschland Verwandte bzw. Bekannte [hatten], die zum großen Teil vorher republikflüchtig wurden". Bei einer flüchtigen Lehrerin wurde der Brief einer zuvor republikflüchtig gewordenen Kollegin gefunden, in dem Fluchtweg und Notaufnahmeverfahren erläutert wurden; HA Schutzpolizei, Strieder, berichtet am 3. 4. 1958 an HVDVP (Dombrowsky) von mehreren Fällen, bei denen Studenten, von denen Angehörige republikflüchtig geworden waren, diesen später nachfolgten (BArch DO 1/11, Nr. 403, Bl. 84). Häufig wurden Ehefrauen für die Vorbereitung von Republikfluchten verantwortlich gemacht: Die ZKSK (Trotz) berichtete am 17. 10. 1960 an den Stellvertreter des Ministers des Innern, Grünstein, von 56 Familien, die im 1. Halbjahr 1960 aus dem Kreis Borna geflüchtet waren, wobei „in diesen Fällen die Frauen meist die Vorbereitungen getroffen haben. Sie waren vorher ein- bis zweimal in Westdeutschland zu Besuch und konnten somit die Flucht systematisch vorbereiten." (BArch DO 1/34, Nr. 21725).
[215] Politbüro des Zentralkomitees am 19. 6. 1956 (Dok. 16).

vieler Behördenmitarbeiter gegenüber reise- und ausreisewilligen Bürgern entwarf das Innenministerium Anfang der sechziger Jahre eine „Argumentation über die Probleme der Republikfluchten und des Reiseverkehrs", in der NATO, Bundesrepublik und USA für die Auswanderung aus der DDR verantwortlich gemacht und die Flüchtlinge als Lückenfüller für die westlichen Spionageorganisationen dargestellt wurden, weshalb die Notaufnahmestelle in Berlin-Marienfelde „heute kein Flüchtlingslager mehr [sei], sondern eine große im Rahmen des Kalten Krieges raffiniert aufgezogene Spionagezentrale". Fast alle westlichen Medien, vor allem aber der RIAS, mutierten zu „Agentenzentralen" und Bonn zum Zentrum der „Menschenhändler".[216] Jeder westdeutsche Einfluß auf die DDR, egal ob konkrete Stellenangebote westdeutscher Firmen an Bürger der DDR oder Bonner Gesetze, die ohne Rücksichtnahme auf den kleineren deutschen Staat erlassen worden waren, diente angeblich nur einem Zweck, nämlich der Abwerbung zur Destabilisierung der DDR. Anders als die Bevölkerung, die noch stark in nationalen, nämlich gesamtdeutschen Kategorien dachte,[217] orientierten sich die offiziellen Berichte immer stärker an der Systemloyalität. Dadurch gerieten im Laufe der fünfziger Jahre selbst Besuche von Familienangehörigen im Westen immer stärker in den Verdacht, keine verwandtschaftlichen, sondern verdeckte politische Ziele zu verfolgen: „Daß heißt, daß [...] eine Reise nach Westdeutschland heute oft mehr einer westlichen Orientierung wegen geschieht und allgemein gar nichts mehr mit der Aufrechterhaltung normaler verwandtschaftlicher Beziehungen zu tun hat."[218]

Tatsächlich konnten die Polizei und andere DDR-Behörden ihre vehemente Rhetorik gegen die Abwerbung, die sie mit zum Teil drastischen und öffentlichkeitswirksam inszenierten Strafprozessen unterstrichen,[219] nur äußerst selten mit konkreten und glaubhaften Beispielen belegen. Interne Berichte nannten nur sehr geringe Zahlen direkter Abwerbung[220] und gaben zuweilen sogar – wie etwa für das Farben-Werk in Wolfen – offen zu: „Konkrete Fälle der Abwerbung sind nicht bekannt geworden."[221]

Die Hilflosigkeit der DDR-Organe im Kampf gegen den Massenexodus korrespondierte mit der oberflächlichen Wahrnehmung des Phänomens in den offiziellen Berichten. Neben der Individualisierung der Verantwortung für die Republikflucht im Fehlverhalten einzelner Funktionsträger in Staat und Partei verdichtete die SED ihre ‚Erklärung' der Republikflucht – und all ihre Aversionen gegen den Westen – in dem Begriff der Abwerbung. Damit externalisierte sie die Verantwortung für die Republikflucht und nahm die gesamte Bundesrepublik als monolithisch geschlossenen Block wahr. Wie die SED ihre Kompetenzkompetenz für praktisch alle Lebensbereiche in der DDR reklamierte, so stell-

---

[216] BArch DO 1/34, Nr. 21724.
[217] Entsprechende Zitate aus dem letzten Jahr vor dem Bau der Mauer bei: Major, Torschlußpanik (2000), S. 233 f.
[218] „Die Aufgaben der Volkspolizei im Kampf gegen die Republikflucht, bei der Regelung des innerdeutschen Reiseverkehrs und der Überwachung der Rückkehrer und Zuzüge" von Ende 1957 (BArch DO 1/11, Nr. 558, Bl. 78–101, hier Bl. 80).
[219] „Bericht über die Republikflucht aus der Deutschen Demokratischen Republik für die Zeit vom 1. 1. 1954 bis 31. 12. 1955" (BArch DO 1/11, Nr. 963, Bl. 100–130, hier Bl. 114–118): Seit Ende 1955 auch verstärkter Kampf gegen Abwerbung: Mehr strafrechtliche Verfahren: „Im IV. Quartal 1955 stiegen durch die Durchsetzung des Befehls 59/55 des Chefs der DVP die Verfahren gegen Abwerber auf 349 an, nachdem es in den ersten drei Quartalen des Jahres 1955 nur 59 waren."
[220] BArch DO 1/11, Nr. 708, Bl. 10–13.
[221] SPK, Chemiekaderkommission, am 28. 7. 1960 (BArch DO 1/34, Nr. 21725).

te sie sich auch den Westen vor. Die nur begrenzte Durchdringung der westdeutschen Gesellschaft durch die Bonner Politik und die Eigenständigkeit verschiedener gesellschaftlicher Subsysteme, allen voran der Wirtschaft und der Wissenschaft, die besonders viele Menschen in den Westen zogen, paßten nicht in das kommunistische Bild von der Welt und ihren Gesetzen.

Zusammenfassend läßt sich feststellen, daß die offizielle Ost-Berliner Wahrnehmung der Republikflucht zwar den kontinuierlichen Schwund der öffentlichen Akzeptanz feststellte, sich dabei aber weitestgehend auf die individuellen Motive konzentrierte. Die von der SED verantworteten politischen und wirtschaftlichen Strukturen fanden dagegen wenig Beachtung, weil die Berichterstatter es vermieden, die Grundlagen der sowjetisch gestützten SED-Herrschaft als Ursache für die in der DDR-Bevölkerung verbreitete Unzufriedenheit zu thematisieren. Die Archivbestände von CDU und LDPD zeigen die gleiche Tendenz: Obwohl beide Parteien äußerst genau darüber Buch führten, wann welche ihrer Mitglieder die DDR verließen, finden sich – abgesehen von wenigen Ausnahmen[222] – keine qualifizierenden Berichte und Analysen über den Massenexodus. Die bürgerlichen Parteien vermieden das Thema, da die Ursachen sowieso klar waren, eine eingehende Beratung und Erläuterung aber ihr Verhältnis zur hegemonialen Partei belastet hätte. Damit umgingen sie es, sich für die Konfrontation mit der Partei- und Regierungsspitze oder für politisch linientreue, aber analytisch fehlerhafte Berichte entscheiden zu müssen.

Damit einher ging ein zweifaches systematisches Desinteresse der gleichen Institutionen: Obwohl die SED mit dem Bau der Berliner Mauer – trotz aller Rhetorik über ihre angebliche Schutzwallfunktion – die existentielle Bedrohung der DDR durch den Exodus eingestanden hatte, fehlen bis zu dieser Zeit eingehende Analysen über die Auswirkung der Fluchtbewegung auf die Gesellschaft der DDR. Für einzelne Berufsfelder wurden die personellen Verluste zwar aufgezählt, die Bedeutung für die gesamte DDR, vor allem aber die volkswirtschaftlichen Verluste wurden in den Führungsgremien von Partei und Staat weitgehend ausgeblendet. Die Hinweise auf die destruktiven Auswirkungen der Abwanderung in einzelnen Branchen faßten weder die Beobachter noch die Entscheidungsträger in Ost-Berlin systematisch zusammen. Die volkswirtschaftliche Bedrohung durch die Fluchtbewegung, die jeder Zukunftsrhetorik den Boden entzog, durfte anscheinend nicht empirisch gestützt untersucht werden. Erst aus den Jahren nach 1961 finden sich Berechnungen über die abwanderungsbedingten Verluste,[223] mit denen die Ökonomen der DDR aber weniger auf die Probleme des Massenexodus als auf die Legitimität des Mauerbaus hinweisen wollten.

Das zweite Thema, das seitens des Regimes nicht genauer untersucht und erläutert wurde, war das Bedauern, das zahlreiche Flüchtlinge über ihren Weggang äußerten. In zahlreichen Abschiedsbriefen, die in die Hände von Mitarbeitern der Polizei und anderer Behörden der DDR gerieten, äußerten Ärzte, Lehrer, Arbeiter, Studenten, Ingenieure und andere Flüchtlinge, daß sie die DDR, ihre Heimatstadt oder -region und vor allem ihren angestammten Arbeitsplatz nur ungern verließen. So verließen zahlreiche geflüchtete

---

[222] Eine Ausnahme bildet die Ergänzung zur Sekretariatsvorlage vom 7.11.1960: „Republikflucht aus Kreisen der Intelligenz" (ADL, LDPD, L3-92).
[223] SED-Hausmitteilung Dr. Mittag an Ulbricht: „Einschätzung der Verluste, die der Volkswirtschaft durch Abwerbung von Arbeitskräften entstanden sind." SAPMO-BArch NY 4182, Nr. 972, Bl. 88-93. Vgl. dazu auch Hoffmann, Lenkung des Arbeitsmarkts (1999), S. 73.

Lehrer die DDR in den Schulferien, um ihren Schülern einen regulären Jahresabschluß zu ermöglichen,[224] und vor allem Akademiker sahen die Abwanderung häufig nur als „letztes Instrument beruflicher Selbstbehauptung".[225] Häufig versuchten Flüchtlinge mit ihrem Abschied noch Einfluß auf den Arbeitsplatz zu nehmen und gaben Hinweise auf die – in zahlreichen Besprechungen schon erwähnten – fehlerhaften Strukturen etwa in den Fabriken und Krankenhäusern, in denen sie gearbeitet hatten. Einige bemühten sich sogar, einen Teil ihres Privatbesitzes zu überschreiben; besonders offenherzig und engagiert zeigte sich dabei ein Kinder-Oberarzt:[226] „Ich gehe nicht leicht. Ich verlasse meine Eltern und einen großen Freundeskreis und meinen verehrten Chef, meine mir sehr am Herzen liegende Klinik und nicht zuletzt viele gute Kerle mancherlei Orts. Aber ich habe mich darüber hinweggesetzt, weil ich meine Arbeitskraft nicht sinnlos vergeuden möchte [...]. In diesem Zusammenhang möchte ich Sie, verehrter Herr Kreisarzt, um etwas bitten. Sie kennen die Möbelnot unserer Klinik. Ich möchte, daß mein Schlafzimmer und mein Herrenzimmer dazu verwendet wird, einige Zimmer einzurichten. [...] Ich habe meinem Chef im gleichen Sinne geschrieben und schenke die Möbel der Klinik aus Dankbarkeit für meine Ausbildungszeit."

Einige Flüchtlinge äußerten sogar ihre Sympathie zum politischen System der DDR und beklagten nur das Fehlverhalten einzelner Vorgesetzter[227] oder verwahrten sich gegen eine politische Instrumentalisierung in Ost- wie in Westdeutschland: So erklärte z. B. ein Arzt vor seiner Republikflucht, „daß er mit dem Aufbau des Sozialismus nicht mehr zu Recht kommt; da er mit dem System in Westdeutschland nicht einverstanden ist, will er nach Ghana gehen."[228] In Lehnin verabschiedete sich ein Arzt im August 1960 vom Ortspfarrer mit dem Hinweis, daß er aus seiner Abwanderung in die Bundesrepublik kein „politisches Kapital und sonstige Vergünstigungen schlagen" wolle: „Ich betone, daß uns niemand zwingt, die DDR zu verlassen, ich betone weiterhin, daß ich in der Bundesrepublik lediglich arbeiten und leben will und keinen Tag gesonnen bin, mir in Verleumdungen gegen die DDR zu gefallen."[229] Wie stark dabei die Grenze zwischen politischen und unpolitischen Fluchtgründen verwischte, zeigt die Klage einer Philosophiestudentin, die im Fach Marxismus-Leninismus öffentlich als „negatives Element" beurteilt worden war. Vor ihrer Flucht hatte sie ihren Antrag auf Exmatrikulation damit begründet, „daß sie den Anforderungen eines sozialistischen Studiums weder physisch noch psychisch gewachsen sei. Es sei ihr unmöglich, in der Atmosphäre des Mißtrauens zu lernen, zu leben und gemeinsam [...] zu studieren [...]. Die Republikflüchtige betont, daß für sie keine andere Mög-

---

[224] Vgl. z.B. Meyer, MdI HA Innere Angelegenheiten, am 8. 2. 1960 (BArch DO 1/34, Nr. 21720, „Aktenvermerk. Betr.: Ursachen der Republikfluchten der Lehrer im Januar 1960"), der diese saisonalen Aspekte allerdings nur auf die in den Ferienzeiten oberflächlicheren Kontrollen am Ring um Berlin zurückführt.
[225] Augustine, Frustrierte Technokraten (1996), S. 68. Vgl. ähnlich Ernst, Von der bürgerlichen zur sozialistischen Profession (1996), S. 28, und „Informationsbericht über die Republikflucht der Lehrer im Monat August 1960" (BArch DO 1/34, Nr. 21720) mit Hinweisen auf erklärende Briefe, die von Flüchtigen hinterlassen wurden.
[226] Abschiedsbrief des Kinder-Oberarztes Dr. med. Dieter P. vom 19. 10. 1960 (Dok. 33).
[227] Vgl. z.B. den Brief von Dr. Siegfried Schöll aus Freiburg/Br. vom 19. 3. 1955 an den Bevollmächtigten des MdI, Herrn Schulz-Bäumler in Naumburg (Saale) (BArch DO 1/34, Nr. 11800).
[228] BArch DO 1/11, Nr. 79, Bl. 134-167, hier Bl. 135, 139 f.
[229] 29. 8. 1960: Abschrift eines Abschiedsbriefes aus Wiesbaden von Dr. R.M. an den Pfarrer an seinem bisherigen Wohnort Lehnin (BArch DO 1/34, Nr. 21724).

lichkeit übrig blieb und dieser Schritt für sie keine weltanschauliche Entscheidung bedeute."[230] Ganz offensichtlich fehlte nicht nur den SED-nahen Berichterstattern eine Ahnung von den engen Verbindungen und starken Auswirkungen zwischen Politik und Privatleben, wenn die massive Einschränkung der akademischen Freiheit selbst von einer Studentin als Privatangelegenheit verstanden wurde.

SED und Polizei reagierten auf solche Äußerungen des Bedauerns, die keine generelle Ablehnung der DDR und ihrer Regierung bedeuteten, überhaupt nicht oder nur mit ritualisierten Maßnahmen zur Zurückgewinnung von Flüchtlingen. Diese beschränkten sich gewöhnlich auf Gespräche und Belehrungen sowie auf einzelne Versprechungen und Bekundungen des guten Willens, endeten – wenn einzelne Flüchtlinge tatsächlich zurückgekehrt waren – aber immer wieder in polizeilicher Überwachung und systematischem Mißtrauen. So wie viele Flüchtlinge es in Abschiedsbriefen ankündigten, verweigerte die offizielle DDR eine differenzierte Wahrnehmung der meistens vielschichtigen und vordergründig auch unpolitischen Fluchtmotive. Statt dessen bewertete sie jeden Weggang ausschließlich nach ihren antagonistischen Mustern von Gut und Böse bzw. Ost und West. Damit war die Fluchtbewegung aber weder exakt wahrzunehmen noch zu verstehen und schon gar nicht effizient zurückzudrängen. Erst mit ihrem übertriebenen Mißtrauen und ihren dichotomen Kategorien trieb die DDR viele Menschen in den Westen.

---

[230] Sekretariat für das Hoch- und Fachschulwesen, Sektor Kader: „Quartalsanalysen der Republikfluchten I. Quartal 1961", 11. 4. 1961 (BArch DO 1/34, Nr. 21721).

5. Zusammenfassung

Das Ende der massenhaften Flucht und Auswanderung aus der DDR ist bekannt: Als die Fluchtbewegung Anfang der sechziger Jahre wieder stark zunahm, ließen es die entscheidenden Kräfte auf der internationalen Bühne zu, daß die Führung der DDR West-Berlin einmauerte und damit das letzte Schlupfloch in die Bundesrepublik verschloß. Schwerbewaffnete Soldaten ersetzten die recht harmlosen Ost-Berliner Zöllner, die bislang eher „mit Steinchen Fußball" gespielt, „sich als Narren" aufgeführt und statt verdächtiger Personen und Autos lieber „jüngere[] weibliche[] Personen" kontrolliert hatten, „obwohl hierzu überhaupt kein Anlaß vorhanden war".[1] Wie im Westen der DDR gab es nun auch mitten in Berlin ein militarisiertes Grenzgebiet, das normale Bürger nur unter Todesgefahr betreten konnten.

Die Mauer unterband den Massenexodus, offenbarte aber gleichzeitig, daß die DDR der Konkurrenz aus dem Westen hoffnungslos unterlegen war. Gerade dieser rigorose Schritt im August 1961 weist auf die Grenzen der SED-Diktatur hin. Immerhin hatten seit 1945 etwa drei von weniger als 19 Millionen Einwohnern der SBZ/DDR ihrer staatlichen Obrigkeit den Gehorsam verweigert. Auch wenn die Flüchtlinge dank der deutschen Teilung ein Exil unter den denkbar günstigsten Bedingungen erwartete, blieb der illegale Weggang meistens mit einem Risiko und mit dem Verlust von Heimat, sozialen Bindungen und häufig auch von Eigentum verbunden. Daher zeigen Flucht und Abwanderung aus der DDR nicht nur, daß die nationale Einheit in den Köpfen der Menschen noch fortbestand; ebenso deutlich belegten sie die mangelnde Akzeptanz des Gesellschaftssystems der DDR durch die eigene Bevölkerung.

Opposition und Dissidenz wurden in den ersten Jahren der DDR selten offen artikuliert. Neben der zum Teil brutalen Unterdrückung von tatsächlichen und vermeintlichen politischen Gegnern lag dies vorwiegend an der offenen Grenze. Hirschman hat darauf hingewiesen, daß Abwanderung gewöhnlich ein individueller Akt ist, der ohne öffentliche Artikulation vonstatten geht. Jede Republikflucht zeigte die Kommunikationsunfähigkeit zwischen Regierenden und Regierten, zwischen Partei und Bevölkerung: Die meisten Menschen gingen heimlich, ohne ihre Gründe außerhalb des engsten privaten Kreises zu erläutern. Neben der Situation in der DDR war die Attraktivität des Westens die entscheidende Ursache der Flucht- und Abwanderungsbewegung. Selbst die SED-Führung konnte sich dieser deutsch-deutschen Konkurrenz nicht entziehen, so daß Ulbricht 1958 die Parole vom wirtschaftlichen „einholen und überholen" der Bundesrepublik innerhalb der nächsten drei Jahre ausgab.[2] Entscheidend für das wirtschaftliche Hinterherhinken der DDR waren die radikalen gesellschaftlichen Veränderungen in den 16 Jahren zwischen

---

[1] Wiederholt kritisierten DDR-Berichte die zu oberflächlichen Kontrollen in Berlin; Zitate aus: „Aktenvermerk über die Kontrolltätigkeit an der Sektorengrenze" vom 13. 2. 1958 (BArch DO 1/11, Nr. 406, Bl. 68) und „Zwischenbericht der Überprüfung der Dienstdurchführung an der Sektorengrenze durch die Bereitschaften des PdVP Berlin" vom 22. 4. 1959 (Dok. 11).
[2] Weber, Die DDR (2006), S. 51; Staritz, Geschichte der DDR (1996), S. 173 ff.

Kriegsende und Mauerbau. Dadurch blieben Regierung und SED die Zustimmung – selbst von vielen sozialen Aufsteigern wie den Hochschulabgängern aus traditionell benachteiligten Schichten – versagt. Gegen diese Unzufriedenheit mit den individuellen Möglichkeiten in der DDR bot die Bundesrepublik vielversprechende Perspektiven, die sich häufig mit der Hoffnung auf ein politisch und sozial ruhigeres Umfeld verbanden, in dem Arbeit und Privatleben ohne permanente politische Bezüge und öffentliche Bekenntnisse möglich sein würden.

Bis 1952 wurde die Abwanderung in den Westen in erster Linie als soziale Entlastung der Zusammenbruchsgesellschaft angesehen, durch die knappe Ressourcen wie Wohnung, Arbeit und Nahrung geschont wurden. In den ersten Nachkriegsjahren verließen viele Menschen die SBZ aufgrund unmittelbarer Kriegsfolgen, etwa wenn sie nach der Evakuierung in westliche Großstädte zurückkehrten oder einen Neuanfang im außereuropäischen Ausland wagten. Darüber hinaus flüchteten viele Menschen aus der SBZ/DDR in den Westen, die von Besatzungsmacht, KPD/SED oder regierungsamtlichen Stellen vertrieben oder durch Repressionsmaßnahmen und -drohungen indirekt zum Weggang animiert wurden, weil sie als Mitglieder der alten Eliten angeblich dem Aufbau des Sozialismus im Wege standen. Vor allem die Bodenreform, die Enteignungen und die Entnazifizierung richteten sich rücksichtslos etwa gegen Großgrundbesitzer, Industrielle und politische Gegner und zielten zum Teil direkt darauf, diese aus ihrer Heimat zu vertreiben. Eine ambivalentere Behandlung erfuhren viele Ärzte, Ingenieure und andere Mitglieder von Funktionseliten, auf deren Fachwissen und Arbeitskraft auch die neue politische Führung nicht verzichten konnte und wollte. Wie schon während der Entnazifizierung behandelte die SED diese Menschen mit einer gewissen Nachsicht und gewährte ihnen teilweise sogar schon früh wieder individuelle Privilegien, um sie in der SBZ/DDR zu halten – mit geringem Erfolg.

Trotz des geringen Interesses für die sozialen Verluste der massenhaften Flucht und Abwanderung beurteilte Ost-Berlin ihre politischen Implikationen schon in den ersten sieben Jahren nach Kriegsende als problematisch, weil jeder unerlaubte Weggang ein grundlegendes Defizit des ostdeutschen Staates und seiner Behörden augenfällig machte: Ost-Berlin konnte weder die eigene Bevölkerung noch die eigenen Grenzen wirksam kontrollieren. Als die größten Wirren der Nachkriegszeit vorbei waren und die sowjetische Besatzungsmacht immer mehr Bereiche der Grenz-, Reise- und Meldepolitik an deutsche Behörden übergab, nahmen die Versuche zu, diese Bereiche staatlichen Handelns zu effektivieren. Neben dem allgemeinen Ziel, alle Bürger möglichst wirkungsvoll zu erfassen, zu kontrollieren und gegebenenfalls zu lenken, richtete sich der Ehrgeiz der SED seit der Staatsgründung vor allem darauf, die Eigenstaatlichkeit der DDR durch funktionierende Meldebehörden und die Kontrolle des eigenen Territoriums unter Beweis zu stellen. Die systematische Wahrnehmung der illegalen Abwanderung begann also, weil jede einzelne Flucht praktisch bestätigte, daß große Teile der internationalen Staatengemeinschaft ebenso wie der (ost)deutschen Bevölkerung die DDR nicht als eigenständigen Staat anerkannten.

Erst Mitte 1952 begann Ost-Berlin, neben dem politischen Prestigeverlust auch die gesellschaftliche Brisanz des Massenexodus wahrzunehmen. Ironischerweise führten erst der Ausbau der Grenzanlagen im Westen der DDR und die damit verbundene Zwangsaussiedlung zahlreicher Menschen aus der 5 km-Sperrzone zu dieser größeren Aufmerksamkeit. Mit der Verschärfung und Militarisierung des Grenzregimes hatten SED und Besatzungsmacht zwar weniger auf den illegalen Grenzverkehr als auf die internationale Politik reagiert: Wie es bald darauf auf der Zweiten Parteikonferenz der SED hieß, ging es darum, den „Aufbau des Sozialismus" voranzutreiben und damit die Eigenstaatlichkeit der DDR zu untermauern, wozu auch die seit Kriegsende von der SED-Spitze mit Mißtrauen beäugten West-Ost-Kontakte weitgehend eingeschränkt werden sollten. Die erste Folge der verstärkten Überwachung der Grenze war aber, daß viele der Zwangsausgesiedelten nicht nur das Sperrgebiet verließen, sondern gleich die DDR. Schon bald forderte die Besatzungsmacht von den deutschen Behörden Rechenschaft über diese Fluchtwelle, wobei es auch der SKK noch in erster Linie um Prestigeverlust im Westen ging.

Da das verschärfte Grenzregime nicht den Höhepunkt, sondern nur einen Teil der politischen Radikalisierungen von 1952/53 darstellte, stieg bald darauf die Zahl der Flüchtlinge insgesamt stark an. Die auf der Zweiten Parteikonferenz beschlossene „planmäßige Errichtung der Grundlagen des Sozialismus" führte mit ihren gezielten Maßnahmen gegen Selbständige und politische Gegner zu einem dramatischen Anstieg der Fluchtbewegung. Die 1952 in den ersten Analysen von Partei- und Regierungsbehörden über die Republikflucht noch gehegte Hoffnung, die deutsch-deutsche Flucht- und Wanderungsbewegung zugunsten der DDR lenken zu können – Leistungsschwache und politische Gegner also an den Westen abzugeben und hochqualifizierte Fachleute von dort anzuwerben –, ließ sich ganz offensichtlich nicht realisieren. Im Laufe der Jahre wurde eher das Gegenteil offenbar: Die DDR verlor in erster Linie junge und hochqualifizierte Arbeitskräfte, während die Zuwanderer aus dem Westen von den verantwortlichen Behörden immer stärker als soziale Belastung und kriminelle Gefahr angesehen wurden.

Die Republikflucht war zwar nur ein stummer Ausdruck der gesellschaftlichen Unzufriedenheit, aber er wurde besonders gut verstanden: So bezog sich die Besatzungsmacht Anfang Juni 1953 in ihren Anweisungen an die SED, die Umgestaltungspolitik zu mäßigen und einen Teil der unpopulären Maßnahmen zurückzunehmen, ausdrücklich auf Republikflucht. Ost-Berlin kam der Weisung nach und beschloß – kurz vor den Unruhen Mitte Juni 1953 – ihren „Neuen Kurs": Zahlreiche wirtschaftspolitische Maßnahmen wurden zurückgenommen, der politische Kampf gegen Andersdenkende gemäßigt und Republikflüchtige mit diversen Angeboten und Versprechungen zur Rückkehr aufgefordert. Die Liberalisierung bedeutete vor allem für solche Bürger der DDR eine Entspannung, die unmittelbar im Visier der SED-Politik gestanden hatten. Selbständige, Christen und andere potentielle Zielscheiben rigoroser SED-Maßnahmen, aber auch viele andere Bürger stellten daraufhin ihre Pläne zur Abwanderung in den Westen zurück, so daß der „Neue Kurs" einen unmittelbaren Erfolg verzeichnen konnte, nämlich den drastischen Rückgang der monatlichen Fluchtzahlen.

Die SED hielt den liberaleren Kurs aber nicht lange durch. Nachdem die Mischung aus militärischer Unruhebekämpfung und gezielten Zugeständnissen vom Sommer 1953 ihre Machtposition bald wieder gesichert hatte, zeigte sich der bloß taktische Charakter der Liberalisierung. Schritt für Schritt kehrten nicht zuletzt viele regionale und lokale Funktionsträger zur alten Politik zurück, ohne daß dazu offizielle Entscheidungen wie auf der Zweiten Parteikonferenz gefällt wurden. Die Reaktion der Bevölkerung blieb auch dieses Mal nicht aus: Spätestens 1955 war der erneute Anstieg der Fluchtzahlen nicht mehr zu übersehen und zunehmend mehr Institutionen äußerten ihre Besorgnis über den Verlust wichtiger Fachkräfte, deren plötzlicher Weggang vor allem in die Bereiche Wirtschaft, Wissenschaft und Gesundheitsversorgung große Lücken riß.

5. Zusammenfassung

Die hauptsächlich mit der Beobachtung und Bekämpfung von Flucht und Abwanderung beschäftigten Behörden der Volkspolizei, der Innenverwaltung und der Abteilung Staat und Recht beim ZK der SED versuchten, dem Problem durch verschiedene Maßnahmen Herr zu werden, die sich schon 1952/53 als nicht erfolgreich erwiesen hatten und auch Mitte der fünfziger Jahre nur wenige Fluchtwillige vom Weggang in den Westen abhielten. Dazu zählten vor allem die Versuche, Westdeutsche zum Umzug in die DDR und bereits Geflohene zur Rückkehr zu bewegen. Obwohl die Statistiken etwa 600 000 Zuziehende und Rückkehrer aus dem Westen zählten,[3] hielt sich der Erfolg quantitativ wie qualitativ in engen Grenzen. Abgesehen von der Anzahl und dem niedrigen Qualifikationsniveau der Zuwanderer, durch das die Republikflüchtigen nicht ersetzt werden konnten, lag der Mißerfolg an der schlechten Behandlung der Zuwanderer: Sie begann mit dem wiederholt beklagten unfreundlichen Empfang an der Grenze und setzte sich zum Teil jahrelang fort, da die ehemals Westdeutschen politisch verdächtigt und polizeilich überwacht wurden. Vor allem diejenigen, die in den ersten Jahren aufgrund der Arbeitslosigkeit in der Bundesrepublik in die DDR kamen, gingen häufig in den Westen zurück, da sie dort beruflich und privat weniger Einschränkungen unterlagen. Ein Teil ihres Unmuts entstand auch durch die dauerhafte Werbung und Propaganda gegen den Westen, durch die die Bürger der DDR davon überzeugt werden sollten, im besseren Teil Deutschlands zu leben, der dem ‚reaktionären' Westen nicht nur politisch-moralisch, sondern langfristig auch wirtschaftlich überlegen sei. Das Zentrum der Propaganda gegen die Westflucht war die Behauptung, daß die DDR ihren Bürgern die besseren Perspektiven bieten könne. Ein großer Teil der Menschen vertraute jedoch der eigenen Anschauung mehr als dieser Propaganda und konnte das Ausmaß des westdeutschen Wirtschaftsbooms, der dem größten Teil der dortigen Bevölkerung zugute kam, nicht übersehen. Um solchem Unmut entgegenzuwirken, bemühten sich amtliche Stellen zum einen um weitere Einschränkungen von Westkontakten, zum anderen nahmen sie die Propaganda zum Lob des eigenen Staates etwas zurück. Statt dessen verpflichtete die SED-Führung die Medien zur regelmäßigen Berichterstattung darüber, daß die ehemaligen Bürger der DDR im Westen in Arbeitslosigkeit und Elend leben mußten. Hinweise darauf, daß diesen Geschichten mehr Glauben geschenkt wurde, lassen sich nicht finden.

Neben diesen propagandistischen Versuchen, der Fluchtbewegung Herr zu werden, bemühten sich die Behörden der DDR auch um praktische Maßnahmen zur Verhinderung von Republikfluchten. Diese waren häufig auf einzelne Personen oder Berufsgruppen bezogen. So erhielten viele Fachleute und Spezialisten Sondervergünstigungen materieller oder finanzieller Art wie Autos, bessere Wohnungen und höhere Gehälter; nicht selten wurden West- und Urlaubsreisen vereinfacht und unterstützt, einzelne Sanktionen und Beschränkungen wie das Studierverbot für Akademikerkinder zurückgenommen oder wissenschaftliche Zusatztitel vergeben. Die Wirkung dieser Maßnahmen war in den fünfziger Jahren ebenso schwer abzuschätzen wie heute, denn zahlreiche Fachleute verließen trotz solch konkreter Zugeständnisse die DDR, zumal der bundesrepublikanische Arbeitsmarkt seit Mitte der fünfziger Jahre dem größten Teil der berufstätigen Bevölkerung Arbeits- und Lebensbedingungen bot, die die angebotenen Privilegien weit überragten. Parallel zu solchen Angeboten und Vergünstigungen reagierten die Behörden auch stets mit einer Anzahl von restriktiven und repressiven Methoden auf die Fluchtbewegung. In

---

[3] Zahl für die Jahre 1949 bis 1961, nach Schmelz, West-Ost-Migration (2002), S. 19.

erster Linie gehörten dazu die Beobachtung, Überwachung und Kontrolle von verdächtigen Personen. Zu diesem Zweck wurde ein umfangreiches Melde- und Karteiwesen eingerichtet, in dem verdächtige Personengruppen wie Grenzgänger, zurückgekehrte Republikflüchtlinge, häufige Antragsteller für Westreisen oder Angehörige von Republikflüchtlingen erfaßt werden sollten. Darüber hinaus registrierten die Meldebehörden noch zahlreiche weitere Aktivitäten, die auf Fluchtabsichten hinweisen konnten. Das wichtigste Ergebnis dieser Bemühungen waren dauerhafte Klagen darüber, daß die erhobenen Informationen nicht operationalisierbar waren, zumal einzelne dieser Maßnahmen die vermeintlich Fluchtwilligen oft erst in den Westen trieben. Ganz offensichtlich konnten die in erster Linie für die Bekämpfung der Abwanderung verantwortlichen Abteilungen für Innere Angelegenheiten und die Polizei das Problem nicht beseitigen. Sie wandten die entsprechenden Maßnahmen gegen die Fluchtbewegung zwar bis zum Mauerbau an, verfaßten im Laufe der fünfziger Jahre aber immer häufiger programmatische Berichte und Appelle gegen den „Ressortgeist" einzelner Behörden, Betriebe und anderer Institutionen der DDR, die durch ihr Verhalten ebenfalls zur Fluchtbewegung beitrugen, ihrer Bekämpfung aber zu wenig Aufmerksamkeit widmeten. Die Versuche, die Ost-West-Flucht etwa durch die Errichtung von ressortübergreifenden Kommissionen zu einem politischen Querschnittsthema zu machen, scheiterten durchweg.

Ende 1957 nahm Ost-Berlin erneut eine deutliche Kursänderung in der Grenz- und Reisepolitik vor. Anders als Mitte 1953 beschlossen Partei und Regierung allerdings keine Liberalisierung, sondern zwei entscheidende Einschränkungen der Reisemöglichkeiten: Den bis dahin nur indirekt bestrafbaren unerlaubten Grenzübertritt in die Bundesrepublik erklärte die Volkskammer durch das Paßänderungsgesetz vom 11. Dezember 1957 zum eigenen Straftatbestand, und etwa seit dem gleichen Zeitpunkt genehmigte die Polizei nur noch einen Bruchteil der zuvor bewilligten Besuchsreisen in den Westen. Die Kursänderung wurde durch politisierte Strafverfahren ergänzt, in denen die Gerichte selbst belanglose Grenz- und Reisevergehen mit zum Teil hohen Haftstrafen ahndeten. Die erwartete abschreckende Wirkung ließ nicht lange auf sich warten: Ebenso wie nach den Liberalisierungen 1953 gingen die Fluchtzahlen auch infolge des repressiven Maßnahmenkatalogs deutlich zurück. Doch der Erfolg war nicht von Dauer. Ebenso wie nach dem Einschnitt vom Sommer 1953 stieg die Zahl der Westflüchtlinge nach dem statistischen Rekordtief von 1959 seit Anfang 1960 wieder an. Durch das Verbot von legalen Besuchsreisen in den Westen, von denen viele DDR-Bürger nicht zurückgekehrt waren, nahm der illegale Weggang über die Grenze in Berlin zu, über deren Schließung dadurch im Zuge der zweiten Berlinkrise vermehrt Gerüchte im Umlauf waren. Trotz der häufig zitierten offiziellen Versicherung Ulbrichts, daß niemand vorhabe, eine Mauer zu bauen,[4] entschied sich Ost-Berlin für genau dieses Mittel, um das Ausbluten der eigenen Gesellschaft zu verhindern.

Seitdem die Behörden der DDR die kritischen Auswirkungen der Republikflucht in einzelnen gesellschaftlichen Bereichen erkannt hatten, erstellten die HVDVP, die Hauptabteilung Paß- und Meldewesen, die Abteilung Staat und Recht sowie zahlreiche weitere Institutionen viele Berichte über den Umfang und die Ursachen der Abwanderung. Dazu wurden Informationsbrigaden in einzelne Kreise, Behörden oder Betriebe geschickt, die sich mit den Verhältnissen vor Ort und den Fluchtgründen der jeweiligen Mitarbeiter ver-

---

[4] So auf einer Pressekonferenz am 15. 6. 1961, ND Nr. 164 v. 16. 6. 1961, S. 4.

traut machen und teilweise auch die Funktionäre vor Ort im Kampf gegen die Fluchtbewegung schulen sollten. Bereits 1952 erhielt das Sekretariat des ZK entsprechende Berichte, die das breite Tableau der Fluchtursachen auflisteten und mit Einzelbeispielen illustrierten. Solche Berichte häuften sich im Laufe der folgenden Jahre: In immer neuen Varianten hielten sie die immer gleichen Vorfälle und Ursachen fest, so daß ein Brigademitglied Mitte 1960 resigniert darüber klagte, „daß immer wieder dieselben Mängel festgestellt worden sind."[5]

Trotz ihrer Redundanz lieferten die Berichte zahlreiche Hinweise auf Probleme der DDR-Gesellschaft, die bei den Bürgern zu Unzufriedenheit führten und viele zur Flucht veranlaßten. Die Analysen legten ihr Augenmerk hauptsächlich auf berufsspezifische und allgemeine Fluchtgründe, wobei die Darstellung von Einzelfällen und die Vermittlung von Gesamteindrücken durchweg wichtiger war als eine strenge Orientierung an präzisen gesellschaftswissenschaftlichen Kategorien. Dadurch gerieten beispielsweise nicht berufstätige Ehefrauen in die Berufskategorie ihrer Ehemänner, Facharbeiter und andere nicht akademisch ausgebildete Spezialisten konnten in Berichten über einzelne Betriebe als „Intelligenzler" behandelt werden, und bei den Bauern und Handwerkern wurde in einem Fall zwischen den Selbständigen und den Genossenschaftsmitgliedern unterschieden, im anderen Fall nicht.

Die Konzentration auf einzelne Berufsgruppen unterstreicht, wie stark die SED die Bürger der DDR an ihrer Produktivität und damit an ihrer Leistungsfähigkeit für den Aufbau des Sozialismus maß, was sich auch am überdurchschnittlich hohen Anteil an genehmigten Verzügen von alten und behinderten Menschen in den Westen zeigte. Einen ähnlichen Eindruck hinterläßt die Intensität der Aufmerksamkeit für die verschiedenen Berufsgruppen: Obwohl sich die DDR als Arbeiter- und Bauernstaat verstand und sich die Korrektur der historisch bedingten Benachteiligungen für die Mitglieder gerade dieser Berufsgruppen auf die Fahnen geschrieben hatte, wurden ihre Fluchtmotive und -umstände weit weniger detailliert beschrieben als die der Fachleute und Akademiker. Dies hatte vor allem zwei Gründe: Zum einen waren die Verluste und Probleme größer und einfacher zu erkennen, wenn Akademiker oder andere Spezialisten ihre Betriebe, Arztpraxen oder Schulen verließen, da es an Ersatzpersonal mangelte. Zum anderen hinterließen die Angehörigen dieser Berufsgruppen mit entsprechend höherer Schulbildung eher Stellungnahmen zu ihrer Flucht, die von den Berichterstattern zitiert und ausgewertet werden konnten, als Bauern und Arbeiter.

Inhaltlich spiegeln alle Berichte die Unzufriedenheit in der DDR über die Arbeitsbedingungen und den Lebensstandard. Wirtschaftlich Selbständige klagten über Benachteiligungen gegenüber den häufig weit weniger produktiven Genossenschaften, sie berichteten von politisch motivierten Schikanen und der mangelhaften Belieferung mit Rohstoffen, Maschinen und anderen Gütern, ohne die sie ihre Arbeiten nicht verrichten konnten. Meistens verdankten sich die Mißstände einer Mischung aus politischem Rigorismus und fachlichem Unvermögen, etwa wenn den Bauern Saatgut oder Düngemittel erst kurz nach dem Zeitpunkt geliefert wurde, an dem dies landwirtschaftlich geboten gewesen wäre. Auch in den Darstellungen über einzelne Industriebetriebe, Krankenhäuser, Forschungslabors oder sonstige staatseigene und genossenschaftliche Betriebe führte die Unfähigkeit von Führungskadern häufig zum Weggang von Mitarbeitern aller Ausbildungs-

---

[5] SPK, Chemiekaderkommission, am 28. 7. 1960 (BArch DO 1/34, Nr. 21725).

stufen. Führungspersonal und Wissenschaftler ärgerten sich häufig über fachfremde Tätigkeiten infolge der Politisierung der Betriebe, durch die sie von ihren eigentlichen Aufgaben abgehalten wurden. Arbeiter beklagten etwa Materialmangel und Managementfehler, wodurch lange Wartezeiten entstanden, in denen sie häufig unterhalb ihrer Qualifikation eingesetzt wurden.

Maßstab für Kritik und Unzufriedenheit war immer der Westen, in dem andere und letztlich effizientere Zustände vermutet wurden; nicht selten wurde auch auf die Arbeitsbedingungen in den Betrieben vor 1945 Bezug genommen, die inzwischen zum Teil im Westen neugegründet worden waren und die nach ihren ehemaligen, in der DDR verbliebenen Mitarbeitern Ausschau hielten. Der Blick in den Westen prägte auch die Darstellung der Fluchtgründe, die nicht unmittelbar mit der Arbeitswelt zu tun hatten. Viele Berichte formulierten sie vorwiegend im Zusammenhang mit der Unzufriedenheit und den Fluchtabsichten von Akademikern, die Probleme spürten aber – abgesehen von spezifischen Benachteiligungen wie dem Studienverbot für Akademikerkinder – fast alle Bevölkerungsgruppen. Egal ob es um die Höhe von Gehältern und Löhnen, Wohnungsprobleme, Versorgungsengpässe oder um Reisemöglichkeiten ging, immer wieder spiegelte sich das Gefühl vieler Menschen in der DDR, im Vergleich zu ihren Familienangehörigen, Bekannten und ehemaligen Kollegen im Westen unter schlechteren Bedingungen zu leben.

Der verbreitete Eindruck der strukturellen Benachteiligung verstärkte sich noch durch den Anspruch der SED und ihrer Funktionäre, Wertungen und Weisungen für alle Lebensbereiche aussprechen zu können. In erster Linie spürte die Bevölkerung das bei Fragen des politischen und religiösen Bekenntnisses und bei Reiseanträgen, da die Vertreter der staatlichen Institutionen hier häufig reflexhaft reagierten, ohne zwischen privatem Familienleben, wirtschaftlicher Produktivität und politischer Loyalität zu unterscheiden. Trotz ihrer Detailfreude vermochten es die meisten Berichte daher nicht, die Probleme, die Anlaß zur Flucht gaben, systematisch zu ordnen und handlungsorientiert zu gewichten. Statt dessen reproduzierten sie immer wieder die dichotomen Muster von Klassenkampf und Systemgegensatz, wodurch sogar private Angelegenheiten wie Erbschaften, die Teilnahme an Beerdigungen oder die Reise zu Verwandten im Westen als politische Bekenntnisse überbewertet wurden. Selbst gewöhnliche Generations- und Schulkonflikte konnten im Dickicht der politischen Rhetorik zu unlösbaren Problemen werden, wenn Jugendliche beispielsweise Schlager von Radio Luxemburg sangen oder Gefallen an westlichen „Schundromanen" oder Kinofilmen äußerten.

Die Erklärungen für die Fluchtbewegung, die SED und Staatsfunktionäre immer wieder anboten und die über die politische Beschimpfung der Abgewanderten hinausgingen, zeigen die Unfähigkeit im Umgang mit eigenen Fehlern und innenpolitischen Problemen. Wurden einzelne Kritikpunkte wie die als unzureichend empfundene Versorgung mit Gütern des täglichen Bedarfs nicht banalisiert, dann lieferten die Berichterstatter gewöhnlich zwei Erklärungsmuster, mit denen die Verantwortung von der SED, ihrem Staat und dessen Strukturen weggeschoben wurde. Entweder individualisierten sie die Verantwortung, indem sie einzelne Verwaltungsmitarbeiter und ihre angeblich zu bürokratische Arbeitsweise für Fehlentwicklungen, Überspitzungen und Unzufriedenheiten verantwortlich erklärten, oder sie externalisierten die Verantwortung unter den Stichwort der „Abwerbung". Dabei ignorierten sie die historischen Wurzeln des trotz der politischen Teilung fortbestehenden gesamtdeutschen Arbeitsmarktes und erklärten jedes Angebot aus dem Westen, jeden Berufswechsel zu einer bundesrepublikanischen Firma oder Behörde zum

Nachweis des aggressiven westlichen „Menschenhandels". In ihrer ideologisch bedingten Unfähigkeit, die Funktionstüchtigkeit von gesellschaftlichen Teilbereichen jenseits der unmittelbar politischen Sphäre wahrzunehmen, verstanden sie jede der vorwiegend betriebswirtschaftlich motivierten „Abwerbungen" und Anstellungen als zentral geleitete Initiative Bonns zur Schädigung der Wirtschaft der DDR. Beide Erklärungsansätze trafen zwar einen Teil der gesellschaftlichen Wirklichkeit, verhinderten aber einen analytischen Blick auf die Situation in der DDR und verschärften damit das antagonistische Klima, aufgrund dessen so viele Menschen die DDR verließen.

Da die Flucht- und Abwanderungsbewegung im allgemeinen, jeder Einzelfall aber auch im besonderen, letztlich nur in den antagonistischen Kategorien des internationalen Systemgegensatzes wahrgenommen wurden, konnten die Berichte keine Kategorien liefern, mit denen konkrete Politik und wirkungsvolle Schritte gegen die Flucht hätten eingeleitet werden können. Unklar ist, ob ein offenerer Umgang mit den Problemen und der Abschied von diesem dichotomen Weltbild die Herrschaft der SED untergraben hätte. Immerhin schätzte die Mehrheit der Bevölkerung den westlichen Konsum und die nationale Einheit mehr als die Herrschaft der SED und die Eigenstaatlichkeit der DDR, denn diese Orientierung zeigte sich selbst bei der „Jungen Intelligenz" und anderen Menschen, die von der sozialen Aufstiegsmobilität in der DDR profitiert hatten und dennoch in den Westen gingen. Diese Unfähigkeit der SED, Probleme und Konflikte im begrenzten Rahmen zu thematisieren, ohne auf ihre totalisierenden Gesellschaftskonzepte zurückzugreifen, verstärkte aber noch die Tendenz zur Republikflucht, da dadurch aus punktuellen Unzufriedenheiten häufig strukturelle wurden, für die es keine Lösungsperspektiven mehr gab: „Wer nun ging, brauchte dazu kaum einen einzelnen tagespolitischen Anlaß, und nicht einmal alle zusammen: er war mit der DDR fertig, er glaubte ihr kein Wort mehr, er konnte nicht mehr mit ihr, er mochte ihre Stimme nicht mehr ertragen, ihm war die Luft aus dem Vertrauen gelassen worden, es ging nicht mehr".[6]

Die Westflucht ermöglichte eine konfliktfreie Beendigung von Problemen, die die individuelle und kollektive Einübung der Bewältigung von gesellschaftlichen Konflikten verhinderte. Dies verstärkte nicht nur die politische Zurückhaltung der Bevölkerung, die seit 1933 bereits unter der zweiten Diktatur lebte, sondern auch die besondere Halsstarrigkeit der SED. So hielt sich innerhalb der SED und der staatlichen Behörden bis Ende der fünfziger Jahre die Überzeugung, daß Flucht und Abwanderung neben dem Verlust an Arbeitskräften und Fachwissen auch eine Form des sanften Bürgerkriegs seien: Hatten Besatzungsmacht und KPD 1945 politische Gegner vertrieben, so qualifizierten sich die Republikflüchtigen in den folgenden Jahren durch ihren Schritt selbst als solche. Wie stark ideologisiert diese Wahrnehmung – ebenso wie die gesamtdeutsche Rhetorik – war, zeigt sich daran, daß sich niemand in den Chefetagen in Ost-Berlin darüber Gedanken machte, wo die in den Westen vertriebenen und geflüchteten Klassengegner bleiben sollten, wenn die immer wieder gescholtene Teilung aufgehoben sein würde. Auch wenn sie nicht direkt ausgesprochen wurde, erkannte die SED immerhin die Ambivalenz der Auswanderung, die ihr neben den Verlusten auch eine politische Entlastung und darüber hinaus vielen Bürgern der DDR Möglichkeiten des sozialen Aufstiegs bot, die sonst undenkbar gewesen wären. Indirekt stabilisierten die Republikflüchtigen damit nicht nur die politische, sondern auch die soziale Lage in der DDR.

---

[6] Johnson, Versuch (1970), S. 125.

5. Zusammenfassung

Trotz der fast durchweg erfolglosen Versuche der SED und ihres Staates, die Abwanderung in den Westen entscheidend einzuschränken, waren die Folgen der vorwiegend restriktiven und repressiven Grenz- und Reisepolitik nicht zu übersehen. Innerhalb weniger Jahre setzte die SED die Priorität des internationalen Systemgegensatzes vor dem nationalen Zusammenhalt durch. Die systematische Behinderung von Kontakten zwischen den beiden deutschen Staaten und die entsprechende politische Propaganda wirkten sich besonders schnell bei den Mitarbeitern der Grenz- und Sicherheitsorgane aus, aber auch bei vielen Mitgliedern der SED, die dadurch nicht nur nationale, sondern auch familiäre Beziehungen gegenüber der politischen Frontstellung zurückstellten. Mit ihrer schrittweisen Verschärfung der Reise- und Grenzpolitik bis zum Mauerbau forcierte die DDR damit den Paradigmenwechsel in der gesamtdeutschen Nachkriegsgeschichte: Während sich in der Bundesrepublik die Westbindung dank der materiellen und politischen Erfolge zunehmend stärker vor die gesamtdeutschen Fragen schob und die nationale Identität auflockerte, so forcierte die SED die gleiche Entwicklung damit, daß sie gewachsene menschliche Beziehungen mit Hilfe von politischen Verdächtigungen, wachsenden Kontakt- und Reiseverboten und schließlich mit dem Bau der Mauer zerstörte.

Verzeichnis der Dokumente und Statistiken

I. Gesetze, Verordnungen, Anordnungen 137

Dokument 1 137
Verordnung über die Rückgabe Deutscher Personalausweise bei Übersiedlung nach Westdeutschland oder Westberlin, 25. 1. 1951

Dokument 2 137
Verordnung über Maßnahmen an der Demarkationslinie zwischen der Deutschen Demokratischen Republik und den westlichen Besatzungszonen Deutschlands, 26. 5. 1952

Dokument 3 139
Verordnung zur Sicherung von Vermögenswerten, 17. 7. 1952

Dokument 4 141
Anordnung über die Einziehung der Deutschen Personalausweise bei Ausgabe von Interzonenpässen, 25. 2. 1953

Dokument 5 142
Verordnung über die in das Gebiet der Deutschen Demokratischen Republik und den demokratischen Sektor von Groß-Berlin zurückkehrenden Personen, 11. 6. 1953

Dokument 6 143
Verordnung über die Ausgabe von Personalausweisen der Deutschen Demokratischen Republik, 29. 10. 1953

Dokument 7 146
Anordnung über die finanzielle Hilfe für Personen, die ihren Wohnsitz aus Westdeutschland und Westberlin in das Gebiet der Deutschen Demokratischen Republik oder des demokratischen Sektors von Groß-Berlin verlegen, 29. 4. 1954

Dokument 8 148
Gesetz zur Änderung des Paßgesetzes der Deutschen Demokratischen Republik, 11. 12. 1957

II. Grenzsicherung und -kontrolle 149

Dokument 9 149
HVDVP, Hauptabteilung PK (Klein), Bericht über den Tod des Schneidermeisters und SED-Mitglieds Tippach am 7. 4. 1951 in Groß Burschla (Thüringen) und über die politische Lage im Grenzgebiet, 16. 4. 1951

Dokument 10 153
Öffentlicher Aushang der Polizeiverordnung über die Einführung einer besonderen Ordnung an der Demarkationslinie, Ministerium für Staatssicherheit, Zaisser, o.D. (Inkrafttreten: 27. 5. 1952)

Dokument 11 156
HVDVP, HA -S-, Zwischenbericht der Überprüfung der Dienstdurchführung an der Sektorengrenze durch die Bereitschaften des PdVP Berlin, 22. 4. 1959

III. Berichte über die Republikflucht 158

Dokument 12 158
Statistische Erfassung der aus der Ostzone nach dem Westen geflüchteten Personen, 9. 3. 1948

Dokument 13 160
Bericht über die Republikflucht im Bezirk Rostock von Ende 1952, o.D., o.V.

Dokument 14 167
BDVP Erfurt, Leiter der Abt. K, VP-Inspekteur Zahmel, Bericht über DDR-flüchtige Betriebsangehörige vom VEB Rheinmetall Sömmerda und Analyse über diesen Personenkreis, 21. 10. 1953

Dokument 15 174
Untersuchung über die Gründe der Republikflucht und der Rückkehr nach sozialen Gruppen: Intelligenz, Bauern, Jugendliche etc., o.T., o.D [handschriftlich 1955]

Dokument 16 181
Protokoll Nr. 29/56 der Sitzung des Politbüros des Zentralkomitees vom 19. 6. 1956, Anlage Nr. 4: Bericht der Kommission zu Fragen der Republikflucht, 25. 5. 1956

Dokument 17 187
Schreiben des Chefinspekteurs der Volkspolizei, Seifert, an ZK der SED,
Genosse Sorgenicht: Auszüge aus einem Bericht über Republikfluchten
in der Bezirksbehörde der DVP Gera, 6. 7. 1956

Dokument 18 190
Staatssekretär im MdI, Generalmajor der VP Grünstein an Generalmajor
der VP Dombrowsky, Analyse über die Republikfluchten der Lehrer von den
Grund-, Mittel- und Oberschulen sowie Sonderschulen, 2. 12. 1958 (Auszug)

Dokument 19 195
HVDVP, HA PM, Fischer, an ZK der SED, Abt. Sicherheitsfragen,
Republikflucht von Ärzten im Jahr 1957, 25. 1. 1958

Dokument 20 198
Abteilung Innere Angelegenheiten, Sektor I, Probleme, die in Zusammenhang
mit der Republikflucht von Jugendlichen getreten sind, 22. 10. 1960

Dokument 21 200
Ministerium für Staatssicherheit an Ulbricht, Neumann, Honecker,
Grüneberg und Röhlig, Information Nr. 313/60: Bericht über die Entwicklung
der Republikflucht in der Zeit vom 1. 4.-20. 4. 1960, 23. 4. 1960

Dokument 21 a 204
Nachtrag (Abwerbebrief) zur Information Nr. 313/60 vom 23. 4. 1960

IV. Maßnahmen gegen die Republikflucht 207

Dokument 22 207
Protokoll Nr. 222 der Sitzung des Sekretariats des ZK am 22. 12. 1952,
Anlage Nr. 6: Richtlinien über Maßnahmen gegen die Republikflucht und
zur Werbung von Fachkräften in Westdeutschland

Dokument 23 214
Schreiben des 1. und 2. Sekretärs der SED-Betriebsparteiorganisation des
VEB-Edelstahlwerks Döhlen an die HVDVP, Abt. PM, 22. 7. 1954

Dokument 23 a 215
Antwortschreiben des VP-Inspekteurs Fischer, Leiter der Abt. PM 1, an die
Betriebsparteiorganisation des VEB-Edelstahlwerkes Döhlen, 5. 8. 1954

Dokument 24 215
Der Minister für Staatssicherheit, Generaloberst Mielke, Anweisung Nr. 1/60,
Politisch-operative Maßnahmen zur Einengung der Republikfluchten, 4. 5. 1960

Dokument 24 a 218
Der Minister für Staatssicherheit, Generaloberst Mielke, betr. politisch-operative
Maßnahmen und Erfahrungen zur Einschränkung und Verhinderung von
Republikfluchten in Ausführung der Anweisung Nr. 1/60 vom 4. 5. 1960, 7. 7. 1960

Dokument 24 b 224
Entwurf: Maßnahmen und Vorschläge zur Bekämpfung der Republikflucht
(Ergänzung zur Anweisung Nr. 1/60 v. 4. 5. 1960), o.V., o.D. (Auszug)

Dokument 25 225
Wort der Synode der Evangelischen Kirche der Union vom November 1960
an die Gemeinden, o.V., o.D.

Dokument 26 228
Der Generalsuperintendent der Neumark und der Niederlausitz, D. Günther Jacob,
an den Arzt Dr. R[...], 13. 11. 1960

Dokument 27 229
HVDVP, Leiter der HA PM, Oberst der VP, Fischer, an VK, Gen. Anstett;
AZKW, Müncheberg; HA K, Gen. Rothe; HA Innere Angelegenheiten,
Gen. Bergmann; HA PM, Behandlung von Rückkehrern, die mit Kraftfahrzeugen
einreisen wollen, 13. 12. 1957

Dokument 28 230
Gemeinsamer offener Brief der Betriebsgewerkschaftsleitung, der Betriebsparteiorganisation und der Betriebsleitung an alle Belegschaftsangehörigen
des Kreiskrankenhauses/Poliklinik Altenburg, Säuglingsheilanstalt, 13. 8. 1957

V. Abschiedsbriefe und andere private Briefe 232

Dokument 29 232
Abschiedsbrief des Arztes Dr. R.H. an seinen Vorgesetzten, 12. 5. 1959

Dokument 30 233
Abschiedsbrief des Arztes G.St. an den Oberarzt Dr. K., 29. 5. 1959

Dokument 31 235
Abschiedsbrief des CDU-Abgeordneten im Sachsen-Anhaltinischen Landtag
und Präsidialrat der CDU, Fritz-Georg Jordan, an den Vorsitzenden der CDU
Sachsen-Anhalt, Wujciak, 16. 8. 1950

Dokument 31 a 236
Abschiedsbrief des CDU-Abgeordneten im Sachsen-Anhaltinischen Landtag und
Präsidialrat der CDU, Fritz-Georg Jordan, an seine Parteifreunde, 19. 8. 1950

Dokument 32 237
Abschiedsbrief von H. K[...] an das Entwurfsbüro für Hochbau des Rates
des Bezirkes Schwerin, Kaderabeilung, 20. 1. 1958

Dokument 33 238
Abschiedsbrief des Kinderarztes Dr. Dieter P[...], tätig als Oberarzt in der
Kinderklinik im Krankenhaus Dresdner Str., Karl-Marx-Stadt, 19. 10. 1960

Dokument 34 240
Brief von M.G. aus Hücheln an seinen ehemaligen Kollegen P.V., 10. 10. 1957

Dokument 35 240
Anonymer Brief an das Politbüro des ZK der SED mit Vorschlägen zu Maßnahmen
gegen die Republikflucht, 27. 11. 1957

VI. West-Ost-Wanderung 242

Dokument 36 242
„Die Fluchtbewegung aus Westdeutschland und Westberlin in die Deutsche
Demokratische Republik", o.V., 13. 8. 1960

Dokument 37 246
Protokoll über die Rücksprache mit dem zurückgekehrten desertierten und in
den Westen geflüchteten VP-Wachtmeister Horst Sch[...] und dessen Ehefrau,
8. 1. 1957

VII. Zeitungs- und Zeitschriftenartikel 247

Dokument 38 247
Satirischer Artikel von Erich Brehm, Ein „politischer" Flüchtling, September 1952

Dokument 39 249
Artikel über eine zurückgekehrte Flüchtlingsfrau, „Eine Frau kehrte zurück",
14. 4. 1961

Dokument 40 250
Erlebnisbericht eines desertierten und geflüchteten Volkspolizisten,
„Wie mich RIAS-Agenten nach West-Berlin lockten", 29. 1. 1954

Dokument 41 252
Artikel über Republikflüchtige, „Hunger und Elend – das westliche ‚Paradies'.
Republikflüchtige bitten die Regierung der DDR um Wiederaufnahme", 7. 2. 1953

Dokument 42 252
Artikel über zurückgekehrte Flüchtlinge, „Warum sie zurückkamen", 22. 7. 1953

VIII. Statistiken 255

Tabelle 1 255
Monatliche Abwanderung nach Westdeutschland und West-Berlin

Tabelle 2 256
Monatliche Zuwanderung von Westdeutschland und West-Berlin

Tabelle 3 256
Jährliche Abwanderung nach Westdeutschland und West-Berlin nach Berufen

Grafik 1 258
Monatliche Zu- und Abwanderung von / nach Westdeutschland und West-Berlin

Grafik 2 259
Jährliche Abwanderung nach Westdeutschland und West-Berlin

Dokumente und Statistiken

I. Gesetze, Verordnungen, Anordnungen

Dokument 1

Verordnung
über die Rückgabe Deutscher Personalausweise bei Übersiedlung
nach Westdeutschland oder Westberlin, 25. 1. 1951
GBl. Nr. 10, 2. 2. 1951, S. 53.

Um der Gefahr des Mißbrauchs von Deutschen Personalausweisen vorzubeugen, wird verordnet:

§ 1
(1) Wer nach Westdeutschland oder nach Westberlin (amerikanischer, britischer oder französischer Sektor) übersiedelt, hat sich bei der für seinen Wohnsitz zuständigen Meldestelle der Volkspolizei abzumelden und seinen Personalausweis (Deutscher Personalausweis für Inländer, Deutscher Personalausweis für Staatenlose, Aufenthaltserlaubnis für Ausländer) zurückzugeben. Für Kinder bis zum vollendeten 15. Lebensjahr ist der Haushaltungsvorstand meldepflichtig.
(2) Dem sich Abmeldenden wird eine Abmeldebestätigung erteilt, auf der die Einziehung des Personalausweises bestätigt wird.

§ 2
Wer entgegen der Vorschrift des § 1 Abs. 1 Personalausweise nicht zurückgibt, wird mit Gefängnis bis zu drei Monaten und mit Geldstrafe oder mit einer dieser Strafen bestraft.

Diese Verordnung tritt mit ihrer Verkündung in Kraft.

Berlin, den 25. Januar 1951

Dokument 2

Verordnung
über Maßnahmen an der Demarkationslinie zwischen der Deutschen Demokratischen
Republik und den westlichen Besatzungszonen Deutschlands, 26. 5. 1952[1]
GBl. Nr. 65, 27. 5. 1952, S. 405 f.

Die Regierung der Deutschen Demokratischen Republik hat der Bonner Regierung und den Regierungen der Westmächte Vorschläge über die Durchführung freier gesamtdeutscher Wahlen und den baldmöglichsten Abschluß eines Friedensvertrages mit Deutsch-

---

[1] Siehe dazu auch Dok. 10.

land zugeleitet.² Dabei ließ sich die Regierung der Deutschen Demokratischen Republik von dem einmütigen Willen des Volkes leiten, der auf die Erhaltung des Friedens und die Einheit Deutschlands gerichtet ist. Diese Vorschläge wurden von der Bonner Adenauer-Regierung abgelehnt, die auf Weisung der amerikanischen, englischen und französischen Besatzungsmächte sich anschickt, den Generalkriegsvertrag³ abzuschließen, der gegen den Friedensvertrag und die Wiederherstellung der Einheit Deutschlands gerichtet ist.

In Befolgung ihrer Kriegspolitik haben die Bonner Regierung und die westlichen Besatzungsmächte an der Demarkationslinie einen strengen Grenz- und Zolldienst eingeführt, um sich von der Deutschen Demokratischen Republik abzugrenzen und dadurch die Spaltung Deutschlands zu vertiefen.

Das Fehlen eines entsprechenden Schutzes der Demarkationslinie seitens der Deutschen Demokratischen Republik wird von den Westmächten dazu ausgenutzt, um in immer größerem Umfange Spione, Diversanten, Terroristen und Schmuggler über die Demarkationslinie in das Gebiet der Deutschen Demokratischen Republik zu schleusen. Diese haben nach Ausführung ihrer verbrecherischen Aufgaben bislang leicht die Möglichkeit, ungehindert über die Demarkationslinie nach Westdeutschland zurückzukehren.

Auf diese Art versuchen die feindlichen Agenten die Erfolge des friedlichen wirtschaftlichen und kulturellen Aufbaus der Deutschen Demokratischen Republik zu untergraben, die weitere Hebung des Wohlstandes der Bevölkerung der Deutschen Demokratischen Republik zu erschweren und die demokratische Ordnung und Gesetzlichkeit, die Stütze des deutschen Volkes im Kampf für Frieden, Einheit und friedlichen Aufbau zu erschüttern.

Durch diese Handlungen der amerikanischen, englischen und französischen Besatzungsmächte und der Bonner Regierung sieht sich die Regierung der Deutschen Demokratischen Republik gezwungen, Maßnahmen zu ergreifen, die die Verteidigung der Interessen der Bevölkerung der Deutschen Demokratischen Republik zum Ziele haben und die ein Eindringen von feindlichen Agenten in das Gebiet der Deutschen Demokratischen Republik unmöglich machen.

Die Regierung der Deutschen Demokratischen Republik verordnet:

§ 1
Das Ministerium für Staatssicherheit wird beauftragt, unverzüglich strenge Maßnahmen zu treffen für die Verstärkung der Bewachung der Demarkationslinie zwischen der Deutschen Demokratischen Republik und den westlichen Besatzungszonen, um ein weiteres Eindringen von Diversanten, Spionen, Terroristen und Schädlingen in das Gebiet der Deutschen Demokratischen Republik zu verhindern.

---

² Gemeint sind die zahlreichen Initiativen seit der Regierungserklärung von Ministerpräsident Otto Grotewohl vom 15. 9. 1951 zur Durchführung von gesamtdeutschen Wahlen. Zu nennen sind insbesondere das Schreiben der Regierung der DDR an die vier Mächte mit der Bitte um den Abschluß eines Friedensvertrages für ganz Deutschland vom 13. 2. 1952 und der „Ruf an die Nation" des ZK der SED zur „friedlichen Wiedervereinigung" vom 16. 4. 1952.
³ Gemeint ist der Deutschland- oder „General"-Vertrag, der am 26. 5. 1952 zwischen der Bundesrepublik Deutschland und den drei Westmächten geschlossen wurde. Einen Tag später wurde der Vertrag über die Bildung der Europäischen Verteidigungsgemeinschaft unterzeichnet.

§ 2
Alle zur Durchführung dieser Maßnahmen getroffenen Anordnungen, Bestimmungen und Anweisungen sind unter dem Gesichtspunkt zu erlassen, daß sie bei einer Verständigung über die Durchführung gesamtdeutscher freier Wahlen zur Herbeiführung der Einheit Deutschlands auf demokratischer und friedlicher Grundlage sofort aufgehoben werden können.

§ 3
Diese Verordnung tritt mit dem heutigen Tage in Kraft.

Berlin, den 26. Mai 1952

Die Regierung der Deutschen Demokratischen Republik
Der Ministerpräsident   G r o t e w o h l[4]

Dokument 3

Verordnung
zur Sicherung von Vermögenswerten, 17. 7. 1952
GBl. Nr. 100, 26. 7. 1952, S. 615 f.

§ 1
(1) Das Vermögen von Personen, die das Gebiet der Deutschen Demokratischen Republik verlassen, ohne die polizeilichen Meldevorschriften zu beachten, oder hierzu Vorbereitungen treffen, ist zu beschlagnahmen.
(2) Beschlagnahmtes landwirtschaftliches Vermögen wird nach den Vorschriften über die Durchführung der demokratischen Bodenreform[5] behandelt. Es kann auf Beschluß des Rates des Kreises einer landwirtschaftlichen Produktionsgenossenschaft oder einem volkseigenen Gut zur unentgeltlichen Nutzung übertragen werden.

§ 2
Landwirtschaftlicher Grundbesitz, der von den bisherigen Bewirtschaftern in der Absicht der Aufgabe verlassen worden ist, wird nach den Vorschriften über die Durchführung der demokratischen Bodenreform behandelt. Er kann auf Beschluß des Rates des Kreises einer landwirtschaftlichen Produktionsgenossenschaft oder einem volkseigenen Gut zur unentgeltlichen Nutzung übertragen werden.

§ 3
Das unbewegliche Vermögen derjenigen landwirtschaftlichen Betriebe, deren Eigentümer auf Grund der Verordnung vom 26. Mai 1952 über Maßnahmen an der Demarkationslinie

---

[4] Otto Grotewohl (1894–1964), SED-Vorsitzender, Ministerpräsident der DDR. 1912 SPD, 1918 USPD, 1921–1922 Innen- und Volksbildungsminister von Braunschweig, 1923–1924 Justizminister ebd., 1924–1933 Vorsitzender des SPD-Landesvorstandes Braunschweig, 1925–1933 Mitglied des Reichstages, 1946–1954 Vorsitzender der SED, 1949–1964 Ministerpräsident der DDR.
[5] Zur Bodenreform gab es eine Fülle von Gesetzen, Verordnungen und Ausführungsbestimmungen, die von den jeweiligen Landesparlamenten und -regierungen verabschiedet bzw. erlassen wurden und sich daher von Land zu Land unterschieden. Ein großer Teil dieser Bestimmungen ist dokumentiert bei Döring, Von der Bodenreform (1952), S. 15–126.

(GBl. S. 405)⁶ aus der Sperrzone umgesiedelt wurden, wird nach den Vorschriften über die Durchführung der demokratischen Bodenreform behandelt. Es kann auf Beschluß des Rates des Kreises einer landwirtschaftlichen Produktionsgenossenschaft oder einem volkseigenen Gut zur unentgeltlichen Nutzung übertragen werden.

§ 4
(1) Im Falle des § 3 ist dem bisherigen Eigentümer am neuen Wohnort Grundeigentum bis zum Umfange seines bisherigen landwirtschaftlichen Betriebes zuzuweisen.
(2) Soweit landwirtschaftliche Gebäude als Austausch am neuen Wohnort nicht zur Verfügung stehen, ist in Ausnahmefällen eine Entschädigung in Geld zulässig.

§ 5
(1) Im Falle des § 3 ist bewegliches Vermögen (lebendes und totes Inventar), das im früheren landwirtschaftlichen Betrieb zurückgelassen wurde, dem Eigentümer oder seinem gesetzlichen Vertreter zurückzugeben.
(2) Mit dem Einverständnis des Eigentümers kann das bewegliche landwirtschaftliche Vermögen, das im früheren landwirtschaftlichen Betrieb zurückgeblieben ist, in natura oder in Geld ersetzt werden.

§ 6
Das im Gebiet der Deutschen Demokratischen Republik befindliche Vermögen von Personen deutscher Staatsangehörigkeit, die ihren Wohnsitz oder ständigen Aufenthalt in den westlichen Besatzungszonen Deutschlands oder in den von den westlichen Besatzungsmächten besetzten Sektoren Berlins haben, wird in den Schutz und die vorläufige Verwaltung der Organe der Deutschen Demokratischen Republik übernommen. Dasselbe gilt für juristische Personen, die ihren Sitz in dem genannten Gebiet haben.

§ 7
Anweisungen zur Durchführung dieser Verordnung erläßt das Ministerium des Innern im Einvernehmen mit den zuständigen Fachministerien.

§ 8
Diese Verordnung tritt am 18. Juli 1952 in Kraft.

Berlin, den 17. Juli 1952

Die Regierung der Deutschen Demokratischen Republik

Der Ministerpräsident   G r o t e w o h l

Ministerium des Innern   S t o p h⁷
                                                         Minister

---

⁶ Siehe Dok. 2.
⁷ Willi Stoph (1914–1999), SED-Funktionär, Minister des Innern. 1931 KPD, 1945–1948 Abteilungsleiter bzw. Hauptabteilungsleiter Deutsche Zentralverwaltung für Industrie, 1950–1989 Mitglied des ZK der SED, 1953–1989 Mitglied des Politbüros, 1952–1955 Minister des Innern, 1954–1964 stellv. Vorsitzender des Ministerrates, 1956–1960 Minister für Nationale Verteidigung, 1959 Armeegeneral, 1964–1973 und 1976–1989 Vorsitzender des Ministerrates, 1973–1976 Vorsitzender des Staatsrates.

Dokument 4

Anordnung über die Einziehung der Deutschen Personalausweise
bei Ausgabe von Interzonenpässen, 25. 2. 1953
GBl. Nr. 30, 4. 3. 1953, S. 385.

Um der Gefahr mißbräuchlicher Verwendung Deutscher Personalausweise vorzubeugen, wird folgendes angeordnet:

§ 1

(1) Jeder Bürger der Deutschen Demokratischen Republik, dem eine Interzonenreise bewilligt wurde, hat bei Aushändigung des Interzonenpasses[8], gleichgültig ob es sich um eine dienstliche, geschäftliche oder private Reise handelt, sich bei der zuständigen Bezirksbehörde Deutsche Volkspolizei abzumelden und seinen Deutschen Personalausweis abzugeben.

(2) Für die Zeit der Interzonenreise wird ein Interimsausweis ausgestellt, für den zwei Lichtbilder beizubringen sind.

§ 2

Spätestens eine Woche nach Rückkehr in den Heimatort hat sich der Bürger bei dem örtlichen zuständigen Volkspolizei-Kreisamt anzumelden, den Interzonenpaß und Interimsausweis zurückzugeben, worauf er dann den Deutschen Personalausweis zurückerhält.

§ 3

Zuwiderhandlungen gegen diese Anordnung werden nach § 25 Ziff. 1 der Meldeordnung der Deutschen Demokratischen Republik vom 6. September 1951 (GBl. S. 835)[9] bestraft.

§ 4

Diese Anordnung tritt mit ihrer Verkündung in Kraft.

Berlin, den 25. Februar 1953

Chef der Deutschen Volkspolizei **Ministerium für Staatssicherheit**
Maron[10] Zaisser[11]
 Minister

---

[8] Mit der „Anordnung über die Regelung des Interzonenverkehrs", die am 21. 11. 1953 „im Zusammenhang mit der Übergabe der Zuständigkeit für Interzonenreiseangelegenheiten durch den Hohen Kommissar der UdSSR an die Regierung der Deutschen Demokratischen Republik" erlassen wurde, wurde der Interzonenpaß abgeschafft, an seine Stelle trat der Personalausweis der DDR (GBl. Nr. 123, 23. 11. 1953, S. 1157).
[9] Die Meldeordnung sah eine Geldstrafe von bis zu 150 DM oder eine Haft von bis zu 6 Wochen vor (GBl. Nr. 110, 14. 9. 1951, S. 835-838, hier S. 837).
[10] Karl Maron (1903-1975), Generaloberst der VP, Minister des Innern. 1926 KPD, 1934 Emigration nach Schweden, 1935 in die UdSSR, 1943-1945 stellv. Chefredakteur der Zeitung „Freies Deutschland", 1945 Rückkehr nach Deutschland mit der Gruppe Ulbricht, 1945/46 1. Stellvertetender Bürgermeister von Berlin, SED, 1949-1950 stellv. Chefredakteur des „Neuen Deutschland", 1950-1955 Chef der DVP, 1955-1963 Minister des Innern, 1964 Leiter des Instituts für Meinungsforschung beim ZK der SED.
[11] Wilhelm Zaisser (1893-1958), SED-Funktionär, Minister für Staatssicherheit. 1918 USPD, 1919 KPD, 1927-1936 UdSSR, Mitarbeiter des Exekutivkomitees der Kommunistischen Internationale, 1947 Rückkehr nach Deutschland, SED, 1947-1948 Chef der Landespolizeibehörde Sachsen-Anhalt, 1948-1950 Minister des Innern und stellv. Ministerpräsident von Sachsen-Anhalt, 1949-1950 Vizepräsident DVdI, 1950-1953 Mitglied des Politbüros des ZK der SED und Minister für Staatssicherheit, auf dem XV. Plenum des ZK der SED im Juli 1953 wegen „parteifeindlicher fraktioneller Tätigkeit" Ausschluß aus Politbüro und ZK, Absetzung als Minister, 1954 Parteiausschluß.

Dokument 5

Verordnung
über die in das Gebiet der Deutschen Demokratischen Republik und den
demokratischen Sektor von Groß-Berlin zurückkehrenden Personen, 11. 6. 1953
GBl. Nr. 78, 19. 6. 1953, S. 805 f.

§ 1

Alle republikflüchtigen Personen, die in das Gebiet der Deutschen Demokratischen Republik und den demokratischen Sektor von Groß-Berlin zurückkehren, erhalten das auf Grund der Verordnung vom 17. Juli 1952 zur Sicherung von Vermögenswerten (GBl. S. 615)[12] beschlagnahmte Eigentum zurück. Ist in Einzelfällen eine Rückgabe dieses Eigentums nicht möglich, so ist Ersatz zu leisten.

§ 2

(1) Die Verordnungen [sic!] vom 17. Juli 1952 zur Sicherung von Vermögenswerten (GBl. S. 615) und die Verordnung vom 19. Februar 1953 zur Sicherung der landwirtschaftlichen Produktion und der Versorgung der Bevölkerung (GBl. S. 329)[13] werden aufgehoben. Es wird untersagt, in landwirtschaftlichen Betrieben wegen Nichterfüllung der Ablieferungsverpflichtungen oder wegen Steuerrückständen Treuhänder einzusetzen.

(2) Die Bauern, die im Zusammenhang mit Schwierigkeiten in der Weiterführung ihrer Wirtschaft ihre Höfe verlassen haben und nach Westberlin oder Westdeutschland geflüchtet sind (Kleinbauern, Mittelbauern und Großbauern), können auf ihre Bauernhöfe zurückkehren. Ist eine Rückgabe ihres landwirtschaftlichen Besitzes in Ausnahmefällen nicht möglich, so erhalten sie vollwertigen Ersatz. Es wird ihnen mit Krediten und landwirtschaftlichem Inventar geholfen, ihre Wirtschaften weiterzuführen.

§ 3

(1) Alle übrigen Rückkehrer sind in gleicher Weise durch die zuständigen Organe der Räte der Bezirke und Kreise entsprechend ihrer fachlichen Qualifikation wieder in das wirtschaftliche und gesellschaftliche Leben einzugliedern.

(2) Den zurückkehrenden Republikflüchtigen darf allein aus der Tatsache der Republikflucht keine Benachteiligung entstehen.

§ 4

Die Rückkehrer sind in ihre vollen Bürgerrechte einzusetzen. Sie erhalten den Deutschen Personalausweis, die ihnen zustehende Lebensmittelkarte usw.

§ 5

Durchführungsbestimmungen erläßt das Staatssekretariat für Innere Angelegenheiten.[14]

---

[12] Siehe Dok. 3.
[13] Die Verordnung sah u.a. vor, daß Bauern, „die gegen die Gesetze der Deutschen Demokratischen Republik verstoßen und die Bestimmungen über die ordnungsgemäße Bewirtschaftung grob verletzt haben" oder ihren Betrieb verlassen haben, der Besitz entzogen und der staatlichen Verwaltung zugeführt werden kann (GBl. Nr. 25, 27. 2. 1953, S. 329 f.).
[14] Die erste Durchführungsbestimmung findet sich direkt im Anschluß an die Verordnung, S. 806.

§ 6
Diese Verordnung tritt am 11. Juni 1953 in Kraft.

Berlin, den 11. Juni 1953

**Die Regierung
der Deutschen Demokratischen Republik**

Der Ministerpräsident   Grotewohl

Dokument 6

Verordnung
über die Ausgabe von Personalausweisen der Deutschen Demokratischen Republik,
29. 10. 1953
GBl. Nr. 117, 7. 11. 1953, S. 1090f.

Da die Mehrzahl der bisher ausgegebenen Deutschen Personalausweise in den nächsten Monaten ungültig wird und um gleichzeitig dem Wunsche nach einem zweckmäßigen Ausweis Rechnung zu tragen, kommen für die Bevölkerung der Deutschen Demokratischen Republik neue Personalausweise zur Ausgabe.
Es wird deshalb folgendes verordnet:

§ 1
(1) Jede Person, die in der Deutschen Demokratischen Republik ansässig ist, muß mit vollendetem 14. Lebensjahr im Besitz eines Personalausweises der Deutschen Demokratischen Republik sein. Der Personalausweis der Deutschen Demokratischen Republik ist ständig bei sich zu tragen und auf Verlangen der Sicherheitsorgane des Staates vorzuzeigen.
(2) Personalausweise im Sinne dieser Verordnung, die nur von der Deutschen Volkspolizei ausgestellt werden können, sind
    a) der Personalausweis der Deutschen Demokratischen Republik für deutsche Staatsangehörige;
    b) der Personalausweis der Deutschen Demokratischen Republik für Staatenlose;
    c) die Aufenthaltserlaubnis der Deutschen Demokratischen Republik für Ausländer.
(3) Neben den im § 1 Abs. 2 dieser Verordnung bezeichneten Ausweisen gelten ständig oder zeitweilig auch die in § 1 Abs. 2 der Anordnung vom 15. März 1952 über Ausweise für Personen, die in der Deutschen Demokratischen Republik wohnen (GBl. S. 222) genannten Ausweispapiere.[15]

---

[15] Dazu gehören Verlustbescheinigungen der VP, Bescheinigungen der VP, daß ein Ausweis beantragt oder zeitweilig bzw. ständig abgenommen wurde, von der Wismut-AG ausgestellte Personalausweise sowie Dienstausweise der DVP (GBl. Nr. 37, 24. 3. 1952, S. 222).

(4) Personalausweise der Deutschen Demokratischen Republik berechtigen zum Aufenthalt in der Deutschen Demokratischen Republik.
Die Deutsche Volkspolizei hat das Recht, Personen, die schwere strafbare Handlungen (Mord, Verbrechen nach Artikel 6 der Verfassung[16], Kontrollratsdirektive 38[17], Sabotage, Gesetz zum Schutze des Friedens, Wirtschaftsverbrechen, Sittlichkeitsverbrechen) begangen haben, das Aufenthaltsrecht in bestimmten Gebieten oder Städten zu entziehen.

§ 2
(1) Die bisher gültigen Ausweise (Deutscher Personalausweis für deutsche Staatsangehörige, Deutscher Personalausweis für Staatenlose und Aufenthaltserlaubnis für Ausländer) werden in der Zeit vom 15. November 1953 bis zum 31. März 1954 in Personalausweise der Deutschen Demokratischen Republik umgetauscht. Nicht umgetauschte Deutsche Personalausweise werden zu gegebener Zeit durch eine Veröffentlichung für ungültig erklärt.
(2) Personen, die das Gebiet der Deutschen Demokratischen Republik vorübergehend oder für ständig verlassen, haben ihren Personalausweis der Deutschen Demokratischen Republik vor der Abreise bei der zuständigen Dienststelle der Volkspolizei abzugeben und erhalten hierfür einen entsprechenden Ausweis.

[...][18]

§ 9
(1) Bei Verlust von Personalausweisen der Deutschen Demokratischen Republik ist der Inhaber verpflichtet, den Verlust unverzüglich bei der nächsterreichbaren Volkspolizeidienststelle anzuzeigen. Wird ein verlorener Personalausweis der Deutschen Demokratischen Republik durch den Besitzer wiedergefunden, so hat er dies sofort bei seinem zuständigen Volkspolizeikreisamt zu melden. Andere Finder haben Personalausweise der Deutschen Demokratischen Republik sofort bei der nächsten Dienststelle der Volkspolizei abzugeben.
(2) Für die Neuausstellung eines Ersatzstückes für verlorene Personalausweise der Deutschen Demokratischen Republik wird eine Gebühr von 50 DM erhoben. Nach sozialer Lage kann diese Gebühr bis auf 20 DM herabgesetzt werden.

§ 10
(1) Mit Gefängnis bis zu drei Jahren und Geldstrafe oder mit einer dieser Strafen wird bestraft, soweit nicht nach anderen Bestimmungen eine höhere Strafe verwirkt ist, wer vorsätzlich

---

[16] Konkret sind dort folgende Delikte genannt: „Boykotthetze gegen demokratische Einrichtungen und Organisationen, Mordhetze gegen demokratische Politiker, Bekundung von Glaubens-, Rassen-, Völkerhaß, militaristische Propaganda sowie Kriegshetze und alle sonstigen Handlungen, die sich gegen die Gleichberechtigung richten". Zitiert nach: Hildebrandt, Die deutschen Verfassungen (1992), S. 199 f.
[17] Die Direktive Nr. 38 des Alliierten Kontrollrats vom 12. 10. 1946 bezog sich auf die „Verhaftung und Bestrafung von Kriegsverbrechern, Nationalsozialisten und Militaristen und Internierung, Kontrolle und Überwachung von möglicherweise gefährlichen Deutschen." (Wortlaut in: Amtsblatt des Kontrollrats in Deutschland. Ergänzungsblatt Nr. 1, S. 184–211).
[18] Ausgelassen wurden §§ 3 bis 8, in denen Einzelheiten zur Ausgabe der verschiedenen Arten von Personalausweisen behandelt werden.

a) einen Personalausweis unter falschen Angaben beantragt oder entgegen den Bestimmungen des § 2 Abs. 2 den Personalausweis nicht abgibt;
b) einen gefundenen Personalausweis nicht bei der nächsten Volkspolizeidienststelle abgibt;
c) Personen beherbergt oder in ein Arbeitsverhältnis annimmt, die keinen Personalausweis oder keine anderen gültigen Ausweispapiere besitzen.

(2) Werden die in den Buchstaben a bis c bezeichneten Handlungen fahrlässig begangen, so werden sie mit Geldstrafe bis zu 150 DM und Haft oder mit einer dieser Strafen bestraft.

§ 11
Mit Geldstrafe bis zu 150 DM und Haft oder mit einer dieser Strafen wird bestraft, wer vorsätzlich oder fahrlässig

a) entgegen den Bestimmungen dieser Verordnung es unterläßt, einen Personalausweis zu beantragen oder Veränderungen seiner Personalien binnen einer Woche der zuständigen Dienststelle der Volkspolizei nicht meldet;
b) den Verlust oder die Wiederauffindung seines Personalausweises bei der nächsten Dienststelle der Volkspolizei nicht anzeigt;
c) einen Personalausweis einer anderen Person unbefugt überläßt oder zum unbefugten Besitz annimmt.

§ 12
Dem Personalausweis im Sinne der §§ 10 und 11 sind ersatzweise oder befristet erteilte Personalpapiere gleich zu achten.

§ 13
Durchführungsbestimmungen erläßt der Minister des Innern.

§ 14
(1) Diese Verordnung tritt am 1. November 1953 in Kraft.
(2) Die Verordnung der Deutschen Verwaltung des Innern vom 18. November 1948[19] mit den dazu ergangenen Durchführungsbestimmungen sowie die Verordnung vom 25. Januar 1951 über die Rückgabe Deutscher Personalausweise bei Übersiedlung nach Westdeutschland oder Westberlin (GBl. S. 53)[20] und die Anordnung vom 25. Februar 1953 über die Einziehung der Deutschen Personalausweise bei Ausgabe von Interzonenpässen (GBl. S. 385)[21] werden hiermit außer Kraft gesetzt.

Berlin, den 29. Oktober 1953

---

[19] „Verordnung über die Ausgabe einheitlicher Personalausweise an die Bevölkerung der sowjetischen Besatzungszone Deutschlands", in: Zentralverordnungsblatt Nr. 55, 7. 12. 1948, S. 548 ff.
[20] Siehe Dok. 1.
[21] Siehe Dok. 4.

Dokument 7

Anordnung
über die finanzielle Hilfe für Personen, die ihren Wohnsitz aus Westdeutschland und Westberlin in das Gebiet der Deutschen Demokratischen Republik oder des demokratischen Sektors von Groß-Berlin verlegen, 29. 4. 1954[22]
ZBl. Nr. 20, 22. 5. 1954, S. 204 f.

Zur Unterstützung der aus Westdeutschland und Westberlin in das Gebiet der Deutschen Demokratischen Republik oder des demokratischen Sektors von Groß-Berlin übersiedelnden Personen, die durch die Politik der Bonner Behörden und der amerikanischen Okkupationsmächte in Not und Elend gestürzt wurden, wird im Einvernehmen mit dem Staatssekretariat für Innere Angelegenheiten folgendes angeordnet.

§ 1

An Personen, die nach dem 1. Januar 1954 ihren Wohnsitz aus Westdeutschland und Westberlin in das Gebiet der Deutschen Demokratischen Republik oder des demokratischen Sektors von Groß-Berlin verlegt haben oder verlegen, kann auf Antrag vom Rat der Stadt oder der Gemeinde, in welcher sie ihren Wohnsitz nehmen, ein einmaliges Überbrückungsgeld in Höhe von

    50 DM für Einzelpersonen bzw. Haushaltungsvorstand,
    40 DM für die Ehefrau und
    25 DM für jedes Kind

ausgezahlt werden.

§ 2

(1) Der Rat der Stadt oder der Gemeinde kann den nach § 1 Zuziehenden auf Antrag die belegmäßig nachgewiesenen Kosten der Unterkunft im Hotel oder sonstige Wohnraummiete bis zur Dauer von zwei Wochen erstatten, soweit sie die Sätze der Anordnung vom 19. Oktober 1953 über Reisekostenvergütung, Trennungsentschädigung und Umzugskostenvergütung (GBl. S. 1065) nicht übersteigen.[23] Verpflegungskosten werden nicht vergütet.

---

[22] Siehe auch die ähnlich lautende „Anordnung über die Kreditgewährung" selben Datums (ZBl. Nr. 20, 22. 5. 1954, S. 205 f.). Zwei Wochen später wurden besondere Bestimmungen für rückkehrende und zuziehende Bauern erlassen. Siehe „Bekanntmachung des Beschlusses zur Unterstützung werktätiger Bauern, die aus Westdeutschland kommen und im Gebiet der Deutschen Demokratischen Republik aufgenommen werden" vom 13. 5. 1954 (GBl. Nr. 50, 24. 5. 1954, S. 489 ff.).
[23] Die Anordnung bezieht sich auf Dienstreisen und beinhaltet eine genaue Aufstellung der Höchstgrenzen für Fahrt-, Übernachtungs- und Umzugskosten (GBl. Nr. 113, 29. 10. 1953, S. 1065–1068).

(2) Der Rat der Stadt oder der Gemeinde hat dem Zuziehenden auf Antrag gegen Vorlage von Belegen die Fahrtkosten zu erstatten, die nachweisbar zur Beschaffung des ersten Arbeitsplatzes und der ersten Wohnung notwendig waren.

(3) Die Umzugskosten können auf Antrag vom Rat der Stadt oder der Gemeinde übernommen werden, wenn das Ministerium der Finanzen, Hauptabteilung Valuta, die Genehmigung hierzu erteilt hat. Der Antrag ist vom Rat der Gemeinde entgegenzunehmen und an das Ministerium der Finanzen weiterzuleiten. Die Genehmigung ist nicht erforderlich, wenn Westmarkbeträge nicht in Anspruch genommen werden.

§ 3

(1) Denjenigen in § 1 genannten Personen, die nach dem 8. Mai 1945 das Gebiet der Deutschen Demokratischen Republik und des demokratischen Sektors von Groß-Berlin ohne Beachtung der polizeilichen Meldevorschriften verlassen haben, wird die finanzielle Hilfe gemäß §§ 1 und 2 nur gewährt, wenn sie dieser Hilfe bedürftig sind. Die Feststellung der Bedürftigkeit erfolgt durch die örtliche Sozialkommission.

(2) Falls im Zusammenhang mit der Wohnungseinweisung einer im Abs. 1 dieses Paragraphen genannten Person dem bisherigen Wohnungsinhaber Umzugskosten entstehen, sind diese auf Antrag des bisherigen Wohnungsinhabers durch den Rat der Stadt oder der Gemeinde zu erstatten.

(3) Die Anträge gemäß § 2 Absätze 1 und 2 und § 3 Abs. 2 müssen innerhalb von 30 Tagen nach Entstehen der Kosten gestellt werden.

§ 4

(1) Die Anträge gemäß §§ 1 bis 3 werden von dem zuständigen Rat der Stadt oder der Gemeinde, Sachgebiet Sozialwesen, geprüft und entschieden.

(2) Die Leistungen der §§ 1 bis 3 sind nicht zurückzuerstatten.

§ 5

1) Zahlungen gemäß §§ 1 bis 3 sind durch die Räte der Städte und Gemeinden, Sachgebiet Sozialwesen, unter Einzelplan 18, Kapitel 649, zu verbuchen.

(2) Die gezahlten Beträge sind ordnungsgemäß zu belegen und zu einer laufenden Nachweisung zusammenzustellen. Die Beträge werden den Räten der Städte und Gemeinden über den Rat des Kreises auf Anordnung des Rates des Bezirkes aus dem Staatshaushalt im Wege des Sonderfinanzausgleiches zur Verfügung gestellt.

§ 6

Die Richtlinie des Staatssekretariats für Innere Angelegenheiten über die Erstattung von Übernachtungs- und Umzugskosten an Rückkehrer vom 18. Juli 1953 wird durch diese Anordnung außer Kraft gesetzt.

§ 7
Diese Anordnung tritt mit Wirkung vom 1. April 1954 in Kraft.

Ministerium für Arbeit
M a c h e r[24]
Minister

Staatssekretariat für Innere Angelegenheiten
H e g e n[25]
Staatssekretär

Ministerium der Finanzen
I. V.: R u m pf[26]
Staatssekretär

Dokument 8

Gesetz zur Änderung des Paßgesetzes der Deutschen Demokratischen Republik,
11. 12. 1957
GBl. Nr. 78, 23. 12. 1957, S. 650.

Zur Änderung des Paßgesetzes der Deutschen Demokratischen Republik vom 15. September 1954[27] wird folgendes Gesetz beschlossen:

§ 1
§ 8 des Paßgesetzes erhält folgende Fassung:
„(1) Wer ohne erforderliche Genehmigung das Gebiet der Deutschen Demokratischen Republik verläßt oder betritt oder wer ihm vorgeschriebene Reiseziele, Reisewege oder Reisefristen oder sonstige Beschränkungen der Reise oder des Aufenthaltes hierbei nicht einhält, wird mit Gefängnis bis zu drei Jahren oder mit Geldstrafe bestraft.
(2) Ebenso wird bestraft, wer für sich oder einen anderen durch falsche Angaben eine Genehmigung zum Verlassen oder Betreten des Gebietes der Deutschen Demokratischen Republik erschleicht.
(3) Vorbereitung und Versuch sind strafbar."[28]

---

[24] Fritz (Friedrich) Macher, geb. 1922, FDGB-Funktionär, Minister für Arbeit. 1945 SED, 1952-1954 Präsidiumsmitglied des FDGB-Bundesvorstandes, 1953-1958 Minister für Arbeit und Berufsausbildung, 1958-1961 Abteilungsleiter in der SPK, 1969 Professor, 1971-1981 Direktor der Sektion Arbeitswissenschaft an der TU Dresden.

[25] Joseph Hegen (1907-1969), SED-Funktionär. 1947 Sekretär SED-Kreisleitung Zwickau, 1948-1950 Chef der Landesbehörde der Volkspolizei Sachsen-Anhalt, 1950-1952 Innenminister von Sachsen-Anhalt, 1953-1956 Staatssekretär für Innere Angelegenheiten im MdI der DDR, 1966 Stellvertretender Minister für Auswärtige Angelegenheiten.

[26] Willy Rumpf (1903-1982), SED-Funktionär. 1925 KPD, 1933-1938 und 1944-1945 Haft im Konzentrationslager (KZ) Sachsenhausen, 1945-1947 stellv. Leiter der Finanzabteilung des Magistrats von Groß-Berlin, 1946 SED, 1947-1948 Leiter der Treuhandverwaltung Berlin, 1948-1949 Leiter der Hauptverwaltung Finanzen der DWK, 1949-1955 Staatssekretär im Ministerium für Finanzen, 1955-1966 Finanzminister, ab 1963 Mitglied ZK der SED.

[27] In: GBl. Nr. 81, 22. 9. 1954, S. 786.

[28] Die ursprüngliche Fassung des § 8 Abs. 1 lautete folgendermaßen: „Wer ohne Genehmigung das Gebiet der Deutschen Demokratischen Republik *nach dem Ausland* verläßt oder *aus dem Ausland betritt* oder wer ihm vorgeschriebene Reiseziele, Reisewege oder Reisefristen oder sonstige Beschränkungen der Reise oder des Aufenthalts hierbei nicht einhält, wird mit Gefängnis bis zu drei Jahren bestraft." (Hervorhebung d. Hrsg.). Abs. 2 blieb unverändert, in Abs. 3 war neu, daß auch die Vorbereitung strafbar wurde.

§ 2
§ 9 des Paßgesetzes erhält folgende Fassung:
„Wer sich ohne Genehmigung im Gebiet der Deutschen Demokratischen Republik aufhält, kann aus der Deutschen Demokratischen Republik verwiesen werden."[29]

§ 3
Dieses Gesetz tritt mit sofortiger Wirkung in Kraft.

Das vorstehende, vom Präsidenten der Volkskammer im Namen des Präsidiums der Volkskammer unter dem dreizehnten Dezember neunzehnhundertsiebenundfünfzig ausgefertigte Gesetz wird hiermit verkündet.

Berlin, den dreiundzwanzigsten Dezember neunzehnhundertsiebenundfünfzig

Der Präsident der Deutschen Demokratischen Republik
In Vertretung:
Dr. D i e c k m a n n[30]
Präsident der Volkskammer der Deutschen Demokratischen Republik

II. Grenzsicherung und -kontrolle

Dokument 9

HVDVP [Hauptverwaltung Deutsche Volkspolizei],
Hauptabteilung PK [Paßkontrolle] (Klein), Bericht über den Tod des Schneidermeisters und SED-Mitglieds Tippach am 7. 4. 1951 in Groß Burschla[31] (Thüringen)
und über die politische Lage im Grenzgebiet, 16. 4. 1951
BArch DO 1/11, Nr. 355, Bl. 2-6.

Am 7. 4. 1951 wurde ein illegaler Grenzverletzer, der durch die Kameraden des Grenzkommandos Groß Burschla, Grenzbereitschaft Mihla[32], festgenommen worden war, durch den Schneidermeister Tippach, Gr. Burschla, der von einer größeren Menschenmenge unterstützt wurde, befreit. T. wurde zum Grenzkommando bestellt und erschien dort um ca. 22.00 Uhr. Nach der Vernehmung des T. setzte sich der Kommandoleiter, Hauptwachtmeister Langer, mit der Kommandanturleitung Kreutzburg[33] telefonisch in Verbindung, um eine eventuelle Überführung des T. nach Kreutzburg zu veranlassen.

---

[29] Die ursprüngliche Fassung des § 9 lautete folgendermaßen: „Ausländer, die gegen dieses Gesetz und die hiermit erlassenen Durchführungsbestimmungen und Anordnungen verstoßen, können aus der Deutschen Demokratischen Republik verwiesen werden."
[30] Johannes Dieckmann (1893-1969), LDPD-Funktionär. 1918 DVP, 1929-1933 Abgeordneter des Sächsischen Landtags, 1946-1952 Vorsitzender LDPD-Fraktion im Sächsischen Landtag, 1948-1950 Minister für Justiz und stellv. Ministerpräsident von Sachsen, ab 1949 stellv. Vorsitzender der LDPD und Volkskammerpräsident.
[31] Korrekt: Großburschla, Ort in Thüringen, Kreis Eisenach.
[32] Ort im Thüringen, Kreis Eisenach.
[33] Korrekt: Creuzburg, Stadt in Thüringen, Kreis Eisenach.

Diesen Augenblick benutzte T. und flüchtete aus dem Kommando. Die Wache vor dem Kommando wurde durch Rufen von der Flucht verständigt. Der Hausposten, Wilhelm Ludwig, rief T. an, und weil sein Anruf nicht beachtet wurde, machte er von der Schußwaffe Gebrauch. T. wurde am rechten Oberarm so unglücklich verletzt, daß er in kurzer Zeit verblutete, und der um 23.00 Uhr eintreffende Arzt konnte nur noch den eingetretenen Tod feststellen. Gleich nach 22.00 Uhr hatte sich der größte Teil der Bevölkerung von Groß Burschla vor dem Kommando eingefunden und äußerte sich dort durch Pfeifen und Pfui-Rufe gegen die Volkspolizei. Erst gegen 4.00 Uhr morgens verlief sich die Bevölkerung.

Der Posten, L., der jetzt im KPP [Kontrollpassierpunkt] Wartha[34] Dienst versieht, erklärte, daß ihm durch den Zuruf der Kameraden nur bekannt wurde, daß einer der verhafteten Grenzgänger die Flucht ergriffen hat. Da mehrere Grenzgänger im Kommando inhaftiert waren, wußte er nicht, um wen es sich handelte. Er stand vom Tor aus auch so weit entfernt, daß er den Flüchtenden nicht aufhalten konnte und daher von der Schußwaffe Gebrauch machen mußte. Diese Angaben werden vom Kommando-Leiter, HWm. [Hauptwachtmeister] Langer, und vom Stellvertreter (PK), VP [Volkspolizei]-Komm[issar] Hildebrandt, bestätigt.

Tippach war Org[anisations-]Leiter der SED der Ortsgruppe Gr. Burschla und Vorsitzender der Grundkommission zur Überprüfung der Mitglieder und Kandidaten. T. war einer der wenigen aktiven Mitglieder der Ortsgruppe. In der Ortsgruppe sind 160 Mitglieder und Kandidaten organisiert. Die Ortschaft Gr. Burschla hat ca. 2 000 Einwohner.

Schon am 8. 4. erklärten 70 Mitglieder der SED ihren Austritt. Am 9. 4. gaben 15 Pioniere in der Schule das Halstuch der Jungen Pioniere zurück. In allen Ortschaften des Kommandos und Kommandanturbereichs und selbst im Bereich der Grenzbereitschaft kursieren auf Grund dieses Vorfalls eine Unmenge von Gerüchten, und auch in den Ortsgruppen der SED, wie z. B. in Franken[35], Treffurt[36], Mihla, Kreutzburg usw. wird dieser Vorfall diskutiert und ohne daß man den wahren Sachverhalt kennt, gegen die Volkspolizei Stellung genommen.

Die Beerdigung des T. erfolgte am Donnerstag, den 12. 4. 1951. Zu Störungsversuchen irgendwelcher Art ist es nicht gekommen, lediglich der Vorsitzende der Gemeindevertretung, Hildebrandt (SED), hat vor dem Gemeindehaus die schwarz-rot-goldene Fahne[37] auf Halbmast gesetzt. Aus Anlaß der Beerdigung haben bei Treffurt 25 Personen den Schlagbaum passiert, eine noch geringere Anzahl von Personen hat aus der amerikanischen Zone an der Beerdigung teilgenommen.

Da die Zöllner aus der amerikanischen Zone der Bevölkerung der DDR gesagt hatten, daß an der Beerdigung ca. 500 Personen aus dem Westen teilnehmen werden, wurden zur Sicherung der D[emarkations]-Linie die Offiziersschüler der Schule Sondershausen eingesetzt. Der Einsatz erfolgte am Mittwochabend und ging unauffällig vor sich, und am Donnerstagabend wurden alle eingesetzten Kräfte wieder zurückgezogen.

---

[34] Ortsteil von Eisenach.
[35] Gemeint ist vermutlich Frankenroda, Ort in Thüringen, Kreis Eisenach.
[36] Stadt in Thüringen, Kreis Eisenach.
[37] Bis zum Herbst 1959 war die schwarz-rot-goldene Fahne *ohne* das Staatswappen die offizielle Flagge der DDR und damit identisch mit der der Bundesrepublik Deutschland.

Die Mehrzahl der Bevölkerung hier an der D[emarkations]-Linie[38], einschließlich der Mitglieder der SED, sind legale bzw. illegale Grenzgänger. Hieraus ergibt sich schon ein oft sehr starker Gegensatz zwischen ihnen und den Kameraden der Volkspolizei. Bei den legalen Grenzgängern handelt es sich zum Teil um Arbeiter, die in der amerikanischen Zone beschäftigt sind, oder um Bauern, die in der amerikanischen Zone Land besitzen. Z. B. besitzen Bauern und Gärtner aus Groß Burschla ca. 180 ha Land auf der anderen Seite der D[emarkations]-Linie.

Zum Passieren der D[emarkations]-Linie beantragen sie einen Passierschein. Dieser Passierschein wird aber nur dann ausgestellt, wenn das Katasteramt in Eisenach und die VdgB [Vereinigung der gegenseitigen Bauernhilfe] dort selbst zugestimmt haben. Es geschieht auch in einigen Fällen, daß vom Katasteramt und von der VdgB keine Zustimmung erfolgt. Die Bauern machen dafür die Volkspolizei verantwortlich. Vor allen Dingen weisen sie darauf hin, daß im umgekehrten Falle in der Westzone Passierscheine fast immer auf die Anträge ausgestellt werden und daß im Besonderen drüben bei Zustimmung oder Ablehnung die Anträge immer sehr schnell beantwortet werden.

Gr. Burschla ist ein Ort in der DDR, der in einem Sack liegt, welcher sich ca. 7 km in die amerikanische Besatzungszone erstreckt. Die einzige Strasse von und nach Gr. Burschla führt durch die amerikanische Besatzungszone. Die Strasse geht von Treffurt in Richtung Gr. Burschla am sowjetischen Schlagbaum vorbei, vor und hinter der Stadt Heldra[39] (amerikanische Zone) sind je ein Schlagbaum der Zöllner und vor Gr. Burschla ein Schlagbaum der Volkspolizei. Die Strasse durch das amerikanische Gebiet, die auch durch die Stadt Heldra führt, ist eine sogenannte neutrale Strasse. Volkspolizisten, die diese Strasse passieren, werden sehr oft durch Anpöbelungen durch die Bevölkerung belästigt. Eine Kontrolle darüber, wo die Personen hinfahren, die von Treffurt kommend den sowjetischen Schlagbaum passieren, besteht nicht. Dasselbe gilt für die Personen, die aus der Stadt Heldra (amerikanische Besatzungszone) die neutrale Strasse durch Gr. Burschla (DDR) nach Weissenborn[40] (amerikanische Zone) passieren. Diese Personen weisen sich am Schlagbaum der VP vor Gr. Burschla aus und eine weitere Kontrolle durchlaufen sie nicht.

Besonders zu vermerken ist, dass die Ablieferung landwirtschaftlicher Produkte aus Gr. Burschla durch diese komplizierte Lage erschwert wird. Z. B. sollte die VVEAB[41] aus Treffurt vor ca. 4 Wochen 7 000 Eier aus Gr. Burschla abholen. Für Fahrer und Lastwagen der VVEAB war der Passierschein vorhanden. Der sowjetische Posten am Schlagbaum bei Treffurt hatte aber noch nicht die Kontrolliste und liess daher den Fahrer nicht passieren. Erst nach Tagen konnte die VVEAB die Eier aus Gr. Burschla abholen. Am Mittwoch, den 11. 4. 1951 war ich selbst zugegen, wie in Treffurt die VVEAB bei dem Gruppenposten der VP um Unterstützung bat. Es handelte sich diesmal um 3 000 Eier, die aus Gr. Burschla abgeholt werden sollten. Der Passierschein für die VVEAB lag vor, aber die Kontrolliste beim sowjetischen Posten war noch nicht eingetroffen. Diese Kontrolliste kommt vom Landratsamt Eisenach, Dolmetscherbüro. (Der Landrat wurde verständigt).

---

[38] Demarkationslinie, die innerdeutsche Grenze.
[39] Gemeinde in Hessen, Werra-Meißner-Kreis.
[40] Korrekt: Weißenborn, Gemeinde in Hessen, Werra-Meißner-Kreis.
[41] Korrekt: VEAB (Volkseigener Erfassungs- und Aufkaufbetrieb).

Ein Vorschlag, der eine Kontrolle über die Personen ermöglicht, die die amerikanische Zone bzw. die DDR passieren, ist in der beiliegenden Lageskizze angegeben.

[...]⁴²

Die politische Stimmung und Auffassungen der Bevölkerung an der D[emarkations]-Linie kann man nicht als gut und zuverlässig bezeichnen. Hierin einbezogen sind mit wenigen Ausnahmen auch die Mitglieder unserer Partei. Hierzu muss gesagt werden, dass das Landessekretariat bzw. die betreffende Kreisleitung selbst sehr wenig die Ortsgruppen unmittelbar an der D[emarkations]-Linie besucht. In vielen Ortschaften gibt es keine SED-Ortsgruppe. Der Kontakt der Volkspolizei mit der Bevölkerung bezieht sich meistens nur auf einzelne Bindungen, die ein VP-Angehöriger mit einem Bewohner des Dorfes hat. Ein politischer Kontakt mit den Ortsgruppen der SED über den PK [Paßkontrolleur] oder Parteisekretär des Kommandos besteht nicht. Dasselbe konnte ich feststellen in der Grenzbereitschaft Dermbach⁴³ und auch in der Grenzbereitschaft Schönberg⁴⁴/ Meckl[enburg].

Es wäre notwendig, über die Landessekretariate der Partei, die Kreisleitungen der Partei und die Leitungen der Massenorganisationen der Kreise zu veranlassen, die Ortschaften bzw. ihre Ortsgruppen in der Nähe der D[emarkations]-Linie des öfteren zu besuchen, um hier politische Anleitung und Hilfe zu geben.

Die PK der Kommandos, Kommandanturen und Grenzbereitschaften müssten des öfteren an den Sitzungen der für ihr Gebiet entsprechenden Parteileitungen teilnehmen. Hierdurch würden viele strittige und unklare Fragen geklärt werden können und die Mitglieder der SED selbst die politische verantwortliche Aufgabe unserer Kameraden an der D[emarkations]-Linie erkennen und begreifen lernen und somit unter der Bevölkerung positiv argumentieren können. Darüber hinaus würde durch eine solche Verbindung ein politisches Verhältnis hergestellt werden, dass auch für die Durchführung des Sektionsdienstes Vorteile hätte, und dass auf der anderen Seite die privaten und familiären Bindungen von VP-Angehörigen zur Bevölkerung unterbindet.

Am Mittwoch, den 18. 4. 1951 findet eine Sitzung zwischen Vertretern der Partei, Volkspolizei und Verwaltung in der Landesleitung Thüringen statt, die sich mit den Problemen an der D[emarkations]-Linie in Thüringen beschäftigen wird und die dem Zentralkomitee ihre Vorschläge unterbreiten wird.

Klein
[Unterschrift]

---

⁴² Ausgelassen wurden im Originaltext eingeklammerte Detailvorschläge zur Grenzverkehrregelung.
⁴³ Ort in Thüringen, Kreis Bad Salzungen.
⁴⁴ Grenzkreis in Mecklenburg.

Dokument 10

Öffentlicher Aushang der Polizeiverordnung über die Einführung einer besonderen Ordnung an der Demarkationslinie, Ministerium für Staatssicherheit, Zaisser, o.D. (Inkrafttreten: 27. 5. 1952)
SAPMO-BArch DY 30/IV 2/13/10, Bl. 115–118.

[...][45]

Durch Regierungsverordnung[46] wird entlang der Demarkationslinie eine besondere Sperrzone errichtet, in der eine besondere Ordnung eingeführt wird.
Zur Durchführung dieser Regierungsverordnung ergeht folgende Polizeiverordnung:

§ 1
Die entlang der Demarkationslinie zwischen der Deutschen Demokratischen Republik und Westdeutschland festgelegte Sperrzone umfaßt einen 10 m breiten Kontrollstreifen unmittelbar an der Demarkationslinie, anschließend einen etwa 500 m breiten Schutzstreifen und dann eine etwa 5 km breite Sperrzone.

§ 2
Die Bestimmungen über den kleinen Grenzverkehr sind ab sofort aufgehoben. Die Demarkationslinie darf nur mit gültigem Interzonenpaß an den vorgesehenen Kontrollpunkten der Deutschen Grenzpolizei passiert werden.

§ 3
Für Personen, die im Sperrgebiet wohnen, werden ab sofort keine Interzonenpässe mehr ausgegeben. Für Personen, die in Westdeutschland wohnen, werden für das Sperrgebiet keine Aufenthaltsgenehmigungen mehr erteilt. Die Einreise in das Sperrgebiet mit Interzonenpaß oder Visum ist mit sofortiger Wirkung verboten.

§ 4
Das Überschreiten des 10 m-Kontrollstreifens ist für alle Personen verboten. Personen, die versuchen, den Kontrollstreifen in Richtung der Deutschen Demokratischen Republik oder Westdeutschland zu überschreiten, werden von den Grenzstreifen festgenommen.
Bei Nichtbefolgung der Anordnung der Grenzstreifen wird von der Waffe Gebrauch gemacht.

§ 5
Die Bewohner der 5 km-Sperrzone sind verpflichtet, sich innerhalb von 48 Stunden nach Inkrafttreten dieser Verordnung bei den für sie zuständigen Meldestellen der Deutschen Volkspolizei zu melden.
Die Personalausweise dieser Ortsansässigen erhalten einen Stempel, der dem Ausweisinhaber die Wohnberechtigung in der 5 km-Sperrzone gibt.
Kinder unter 15 Jahren müssen in dem Deutschen Personalausweis des Vaters oder der Mutter bzw. des Pflegeberechtigten eingetragen sein.

---

[45] Ausgelassen wurde der einleitende Abschnitt, der fast wörtlich mit dem entsprechenden Abschnitt von Dok. 2 übereinstimmt.
[46] Siehe Dok. 2.

§ 6
In der 5 km-Sperrzone sind alle öffentlichen Versammlungen, Kundgebungen und Massenveranstaltungen jeder Art genehmigungspflichtig. Die Genehmigung ist durch die örtlichen Verwaltungsorgane 24 Stunden vor Beginn von der zuständigen Grenzpolizei-Kommandantur einzuholen.
Alle Versammlungen, Veranstaltungen usw. müssen bis 22.00 Uhr beendet sein.

§ 7
Personen, die in der Deutschen Demokratischen Republik wohnen, aber in der 5 km-Sperrzone arbeiten, sind verpflichtet, sich innerhalb von 48 Stunden nach Inkrafttreten dieser Polizeiverordnung bei der für sie zuständigen Volkspolizei-Behörde zu melden. Dort erhalten sie einen befristeten Ausweis, der sie zur Ausübung von Arbeiten in der 5 km-Sperrzone berechtigt.

§ 8
Einwohner der Deutschen Demokratischen Republik außerhalb der Sperrzone, die aus beruflichen oder anderen Gründen (z. B. Dienstfahrten, Besuch von Angehörigen usw.) vorübergehend in die Sperrzone einreisen wollen, müssen bei dem für ihren Wohnort zuständigen Kreisamt der Deutschen Volkspolizei einen Passierschein für die Einreise in die 5 km-Sperrzone beantragen.
Personen, die in die 5 km-Sperrzone vorübergehend einreisen, sind verpflichtet, sich mit einer Frist von 12 Stunden bei den örtlichen Volkspolizeibehörden anzumelden bzw. beim Verlassen des Gebietes sich abzumelden.

§ 9
Die in dem 500 m-Schutzstreifen ortsansässigen Bewohner sind verpflichtet, sich innerhalb von 48 Stunden nach Inkrafttreten dieser Polizeiverordnung in den örtlichen Polizeirevieren zu melden. Dort erhalten sie in ihrem Deutschen Personalausweis einen Stempel, der zum Aufenthalt in der 5 km-Sperrzone berechtigt.
Nachdem die örtlichen Polizeireviere die Personalausweise dieser Personen mit dem Berechtigungsstempel versehen haben, haben sich die vorgenannten Personen in den zuständigen Kommandos der Grenzpolizei zu melden. Dort erhalten die Personalausweise dieser Personen einen besonderen Stempel, der ihnen das Wohnrecht in dem 500 m-Schutzstreifen gibt.
Kinder unter 15 Jahren, die in diesem Gebiet wohnen, müssen in dem Deutschen Personalausweis des Vaters oder der Mutter bzw. des Pflegeberechtigten eingetragen sein.
Die Bevölkerung ist verpflichtet, alle Personen, die sich widerrechtlich in dem 500 m-Schutzstreifen aufhalten, sofort der Deutschen Grenzpolizei zu melden.

§ 10
Innerhalb des 500 m-Schutzstreifens ist der Aufenthalt auf Straßen und Feldern, der Verkehr aller Arten von Transportmitteln und die Ausführung von Arbeiten aller Art außerhalb der Wohnungen nur von Sonnenaufgang bis Sonnenuntergang gestattet. Die Ausführung von Arbeiten in unmittelbarer Nähe des 10 m-Kontrollstreifens ist nur unter Aufsicht der Grenzpolizei gestattet.
Zum Aufsuchen der Arbeitsplätze außerhalb der Ortschaften dürfen nur die von der Grenzpolizei vorgeschriebenen Wege benutzt werden.

§ 11
Öffentliche Gaststätten, Kinos, Pensionen, Erholungsheime und andere öffentliche Lokale, die sich in diesem 500 m-Schutzstreifen befinden, werden geschlossen. Versammlungen und Massenveranstaltungen jeder Art sind verboten.

§ 12
Bauliche oder andere Veränderungen im Gelände dürfen ohne Genehmigung der zuständigen Grenzkommandantur der Deutschen Grenzpolizei nicht vorgenommen werden.

§ 13
Personen, die in der 5 km-Sperrzone wohnen, aber in dem 500 m-Schutzstreifen arbeiten, sind verpflichtet, sich bei dem zuständigen Grenzkommando registrieren zu lassen.
Nur die bei dem zuständigen Grenzkommando listenmäßig erfaßten Personen haben das Recht, den 500 m-Schutzstreifen zu betreten.
Zum Aufsuchen der Arbeitsplätze dürfen nur die von der Grenzpolizei festgelegten Wege benutzt werden.

§ 14
Personen, die in der 5 km-Sperrzone wohnen und sich aus anderen Gründen (z. B. Dienstfahrten, Besuch von Angehörigen usw.) vorübergehend in dem 500 m-Schutzstreifen aufhalten wollen, müssen bei dem zuständigen Grenzpolizeikommando einen besonderen Passierschein für den 500 m-Schutzstreifen beantragen.
Diese Besucher sind verpflichtet, ihre Ankunft bzw. Abreise unverzüglich bei der nächsten Grenzwache zu melden.
Zur Erreichung des Ortes, für den der Passierschein gültig ist, dürfen nur die von der Grenzpolizei vorgeschriebenen Wege benutzt werden.

§ 15
Personen, die in der Deutschen Demokratischen Republik außerhalb der Sperrzone wohnen und die aus beruflichen oder familiären Gründen den 500 m-Schutzstreifen betreten wollen, müssen bei dem für ihren Wohnort zuständigen Kreisamt der Deutschen Volkspolizei einen besonderen Passierschein für das Betreten des 500 m-Schutzstreifens beantragen.
Diese Besucher sind verpflichtet, ihre Ankunft bzw. Abreise unverzüglich der nächsten Grenzwache zu melden.
Die ortsansässige Bevölkerung ist dafür verantwortlich, daß die in den §§ 13 und 14 genannten Besucher, die sich bei ihnen aufhalten, diese Bestimmungen einhalten.

§ 16
Verstöße gegen diese Verordnung werden mit aller Strenge des Gesetzes bestraft.

Diese Verordnung tritt am 27. Mai 1952 um 0.01 Uhr in Kraft

Ministerium für Staatssicherheit

Der Minister   gez. Z a i s s e r

Dokument 11

HVDVP, HA -S- [Schutzpolizei], Opiela, Zwischenbericht der Überprüfung der Dienstdurchführung an der Sektorengrenze durch die Bereitschaften des PdVP [Präsidium der Volkspolizei] Berlin, 22. 4. 1959[47]
BArch DO 1/11, Nr. 406, Bl. 72–74

Die Überprüfung erstreckte sich hauptsächlich nur auf Beobachtungen der Dienstdurchführung an der Sektorengrenze und wurde in Zivilkleidung durchgeführt.
Mit Beginn des Einsatzes erfolgte eine Information im Stab der Bereitschaften des PdVP Berlin über die zur Zeit vorhandenen Weisungen zur Dienstdurchführung an der Sektorengrenze.
Zweifellos kann gesagt werden, daß insbesondere für die praktische Dienstdurchführung an der Sektorengrenze klare Weisungen vorliegen. Daneben gibt es für jeden Kontrollpunkt eine Postenanweisung mit Postenskizzen.
Alle im praktischen Sektorendienst eingesetzten VP-Angehörigen haben mindestens einen Grundlehrgang von 3 Monaten durchlaufen, so daß angenommen werden muß, daß die elementaren Verhaltensregeln in der Dienstdurchführung an der Sektorengrenze jedem einzelnen Genossen theoretisch bekannt sein müßten.
Die Beobachtungen in der Praxis zeigten jedoch ein völlig anderes Bild, insbesondere im taktischen Verhalten der VP-Angehörigen. Die einfachsten Verhaltens- und taktischen Regeln, die einmal das Ansehen der Volkspolizei in der Öffentlichkeit beinhalten und zum anderen das eigene Ansehen des Volkspolizisten, sowie auch die Verhaltens- und taktischen Regeln zum Schutz unseres Staates werden nicht eingehalten.
Die nachfolgend aufgeführten Beispiele wurden in den verkehrsreichsten Straßen, wie Unter den Linden, Potsdamer Platz, Friedrichstraße, beobachtet, welche einen starken westdeutschen und internationalen Besucher- bzw. Durchgangsverkehr aufweisen.
So konnten z. B. am 16. 4. 59 in der Zeit von 09.30 bis 11.00 Uhr 31 westberliner, westdeutsche und teilweise ausländische Fahrzeuge den Kontrollpunkt Friedrichstraße ohne jegliche Kontrolle passieren; diese Fahrzeuge wurden nicht gestoppt, teilweise wurde diesen freie Fahrt gewährt. Dabei muß berücksichtigt werden, daß zweifellos arbeits- bzw. anfallmäßig die Gelegenheit zur Kontrolle gegeben war.
Die Genossen widmeten vielmehr ihre Zeit für Fußgängerkontrollen, vorwiegend bei jüngeren weiblichen Personen, obwohl hierzu überhaupt kein Anlaß vorhanden war.
Am Brandenburger Tor wurde z. B. festgestellt, daß man dem größten Teil aller ausländischen Fahrzeuge freie Fahrt gewährte (es waren aber keine Fahrzeuge der Militärmissionen bzw. CD-Fahrzeuge[48]).
Die taktischen Grundsätze bei Fahrzeugkontrollen, angefangen bei der Haltezeichengebung, welche äußerst mangelhaft ist, das Abstellen des Motors, das Abziehen der Zündschlüssel und das Aussteigen der Personen, werden keinesfalls durchgeführt. Irgendwelche Kontrollen zur Person oder nach dem Gepäckinhalt im Fahrzeug finden ebenfalls nicht statt. Werden Fahrzeuge angehalten, so höchstens nur zur Grußerweisung, welche ebenfalls zu wünschen übrig läßt.

---

[47] Die Überprüfung wurde am 15. und 16. 4. 1959 durchgeführt.
[48] CD: Corps Diplomatique. Gemeint sind Fahrzeuge von Botschaftsangehörigen.

Teilweise wird von den Genossen geduldet, daß von den Angehörigen des AZKW[49] Fahrzeuge angehalten werden, welches nicht statthaft ist. Zur Dienstdurchführung der Genossen vom AZKW kann gesagt werden, daß diese nur zum äußeren Schein an der Sektorengrenze, nicht aber zur Erfüllung ihrer Aufgaben eingesetzt sind.

Eine bestimmte Systematik in der Dienstdurchführung der Genossen gibt es nicht; es wird von einer Straßenecke zur anderen gewechselt, dadurch geht der Überblick verloren, die Genossen blieben nicht auf der für sie bestimmten Straßenseite.

Der eigene Schutz der VP-Angehörigen ist gar nicht oder nur teilweise gegeben. Die Genossen stehen größtenteils zu zweit oder dritt zusammen und führen Unterhaltungen, eine gegenseitige Sicherung wird nicht beachtet, die Sicherungsposten verlassen ihren Standpunkt und führen Gespräche mit anderen Personen bzw. Bauarbeitern. Z. B. wurde in der Friedrichstraße eine gemeinsame Unterhaltung aller Genossen mit einer Postangestellten von genau 15 Minuten geführt, dabei wurde ein Brief zur Verlesung gebracht und recht viel gelacht. Während dieser Zeit fuhren 5 Fahrzeuge unkontrolliert über den Kontrollpunkt.

Das Ansehen der Volkspolizei als Schutzorgan wird durch solche Beispiele wie Spielen auf der Straße, gegenseitiges Einfangen oder gegenseitiges Treten mit den Füßen, so daß der Tschako[50] herunterzufallen droht, keinesfalls gegenüber der Bevölkerung und besonders auch gegenüber der westdeutschen und westberliner Bevölkerung gestärkt.

Daneben gibt es Beispiele, daß Fußgängern oder Radfahrern nachgelaufen oder nachgepfiffen wird, obwohl Möglichkeiten zum rechtzeitigen Anhalten vorhanden waren.

Die angeführten Beispiel über das Verhalten der VP-Angehörigen sind nur ein Teil der Feststellungen, es gibt noch eine Reihe anderer Dinge, die keinesfalls das Auftreten oder Ansehen der Volkspolizei ins positive Licht stellen.

Ausschließlich [sic!; gemeint ist wohl: „ausnahmslos"] alle vom Instrukteur nach dem Grund bzw. der gesetzlichen Grundlage der Ausweiskontrolle befragten Genossen, konnten keine Antwort auf die rechtliche Grundlage geben. Man gab hierbei die unmöglichsten Antworten wie Grenzgesetz, es muß sein oder das wird Ihnen jeder VP-Angehörige sagen.

Diese Beispiele wurden mit den Gruppenführern, Stützpunktleitern bzw. Kompanieführern nur kurz ausgewertet.

Eine umfangreiche Auswertung wird nach Beendigung des Einsatzes mit dem Stab der Bereitschaften durchgeführt, da ein derartiger Zustand in allen Bereitschaften zu verzeichnen ist.

Aufgrund der verhältnismäßig kurzen Zeitspanne der Überprüfung können zur Zeit noch keine konkreten und klaren Hinweise für die Abstellung dieses Zustandes gegeben werden. Klar ist jedoch, daß dieser Zustand nicht rein befehlsmäßig, sondern nur im Prozeß der Erziehung durch die Vorgesetzten aber auch durch das gesamte Kollektiv der Angehörigen der Bereitschaften verändert werden muß.

Opiela
(Opiela)
Ltn. der VP

---

[49] Amt für Zoll und Kontrolle des Warenverkehrs (1952–1960), staatliche Behörde zur Überwachung des grenzüberschreitenden Waren-, Devisen- und Geschenkverkehrs, hervorgegangen aus dem Amt für Kontrolle des Warenverkehrs (1950–1952).
[50] Umgangssprachlicher Ausdruck für die Kopfbedeckung der Volkspolizisten.

III. Berichte über die Republikflucht

Dokument 12

Statistische Erfassung der aus der Ostzone nach dem Westen geflüchteten Personen, 9. 3. 1948
BStU ZA, MfS-AS Nr. 224/66, Bd. II, 328 f.

Am 16. 10. 1947 wurden [sic!] den L[andes]k[riminal]ämtern per FS [Fernschreiben] die Anweisung gegeben, alle aus der Ostzone nach dem Westen geflüchteten Personen statistisch, namentlich, sowie mit kurzer Angabe des Fluchtgrundes der DVdI zu melden.[51]
Dieser Aufforderung ist lediglich das LKA [Landeskriminalamt] Mecklenburg und das LKA Thüringen nachgekommen.
Das LKA Sachsen hat bisher lediglich einen Teilbericht eingereicht, der ungefähr 140 Personen umfaßt.
LKA Sachsen/Anhalt und Brandenburg sind der Aufforderung trotz verschiedentlicher Abmahnungen und konkreter Arbeitsanweisung bisher nicht nachgekommen.
Um der Aufforderung des Herrn Vp. [Vizepräsident] Mielke[52] sowie der SMAD nachzukommen, wurde das bisher vorliegende Material des LKA Mecklenburg überprüft und statistisch ausgewertet. Die Auswertung des Materials des LKA Thüringen konnte noch nicht erfolgen, da dieses erst am 8. 3. 48 dem Ref[erat] K 5[53] zugestellt wurde.- Die Auswertung wird umgehend nach den gleichen Gesichtspunkten, wie bei dem vorliegenden Material durchgeführt werden.
Bei der Auswertung des vorliegenden Materials zeigte sich als Hauptmangel die uneinheitliche Berichterstattung der einzelnen Kriminalämter. Es bestand bei diesen keine Klarheit über die geforderten Angaben. Dadurch ist die hohe Zahl der Fälle der Abwanderung aus unbekannten Gründen zu erklären.
Ferner ist aus den vorhandenen Unterlagen ersichtlich, daß einzelne Polizeidienststellen keine Erhebungen über den Grund der Abwanderung in die Westzone anstellen.
Als weiterer Mangel tritt in Erscheinung, daß das einschlägige Material nicht zur Kenntnis der KÄ [Kriminalämter] bezw. der LKÄ [Landeskriminalämter] gelangte und bei Kommunalbehörden unausgewertet lagert. Im ganzen ist K 5 noch zu unbeweglich, um das Material von diesen Stellen heranzuholen.
Mit dem FS Nr. 398 vom 9. 2. 48 wurden den Chefs der Landespolizeibehörden diesbezügliche konkrete Arbeitsanweisung[en] gegeben.

---

[51] Die Anweisung selbst ist in der Akte nicht zu finden.
[52] Erich Mielke (1907-2000), SED-Funktionär, Minister für Staatssicherheit. 1925 KPD, 1934 Verurteilung zum Tode wegen Polizistenmordes, Flucht in die UdSSR, 1936-1939 Angehöriger der Internationalen Brigaden in Spanien, 1945 Rückkehr nach Deutschland, Leiter der Polizeiinspektion in Berlin-Lichtenberg, 1946-1949 2. Vizepräsident der DVdI, zuständig für die Allgemeine Abteilung sowie für Personal- und Schulungsfragen, 1949-1950 Leiter der Hauptverwaltung zum Schutz des Volkseigentums, 1950 Staatssekretär im MfS, 1957-1989 Minister für Staatssicherheit, 1950-1989 Mitlied des ZK der SED.
[53] Referat Kommissariat 5. 1946 gegründete spezielle Struktureinheit innerhalb der Kriminalpolizei der SBZ zur „Bekämpfung der politischen Feinde der antifaschistischen Ordnung". Die K5 arbeitete mit inoffiziellen Kräften und war zusammen mit der 1949 gebildeten Hauptverwaltung zum Schutz der Volkswirtschaft Vorläufer des 1950 gebildeten MfS.

Daneben wurden die Ermittlungen auf die Vernehmung einzelner Rückkehrer aus dem Westen ausgedehnt. Diese Vernehmungen geben Aufschluß über den Charakter der Werbungen der Westmächte in der Ostzone.
Es wird hingewiesen auf den Vorgang
I/4412 – [...][54] sagte bei seiner Festnahme aus, daß er bei der Industriepolizei verpflichtet war und dort eine militärische Ausbildung durchmachte.- Die Ausbildung erfolgte durch deutsche – unter Aufsicht – amerikanischer Offiziere.- Eingesetzt soll die Industriepolizei bei Streiks und Unruhen in Deutschland werden. Es wird eine starke Hetze gegen die Ostzone in den Unterrichtsstunden getrieben.
[...] flüchtete aus dieser Organisation, als ihm bekannt wurde, daß ständig Kräfte für militärischen Einsatz nach Griechenland abgezogen wurden.[55]
Des weiteren wird auf den Vorgang
I/4441 – [...]
hingewiesen.- [...] wurde in Bad Doberan[56] für den Arbeitseinsatz in der französischen Zone geworben. Als Meldestelle im Westen wurde ihm angegeben:
Französischer Verbindungsoffizier bei der Brit[ischen] Militärverwaltung, Dortmund. – Von demselben wurde er weiter verwiesen an das Zivil-Meldelager für freiwillige Arbeiter nach Frankreich in Kaiserslautern.- Dort wurde ihm als Reiseziel Marseille gegeben. [...] wurde verhaftet, als er sich zu diesem Zweck eine Abmeldung in seinem Heimatort besorgen wollte.
[...][57]
Im Bezug auf die Werbungen durch die französische Militärmission sind von Ref. K 5 folgende Maßnahmen durchgeführt worden:
1.) ständige Beobachtung der abfahrenden Züge. Das Ergebnis war die Feststellung eines Transportes von ca. 30 Personen am 18. 2. 48. Am 29. 2. fuhren ca. 200 Personen. – Die durchschnittliche Zahl eines Transportes wird mit ca. 100 Personen angegeben. – Die Transporte finden 3 mal wöchentlich statt.
Die Ermittlungen gestalten sich dadurch besonders schwierig, daß der Zug auf einem Sonderbahnsteig eingesetzt wird und die Angeworbenen wahrscheinlich Schweigepflicht haben. Es wird auf Blatt 20 und 24 des Vorganges I/3817 hingewiesen.
2.) Gewinnung von Verbindungs-Leuten innerhalb der betreffenden Dienststellen. Bisher wurden lediglich vorbereitende Besprechungen mit diesen durchgeführt. Die konkreten Arbeitsberichte sollen in den nächsten Tagen eingehen.
3.) wurden die Ermittlungen ausgedehnt auf die Ausstellung von Interzonenpässen durch die Besatzungsmächte. Dabei ergab sich, daß ein großer Teil der Abwandernden auf völlig legalem Weg nach dem Westen geht.
Ein Sonderbericht darüber wurde im Zusammenhang mit dem Vorgang II/160 – Abwanderung von Arbeitskräften nach dem Westen – gegeben.

---

[54] Die Namen der Flüchtlinge in dem Dokument wurden von der BStU geschwärzt.
[55] In Griechenland herrschte zwischen 1946 und 1949 ein Bürgerkrieg zwischen kommunistisch orientierten und republikanischen Kräften; letztere wurden bis März 1947 von Großbritannien und seitdem von den USA militärisch unterstützt.
[56] Kreisstadt in Mecklenburg.
[57] Ausgelassen wurden zwei weitere Vorgänge zu angeblich von den westlichen Besatzungsmächten abgeworbenen Bewohnern der Ostzone.

Dokument 13

Bericht
über die Republikflucht im Bezirk Rostock von Ende 1952, o.D., o.V.
BArch DO 1/11, Nr. 780, Bl. 6-19.

Unmittelbar nach Durchführung der Verwaltungsreform[58] wurde in der zweiten Hälfte des Monats August 1952 die Feststellung getroffen, daß die illegale Abwanderung von Personen aus dem Bezirk Rostock im Ansteigen begriffen ist. Insbesondere wurden aber Personen republikflüchtig, die für unsere Republik von Interesse und Bedeutung sind. Im allgemeinen wurde die Republikflucht somit zum Schwerpunkt der volkspolizeilichen Arbeit.

Zahlenmäßig können hier folgende Angaben gemacht werden:

III. Quartal 1952
Republikflüchtige Personen insges.   1 366
davon
Arbeiter   239
Angestellte   162
Intelligenz   38
Bauern   101
ohne Beschäftigung   401
Kinder   403
Sonstige   21

Das Entstehen dieses arbeitsmäßigen Schwerpunktes in der volkspolizeilichen Arbeit machte eine eingehende Erforschung der Ursachen der Republikflucht erforderlich, um geeignete und erfolgversprechende Maßnahmen zur Bekämpfung anwenden zu können. Durch Fernschreiben wurden die Kreise des Bezirkes am 28. 8. 52 angewiesen, [über] die Republikflucht insbesondere derjenigen Personen, die für die DDR von Interesse und Bedeutung sind, sofort nach Bekanntwerden der Flucht die BDVP [Bezirksbehörde der Deutschen Volkspolizei] Rostock durch Spitzenmeldung in Kenntnis zu setzen. Weiter wurde angeordnet, in jedem Fall ein kriminalpolizeiliches Untersuchungsverfahren einzuleiten, wobei das Schwergewicht der Ermittlungen auf die Erforschung des Motivs zu legen ist. Besondere Aufmerksamkeit galt es aber auch denjenigen Personen zu schenken, welche illegal abgewandert waren und in das Gebiet der Deutschen Demokratischen Republik zurückkehrten. Später wurde dann die Spitzenmeldepflicht auf alle republikflüchtigen Personen ausgedehnt.

Vorerst galt es also, die Ursachen der Republikflucht bei denjenigen Personen zu erforschen, die für die DDR von Interesse und besonderer Bedeutung sind. Vor allem wurde hier nachfolgender Personenkreis festgelegt:
    a) Wissenschaftler
    b) Technische Intelligenz
    c) Sonstige Intelligenz

---

[58] Am 23. 7. 1952 wurden die fünf Länder der DDR aufgelöst und die Republik in 14 Verwaltungsbezirke gegliedert.

d) Großbauern
e) Mittel- und Kleinbauern
f) Spezialarbeiter
g) Sonstige.

Wie bereits die oben aufgeführte Aufstellung der republikflüchtigen Personen zeigt, lag der sachliche Schwerpunkt in der Republikflucht vor allem bei den Arbeitern und bei den Bauern. Von den insgesamt 101 republikflüchtig gewordenen Bauern waren 51 Großbauern und 50 Klein- und Mittelbauern zu verzeichnen. Ein weiterer sachlicher Schwerpunkt im Bereich der BDVP Rostock war aber auch im III. Quartal die Abwanderung von Seeleuten der VEBF [Volkseigener Betrieb Fischkombinat] Saßnitz[59] und Rostock. Örtlich gesehen war, wie bereits angeführt, vor allem die Abwanderung der Seeleute aus Saßnitz gegeben. Ein weiterer örtlicher Schwerpunkt bildete sich im Kreise Grevesmühlen[60]. Hier wurden in erster Linie Großbauern republikflüchtig, was zum anderen auch darin begründet ist, daß ca. 60% der vorhandenen landwirtschaftlichen Fläche in den Händen der Großbauern liegt. Viele der republikflüchtig gewordenen Bauern aus Grevesmühlen haben ihren Ablieferungspflichten gegenüber dem Staat nicht genügt und entzogen sich der Verantwortung durch ihre Flucht nach West-Berlin bzw. Westdeutschland.

Trotz der angeführten, eingeleiteten Maßnahmen und des Erkennens der örtlichen und sachlichen Schwerpunkte, traten eine Reihe ernster Schwächen in der Bearbeitung der Republikflucht in Erscheinung. Fest steht, daß der Schwerpunkt Republikflucht von fast allen verantwortlichen Stellen im Bezirk Rostock zu spät erkannt wurde. Die Bedeutung der Republikflucht und ihre Auswirkung auf unseren Aufbau wurde unterschätzt, zumal insbesondere zu verzeichnen war, daß ein großer Teil von qualifizierten Kräften und Klein- und Mittelbauern, welche ihrer Ablieferungspflicht vorbildlich nachkamen, republikflüchtig wurden. Vor allem war aber zu verzeichnen, daß in der Bekämpfung der Republikflucht keine Zusammenarbeit mit den Verwaltungsstellen mit der VP mit dem MfS [Ministerium für Staatssicherheit] und der Partei gegeben war. Die Bekämpfung der Republikflucht kann und darf nicht allein eine volkspolizeiliche Aufgabe sein und bleiben.

Aufgrund der aus dem III. Quartal gezogenen Analyse und den gewonnenen Erkenntnissen wurde von Seiten der Polizeileitung der BDVP Rostock mit der Bezirksleitung der Partei Verbindung aufgenommen. Hierbei wurde festgestellt, daß sich bereits das Zentralkomitee unserer Partei mit den Maßnahmen zur Bekämpfung der Republikflucht beschäftigt hat. In einem Schreiben vom 10.9.52[61] weist das Zentralkomitee die Bezirks- und Kreisleitungen an, entscheidende Maßnahmen gegen die Republikflucht durchzuführen. Abgesehen von denjenigen Elementen, die republikflüchtig werden, weil sie Agenten oder Handlanger des anglo-amerikanischen Imperialismus sind und aus Angst vor Strafe die Deutsche Demokratische Republik verlassen, müssen alle anderen Personen, wo bekannt wird, daß sie die DDR verlassen wollen, durch Überzeugung für unsere Sache gewonnen werden. Wo Personen aufgrund der langjährigen Trennung wieder mit ihren Angehörigen zusammen sein wollen, sind diese zu bewegen, ihre Angehörigen nach hier zu holen. Irgendwelche bürokratischen Maßnahmen, die das Zusammenführen dieser Men-

---

[59] Stadt auf der Insel Rügen (Mecklenburg).
[60] Grenzkreis im Bezirk Rostock.
[61] In der Akte nicht vorhanden.

schen verhindern können, müssen beseitigt werden. Die Republikflucht ist in jedem Falle in administrativer wie auch ideologischer Hinsicht zu lenken. Es gilt aber auch Verbindung mit Personen [aufzunehmen], die aus dem Westen in die Deutsche Demokratische Republik gekommen sind, [und sie dazu] zu bewegen, in Versammlungen und durch andere agitatorische Mittel die Bevölkerung über die tatsächlichen Zustände in Westdeutschland aufzuklären.

Unmittelbar nach der aufgenommenen Verbindung mit der Bezirksleitung der Partei und nachdem die Polizeiführung Kenntnis vom dem Schreiben des ZK [Zentralkomitee] vom 10. 9. 52 erhalten hatte und somit die Richtlinie zur Bekämpfung der Republikflucht gegeben war, wurde am 10. 10. 52 eine Besprechung mit den K[riminalpolizei]-Leitern der Schwerpunktkreise Bergen, Stralsund und Grevesmühlen anberaumt. Bei dieser Besprechung war auch der Chef der BDVP, Gen. Chefinspekteur Ludwig, zugegen. Dieser Erfahrungsaustausch war für die weitere Bekämpfung der Republikflucht richtungsweisend. Auch hier wurde festgestellt, daß die Bearbeitung der Republikflucht sehr lückenhaft durchgeführt wurde. Man machte z. B. lediglich die Feststellung, daß ein Kleinbauer, Mittel- oder Großbauer bzw. Intelligenzler abgewandert war, ließ sich aber nicht von der seit 1945 gegebenen gesellschaftlichen Entwicklung leiten. Man stellte lediglich fest, daß zum Beispiel ein Kleinbauer republikflüchtig geworden war, ohne zu bedenken, daß nicht Kleinbauer gleich Kleinbauer ist, sondern das derjenige, der heute Kleinbauer geworden ist, vor 1945 Großgrundbesitzer gewesen sein kann. Die Abwanderung dieser Menschen wird unserem Aufbau wohl kaum zum Nachteil gereichen, jedoch sieht es anders aus, wenn ein Kleinbauer abwandert, der seinen Ablieferungspflichten gegenüber dem Staat stets nachkam, und der seine Herkunft als Landarbeiter begründete. Auch wurde die Republikflucht der BDVP vielfach nur formal gemeldet und die eigentliche Ursache nicht ergründet. Interessant waren auch die Ausführungen des Abteilungsleiter K[riminalpolizei] von Grevesmühlen, VP-Rat Tetzner, der erklärte, daß die Großbauern zum größten Teil republikflüchtig wurden, weil sie wegen Nichterfüllung des ihnen gestellten Ablieferungssolls zur Verantwortung gezogen werden sollten. Insgesamt waren bis zu diesem Tage im Kreise Grevesmühlen 24 Großbauern zu Freiheitsstrafen bis zu 1½ Jahren verurteilt. Das bedeutete, daß durch diese Maßnahme, aber auch durch Aussiedlung aus der 5 km-Sperrzone, 7 500 ha Land zum größten Teil unter Gemeinschaftsbewirtschaftung genommen werden mußten.

Eine weitere Frage, die auch bei dieser Besprechung behandelt wurde, war die illegale Zuwanderung aus Westdeutschland in die Deutsche Demokratische Republik. Auch hier brachte der Gen. VP-Rat Tetzner zum Ausdruck, daß besonders in dem Grenzkreis Grevesmühlen fast täglich Familien illegal aus Westdeutschland eintreffen, jedoch müssen diese lt. der bestehenden Dienstanweisung 142/52 in Haft genommen werden, um sie nach Westdeutschland zurückzuführen. Die schlechten Arbeitsverhältnisse in Westdeutschland lassen in erster Linie aber auch fortschrittliche Kräfte arbeitslos werden, die gewillt sind, an unserem Aufbau mitzuhelfen, und diese gehen uns dann durch die Anordnung verloren.

Auch in den anderen beiden Schwerpunktkreisen mußte festgestellt werden, daß die Ursache der illegalen Abwanderung nicht gründlich genug erforscht wurde. Als bedeutender Mangel erwies sich aber auch, daß die Abteilungsleiter K. nicht mit der politischen ökonomischen Struktur der Gemeinden, in denen vor allen Dingen Klein- und Mittelbauern republikflüchtig geworden waren, vertraut sind.

In Auswertung dieses Erfahrungsaustausches wurde eine Reihe weiterer Maßnahmen eingeleitet, die vor allem zum Ziel hatten, die Bekämpfung der Republikflucht auf Massenbasis auszudehnen. Die Leiter der Volkspolizeikreisämter wurden angewiesen, ab sofort wöchentlich Besprechungen mit dem 1. Sekretär des Kreises, dem Landrat, einem Vertreter der Erfassung beim Rat des Kreises, dem Staatsanwalt [...][62] durchzuführen. Die Besprechungen, die gemeinsam durchgeführt werden müssen, sollen sich vor allem mit der Beseitigung des Schwerpunktes Republikflucht befassen. Die Leiter der VPKAs wurden durch Schreiben in Kenntnis gesetzt, worin besonders darauf hingewiesen wurde, sich mit dem Problem der Republikflucht zu befassen. Alle Punkte sind mit den bereits erwähnten Organisationen durchzusprechen, damit keine Überschneidungen entstehen. Durch die Partei sind in Zusammenarbeit mit der Nationalen Front Versammlungen in den Gemeinden zu organisieren und durchzuführen.

Die angeordneten Besprechungen wurden mit dem 1. Parteisekretär und den anderen aufgeführten Organisationen in der ersten Hälfte des Monats Oktober durchgeführt. Wenn auch zum Teil festgestellt werden mußte, daß das Schreiben des Zentralkomitees vom 10.9.52 nicht bei allen 1. Kreissekretären bekannt war, so wurden doch auf den durchgeführten Sitzungen in einzelnen Kreisen sehr gute Beschlüsse mit dem Ziel der Bekämpfung der Republikflucht gefaßt. Als Hauptfrage wurde die Aufklärung der Bevölkerung im Rahmen der Nationalen Front behandelt. Es wurden aber auch Beschlüsse gefaßt, die sich mit der Arbeitsweise einzelner Verwaltungsstellen der Volkspolizei zu befassen hatten, um besonders darauf hinzuwirken, bei etwaigen durchzuführenden verwaltungsmäßigen Maßnahmen, z. B. der Erfassung usw., nicht mit der Verhaftung durch die VP zu drohen. Als Thema für die Durchführung der Versammlungen in MAS [Maschinen-Ausleih-Stationen] in Produktionsgenossenschaften wurde zum Thema genommen „Der Weg der DDR, der Weg zu Frieden, Einheit, Wohlstand und Glück für das Deutsche Volk – der Weg Adenauers führt ins Verderben." Besonderer Wert wurde aber von den Parteileitungen der Schulung der Parteisekretäre und Parteigruppenorganisatoren in Bezug auf die Bekämpfung der Republikflucht beigemessen. Aber auch Aussprachen mit den Bürgermeistern der Gemeinden wurden zum Ziel gesetzt. Die gefaßten Beschlüsse müssen sich bei konkreter Durchführung günstig für die Bekämpfung der Republikflucht auf breiter Basis auswirken.

Eine weitere Maßnahme, die aufgrund des Erfahrungsaustausches mit den K[riminalpolizei]-Leitern der Schwerpunktkreise durchgeführt wurde, war die Einführung eines einheitlichen Berichtsschemas bei der Durchführung von Ermittlungsverfahren gegen republikflüchtige Personen. Dieses Schema gab vor allen Dingen durch die Stellung bestimmter Fragen, wie z. B. die ökonomische und politische Struktur der Gemeinde, wo der Republikflüchtige wohnhaft war, seine soziale Herkunft, seine frühere und jetzige Tätigkeit sowie seine Arbeits- und Militärverhältnisse und der Zugehörigkeit zu Parteien vor und nach 1945, aber auch die Schilderung der gesellschaftlichen Betätigung, die Gewähr, daß der jeweilige Sachbearbeiter sich intensiv und gründlich mit der Person des Republikflüchtigen beschäftigen muß und auch seine gesellschaftliche und politische Entwicklung sowie seine jetzige Umgebung nicht außer Acht lassen kann.

---

[62] Ausgelassen wurde eine unleserliche Zeile, in der die weiteren Beteiligten an den Besprechungen aufgezählt werden.

Bei den weiteren Ermittlungen bezüglich der Bekämpfung der Republikflucht machte es sich unangenehm bemerkbar, daß es nicht gelang, republikflüchtige Personen auf frischer Tat zu stellen, um somit durch Vernehmungen entsprechende subjektive Beweise beizubringen, was die tatsächlichen Ursachen der Republikflucht des Betreffenden sind. Die Erfahrungen zeigen, daß nicht alle Personen aus eigenem Entschluß die DDR illegal verlassen. Vor allem galt es also, die Urheber der Republikflucht zu ermitteln und durch die demokratische Gesetzlichkeit zur Verantwortung zu ziehen. Diese Erkenntnisse gaben Anlaß, andere Methoden für die Bekämpfung der Republikflucht ausfindig zu machen.

Wie bereits einleitend gesagt wurde, bildete sich im Kreis Grevesmühlen ein örtlicher Schwerpunkt. Vor allem waren es hier Klein-, Mittel- und Großbauern, welche die DDR illegal verließen. Unter anderem war aber auch zu verzeichnen, daß insbesondere eine Reihe von Klein- und Mittelbauern abwanderten, die in ihrer Ablieferung vorbildlich waren. Die bisher gesammelten Erfahrungen ließen uns den Entschluß fassen, alle nach Berlin führenden Personen- und D-Züge auf der Strecke S c h w e r i n - L u d w i g s l u s t[63] zu überwachen, um Personen, die die Absicht hatten, republikflüchtig zu werden, auf frischer Tat zu stellen.

Aus diesem Grunde wurde beim VPKA in Ludwigslust eine Vernehmungsgruppe, aus zwei Kriminalisten bestehend, stationiert. Die Personen- u. D-Züge Schwerin-Ludwigslust wurden durch zwei Einsatzgruppen, bestehend aus je vier Angehörigen der Abteilung K.[64], laufend kontrolliert. Die Einsatzgruppen hatten die Aufgabe, anhand der Deutschen Personalausweise und sonstiger Beobachtungen, Personen festzustellen, die die Absicht hatten, republikflüchtig zu werden. Weiter war es ihre Aufgabe, die Personen der Vernehmungsgruppe beim VPKA Ludwigslust zuzuführen. Die Genossen der Vernehmungsgruppe hatten wiederum die Aufgabe, durch geschickte Fragestellung sich zu überzeugen, ob sich der Verdacht der Republikflucht bestätigte.

Bestätigte sich der Verdacht der Republikflucht, wurde über [die] Ob[er]-Leitung eine Ermittlungsgruppe, welche beim VPKA Grevesmühlen stationiert war, benachrichtigt. Diese Ermittlungsgruppe hatte die Aufgabe, sofort nach Erhalt des telefonischen Anrufes in dem Wohnort des Republikflüchtigen Ermittlungen über die Ursache der Republikflucht anzustellen. Diese Genossen waren u. a. auch mit Ausweisen als Erfasser versehen. Ihnen war somit die Möglichkeit gegeben, sich jeder auftretenden Lage anzupassen, um somit etwaige auftretende Stimmungen bei den zu befragenden Personen zu beseitigen.

Die Aktion, die in der Zeit vom 22.10.52 bis 1.11.52 unter Einsatz von 12 Angehörigen der Abteilung K. der BDVP Rostock mit Unterstützung der BDVP Schwerin durchgeführt wurde, zeigte gute Erfolge. Insgesamt konnten 24 Personen davor bewahrt werden, illegal abzuwandern. Nur in einem Fall war es zu verzeichnen, daß eine Person durch die Einsatzgruppe dem VPKA Ludwigslust zugeführt wurde, wo sich der Verdacht der Republikflucht nicht bestätigte. Diese Person konnte aber aufgrund der durch die Ermittlungsgruppe beim VPKA Grevesmühlen schnell durchgeführten Ermittlungen nach wenigen Stunden ihre Weiterreise nach Berlin antreten. Diese Person hatte volles Verständnis für die Maßnahmen der Volkspolizei. Besonders muß hier aber auch erwähnt werden, daß die Werktätigen, die die zu kontrollierenden Züge benutzten, eine sehr positive Einstellung

---

[63] Kreisstadt in Mecklenburg. Ludwigslust liegt auf der Bahnstrecke Schwerin – Berlin.
[64] Abteilung Kriminalpolizei.

gegenüber den kontrollierenden Angehörigen der Abteilung K. zeigten, indem sie [dort][65], wo Personen ihre Deutschen Personalausweise nicht vorzeigen wollten, diese aufforderten, den Anweisungen des K. Angehörigen nachzukommen. Weiter war aber auch zu verzeichnen, daß Werktätige [bei] Gepäck, welches die vorläufig festgenommenen Personen bei sich führten, behilflich waren, dieses aus dem Zug zu reichen.
Nachfolgende Beispiele bestätigen den Erfolg der durchgeführten Aktion:

a.) Bereits in den ersten Tagen, wo die Aktion durchgeführt wurde, wurde der Mittelbauer Wilhelm L[...] aus Kädershagen, Kreis Bützow[66], mit seiner Frau und seinen beiden Kindern dem VPKA in Ludwigslust zugeführt. Die angestellten Ermittlungen ergaben einwandfrei, daß L. die Absicht hatte, republikflüchtig zu werden. Als Ursache wurde festgestellt, daß er vor etwa drei Wochen in einer Gastwirtschaft in Neukloster, Krs. [Kreis] Bützow, einen ihm unbekannten Herrn getroffen hat, der sich mit ihm unterhielt und zu ihm sagte, daß er doch nicht mehr mit seinem Soll fertig würde und daß im kommenden Jahr das Soll um 30% höher liegen würde und daß der Dünger um 40% herabgesetzt werde. Außerdem hat dieser Fremde L[...] beeinflußt und zu ihm gesagt, daß sowieso bald alles „russisch" würde und keiner mehr etwas zu sagen hat. Außerdem würden alle Leute ihren Besitz verlieren. Er gab L[...] dann den Rat, nach Afrika auszuwandern, weil schon weitere Leute dort wären, er solle nur nach West-Berlin fahren und sich dort an den ersten Polizisten, den er trifft, wenden. L[...] führte insgesamt 2 700,- DM der Deutschen Notenbank bei sich, die er am Körper versteckt hielt. Weiter hatte er sämtliche Papiere über seine Siedlung sowie den Anbauplan und den Ablieferungsbescheid bei sich. Die entsprechenden Ermittlungen wurden von der BDVP Schwerin geführt. Man ist auch auf einen bestimmten Personenkreis gestoßen, die den L[...] veranlaßt haben, republikflüchtig zu werden. Die weitere Bearbeitung wurde von dem Ministerium für Staatssicherheit übernommen. L[...] selbst kehrte mit seiner Frau und seinen beiden Kindern wieder nach Kädershagen auf seine Siedlung zurück. Als er am anderen Tag durch Angehörige der Abteilung K. auf seiner Siedlung aufgesucht wurde, war L[...] bereits wieder beim Roden seiner Kartoffeln. Auf die Frage des Kriminalisten, was nun die Leute im Dorf sagen, daß er von Afrika schon wieder zurück sei, antwortete er nur mit einem Lachen.

b.) Weiter wurde der Neubauer A[...] aus Jamel, Krs. Wismar, durch die Einsatzgruppe festgenommen und dem VPKA Ludwigslust zugeführt. Auch A[...] hatte die Absicht, sich illegal nach Westberlin bzw. Westdeutschland abzusetzen. In seiner Vernehmung gab er zu, vorher bereits schon zweimal in Westberlin gewesen zu sein, wo er auch die Conow-Fischer-Str.[67] aufsuchte. Vor 1945 war A[...] Großbauer in Ostpreußen. Weiter war er Mitglied der SA und gehöre auch der NSDAP an. Während des Krieges war A[...] in einer Polizeieinheit, die speziell in der Bekämpfung von Partisanen ausgebildet wurde. Diese Einheit ist im Osten und auch in Frankreich zum Einsatz gekommen und wurde später von der SS übernommen. A[...] gibt auch in seiner Vernehmung zu, daß er, wenn die Produktionsgenossenschaften aufkommen, mit einem Bauern P[...] aus Jamel die Verabredung

---

[65] Im Original unleserlich.
[66] Bezirk Schwerin.
[67] Korrekt: Kuno-Fischer-Str. In der Kuno-Fischer-Str. in Berlin-Charlottenburg hatte in den ersten Jahren nach der DDR-Gründung die Notaufnahmestelle für DDR-Flüchtlinge ihren Sitz. Später wurde die Notaufnahmestelle in das 1953 errichtete zentrale Notaufnahmelager in Berlin-Marienfelde verlegt.

getroffen hat, gemeinsam auszuwandern. Weiter konnte festgestellt werden, daß A[...] die Hetzschrift „Ermländer Pfingstbote"[68] aus Westdeutschland zugesandt bekommen hat. Außerdem konnte er überführt werden, Zuckerrübenschnaps rechtswidrig hergestellt zu haben. A[...] wurde festgenommen und von der Staatsanwaltschaft Haftbefehl erwirkt.
Gerade an diesen beiden Beispielen kann man erkennen, daß jeder Fall der Republikflucht individuell zu behandeln ist und daß nicht, wie bereits auch schon anfangs aufgezeigt, unter unseren heutigen Bedingungen Kleinbauer gleich Kleinbauer ist.
Wie bereits angeführt, bildete sich ein weiterer örtlicher Schwerpunkt der Republikflucht insbesondere von Klein- und Mittelbauern auf der Insel Rügen, trotzdem sie in der Ablieferung vorbildlich waren. Zum anderen wurde auch die Feststellung getroffen, daß von der Insel Rügen vorwiegend Fischer und Seeleute vom VEBF Saßnitz abwanderten.
Auch hier wurde ein operativer Einsatz durchgeführt, indem die Einsatzgruppe der BDVP Rostock mit entsprechenden Ermittlungen beauftragt wurde. Dieser Einsatz machte sich aber auch besonders erforderlich bei weiteren Meldungen von der Insel Rügen, die auf eine bewusste Agententätigkeit, besonders innerhalb des Fischkombinats hindeuteten.
Die Einsatzgruppe wurde in der Gegend von Neddesitz/Rügen zum Einsatz gebracht. Hier zeigte sich folgendes Ermittlungsergebnis:
In Neddesitz wohnt ein gewisser Franz S[...]. Dieser kam 1946 aus sowjetischer Gefangenschaft nach Neddesitz, wurde Mitglied der KPD und gehört heute der SED an. In Stettin, wo er früher wohnhaft war, soll er eine Großschlächterei gehabt haben. S[...] ist gegen unsere heutige Ordnung eingestellt. Er hatte bis 1950 eine Siedlung, die er vollkommen heruntergewirtschaftet hat. Seine Sollerfüllung war schlecht. Z. Zt. ist er bei der HO [Handelsorganisation] in Stralsund als Schlachter beschäftigt. In seinen Reden spricht S[...] davon, daß einmal wieder andere Zeiten kommen werden und äußert sich außerdem abfällig über die Sowjetunion. Des weiteren bringt er zum Ausdruck, daß in Westdeutschland der goldene Westen sei und dort die wahre Demokratie herrscht und es hohe Zeit sei, diese auch hier zu verwirklichen.
Nach Angaben des Vorsitzenden der BHG [Bäuerliche Handelsgenossenschaft] in Neddesitz, Gen. Preiss, hilft Franz S[...] republikflüchtigen Personen, wie z. B. einer gewissen Frau B[...] und auch einer Familie J[...] zur Flucht, indem er deren Sachen verkaufte und auch als Aufkäufer von Vieh anderer illegal abgewanderter Bauern in Erscheinung trat.
Bezüglich der Republikflucht im Fischkombinat Saßnitz stellte die Einsatzgruppe fest, daß auch dort die republikflüchtigen Personen bewußt durch Agenten beeinflußt werden. Insbesondere wird von schwedischer Seite eine Werbung von Fischern und Seeleuten durchgeführt. An dieser Werbung beteiligt sich auch aktiv die schwedische Polizei. Diese Art der Werbung erfolgt vor allem in schwedischen Häfen, wenn die Fischkutter des Fischkombinats aus irgendwelchen Gründen dort anlaufen.
Aber auch unmittelbar im Fischkombinat mußte die Arbeit von Agenten festgestellt werden. Die Genossin P.[69], Leiterin des Fischkombinats, teilte der Einsatzgruppe mit, daß hier ein gewisser I[...] im betrunkenen Zustand einen anderen aufforderte, nach Schwe-

---

[68] Der Titel konnte nicht nachgewiesen werden. Möglicherweise handelt es sich um eine Publikation der Vertriebenen-Landsmannschaft von Ermland, das im heute polnischen Teil Ostpreußens liegt.
[69] Im Original anonymisiert.

den zu gehen, und er würde die Sache schon regeln. I[...] wurde aus dem Fischkombinat entlassen und hat heute eine gute Stellung beim Objekt G l o w e[70]. Es muß aber in diesem Zusammenhang erwähnt werden, daß in Glowe ebenfalls ein Schwerpunkt in der illegalen Abwanderung zu verzeichnen ist.
Die Ermittlungen im Fischkombinat Saßnitz werden nach Rücksprache mit dem Ministerium für Staatssicherheit von dieser Dienststelle geführt.
Die durchgeführten Maßnahmen sowie die gesammelten Erfahrungen ermöglichen es, eine genaue Analyse der Republikflucht für den Monat Oktober 1952 zu erarbeiten. Berücksichtigt müßte noch werden, daß auch diese Zahl nicht real sein kann, da die Republikflucht in vielen Fällen latent ist und nicht immer oder auch erst nach Monaten der Kriminalpolizei zur Kenntnis gelangt.
[...][71]

Dokument 14

BDVP Erfurt, Leiter der Abt. K, VP-Inspekteur Zahmel:
Bericht über DDR-flüchtige Betriebsangehörige vom VEB [Volkseigener Betrieb] Rheinmetall Sömmerda[72] und Analyse über diesen Personenkreis, 21. 10. 1953
BArch DO 1/11, Nr. 962, Bl. 129-136.

Da sich in den letzten vier Monaten innerhalb des Betriebes eine erhöhte Republikflucht von Werksangehörigen verzeichnete, machte es sich erforderlich, eine genaue Analyse und Untersuchung über die republikflüchtigen Personen zu erstellen. Die dazu erforderlichen Untersuchungen wurden von einer Brigade der Abteilung K der BDVP Erfurt in Zusammenarbeit mit dem BS (K) [Betriebsschutz Kriminalpolizei] vom Rheinmetall Sömmerda, dem Sachbearbeiter 3 d, der Abteilung K des VPKA Sömmerda und nach Absprache mit dem Staatssekretariat für Staatssicherheit durchgeführt.
Insgesamt sind ab Juli 1953 32 Personen republikflüchtig geworden. Diese Zahl teilt sich wie folgt in den einzelnen Monaten auf:

Juli	3 Personen
August	5 Personen
September	14 Personen
Oktober	10 Personen

Von diesem Personenkreis wurden sechs Personen auf eigenen Wunsch vor ihrer Republikflucht entlassen.
Bei einer Person erfolgte die Entlassung von Seiten des Werkes. Es handelte sich hier um einen Provokateur vom 17. 6. 1953, der nach mehrwöchigen Untersuchungen entlassen wurde und wieder im Werk eingestellt wurde. Erst auf Protest der Arbeiter erfolgte hier eine Entlassung.

---

[70] Ort auf der Insel Rügen.
[71] Ausgelassen wurden ausführliche statistische Angaben u.a. zur sozialen und altersmäßigen Verteilung der Republikflüchtigen.
[72] Kreisstadt im Bezirk Erfurt.

Der Abgang dieser 32 republikflüchtigen Personen erfolgte teils illegal und teils mit Interzonenpaß. Es war somit zu verzeichnen, daß

- 18 Personen mit Interzonenpaß die DDR verließen und nicht wieder zurückkehrten.
- 14 Personen blieben unentschuldigt der Arbeit fern, und erst die angestellten Ermittlungen von Seiten der o.a. Kommission ergaben, daß diese Personen illegal die DDR verlassen hatten.

Bei der Aufstellung der Analyse wurden die einzelnen Werksabteilungen besonders berücksichtigt, um damit aufkommende Schwerpunkte zu erkennen und vor allem die Ursachen, die zur Republikflucht führten, zu ermitteln. Als Schwerpunkt sind hier die Abteilungen Rechenmaschine, Kunststoff- und Warmbetriebe, Mechanische Abteilung anzusehen.

In diesen aufgezeigten Abteilungen des Werkes sind die meisten Republikfluchten aufgetreten. Weitere Republikfluchten waren auch in vereinzelten Fällen in anderen Abteilungen des Werkes zu verzeichnen. Sie traten jedoch nicht in so konzentrierter Form auf, wie es bei den Genannten der Fall war.

Hierbei ist ganz besonders zu bemerken, daß während der Ereignisse am 17. 6. die Abteilung Rechenmaschine als Schwerpunkt anzusehen war, weil aus dieser Abteilung die meisten Provokateure hervorgingen und auch die Streikbewegung von dieser Abteilung aus ihren Anfang nahm.

Von den republikflüchtigen Personen sind 12 ausgesprochene Facharbeiter. Alle anderen waren als Arbeiter oder Hilfsfachkräfte im Werk eingesetzt.

Nachfolgend werden die Schwerpunktabteilungen einzeln aufgeschlüsselt und dazu die erforderlichen Charakteristiken über die einzelnen republikflüchtigen Personen.

1. Abteilung Rechenmaschine

Der Werkzeugschleifer, Harri Kö[...], geb. am [...][73] 1929 in Schallenburg[74], wohnhaft gewesen in Sömmerda [...][75], wurde am 5. 7. 1953 republikflüchtig.

Vor 1945 gehörte er keiner Partei oder Organisation an. Nach 1945 war er lediglich in der DSF [Gesellschaft für deutsch-sowjetische Freundschaft] organisiert.

Über K. ist zu sagen, daß er sich im Betrieb als guter Facharbeiter entwickelt hat. Seine Leistungen wurden als gut bezeichnet. K. war nach 1945 in Westdeutschland und kehrte im Jahre 1948 von dort kommend in die DDR zurück.

Am 17. 6. trat er nicht in Erscheinung.

Bei dieser Person besteht der Verdacht, daß er von Westdeutschland geworben wurde. Der Verdacht begründet sich dahingehend, daß aus der Abteilung, wo K. arbeitete, innerhalb eines Jahres 27 Personen republikflüchtig wurden und jetzt im Rheinmetall Düsseldorf als Facharbeiter tätig sind. Ein ehemaliger Vorarbeiter mit Namen Ke[...] hat wieder eine führende Stellung in Düsseldorf und steht in laufender brieflicher Verbindung mit einem gewissen Ki[...], welcher noch in der Abteilung des Kö[...] arbeitet. Ki[...] überbringt den anderen Kollegen laufend Grüße von den bisher republikflüchtigen Personen. Über Ki[...] und dessen Verbindungen werden Ermittlungen eingeleitet. Das Motiv zur Republikflucht des Kö[...] liegt hier vermutlich in der Werbung von Westdeutschland.

---

[73] Anonymisiert wurde jeweils das genaue Geburtsdatum.
[74] Ort im Bezirk Erfurt, Kreis Sömmerda.
[75] Anonymisiert wurde jeweils die genaue Anschrift.

Alfred S[...], geb. am [...] 1911 in Weißensee[76], wohnhaft gewesen in Sömmerda [...], Beruf Hilfsmechaniker, wurde am 25.9.1953 republikflüchtig. S[...] ist seit dem 1.12. 1935 als Hilfsmechaniker im Werk tätig. Vor 1945 gehörte er keiner Organisation an. Nach 1945 war er lediglich im FDGB [Freier Deutscher Gewerkschaftsbund] und DSF organisiert.
S. war in seiner fachlichen Leistung ein mittelmäßiger Arbeiter. Er hat oft krank gefeiert. Am 17.6. war er krank und deshalb nicht im Werk.
S[...] hat seinen Schwiegervater in Westdeutschland wohnen, welcher dort eine eigene Fleischerei inne hat. S. will in der Fleischerei seines Schwiegervaters arbeiten. Zu bemerken ist noch, daß seine Frau die einzige Tochter ist und ihren Eltern ebenfalls mit zur Hand gehen will.
Der Hilfsmechaniker, Walter W[...], geb. am [...] 1920 in[77], wohnhaft gewesen in Schallenburg [...], wurde am 7.10.1953 republikflüchtig.
Vor 1945 gehörte er keiner Partei oder Organisation an. Nach 1945 war er im FDGB organisiert. W. arbeitet seit dem 23.7.1939 im Werk. Seine fachlichen Leistungen waren sehr gut. Am 17.6. wurde er in den Streikausschuß des Werkes gewählt. Er befand sich zwei Wochen in Haft, und das angestrebte Verfahren gegen ihn wurde eingestellt. Kurz vor seiner Flucht beantragte er einen Interzonenpaß, um angeblich Erbschaftsangelegenheiten seiner Frau zu erledigen.
Nach seiner Rückkehr wurde er sofort illegal republikflüchtig. W[...] hält sich z. Z. in Westberlin auf. W[...] ist als Provokateur aufgetreten und wurde deshalb laufend überwacht. Das Motiv zu seiner Flucht ist vermutlich in seiner Agententätigkeit zu suchen.
Der Maschinenschlosser Kurt E[...], geb. am [...] 1921 in Straußfurt[78], wohnhaft gewesen in Straußfurt [...], wurde am 20.9.1953 illegal republikflüchtig. E[...] war vor 1945 – von 1935 bis 1941 – in der HJ [Hitler-Jugend] organisiert. Nach 1945 gehörte er dem FDGB und der DSF an. E. arbeitete seit dem 28.6.1948 im Werk. Der Genannte hat sich am 17.6. als Kurierfahrer zwischen dem Werk und Straußfurt betätigt und dabei eine ständige Verbindung mit den führenden Provokateuren aufrecht erhalten. Er hat weiterhin Provokateure in Straußfurt versteckt gehalten und andere vor der bevorstehenden Verhaftung gewarnt. Das Motiv zu seiner Flucht ist hier auch vermutlich in seiner Agententätigkeit zu suchen.
Der Mechaniker, Willi C[...], geb. am [...] 1917 in[79], wohnhaft gewesen in Bretleben[80] [...], wurde am 5.9.1953 illegal republikflüchtig. C[...] war seit dem 22.10.1951 im Werk beschäftigt. Vor und nach 1945 war er nicht organisiert. C. war ein guter Arbeiter. Bei der Wehrmacht war er Leutnant der Luftwaffe. Am 17.6. hat sich C. an den Provokationen im Werk maßgeblich beteiligt. Er war Mitglied des Fünfer-Komitees. Er befand sich 14 Tage in Haft.
Nach seiner Haftentlassung trat er nicht mehr in Erscheinung. In seinem Wohnort brach er sämtliche Verbindungen mit Freunden und Bekannten ab. Die Ermittlungen ergaben, daß er mit seinem Schwager, der ebenfalls Offizier gewesen ist und z. Z. in Stuttgart oder

---

[76] Stadt im Bezirk Erfurt, Kreis Sömmerda.
[77] Angabe fehlt im Original.
[78] Ort im Bezirk Erfurt, Kreis Sömmerda.
[79] Angabe fehlt im Original.
[80] Ort im Bezirk Halle, Kreis Artern.

Köln wohnt, [Verbindung] aufrecht erhielt. Der Schwager heißt S[...]. Sein Vater brachte über die Flucht seines Sohnes zum Ausdruck, daß er in der DDR die Schnauze nicht aufmachen könnte, und es somit besser ist, daß er sich in Westdeutschland befindet. Das Motiv zu seiner Flucht ist somit in seiner Agententätigkeit zu suchen.

Der Werkzeugschlosser Walter H[...], geb. am [...] 1922 in Wundersleben[81], wohnhaft gewesen in Wundersleben [...], wurde am 9. 10. 1953 republikflüchtig.

H[...] war vor 1945 nicht organisiert. Seine jetzige gesellschaftliche Stellung war Mitglied der SED, des FDGB, der DSF. Er war seit dem 19. 11. 1936 als qualifizierter Facharbeiter tätig. Seine Leistungen waren sehr gut. Seine Tätigkeit in der Partei war unzufrieden [gemeint ist wohl: „nicht zufriedenstellend"]. Er beteiligte sich nicht an der gesellschaftlichen Arbeit.

Am 14. 9. 1953 fuhr er mittels Interzonenpaß nach Westdeutschland. Nach 10 Tagen erschien er wieder in seinem Wohnort und fuhr am gleichen Tag mit seinem Motorrad wieder nach Westdeutschland. H. stand mit einer gewissen Frau von D[...] und deren Ehemann in enger Verbindung. Diese Familie hatte früher ein Unternehmen in Ellrich[82] und befindet sich z. Z. in Westdeutschland. Da H. mit dieser Familie in ständiger Verbindung lebte, ist anzunehmen, daß er mit seiner Familie nach Westdeutschland zu der Familie D. übersiedelte.

In der Abteilung Rechenmaschine war auch die Bohrerin Anni A[...], wohnhaft gewesen in Tunzenhausen[83], beschäftigt gewesen. Sie wurde am 7. 10. 1953 republikflüchtig. Der Grund hierzu ist in familiären Zwistigkeiten zu suchen. Sie vertrug sich nicht mit ihrer Schwiegermutter und reiste deshalb mit Interzonenpaß zu ihrem Bruder nach Göttingen.

2. Abteilung Kunststoffe- und Warmbetriebe

Aus dieser Abteilung wurden insgesamt vier Personen republikflüchtig. Es handelt sich hierbei um die Putzfrau K[...], Martha und deren Tochter P[...], Frieda, geb. K[...], beide wohnhaft in Sömmerda [...]. Die P[...] wollte zu ihrem Mann, der sich in Westdeutschland befindet. Die K[...] trug sich schon seit längerer Zeit mit dem Gedanken, ebenfalls nach Westdeutschland überzusiedeln, weil sie dort angeblich eine Rente als Kriegswitwe erhält. Die K[...] nahm außerdem ihren Sohn Klaus, welcher als Jungarbeiter im Werk beschäftigt war, mit.

Die Familie befindet sich z. Z. in einem Flüchtlingslager in Westberlin. Bei der Ermittlung des Motivs zur Republikflucht wurde noch festgestellt, daß eine bisher noch nicht bekannte männliche Person aus Sömmerda, Feldstraße, die Familie K[...] illegal nach Westberlin brachte. Diese Person soll nicht in Arbeit stehen und sich nur mit dieser Beschäftigung befassen. Entsprechende Ermittlungen zur Habhaftwerdung des Unbekannten, von dem bereits eine Personenbeschreibung vorliegt, wird [sic!] von dem 3 d-Sachbearbeiter eingeleitet.

Ein weiterer Facharbeiter aus dieser Abteilung, der Presser Werner J[...], wohnhaft gewesen in Kannawurf[84], wurde am 6. 10. 1953 republikflüchtig.

---

[81] Ort im Bezirk Erfurt, Kreis Sömmerda.
[82] Stadt im Bezirk Erfurt, Kreis Nordhausen.
[83] Ort im Bezirk Erfurt, Kreis Sömmerda.
[84] Ort im Bezirk Halle, Kreis Artern.

J[...] beteiligte sich nicht an den Ausschreitungen des 17. 6. Er war nicht organisiert und war im Betrieb nur als ruhiger Mensch, der seine Arbeit zur Zufriedenheit ausführte, bekannt. Die Ermittlungen ergaben, daß er sich mit der Familie zu seinen Schwiegereltern nach Westdeutschland begab. Er verließ die DDR mittels Interzonenpaß.
Der Karteiführer Paul H[...], geb. am [...] 1919, wohnhaft gewesen in Sömmerda [...], wurde am 12. 10. 1953 republikflüchtig. H[...] war vor 1945 nicht organisiert. Im Krieg war er Leutnant der Reserve. Nach 1945 gehörte er dem FDGB und dem DSF an. Am 17. 6. ist er nicht in Erscheinung getreten.
Die Ermittlungen ergaben, daß er mit einem ehemaligen Waffeningenieur, K[...], welcher bis 1945 im Rheinmetall Sömmerda beschäftigt war, in Verbindung steht und vermutlich mit demselben in Westdeutschland Verbindung aufnahm. K[...] besorgte für H[...] die Aufenthaltsgenehmigung für den Interzonenpaß. Von dieser Reise kehrte H. nicht zurück.
Der Bankrevisor Vitus Q[...], geb. am [...] 1910 in Aversmacher[85]/Saarbrücken, wohnhaft gewesen in Sömmerda [...], wurde am 6. 10. 1953 republikflüchtig. Q[...] war seit dem 17. 2. 1948 im Werk beschäftigt. Vor 1945 gehörte er der SA und NSDAP an. Nach 1945 war er im FDGB und DSF organisiert. Am 17. 6. trat er nicht offiziell in Erscheinung. Am 21. 7. brachte er offen zum Ausdruck, daß der größte Hemmschuh zur Einheit Deutschlands die jetzige demokratische Regierung ist. Für ihre begangenen Fehler müßte sie bestraft werden. Um die Einheit Deutschlands herbeizuführen, forderte er die Auflösung der SED. Weiterhin sollte nach seiner Meinung die SED von der Gewerkschaft getrennt werden. Außerdem wäre der 17. 6. von der SED bewußt vorbereitet worden. Diese Äußerungen wurden von den BS (K) aufgegriffen und ein Vorgang erstellt, d.h., die jetzt geschilderten Äußerungen wurden dem Staatssekretariat für Staatssicherheit übergeben. Q[...] wurde mit seiner Frau illegal republikflüchtig.

3. Abteilung mechanische Betriebe
Aus der Abteilung mechanische Betriebe wurden insgesamt sechs Personen republikflüchtig. Hier handelt es sich zum größten Teil um Frauen, deren Männer schon seit längerer Zeit in Westdeutschland sind, oder um alleinstehende Frauen, die ihre Verwandten und Bekannten in Westdeutschland wohnen haben. Außer einer männlichen Person sind es alles Frauen, die keine Facharbeitertätigkeit ausführten.
Der einzige Facharbeiter, Erich H[...], geb. am [...] 1918 in Sömmerda, wohnhaft gewesen in Sömmerda [...], wurde am 28. 8. 1953 republikflüchtig.
H[...] war vor 1945 bei der SS organisiert. Nach 1945 gehörte er dem FDGB und DSF an. Am 17. 6. trat er nicht in Erscheinung. Die Familie des H[...] befindet sich in Westdeutschland. Nach seiner Republikflucht nahm er eine neue Beschäftigung in dem Konzernbetrieb Rheinmetall Düsseldorf auf.
Von den anderen Personen aus der Abteilung mechanische Betriebe sind keine negativen Punkte bekannt, und dieselben traten auch am 17. 6. nicht in Erscheinung.
Nach Aufschlüsselung der drei Schwerpunktabteilungen kann jetzt gesagt werden, daß alle anderen republikflüchtigen Personen sich auf die weiteren Abteilungen des Werkes bezie-

---

[85] Korrekt: Auersmacher, Ortsteil von Kleinblittersdorf im Stadtverband Saarbrücken.

hen und dabei keinerlei Schwerpunktbildung zu erkennen ist. Es werden nachfolgend nur diejenigen Personen aufgeführt, die am 17.6. aktiv in Erscheinung getreten sind.
Es handelt sich hierbei einmal um den Schlosser Fritz W[...], geb. am [...] 1905, wohnhaft gewesen in Greussen[86] [...].
Er wurde am 8.10.1953 republikflüchtig.
W[...] wurde als unzuverlässig aus dem Grenzsperrgebiet ausgewiesen. Im Sommer 1952 begann er seine Arbeit in Sömmerda. In der Bohrhammerabteilung arbeitete er zur Zufriedenheit. Am 17.6. wurde er in den Fünfer-Ausschuß der Abteilung gewählt.
Dem gesellschaftlichen Leben hielt er sich fern. Nach 1945 gehörte er dem FDGB an. Nachdem ein Antrag auf Rückreise in das Sperrgebiet abgelehnt wurde, hat er mit seiner Familie illegal die DDR verlassen. Grund: vermutliche Agententätigkeit.
Der Versuchsmechaniker Horst Sch[...], geb. am [...] 1925 in Leubingen[87], wohnhaft gewesen in Leubingen [...], wurde Anfang Oktober 1953 republikflüchtig.
Sch[...] war vor 1945 nicht organisiert und gehörte jetzt dem FDGB an. Die Ermittlungen zu seiner Flucht ergaben, daß er mit seiner Ehefrau in gespanntem Verhältnis lebte. Seine Frau gehört der SED an und ist gesellschaftlich aktiv tätig. Z. Zt. befindet sie sich auf der Volksrichterschule in Weimar. Durch die negative Einstellung des Sch., die er zur DDR hat, kam es zwischen den Ehepartnern zu Streitigkeiten, worauf die Frau die Scheidung einreichte. Nach der Scheidungsklage wurde Sch. republikflüchtig.
Ganz besondere Aufmerksamkeit wurde der Republikflucht des Chefkonstrukteurs Hans-Dietrich M[...], geb. am [...] 1907 in Osendorf[88]/Halle, wohnhaft gewesen in Sömmerda [...], geschenkt. Derselbe verließ am 28.9.1953 illegal die DDR und begab sich nach Westberlin. Für diese Reise hat er einen Dienstauftrag nach Berlin von dem Tisch seiner Sekretärin entwendet. M[...] war vor 1945 Mitglied der NSDAP, NSFK [Nationalsozialistisches Fliegerkorps] und DAF [Deutsche Arbeitsfront]. Nach 1945 gehörte er dem FDGB und der DSF an. Weiterhin war er 2. Vorsitzender der Kammer der Technik. Seit dem 15.11.1936 war er im Betrieb tätig und hatte sich durch seine guten Leistungen bis zum stellvertretenden Chefkonstrukteur emporgearbeitet.
Am 17.6.1953 brachte er zum Ausdruck, daß es für ihn eine Genugtuung gewesen wäre, wenn es anders gekommen wäre. Er verbot weiterhin dem Agitator seiner Abteilung, die Zeitungsschau anhand der Zeitung „Neues Deutschland"[89] durchzuführen. Außer diesen Äußerungen konnten keine negativen Punkte über M[...] festgestellt werden. Auch waren keine Anhaltspunkte für eine Agententätigkeit zu finden. Die bisherigen Ermittlungen ergaben, daß er ernsthafte Streitigkeiten mit seiner Frau hatte. In zwei Briefe, die er nach seiner Flucht schrieb, wurde Einsicht genommen. Es geht daraus hervor, daß er mit seiner Frau nicht mehr zusammenleben kann und durch das gespannte Verhältnis zur Flucht getrieben worden ist.
Der Sachbearbeiter für den gesamten Verkauf, Georg K[...], geb. am [...] 1927 in Birgsdorf[90], wohnhaft gewesen in Sömmerda [...], wurde am 5.10.1953 republikflüchtig.

---

[86] Korrekt: Greußen, Stadt im Bezirk Erfurt, Kreis Sondershausen.
[87] Korrekt: Leublingen, Ort im Bezirk Erfurt, Kreis Sömmerda.
[88] Ortsteil von Halle/Saale.
[89] Neues Deutschland. Organ des Zentralkomitees der Sozialistischen Einheitspartei Deutschland, erscheint seit 1946.
[90] Korrekt: Birksdorf. Ort in Niederschlesien, Kreis Ohlau (heute Olawa).

K[...] war vor 1945 in der HJ. Nach 1945 war er bis 1951 Mitglied der SED, wurde aber wegen seiner negativen Haltung ausgeschlossen. Er ist weiterhin im FDGB und DSF organisiert. K. war seit dem 14. 6. 1946 im Werk tätig und hat sich bis zum Einkäufer entwickelt. Die Ermittlungen ergaben, daß K. ein Gegner der demokratischen Ordnung war. Vier Wochen vor seiner Flucht war K. mit Interzonenpaß in Westdeutschland und nahm dort Verbindung mit dem ehemaligen und jetzt flüchtigen Verkaufsleiter Hans W[...], wohnhaft in Bamberg, auf. K. hat dem W[...] 1950 zur Flucht verholfen. Am 5. 10. 1953 begab sich K. mit wichtigen Unterlagen des Werkes zum Ministerium für Maschinenbau in Berlin und nahm dort an einer Sitzung teil. Anschließend begab er sich nach Westberlin und schickte von da aus die mitgenommenen Unterlagen in das Werk zurück. Es wird vermutet, daß die wichtigen Unterlagen, die auch Planziffern enthielten, kopiert wurden.

Nach erfolgter Aufführung des Personenkreises, die als Agenten und Provokateure im Werk in Erscheinung traten und jetzt republikflüchtig wurden, kann gesagt werden, daß die Motive für alle anderen republikflüchtigen Personen in familiären Angelegenheiten (Ehestreitigkeiten, Erbschaften, Verwandte im Westen) zu suchen sind. Es sind aber auch noch wichtige Punkte anzuführen, die Veranlassung geben, daß Republikfluchten eintreten.

Hier sind als erstes die Wartezeiten in den wichtigsten Abteilungen zu benennen. In denjenigen Abteilungen wie Rechenmaschine und mechanische Betriebe kommt es sehr oft vor, daß für Tage keine Arbeit vorhanden ist. Die qualifizierten Facharbeiter stehen dann herum und haben aufgrund ihres Leistungslohnes keinen Verdienst. Es war somit zu verzeichnen, daß die ungelernten Arbeitskräfte, die im Studium stehen, am Monatsende einen höheren Verdienst als die Facharbeiter haben. Dazu kommt, daß, wie bereits erwähnt, viele Kollegen im Rheinmetall Düsseldorf beschäftigt sind und ein ständiger Briefwechsel mit den Kollegen in Sömmerda vor sich geht. Die Meinung der Facharbeiter ist die, daß sie in Düsseldorf besser bezahlt werden und es so eine Ungerechtigkeit nicht geben würde. Mit der Beseitigung dieses Schwerpunktes wäre auch in vielen Fällen eine Republikflucht zu verhindern.

Über die Arbeit der BPO [Betriebsparteiorganisation] wäre zu sagen, daß dieselbe eine schlechte ist. Die Meinung der Kollegen ist die, daß die verantwortlichen Funktionäre der BPO die Arbeit nur vom Schreibtisch aus durchführen und in den wenigsten Fällen an der Basis arbeiten. Es wird berechtigt Klage darüber geführt, daß die BPO die Sorgen und Nöte der Kollegen in den einzelnen Abteilungen nicht beachtet.

Auch in der Frage der Republikfluchten wurden schon vor einem Jahr Hinweise gegeben, daß die qualifizierten Facharbeiter ständig nach Düsseldorf übersiedeln. Es wurden aber bis jetzt keine Maßnahmen in dieser Beziehung eingeleitet. Auch zur Republikflucht des K[...] wurden von den Genossen der Abteilung dem Genossen N[...] der BPO Hinweise gegeben und darin zum Ausdruck gebracht, daß K[...], der sich als Agent entlarvte, für diese verantwortliche Funktion aufgrund seines Verhaltens nicht geeignet ist. Auch hier wurde nichts unternommen, und K[...] verblieb in seinem Amt.

geseh.
(Zahmel)
Leiter der Abteilung K
VP-Inspekteur

Dokument 15

o.D. [handschriftlich 1955], o.T., Untersuchung über die Gründe der Republikflucht und der Rückkehr nach sozialen Gruppen: Intelligenz, Bauern, Jugendliche etc.
BArch DO 1/11, Nr. 963, Bl. 70-79, 84-93.[91]

A. Intelligenz

Im Suchen nach Gründen der Republikflucht bei der Intelligenz zeigen alle 15 Bezirke fast gleichermaßen den Hauptgrund in der direkten oder indirekten Verbindung zu enteigneten oder flüchtigen ehemaligen Unternehmern aus der DDR. Diese Unternehmer haben in Westdeutschland wieder ihre eigenen Betriebe errichtet oder sind dabei und werben die alten erfahrenen Ingenieure und Konstrukteure, die ihren Wohnsitz in der DDR haben. Zum Teil geschieht das durch briefliche Verbindungen oder durch Abwerber, von denen bisher nur einzelne in der DDR gefaßt werden konnten.

In fast allen Fällen zieht eine gelungene Abwerbung viele andere nach sich. Die Abgeworbenen schreiben dann oder sprechen in den Feindsendern über die großzügigen Arbeitsbedingungen und die Entlohnung. Sie preisen die angeblich uns haushoch überlegene Technik des „goldenen" Westens und behaupten, daß es für die Intelligenz keine Entwicklungsmöglichkeiten bei uns in der DDR gibt.

Zur Abwerbung ist auch aus allen Berichten zu erkennen, daß die Besuche unserer Bürger in Westdeutschland, zum Teil zu Konferenzen oder auch privater Natur zu Verwandten entscheidend dazu beitragen, daß die Intelligenz entweder von Verwandten oder von schon vorher organisierten Unterredungen mit interessierten Institutionen oder Betrieben beeinflußt wird.

Das tritt besonders stark in Erscheinung im Zeiss-Werk Jena[92], Bezirk Gera, im Bezirk Halle, in Bitterfeld[93], in der Film-Fabrik Agfa-Wolfen[94], in den Leuna-Werken „Walter Ulbricht"[95] und in den Dessauer[96] Großbetrieben. Weiterhin tritt es in Erscheinung im Bezirk Karl-Marx-Stadt, Kreis Zschopau, wo in kurzer Zeit sieben Ingenieure aus den DKW-Werken (ehemaligen) nach dem DKW-Werk in Westdeutschland[97] abgezogen wurden. Im letzteren Falle waren es fast ausnahmslos schriftliche Abwerbungen.

Im Bezirk Halle handelt es sich dabei um den wichtigsten Teil der Intelligenz der DDR. Da gibt es z. B. einige Wissenschaftler, die an wichtigen Forschungsaufträgen jahrelang arbeiteten und kurz vor Abschluß der Aufträge oder nach Abschluß mit den Ergebnissen nach Westdeutschland flüchtig wurden.

---

[91] Auf Bl. 80–83 ist Teil B. irrtümlicherweise ein zweites Mal abgedruckt.
[92] VEB Carl Zeiss Jena, Werk der feinmechanisch-optischen Industrie.
[93] Kreisstadt im Bezirk Halle.
[94] Im Jahre 1909 von der „Actien-Gesellschaft für Anilin-Fabrikation" (AGFA) aufgebaute Filmfabrik in Wolfen (Bezirk Halle, Kreis Bitterfeld). Nach dem Zweiten Weltkrieg wurde sie teilweise demontiert und später in die SAG „Photoplenka" eingeordnet. Nach Ausgliederung aus der SAG wurde der Betrieb 1954 als VEB Filmfabrik Agfa Wolfen wiedergegründet.
[95] VEB Kombinat Chemische Werke „Walter Ulbricht" in Leuna (Bezirk Halle, Kreis Merseburg).
[96] Dessau, Kreisstadt im Bezirk Halle.
[97] DKW: Kraftfahrzeughersteller in Zschopau. Das Werk wurde nach dem Zweiten Weltkrieg in den Industrieverband Fahrzeugbau (IFA) der DDR eingegliedert und der Markenname 1952 in MZ (Motorradwerke Zschopau) geändert. In Westdeutschland wurde die Produktion in Ingolstadt und Düsseldorf fortgesetzt.

Einige dieser Wissenschaftler bauen jetzt in Westdeutschland neue Werke oder wurden im Zuge der Expansionspolitik Westdeutschlands nach Süd-Afrika und Spanien verschickt. Unter ihnen gibt es einige Düsen-Flugzeug-Spezialisten, einen Konstrukteur und einen Einflieger von Jagdflugzeugen, Kunstfaser-Spezialisten, und der wichtigste Mann der Zirkon-Metallwaren-Herstellung, die für die Radio-Technik und Atomforschung Bedeutung hat.
Bemerkenswert ist, daß viele [der Wissenschaftler] lange Jahre in der SU [Sowjetunion] als Spezialisten tätig waren und fast alle in den jetzt noch in Westdeutschland bestehenden Konzernen tätig waren.
Außer diesen und ähnlichen Beispielen sind noch zwei besonders zu erwähnen.
Einmal aus dem Bezirk Karl-Marx-Stadt, Kreis Plauen, wo sieben Ingenieure vom VEB Hoch- und Tiefbau ihren Arbeitsplatz verlassen haben, weil ihnen angeblich in Westdeutschland 2-300 Mark Gehalt mehr geboten wurde.
Weiter aus dem Bezirk Karl-Marx-Stadt. Aus dem Projektierungs- und Konstruktionsbüro „Kohle" Großräschen[98] verließ ein Techniker das Konstruktionsbüro und holte fünf Intelligenzler nach Westdeutschland nach. Alle sechs arbeiten jetzt in Hildesheim.
Bei den Ärzten gibt es einige Fälle, wo diejenigen erklären, daß sie mit dem Gesetz der Arbeit nicht einverstanden sind und einige Maßnahmen unserer Regierung niemals verstehen können, aber sehr oft ist aus zurückgebliebenen Briefen oder aus von Westdeutschland geschriebenen an Verwandte oder manchmal gar an Dienststellen ersichtlich, daß sie ihrer Verärgerung darüber Ausdruck geben, daß ihren Kindern die Entwicklungsmöglichkeiten in der DDR abgeschnitten seien, daß sie an unseren Universitäten nicht zugelassen werden. In vielen Fällen werden auch von den Ärzten als Grund zur Flucht persönliche Differenzen unter den Ärzten oder mit den vorgesetzten Dienststellen in fachlicher oder dienstlicher Hinsicht Unstimmigkeiten angegeben.
Häufiger Grund zur Flucht bei den Lehrern ist ihre Ablehnung unserer Lehrmethode, weiterhin religiöse Gründe, von denen manchmal die Jugendweihe den letzten Anstoß zur Flucht gab.
Es gibt dabei eine Reihe von Fällen, wo die Lehrtätigkeit immer schlechter wird in Verbindung mit westlicher Beeinflussung.
Charakteristisch ist aus einem Bericht aus Erfurt, daß die Lehrer über zu starke Belastung mit gesellschaftlicher Arbeit klagen, die von den vorgesetzten Dienststellen nicht anerkannt wird und daß ihnen die Zeit zur Vorbereitung für den nächsten Schultag nicht mehr garantiert ist.
Wichtig ist, und das geht aus allen Berichten hervor, daß zum großen Teil bei allen Angehörigen der Intelligenz, die flüchtig wurden, vom undemokratischen Verhalten bis zur offenen feindlichen Einstellung zu unserer Arbeiter-und-Bauern-Macht gesprochen werden kann.
In fast allen Fällen wird eine ablehnende Haltung zu unserer DDR und ein Wohlwollen zu allem westlichen festgestellt.
Natürlich treten dabei auch Fälle auf, wo Wohnungs- und Gehaltsfragen durch unsere Staatsorgane nicht richtig gelöst wurden oder eine monatelange Verschleppung vorlag.
Die Beeinflussung durch westliche Sender spielt in fast allen Fällen eine starke Rolle, was in den Diskussionen der Flüchtigen oft spürbar wurde.

---

[98] Ort in Bezirk Cottbus, Kreis Senftenberg.

Auch die Verschickung von Hetzschriften ist in vielen Fällen festzustellen.
Folgendes Beispiel aus Jena, Bezirk Gera, trägt nicht dazu bei, der Republikflucht Einhalt zu gebieten und das Vertrauen zur DDR zu stärken.
In Jena kehrte im Januar 1955 der Ingenieur K[...] mit seiner Familie aus Westdeutschland, wohin er flüchtig geworden war, zurück. Über die Rückkehr wurde in den Zeitungen viel geschrieben und positiv diskutiert. Der Familie wurde dabei schnellstens eine Wohnung zugesagt.
Die fünfköpfige Familie wurde vorläufig in ein Zimmer eingewiesen und befindet sich jetzt, nach einem halben Jahr, noch immer in dieser Behelfswohnung. Aus dem Bericht geht hervor, daß sich die Bevölkerung über den Fall lustig macht.
Natürlich gibt es in allen den auftretenden Fällen als Fluchtgrund auch Ehezerwürfnisse und ähnliche Dinge, aber das ist nicht das charakteristische.
Erwähnenswert wäre noch, daß es bei den Fluchtgründen – außer angeblichen besseren Entwicklungs- und Verdienstmöglichkeiten – auch Angehörige der Intelligenz gibt, denen in Westdeutschland ihr Rentenanspruch winkt, den sie bei dem bei uns zerschlagenen und in Westdeutschland noch bestehenden Konzern erhalten.

B. Spezialarbeiter

Aus allen Berichten der Bezirke wird klar sichtbar, daß auch hier die Anwerbung von Spezialisten von den ehemaligen Unternehmern, die in Westdeutschland ihre Betriebe wieder errichtet haben, an der Tagesordnung ist. Die Anwerbung geschieht durch Besuche in Westdeutschland und durch Briefverkehr. Es gibt einige Fälle, wo von den Unternehmern außer den Briefen auch Geschenk-Pakete übersandt werden, mit denen sie ihre Verbundenheit und den Wohlstand Westdeutschlands zum Ausdruck bringen wollen.
Im Bezirk Cottbus wurde festgestellt, daß auch Besucher aus Westdeutschland mit Empfehlungsschreiben zu Spezialisten, für die besonderes Interesse besteht, geschickt werden, in denen ein höheres, zum Teil doppelt so hohes Gehalt als in der DDR angeboten wird.
Im Kreis Forst, Bezirk Cottbus, hat der ehemalige Tuchfabrikant Hentzschke[99] nach seinem jetzigen Betrieb in Iserlohn schon soviele Arbeiter abgezogen, daß man dort, wenn man von Iserlohn spricht, dieses Klein-Forst nennt.
Eine oft übliche Art der Republikflucht meldet uns der Kreis Wismar, Bezirk Rostock.
Der Brigadier einer Zimmererbrigade, Erich L[...], geb. 15. 9. 1932, zuletzt wohnhaft in Wismar, fuhr am 10. 6. 1955 besuchsweise nach Westdeutschland und kehrte von dort nicht zurück. Durch einen Brief, den L[...] aus Westdeutschland an die zurückgebliebenen fünf Brigademitglieder sandte, forderte er diese auf, ebenfalls nach Westdeutschland zu kommen. Alle fünf wurden daraufhin republikflüchtig.
Ebenso ist der ehemalige Fabrikant D[...], der in Westberlin eine Fabrik hat, daran interessiert, auf alle mögliche Art und Weise Spezialarbeiter abzuziehen.
Das sind die Beispiele, wie sie sich in allen Bezirken mehr oder weniger bemerkbar machen, nur zum Teil noch nicht bekannt sind.
Auf diese Weise werden aus dem volkseigenen Nähmaschinenwerk Karl-Marx-Stadt zu dem Nähmaschinenwerk „Dürkopf"[100] in Westdeutschland Spezialisten abgezogen.

---

[99] Gemeint ist die Firma Henschke und Co. (heute Hänsel Textil), die 1947 nach Iserlohn im Sauerland (Nordrhein-Westfalen) übersiedelte. Für diesen Hinweis danke ich Tim Peters.
[100] Korrekt: Dürkoppwerke AG, Nähmaschinenfabrikant in Bielefeld (Nordrhein-Westfalen).

Oder von Mühlhausen, Bezirk Erfurt, werden viele Fliesenleger und Terazzo-Arbeiter nach Westdeutschland gelockt, mit dem Versprechen, angeblich den doppelten Lohn zu zahlen.
Solche Beispiele gibt es auch in der Polygraphischen Industrie und besonders schmerzhafte Beispiele in der Musik-Industrie Klingenthal[101], wo unsere besten Spezialisten zu den Hohner-Werkern[102] nach Westdeutschland geholt werden (Schwarzwald).
Es tritt im Bezirk Cottbus auf, daß in den BKW [Braunkohlewerk]-Werken Dohnsdorf drei Spezialarbeiter republikflüchtig wurden, weil ihnen nach Ablehnung des Eintritts in die KVP [Kasernierte Volkspolizei] ihre Spezialarbeit entzogen und sie zur Gleisbaustelle versetzt wurden.
Erwähnenswert ist, daß in vielen Berichten zum Ausdruck gebracht wird, daß nicht verstandene Normenfragen oder angeblich unerfüllbare Normen zur Republik[flucht] führten.
Flüchtige Spezialarbeiter äußerten sich, daß bei uns die Planung oftmals dazu führt, daß sie wegen Mangel an Rohstoffen oder anderer Produktionsmittel wochenlang ihre Spezialarbeit nicht ausführen können und in der Zwischenzeit zu nebensächlichen Arbeiten eingesetzt werden und demzufolge natürlich auch ziemliche Lohneinbußen erdulden mußten. Solche Planungsfehler gäbe es in Westdeutschland nicht.
Das ist zwar nur ein Einzelbeispiel, aber doch wichtig.
Ein Spezialarbeiter im Zeiss-Werk Jena, der acht Jahre Abenduniversität besucht hat und der noch alle alten Erfahrungen der Zeiss-Produktion hat, die zeichnungsmäßig nicht mehr nachzuweisen sind, deshalb vieles bei der Durchführung von Reparaturen oder bei der Entwicklung neuer Instrumente aus dem Erfahrungsschatz geben konnte, wurde bezahlt wie ein Teil der Hilfsarbeiter.
Bei diesem Spezialisten war die Anwerbung durch die Zeiss-Werke in Westdeutschland[103] natürlich eine Kleinigkeit.
Bei diesen Spezialisten spielt die Frage der West-Verwandtschaft, die angeblich bessere Entwicklungs- und Verdienstmöglichkeit – verbreitet über den „Rias"[104] und alle anderen ausgeschöpften Hetzmöglichkeiten – haben, eine ebensolche Rolle, wie bei der Intelligenz.
Auch hier ist zu verzeichnen, daß die Westbesuche unserer Bürger häufig zur Anwerbung benutzt werden.

C. Bauern
Bei der Analysierung der Abwanderungsgründe der Bauern sticht besonders hervor, daß alle Gesetze und Maßnahmen unserer Regierung auf völliges Unverständnis bei den Bauern stoßen. Sie sprechen immer wieder schwärmerisch von der freien Marktwirtschaft in Westdeutschland.

---

[101] Kreisstadt im Bezirk Karl-Marx-Stadt, Zentrum des Musikinstrumentenbaus.
[102] Hohner Musikinstrumente GmbH & Co. KG, Hersteller von Musikinstrumenten in Trossingen (Baden-Württemberg).
[103] 1946 gründeten ehemalige Führungskräfte des Zeiss-Werks in Jena die „Opton Optische Werke Oberkochem GmbH" (seit 1947 „Zeiss-Opton") in Oberkochem bei Aalen (Baden-Württemberg). Siehe dazu auch Dok. 17.
[104] Rundfunk im Amerikanischen Sektor. Rundfunkanstalt mit Sitz im West-Berliner Bezirk Schöneberg, die nach dem Zweiten Weltkrieg von 1946 bis 1993 unter US-amerikanischer Kontrolle Hörfunkprogramme und ein Fernsehprogramm (bis 1992) verbreitete.

Dazu lassen auch alle Berichte erkennen, daß von Seiten unserer staatlichen Organe fast keine Verbindung zu den werktätigen Bauern besteht und die Aufklärungsarbeit vollkommen vernachlässigt wird. Es handelt sich hierbei zweifelsohne um ein Arbeiten nur vom grünen Tisch aus, ohne dabei die wirkliche Lage zu erkennen. Dabei ist nicht gesagt, daß wir zuviel von unseren Bauern verlangen, sondern daß wir sie zu wenig aufklären und ihnen zu wenig Hilfe in ihrer Arbeit zukommen lassen, ja manchmal durch schlechte Arbeitsorganisation in der Belieferung von Saatgut, Futtermittel u. ä. die Arbeit der Bauern direkt unmöglich machen. Es gibt Höfe mit 100%iger Sollerfüllung, die von dem Besitzer verlassen werden, aber nicht immer sind es die besten, die zurückgelassen werden. In den meisten Fällen sind es vollkommen heruntergewirtschaftete Bauernwirtschaften, die wegen Sollrückständen und Steuerschulden aus Angst vor Strafe ihre Höfe verlassen haben. Darunter sind [sic!] ein Teil der Bauernhöfe, die verlassen wurden, weil angeblich ihr Hilfeschrei nach Futtermitteln nicht beachtet wurde, oder es gibt Wirtschaften, wo der Bauer angeblich nicht mehr in der Lage war, mit den eigenen Kräften den Hof aufrecht zu erhalten und Hilfskräfte auch nicht zur Verfügung gestellt wurden.
Unter letzteren gibt es eine ganze Menge, die monatelang versuchten, die Höfe an den Kreisrat wieder abzugeben.
In all den Fällen, wegen liederlicher Bewirtschaftung des Hofes, wegen Soll-Rückständen, Steuerschulden oder angeblich zu hoher Soll-Veranlagung kam es zu Auseinandersetzungen mit den zuständigen staatlichen Organen.
Es gibt auch Fälle, wo Bauern flüchtig wurden, weil sie wegen einem Soll-Rückstand bestraft wurden, jedoch bisher alle Ablieferungen 100%ig erfüllt wurden und andere Bauern, die ständige Soll-Rückstände haben, wurden nicht bestraft.
Im allgemeinen ist jedoch bei den Flüchtigen die schon anfangs erwähnte negative Einstellung zu unserem Arbeiter-und-Bauern-Staat fast immer vorhanden.
Westliche Beeinflussung durch Briefverkehr mit Verwandtschaft oder Hetzsender und -schriften ist auch hier ein entscheidender Faktor.
Im Bezirk Neubrandenburg ist festzustellen, daß gerade wirtschaftlich schwächere Bauern, die in den meisten Fällen aus dem Grunde wirtschaftlich schlecht dastehen, weil sie nicht zu wirtschaften verstehen, vom Gegner mittels Hetzschriften aufgefordert werden, ihren Hof zu verlassen. Gerade dabei üben die Großbauern auch noch ihren schädlichen, schwer nachzuweisenden Einfluß aus, wobei sie es meisterhaft verstehen, unsere Neuerer-Methoden lächerlich zu machen und zu verhindern.
Unter den flüchtigen Bauern gibt es einen beachtlichen Teil, der flüchtig wird wegen Wirtschaftsvergehen, Schwarzschlachtungen, Schiebereien und illegalem Waffenbesitz.
Die Republikfluchten in den LPG [Landwirtschaftliche Produktionsgenossenschaften] sind oftmals auf Unstimmigkeiten innerhalb der Genossenschaft zurückzuführen, durch die Wühlarbeit feindlicher Genossenschaftsmitglieder.
Es gibt Fälle von flüchtigen Genossenschaftsmitgliedern, die in die Genossenschaft eintraten, schlecht arbeiteten und glaubten, ein herrliches Leben führen zu können, ohne etwas dazu beizutragen.
Es ist auch keine Seltenheit, daß flüchtig gewordene LPG-Mitglieder noch Verbindung zu den ehemaligen Groß-Grundbesitzern aufrechterhalten, die in Westdeutschland sind.
Es gibt natürlich auch Beispiele, wo unsere staatlichen Organe (z. B. die Bäuerliche Handelsgenossenschaft) durch ihre an Sabotage grenzende Arbeitsorganisation direkt dazu

beitragen, das Vertrauen zu unserer Arbeiter-und-Bauern-Macht zu zerstören und die ohnehin schon unaufgeklärten Bauern bis zur Flucht zu verärgern.

Der Bezirk Erfurt berichtet uns konkrete Beispiele, die aber bestimmt in allen Bezirken unserer Republik in Erscheinung treten werden.

Die Bäuerliche Handelsgenossenschaft war angeblich nicht in der Lage, im Frühjahr beim Umbruch der Felder die notwendigen Düngemittel (Kali) zu liefern, erst dann, nachdem alle Felder restlos bestellt waren, war Kali in reichlichen Mengen vorhanden.

Oder ein anderes Beispiel:

In den Plänen der Bauern wurde Mais-Anbau veranschlagt. Nachdem die Bauern ihre Felder nach der Fruchtfolge verplant hatten, war kein Mais zur Saat vorhanden, damit wurde die ganze Felder-Planung gestört und die Bauern selbstverständlich verärgert.

Im Bezirk Erfurt wurde eine Gemeinde mit der Ablieferung von Seiden-Kupons (Seidenraupenzucht) veranlagt. In der ganzen Gemeinde gibt es aber keine Seidenraupenzucht, und die kann es auch nicht geben, weil es im ganzen Umkreis gar keine Maulbeerbäume gibt, die zur Fütterung notwendig sind.

Solche und ähnliche Beispiele gibt es viele, bei denen die Autorität unseres Arbeiter- und Bauern-Staates geschwächt wird.

Das sind natürlich nicht die Hauptgründe der Republikfluchten, aber sie tragen auf keinen Fall dazu bei, das Bündnis der Arbeiter-und-Bauern-Klasse zu festigen.

<u>D. Jugendliche</u>

Bei der stark ansteigenden Zahl der republikflüchtig werdenden Jugendlichen zeigen die Untersuchungen nach dem Fluchtgrund folgendes Bild:

Ein beachtlicher Teil dieser Jugendlichen – und das geht aus allen Berichten klar hervor – sind abenteuerlustige, arbeitsunlustige Menschen, unter denen es noch viele gibt, die mit dem Elternhaus in Konflikt geraten sind und somit auch meistens mit unseren staatlichen Organen.

Bei diesem Teil Jugendlicher ergeben die konkreten Untersuchungen fast immer, daß sie eifrige Leser von Schundliteratur waren und Hörer der Feindsender. Das bestätigen auch viele Rückkehrer von Jugendlichen, die bei ihrer Rückkehr erklären, daß ihnen durch die Hetzschriften und -sender große Versprechungen gemacht worden sind und die sich vom „goldenen" Westen alle möglichen Annehmlichkeiten versprochen haben. Aber auch in diesen Fällen spielt die West-Verwandtschaft, der Briefverkehr oder Besuche eine wichtige und entscheidende Rolle.

Typisch bei den Jugendlichen ist, daß es sehr häufig vorkommt, daß zwei, drei, ja sogar auch vier – das sind zumeist Freunde – zusammen flüchtig werden.

Daß unter diesen Jugendlichen auch ein Teil flüchtig wird, aus Angst vor Strafe, weil sie kleinere kriminelle Delikte begangen haben, ist mit zu vermerken, aber im großen und ganzen ist das nicht charakteristisch.

Seit den Einsätzen der Werbung zur KVP tritt bei den republikflüchtigen Jugendlichen eine neue Lage ein, die sich kennzeichnet durch ein starkes Ansteigen der Republikfluchten und auch den Personenkreis der Flüchtigen verändert.

Während es bis zur Werbung zur KVP fast ausschließlich durch Schundliteratur, Hetzschriften und Verwandte verblendete Menschen waren und zum Teil offene negative Einstellung zu unserer Arbeiter-und-Bauern-Macht zum Ausdruck kam, ist es jetzt ein Personenkreis, der manchmal als fleißige und disziplinierte Menschen geschildert wird. In vielen Fällen handelt es sich um Mitglieder der FDJ, ja sogar um junge Mitglieder unserer Partei.

Beim Studium der Berichte der Bezirke erkennt man immer wieder, daß die Hauptschuld auf die schlechte Form der Werbung fällt, die oftmals mit Drohungen bezüglich der Arbeitsentlassung verbunden ist.

Dazu gibt es wohl viele Beispiele, die das bestätigen. Aber das ist nicht die Hauptursache des Ansteigens der Republikflucht nach der Werbung zur KVP.

Die Hauptschuld liegt in der ideologischen Unaufgeklärtheit der Jugend sowie der Eltern, und eine Veränderung in der Flucht der Jugendlichen kann nur in der Verbesserung der Agitationsarbeit in Wort und Schrift erfolgen.

Im Leuna-Werk „Walter Ulbricht" sind von Ende April 1955 bis Anfang Juni 1955 25 Jugendliche (männlich) der Jahrgänge 1930–1936 flüchtig geworden. Eine so hohe Zahl war bisher in diesem Betrieb noch nie zu verzeichnen.

Die Ermittlungen bei der Personalabteilung des Leuna-Werkes ergaben, daß die flüchtigen Jugendlichen bisher ihre Arbeit zur vollsten Zufriedenheit ausgeführt haben und ein Teil von ihnen bisher aktiv in der FDJ mitgearbeitet hat.

Der Anlaß zu diesen Fluchten ist die in den vergangenen Wochen erfolgte Werbung zur KVP.

Am 29. 5. 55 verließen fünf Jugendliche der VEB Soda-Fabrik „Fred Oelssner", Staßfurt[105], die DDR. Die Ermittlungen ergaben, daß der Grund zur Flucht die Delegierung von Jugendlichen zur KVP war.

Während der Pfingstfeiertage haben drei Studenten der Arbeiter-und-Bauern-Fakultät [ABF], wohnhaft im Studentenwohnheim der ABF, Berlin NW 7, den demokratischen Sektor von Groß-Berlin verlassen. Alle drei waren Mitglieder der FDJ. Durch ihre Flucht haben sie sich der Werbung für die Offizierslaufbahn der KVP entzogen.

In einem volkseigenen Betrieb in Erfurt wurden alle Jugendlichen, die den Eintritt in die KVP verweigerten, an der Betriebstafel angeschlagen mit der Aufforderung, Stellung zu nehmen, wann sie gewillt sind, in die Reihen der KVP einzutreten.

Aus vielen Berichten wird sichtbar, daß die Jugendlichen von einem freiwilligen Zwang sprechen, da ihnen angedroht wurde, in einem volkseigenen Betrieb keinen Platz mehr zu haben, wenn sie die Verpflichtung, in die Reihen der KVP einzutreten, nicht eingehen und viele äußern – das ist charakteristisch – wenn das Gesetz wird, dann müssen wir gehen, aber freiwillig nicht.

„Wer sich nicht zum Dienst in der KVP verpflichtet, hat in einem volkseigenen Betrieb keinen Platz" – scheint in vielen Betrieben zur Redewendung geworden zu sein, das ist aus mehreren Berichten ersichtlich.

Erwähnenswert sind dabei auch einzelne Fälle, wo Mitglieder der Jungen Gemeinde, die zur KVP geworben werden sollten, auf Anraten der Kirche die DDR verlassen.

Ein besonderes Beispiel ist hierfür in Bad Salzungen, Bezirk Suhl, wo vier Jugendliche, die beim Rat des Kreises beschäftigt und Mitglieder der Jungen Gemeinde sind, republikflüchtig wurden.

Ein nicht unbeachtlicher Teil von Jugendlichen, die republikflüchtig wurden, tritt schon seit 1954 in Erscheinung; das sind die Jugendlichen, die wegen schlechten schulischen

---

[105] Kreisstadt im Bezirk Magdeburg.

Leistungen an den Universitäten zum Studium nicht zugelassen werden und deshalb in den meisten Fällen nach Westberlin und in weniger Fällen nach Westdeutschland zum Studium gehen. Hier tritt auch der Teil stark in Erscheinung, wegen dem teils die Eltern mit flüchtig werden, und zwar die Söhne der Intelligenzler, die, wenn sie eine Ablehnung zum Studium bei uns erfahren, denselben Weg nach Westberlin oder Westdeutschland gehen.

Rückkehrende jugendliche Mädchen lassen erkennen, daß sie sich bei Besuchen in Westdeutschland oder Westberlin von den angeblich besseren und eleganteren Waren blüffen ließen, daß man, um diese angeblich besseren Waren zu kaufen, auch Geld benötigt, spürten sie erst, als sie sich unter sehr schlechten Arbeitsbedingungen in Westdeutschland oder Westberlin verkaufen mußten.

Dokument 16

Protokoll Nr. 29/56
der Sitzung des Politbüros des Zentralkomitees, vom 19. 6. 1956,
Anlage Nr. 4: Bericht der Kommission zu Fragen der Republikflucht, 25. 5. 1956[106]
(Abschrift)
SAPMO-BArch DY 30/J IV 2/2/483, Bl. 15-24.

Die Ursachen der Republikflucht
Nach den Unterlagen der HVDVP wurden im Jahre 1955 insgesamt 270 115 Personen republikflüchtig.
Die Republikflucht wird von Bonner Stellen planmäßig organisiert und von ihnen als ein wesentliches Mittel zur Weiterführung des „kalten Krieges" betrachtet. Man muß davon ausgehen, daß das Kaiserministerium in Verbindung mit den verschiedenen Ost- und Spionagebüros nach einem einheitlichen Plan zur Organisierung der Republikflucht arbeitet und gegenwärtig die „gesamtdeutsche Arbeit" hauptsächlich unter dem Gesichtswinkel der Schwächung der Deutschen Demokratischen Republik durch den systematischen Abzug bestimmter Berufsgruppen aus der DDR führt. Dabei wird als das Hauptmittel die Ausnutzung der gegenwärtigen Wirtschaftskonjunktur in Westdeutschland betrachtet.

Das unmittelbare Ziel der Organisatoren der Republikflucht besteht in folgendem:
1. Eine Behinderung und Verzögerung der planmäßigen wirtschaftlichen Aufbauarbeit und eine Schwächung der Verteidigungskraft der DDR;
2. Eine Stärkung des wirtschaftlichen und militärischen Potentials Westdeutschlands, wobei die Republikflüchtigen gleichzeitig zur Beeinträchtigung des Kampfes der westdeutschen Arbeiter gegen die Monopole ausgenutzt werden;
3. Eine propagandistische Ausnutzung der Republikflucht zur Steigerung der Hetze gegen die DDR und ihre internationale Diskriminierung.

---

[106] Offensichtlicher Tippfehler, muß korrekt lauten: 25. 6. 1959.

a) In Durchführung dieses Vorhabens wird die Abwerbung von Arbeitskräften aus der DDR auf breiter Basis mit verschiedenen Mitteln und Methoden durchgeführt. Durch die Westpresse und Hetzsender werden immer wieder der Arbeitskräftebedarf und die angeblich besseren Arbeits- und Lebensbedingungen herausgestellt. Besonders Fachkräfte in einzelnen Berufszweigen werden teils in versteckter, teils in offener Form zur Republikflucht aufgefordert. Hierbei machen bestimmte Konzernbetriebe und Verwaltungen den angesprochenen Bürgern der DDR Versprechungen in bezug auf Pension, Rentengewährung u. a. Vorteile. Eine wesentliche Rolle bei der Abwerbung spielt auch der von den Bonner Dienststellen versprochene Lastenausgleich.[107]

Die ökonomische Anziehungskraft Westdeutschlands unter den Bedingungen der augenblicklichen Konjunktur begünstigt die Bestrebungen westdeutscher Abwerbestellen.

Die Zusendung von Hetzblättern und Stellenangeboten an Bürger der DDR, worin neben den üblichen Verleumdungen der DDR die Aufforderung zur Republikflucht enthalten ist, wird von den westdeutschen Stellen in großem Umfang organisiert.

Von Bedeutung ist, daß durch Republikflüchtige an Bekannte und Verwandte in der DDR Briefe gesandt werden mit der Aufforderung, nach Westdeutschland zu kommen.

b) In einer Reihe von Fällen, insbesondere bei der Organisierung der Republikflucht für besonders wichtige Fachkräfte, die auch gleichzeitig für Spionagezwecke benutzt werden, wird die Republikflucht unmittelbar durch Agenten der verschiedensten westdeutschen und Westberliner Zentralen und Filialen organisiert.

c) Diese feindliche Tätigkeit wird begünstigt durch eine Reihe von Faktoren, die es dem Gegner leichter machen, seinen Plan zu verwirklichen.

Dazu gehören vor allem:
1. Die ungenügende Beachtung und gewisse Gleichgültigkeit des Staatsapparates wie aber auch der politischen Organisationen in der DDR gegenüber der Republikflucht.
   Es gibt keine Atmosphäre des Kampfes gegen die Republikflucht und es fehlt ein einheitlicher Plan unserer Gegenmaßnahmen, der alle demokratischen Parteien und Organisationen in diesen Kampf einbezieht.
2. Die ungenügende Erläuterung und nicht richtige Anwendung, die oftmals nur administrative Durchführung von Beschlüssen und Anweisungen der Partei und der Regierung, wodurch oftmals Unklarheiten und Verärgerung bei der Bevölkerung hervorgerufen werden.
3. Die bislang ungenügenden Maßnahmen zur Heranziehung der Bevölkerung bei der Beratung, Beschlußfassung und Durchführung von Verordnungen und Gesetzen, wodurch bei Teilen der Bevölkerung der Eindruck entsteht, daß sie selbst auf die demokratische Gestaltung des Lebens kaum einen Einfluß nehmen.

---

[107] Mit dem am 14. 8. 1952 verabschiedeten Lastenausgleichsgesetz (LAG) wurden den von Kriegsschäden betroffenen Personen, insbesondere den Vertriebenen aus den deutschen Ostgebieten, Leistungen für erlittene Sachschäden gewährt, um die Kriegs- und Kriegsfolgelasten möglichst gleichmäßig zu verteilen. Flüchtlinge aus der SBZ/DDR wurden bis zum Mauerbau nicht berücksichtigt. Ihnen wurden lediglich soziale Hilfen aus dem Lastenausgleich gewährt; ein Rechtsanspruch auf Schadensausgleich bestand für sie nicht. Vertriebene, die zunächst in der SBZ bzw. DDR ansässig waren und später nach Westdeutschland weiterwanderten, erhielten die Leistungen aus dem LAG nur dann im vollen Umfang, wenn sie bis zum 31. 12. 1952 in die Bundesrepublik gekommen waren.

4. Die Beschlüsse der 3. Parteikonferenz[108] sind in bezug auf die Perspektive der verschiedensten Bevölkerungsschichten in der DDR bisher nur in vollkommen ungenügender Weise den Betreffenden dargelegt und erläutert worden. (Das betrifft die allgemeine Perspektive der DDR, wie auch die Perspektive der verschiedenen Bevölkerungsschichten).
5. Verschiedene ungesetzliche Maßnahmen und eine ungenügende Beachtung der demokratischen Rechtsnormen erleichterten in verschiedenen Bevölkerungsschichten die Hetze des Gegners über eine „angebliche Rechtsunsicherheit" und störten somit ihr generelles Vertrauen zur Arbeiter-und-Bauern-Macht.
6. Die bei uns noch auftretenden wirtschaftlichen Schwierigkeiten und Engpässe erscheinen Teilen der Bevölkerung als „unüberwindbar", weil wir noch ungenügend der Bevölkerung den allgemeinen Prozeß unserer wirtschaftlichen Entwicklung, die großen Perspektiven darlegen und uns auch scheuen, über die Zusammenhänge, die die Ursachen für diese Schwierigkeiten sind, zu sprechen.
7. Die ungenügende Beachtung der Entwicklungsschwierigkeiten für Angehörige einiger Berufsgruppen, vor allen Dingen bei Jugendlichen nach Beendigung der Lehrzeit.
8. Die ungenügende Einbeziehung der gesellschaftlichen Organisationen bei der Aufklärung über die Ursachen gelegentlich auftretender Versorgungsschwierigkeiten und deren Mobilisierung zur schnellen Überwindung solcher Schwierigkeiten.
9. Das Fehlen einer richtigen Preisdifferenzierung zwischen bestimmten Waren und die zum Teil zu niedrigen Lohn- und Gehaltssätze in einigen Gruppen.
10. Die sich aus dem Wohnraummangel ergebenden Schwierigkeiten und die Fehler in der Wohnraumverteilung sowie die Komplikationen, die sich aus längeren Trennungen von Familienangehörigen ergeben.
11. Die nicht richtige Handhabung, respektive die widerspruchsvolle Handhabung bei der Erteilung von Reisegenehmigungen nach Westdeutschland, die ungenügende Aufklärung über bestimmte Maßnahmen, zu denen wir zum Schutze der DDR gezwungen sind (Kontrollen u.ä.) sowie die hierbei vorkommenden Überspitzungen.
12. Das oftmals vorhandene bürokratische und seelenlose Verhalten von Funktionären des Staates und der gesellschaftlichen Organisationen, die oftmals übertriebenen Bestimmungen bei der Ausstellung von Bescheinigungen oder Genehmigungen, die in die persönlichen Verhältnisse der Menschen eingreifen.
13. Die ungenügende Wachsamkeit verschiedener Staatsorgane und der gesellschaftlichen Organisationen gegenüber den Methoden der Abwerbung in Verbindung mit westdeutschen Studentendelegationen, gesamtdeutschen Beratungen von Wissenschaftlern und bei der Anknüpfung von geschäftlichen Beziehungen.
14. Die oftmals überspitzte Auftragserteilung an Angehörige der Intelligenz, vor allem an Lehrer, zur Erfüllung gesellschaftspolitischer Aufgaben, die hierdurch von ihnen als Zwang empfunden werden.

---

[108] Auf der 3. Parteikonferenz der SED (24.–30. 3. 1956) wurde der XX. Parteitag der KPdSU ausgewertet und u.a. eine kontrollierte „Demokratisierung" des Staats- und Wirtschaftsapparates, eine Reform des Planungs- und Leitungssystems und eine Verbesserung der Ausbildung Jugendlicher beschlossen. Wortlaut des Beschlusses in: Protokoll der 3. Parteikonferenz der SED, S. 1021-1124.

15. Die ungenügende Ausnutzung bewußter werktätiger Menschen aus der DDR, die nach Westdeutschland reisen sowie die ungenügende Einwirkung der Nationalen Front, der Gewerkschaften und der anderen Massenorganisationen auf die aus der Bundesrepublik in der DDR zu Besuch weilenden Bürger.
16. Der vollkommen ungenügende Einsatz von Rückkehrern und neu Hinzugezogenen aus Westdeutschland im Kampf gegen die Republikflucht.

Schlußfolgerungen für politische Maßnahmen
Es kommt darauf an, im Zusammenhang mit einer breiten Erläuterung der Ergebnisse des XX. Parteitages der KPdSU und der 3. Parteikonferenz die große Realität des 2. Fünfjahrplanes darzulegen und hierbei die Perspektiven des wachsenden Wohlstandes immer breiteren Schichten der Bevölkerung aufzuzeigen und die Bevölkerung zu überzeugen, daß alle die Möglichkeit besitzen, bei uns in Sicherheit und ohne Furcht zu leben.
Dabei soll der Bevölkerung die unterschiedliche Entwicklung des gesamten gesellschaftlichen Lebens in Westdeutschland und in der DDR erläutert werden, warum der Aufbau des Sozialismus in der DDR verbunden ist mit einer immer breiteren Entfaltung der Demokratie durch die aktive Teilnahme aller Bevölkerungsschichten am gesamten staatlichen Leben und damit in Verbindung der notwendigen Erweiterung der demokratischen Rechte der Bürger.
Die erweiterte Teilnahme der Bevölkerung zur Sicherung der Einhaltung der demokratischen Gesetzlichkeit erfordert zugleich die äußerste Wachsamkeit und die größte Anteilnahme der Bevölkerung am Kampf gegen diejenigen, die die Gesetze der Republik brechen.
Das Büro des Präsidiums des Nationalrates soll die breite Diskussion unter der gesamten Bevölkerung in Verbindung mit der Neuwahl der Ausschüsse der Nationalen Front entwickeln. Die Diskussion muß ihren Niederschlag finden in der gesamten Presse und im Rundfunk. Das Büro des Präsidiums des Nationalrates soll bei der Entwicklung der Aussprachen in der Bevölkerung über die weitere Demokratisierung differenziertes Material entsprechend der Lage und der Auffassungen in verschiedenen Bevölkerungsschichten herausgeben.

Es sind folgende Maßnahmen erforderlich:
1. Da die Organisierung der Republikflucht „ein Mittel zur Aufrechterhaltung und Weiterführung des kalten Krieges" ist, ist es notwendig, daß der gesamte Staatsapparat und alle gesellschaftlichen Organisationen nach einem einheitlichen Plan im Kampf gegen die Republikflucht einbezogen werden. Es ist erforderlich, daß sowohl im Block wie im Präsidium des Nationalrates über diese Frage interne Beratungen durchgeführt werden;
2. Es ist unbedingt zu sichern – bei Festlegung der persönlichen Verantwortung -, daß bei der Herausgabe von Anordnungen, Anweisungen durch die Organe die politischen Auswirkungen jeder Maßnahme erwogen werden und jede Maßnahme den entsprechenden Berufsgruppen gründlich und verständlich erläutert wird. Dabei ist die Methode, die beabsichtigten Maßnahmen vorher mit den Betreffenden zu beraten, so weit wie irgend möglich anzuwenden;
3. In allen Tätigkeitsbereichen des Staats- und Wirtschaftsapparates wie auch in den gesellschaftlichen Organisationen ist ein energischer Kampf zu führen gegen Bürokratismus, seelenloses Verhalten und gegen die Methode des Kommandierens. Es wäre

zweckmäßig, aus erzieherischen Gründen die Frage des Verhaltens von Staats- und Wirtschaftsfunktionären zur Bevölkerung in Form von Seminaren und regelmäßigen Aussprachen zu behandeln;

4. Es muß für alle Funktionäre des Staatsapparates wie der gesellschaftlichen Organisationen zur Richtschnur gemacht werden, daß in der Aussprache mit der Bevölkerung die Unduldsamkeit gegenüber unklaren oder falschen Auffassungen, sofern sie nicht einer feindlichen Einstellung entspringen, überwunden wird.
Die geduldige Überzeugungsarbeit bei prinzipieller Darlegung unseres Standpunktes muß die Hauptmethode der Erziehung der Mitarbeiter in den Verwaltungen wie auch der politischen Arbeit in allen Bevölkerungsschichten sein;

5. Bei der Übertragung gesellschaftspolitischer Aufgaben ist alles zu beseitigen, was als eine Methode des Zwanges empfunden wird. Es ist darauf hinzuwirken, daß die gesellschaftlichen Aufgaben im Zuge der Überzeugung und der Freiwilligkeit durchgeführt werden und dabei das Milieu, die Denkweise und die Möglichkeiten jedes einzelnen Berücksichtigung finden;

6. Es ist zweckmäßig und erforderlich, den Beratungen der gewählten Körperschaften (Bezirkstage, Kreistage, Gemeindevertretungen) mehr Gewicht in der Öffentlichkeit zu geben durch Einladung bestimmter Berufsschichten bei der Behandlung dieser oder jener Frage, durch größere Publizität in Presse und Rundfunk, durch eine lebendigere Aussprache in den Beratungen, indem auch Anfragen aus der Öffentlichkeit und einzelner Abgeordneter gestellt und beantwortet werden. Es ist erforderlich, daß neben den bestimmt festgelegten Sprechstunden der Abgeordneten zugleich die Abgeordneten Beratungen durchführen, die im Zusammenhang stehen mit der Erörterung verschiedener Fragen einzelner Bevölkerungsschichten, vornehmlich mit solchen Fragen, die im Zusammenhang stehen mit der Planerfüllung auf den verschiedensten Gebieten;

7. Den Vorsitzenden der Räte der Bezirke und Kreise sind Rechte zu übertragen, die gewährleisten, daß zurückgekehrte Republikflüchtige auch arbeitsmäßig untergebracht werden;

8. Die besuchsweisen Einreisen westdeutscher Delegationen und einzelner Bürger in die DDR, deren feindliche Tätigkeit von vornherein unverkennbar ist, ist [sic!] zu verhindern. Das gilt insbesondere für alle offiziellen westdeutschen Studentenorganisationen, die in den „Ost-West-Arbeitskreisen" zusammengefaßt sind und vom Kaiser-Ministerium[109] angeleitet werden. An allen Universitäten, Hoch- und Oberschulen dürfen in Zukunft nur solche Delegationen angenommen werden, mit denen vorher auf Grund genauester Prüfung entsprechende Vereinbarungen getroffen wurden. Das Recht, Studentenorganisationen einzuladen, ist den einzelnen Fakultäten zu entziehen.

9. Überprüfung der Methode der Befragung von Personen durch die Polizei- und Sicherheitsorgane und Reduzierung dieser Befragungen auf ein Mindestmaß;

10. Besserer Ausbau der Freizeitgestaltung, insbesondere durch stärkere Ausnutzung von Stadien und Sportplätzen für künstlerische Großveranstaltungen, für Zwecke des Tanzes, Kinovorführungen im Freien u. a.;

---

[109] Gemeint ist das Bundesministerium für Gesamtdeutsche Fragen, das hier nach Jakob Kaiser (1888–1961), von 1949–1957 Minister für Gesamtdeutsche Fragen, benannt wird.

11. Veränderungen im Pressewesen durch Schaffung einer größeren Auswahl von illustrierten Presseorganen, z. B. einer speziellen Frauen-Illustrierten und Einschränkung der Herausgabe kleinerer Fachzeitschriften für einen engen Personenkreis, Zurverfügungstellung größerer Papierkontingente zur Verstärkung einer größeren Vielseitigkeit der Presse;
12. Genosse Ministerpräsident wird ersucht, die Arbeit der Kontrollorgane (Kontrollstellen) so zu verändern, daß die Kontrollen dieser Organe in Betrieben, Institutionen usw. so durchgeführt werden, daß eine Beunruhigung der Werktätigen und der Angehörigen der Intelligenz bei der Überprüfung vermieden wird. Die Ergebnisse der Kontrollen sind im Betrieb bekanntzugeben, und die Werktätigen sind selber stärker zur Tätigkeit der Kontrollorgane heranzuziehen.

<u>Weitere Maßnahmen</u>
1. Die Regierung der Deutschen Demokratischen Republik gibt in Form der Beantwortung von Anfragen Republikflüchtiger eine Erklärung ab über Straffreiheit und rechtliche Stellung derjenigen, die aus Westdeutschland zurückkehren wollen, weil sie das Verlassen der Republik als eine falsche Entscheidung erkannt haben und über die Perspektiven ihres Lebens in Westdeutschland enttäuscht sind;
2. Beim Ausschuß für Deutsche Einheit[110] wird eine Arbeitsgruppe geschaffen, die sich ständig mit den Methoden des Gegners bei der Abwerbung befaßt und Materialien ausarbeitet und herausgibt, die im Kampf gegen die Republikflucht nützlich sind (Briefe von Enttäuschten, Situation in den Flüchtlingslagern, Methoden der Ausbeutung, Werbung für Fremdenlegion usw);
3. Das Präsidium des Nationalrates führt eine Aussprache mit den Rückkehrern und Hinzugezogenen aus den verschiedensten Berufsschichten durch. Das Ergebnis dieser Aussprache wird in einer Massenbroschüre ausgewertet;
4. Die Aufklärungslokale der Nationalen Front sind neu zu organisieren und zu wirklichen Zentren neuer Methoden der Agitation zu machen (Treffpunkte zu Aussprachen mit verschiedenen Bevölkerungsschichten, Vielgestaltigkeit der Aussprachethemen – die vor allem im engen Zusammenhang mit den speziellen Fragen des entsprechenden Arbeitsgebietes stehen, Einladung von Wissenschaftlern, Künstlern, Schriftstellern, Behandlung von Fragen der Technik, Fragen der Berufsbildung usw.);
5. Auf Bezirks- und Kreisebene sind durch die Nationale Front Rückkehrerkonferenzen durchzuführen und das Ergebnis dieser Konferenzen ist breit zu popularisieren;
6. Die verschiedensten westdeutschen Delegationen, die die DDR besuchen, werden angehalten, die Frage der Republikflucht vom Standpunkt der demokratischen friedliebenden Bevölkerung Westdeutschlands aufzurollen. (Enthüllen der Ausnutzung der Republikflüchtigen durch die Adenauer-Politik gegen die Verständigung, im Kampf gegen die westdeutschen Arbeiterorganisationen, als Lohndrücker und Antreiber, zur Freimachung von Soldaten für die NATO-Armee usw.);

---

[110] Der Ausschuß für Deutsche Einheit wurde Anfang 1954 als zentrale Regierungsdienststelle zur politisch-publizistischen Unterstützung der Deutschlandpolitik der SED gebildet. Er publizierte Broschüren und Dokumentationen, in denen die politische und gesellschaftliche Entwicklung in der Bundesrepublik Deutschland scharf kritisiert wurde.

7. Die Kommission für Agitation erhält den Auftrag, einen besonderen Agitationsplan zum Kampf gegen die Republikflucht auszuarbeiten unter Berücksichtigung folgender Gesichtspunkte:

Behandlung der Fragen in Presse und Rundfunk;
Behandlung der Fragen in DEFA-Wochenschau und in der Behandlung der Frage in einem Spiel- oder Dokumentarfilm;
Behandlung der Frage durch einzelne oder ein Kollektiv von Schriftstellern in Form eines realistischen Romans wie auch in Form eines wirksamen realistischen Hörspiels im Rundfunk.
Die politische Argumentation gegen die Republikflucht ist fortlaufend anhand der allgemeinen Entwicklung und der Lage auszubauen.

8. Die Sammlungen und Spendenaktionen sind beträchtlich einzuschränken und auf ein Mindestmaß zu reduzieren.
Genosse Maron wird beauftragt, die entsprechenden Maßnahmen auf Grund des Sammlungsgesetzes zu treffen;

9. Es wird vorgeschlagen, bei den Räten der Kreise zivilamtliche Kommissionen zu bilden. Diese Kommissionen bearbeiten die Anliegen der Bürger in Fragen des Reiseverkehrs und der Übersiedlung nach Westdeutschland an Stelle des bisherigen Verfahrens bei den Volkspolizeikreisämtern (VPKA).
Auf Grund persönlicher Aussprachen mit den Bürgern prüfen die Kommissionen die im Einzelfall vorliegenden Umstände und helfen den Bürgern bei der Rückkehr von geflüchteten Familienangehörigen in die DDR.
Die Kommissionen setzen sich aus erfahrenen, in der Bevölkerung bekannten, aktiven Bürgern oder Abgeordneten der Volksvertretungen zusammen. Sie arbeiten mit den Organen des VPKA eng zusammen. Die Anliegen der Bürger werden von der Kommission erforderlichenfalls an das VPKA weitergeleitet.

Dokument 17

Schreiben des Chefinspekteurs der Volkspolizei, Seifert[111], an ZK der SED, Genosse Sorgenicht[112]: Auszüge aus einem Bericht über Republikfluchten in der Bezirksbehörde der DVP [Deutsche Volkspolizei] Gera, 6. 7. 1956
BArch DO 1/11, Nr. 963, Bl. 201 f.

Aus einem Bericht über Republikfluchten der Bezirksbehörde Deutsche Volkspolizei Gera gebe ich Ihnen nachstehende Auszüge zur Kenntnis:

---

[111] Willi Seifert (1915–1986), Generalleutnant der VP (1965), stellv. Minister des Innern. 1930 KPD, 1934–1945 Haft und KZ, 1946–1949 Vizepräsident der DVdI, 1949–1956 Generalinspekteur und stellv. Chef der DVP, 1957–1983 stellv. Minister des Innern, 1961 als Mitglied des Stabs des Nationalen Verteidigungsrats operativ am Bau der Mauer beteiligt.
[112] Klaus Sorgenicht (1923–1999), SED-Funktionär. 1945 KPD, 1946 SED, Bürgermeister in Güstrow, 1946–1951 Hauptabteilungsleiter im Ministerium des Innern von Mecklenburg, 1951–1954 Hauptabteilungsleiter im Ministeriums des Innern der DDR, 1954–1989 Leiter der Abteilung Staats- und Rechtsfragen beim ZK der SED.

„Als Schwerpunkte sind in den einzelnen Kreisen im Berichtsmonat folgende Betriebe in Erscheinung getreten:

Eisenberg:	VEB Möbel u. Etuis Eisenberg	= 3 Personen
Gera:	SdAG [Sowjetisch-deutsche Aktiengesellschaft] Wismut	= 9 Personen
	Konsum	= 6 Personen
	VEB Thür[inger] Teppichfabriken	= 4 Personen
Greiz:	VEB „Clara Zetkin"	= 4 Personen
	VEB Greika	= 4 Personen
	Krankenhaus Greiz	= 4 Personen
Rudolstadt:	VEB Kunstfaserwerk „W[ilhelm] Pieck"	= 13 Personen
Stadtroda:	VEB Keramische Werke Hermsdorf	= 4 Personen.

In Jena bilden nach wie vor der VEB Zeiß sowie die Universitätskliniken einen Schwerpunkt.
Im VEB Zeiß haben vom 1. 1. bis 30. 4. 1956 = 0,71 % der Gesamtbelegschaft die DDR verlassen. Bei der sozialen Gegenüberstellung zum Jahre 1955 zeigt sich in diesem Betrieb eine Erhöhung der Republikfluchten von Facharbeitern sowie Ingenieuren und Technikern. In den Monaten Januar bis April 1955 waren es 41 und 1956 sind im gleichen Zeitraum 59 Facharbeiter [geflohen]. Bei den Ingenieuren und Technikern handelt es sich 1955 um 5 und 1956 um 11 Republikflüchtige.
Es ist zu verzeichnen, daß in diesem Jahr 5 Lehrlinge des VEB Zeiß republikflüchtig wurden, während im vergangenen Jahr im gleichen Zeitraum kein Lehrling flüchtig wurde. Es wurde festgestellt, daß die meisten Lehrlinge, die sich mit dem Gedanken tragen, republikflüchtig zu werden, vorher ihre Facharbeiterprüfung ablegen. So wurden 1955 nach Ablegung der Facharbeiterprüfung 300 Lehrlinge flüchtig, davon 190 männliche und 110 weibliche Jugendliche.
Von den FDJ-Sekretären im VEB Zeiß wird die Meinung vertreten, daß es ein Mangel sei, daß die Jugendlichen keine Gelegenheit hätten, nach Ablegung der Facharbeiterprüfung sich in anderen Betrieben weiter zu qualifizieren. Es wurde der Vorschlag gebracht, Brigaden von Jungfacharbeitern innerhalb der volkseigenen Betriebe in der DDR auszutauschen.
Außerdem wird dem Drang der Jugend, während ihres Urlaubs in das Ausland zu fahren, noch zu wenig Rechnung getragen. Das kam in vielen Diskussionen mit den Jugendlichen im VEB Zeiß zum Ausdruck. Dieses Verlangen der Jugendlichen wird noch dadurch bekräftigt, daß republikflüchtig gewordene Arbeitskollegen Karten aus Italien und der Schweiz schicken, die dann im Lehrlingsbau öffentlich ausgehängt werden.
Zum anderen tritt in Erscheinung, daß Republikflüchtige mit dem Motorrad in Jena auftauchen und sich vor dem Lehrlingsbetrieb aufstellen, um ihre ehemaligen Arbeitskollegen zu begrüßen.[113]
Die Abteilungsversammlungen, die bei Republikfluchten innerhalb des Betriebes durchgeführt werden, sind nicht immer befruchtend im Kampf gegen die Republikflucht.

---

[113] Aus diesem Grund wurde auch die Problematik der Einfuhr westlicher Kraftfahrzeuge in die DDR durch Rückkehrer diskutiert. Siehe dazu Dok. 27.

Es kommt immer wieder vor, daß außer dem Parteisekretär, dem Kaderleiter und der AGL [Abteilungsgewerkschaftsleitung] keiner von den Versammelten weiter eine Stellung zur Frage der Republikflucht einnimmt.
Im Gegenteil, aus dem Hintergrund werden öfters Stimmen laut in der Form: „Warst Du denn schon mal drüben – wenn Du noch nicht drüben warst, dann sei lieber still – kannst uns nicht überzeugen". Diese Tatsache führt dann dazu: daß die Abteilungsversammlungen formal durchgeführt werden, um lediglich darüber abzustimmen, daß der republikflüchtige Kollege fristlos entlassen und aus dem FDGB ausgeschlossen wird.
Daß die Republikfluchten im Bereich der FBL (Abteilung im VEB Zeiß) Schwerpunkt in diesem Betrieb bilden, ist nach wie vor darauf zurückzuführen, daß der ehemalige Betriebsleiter Schubart noch starke Verbindungen zu dieser Abteilung hat. So ist allgemein bekannt, daß in Westdeutschland im Pseudo-Betrieb Zeiß[114] viele Automatendreher gesucht werden.
Die BPO führt in diesem Betrieb bereits Diskussionen mit den Facharbeitern, um den Abwerbern entgegenzutreten.
Die BPO, AGL und Kaderleitung sind bemüht, Rückkehrer und Zuwanderer zurückzugewinnen, die in Kurzversammlungen über Westdeutschland sprechen. Dabei stoßen sie auf Schwierigkeiten, daß der größte Teil der Angesprochenen dieses ablehnt. In einem Falle, wo eine Kollegin sich bereit erklärte zu sprechen, wurde sie von einem anderen Rückkehrer unterbrochen mit den Worten: „Das was Du sagst, stimmt ja gar nicht". Die meisten Kollegen stimmten dem negativen Einwurf zu.
Von der Universitätsklinik Jena haben vom 1. 1. bis 30. 4. 1956 20 Personen die DDR illegal verlassen. Das sind 1,01% der Gesamtbelegschaft. Besonders erhöht hat sich die Anzahl der flüchtigen Schwestern.
Die Bemühungen der Klinikverwaltung, Professoren und leitende Ärzte zur Unterstützung im Kampf gegen die Republikfluchten zu gewinnen, verliefen bisher ergebnislos. Von Seiten der BPO werden seit kurzer Zeit Diskussionen in den Parteigruppen geführt. Die einzelnen Genossinnen und Genossen sind jedoch nicht stark genug, um ihren Standpunkt in ihrer Umgebung durchzusetzen. Die Kirche übt einen großen Einfluß in den Kliniken aus. Helfer des sogenannten Klinikpfarrers bei der Durchführung seiner kirchlichen Veranstaltungen sind immer wieder die Schwestern. Besondere Schwierigkeiten sollen im Bereich des Professors Brednow[115] bestehen. Er wünsche z. B., daß „in seinem Gebäude" keine Bekanntmachungen der BGL [Betriebsgewerkschaftsleitung] angebracht werden. Dagegen findet man aber in der Klinik überall Anschläge von der Kirche.
Bei der Ermittlung von Ursachen der Republikfluchten muß immer wieder festgestellt werden, daß die ehemaligen Besitzer unserer volkseigenen Betriebe, die größtenteils in Westdeutschland wieder gleichartige Betriebe besitzen, alles unternehmen, um Fachkräfte abzuwerben. So wird zum Beispiel von Eisenberg berichtet, daß der ehemalige Besitzer des VEB Möbel und Etuis Eisenberg, der in Westdeutschland wieder eine Etuisfabrik besitzt, den Industriekaufmann Gerhard Sch[...] sowie den technischen Leiter der Holzverarbeitung Hans P[...] zur Republikflucht verleitete. P[...] soll in Westdeutschland bereits wieder eine leitende Stellung einnehmen.

---

[114] Gemeint ist offensichtlich die Firma „Zeiss-Opton" in Oberkochem bei Aalen (Baden-Württemberg). Siehe dazu Anm. 103 zu Dok. 15.
[115] Walter Brednow (1896–1976), Medizinprofessor. 1947–63 Direktor der Medizinischen Klinik und der Tuberkuloseklinik der Friedrich-Schiller-Universität Jena.

Im VEB KW H Hermsdorf[116], Kreis Stadtroda, tritt besonders der ehemalige Direktor der Hescho[117], Dr. Ganz[118], als Abwerber in Erscheinung. Er schreibt laufend an Facharbeiter des Betriebes und fordert sie auf, das Gebiet der DDR zu verlassen. In seinen Schreiben bietet er ihnen gut bezahlte Stellungen an.

i.V.
(Seifert)
Chefinspekteur der Volkspolizei

Dokument 18

Staatssekretär im MdI, Generalmajor der VP Grünstein[119] an Generalmajor der VP Dombrowsky[120], Analyse über die Republikfluchten der Lehrer von den Grund-, Mittel- und Oberschulen sowie Sonderschulen, 2. 12. 1958 (Auszug)
BArch DO 1/11, Nr. 965, Bl. 128-133.

[...]¹²¹

II. Ursachen der Republikfluchten der Lehrer

1. Abwerbetätigkeit des Klassengegners

In Westdeutschland herrscht z.Zt. ein außerordentlich spürbarer Lehrermangel. In der 23. Sitzung des Bundestages vom 18. 4. 58 wurde anläßlich der Debatte über den „Ausbau der Bildungseinrichtungen" (kulturelle Aufrüstung) von Innenminister Schröder[122] der Fehlbestand an Lehrern für die Westzonen mit 7 000 beziffert. Dieser Fehlbestand wird mit der Einführung der 9-Klassen-Schule, wie es vom „Industriellen Verband" gefordert wird, sich auf 11 500 erhöhen. Außerdem wird der Mangel an Lehrkräften in der nächsten Zeit noch größer werden. Das „Düsseldorfer Handelsblatt"[123] schreibt dazu u. a.:

---

[116] Volkseigener Betrieb Keramische Werke Hermsdorf. 1952 aus der Hescho hervorgegangener Betrieb (siehe Anm. 117).
[117] Hescho: Hermsdorf-Schomburg-Isolatoren-Gesellschaft, Zweigniederlassung der Porzellanfabrik Kahla in Hermsdorf/Thüringen.
[118] Korrekt: Werner Gans (1903-1976), Ingenieur. 1934-1945 Abteilungsdirektor bei der Firma Hermsdorf-Schomburg-Isolatoren-Gesellschaft (HESCHO), 1945 Wissenschaftler bei der britischen Militärregierung, 1950-1958 freier Vertreter bei der Firma Stettner & Co. in Westfalen.
[119] Herbert Grünstein (1912-1992), SED-Funktionär, stellv. Minister des Innern. 1931 KPD, 1933 Emigration, 1936-1938 Teilnahme am Spanischen Bürgerkrieg, 1939-1943 Internierung, 1943 UdSSR, Mitarbeiter der sowjetischen Aufklärung, 1945-1948 stellv. Leiter der Antifaschule in Taliza, 1948 Rückkehr nach Deutschland, SED, 1949 Mitarbeiter der DVdI, 1950-1974 stellv. bzw. Leiter der Politischen Verwaltung der HVDVP im MdI, Chefinspekteur, stellv. Minister des Innern, 1959 amtierender Chef der HVDVP, 1957-1974 1. Stellv. des Ministers des Innern und Staatssekretär, Generalleutnant.
[120] Richard Dombrowsky, Generalmajor der Volkspolizei, vor 1955 Leiter der HA K bei der HVDVP, 1955-1959 Chefinspekteur der Volkspolizei.
[121] Ausgelassen wurde Teil I („Allgemeiner Überblick"), in dem sich hauptsächlich statistische Angaben finden.
[122] Gerhard Schröder (1910-1989), CDU-Politiker, Innenminister der Bundesrepublik. 1933-1941 NSDAP, 1945 Mitbegründer der CDU, 1949-1980 Mitglied des Bundestages, 1953-1961 Bundesminister des Innern, 1961-1966 Bundesminister des Auswärtigen, 1966-1969 Bundesminister für Verteidigung, 1967-73 Stellvertretender Bundesvorsitzender der CDU.
[123] Düsseldorfer Handelsblatt. Wirtschafts- und Finanzzeitung, Tageszeitung Düsseldorf, seit 1946.

„... Die ungewöhnliche altersmäßige Gliederung der Lehrerschaft wird zur Folge haben, daß in den nächsten Jahren ein ungewöhnlich großer Teil der Lehrer in den Ruhestand tritt, weit mehr als nachwächst."

Aufgrund dieser Tatsachen versuchen westdeutsche Stellen, diese Fehlstellen an Lehrern und Erziehern aus der DDR durch verstärkte Abwerbetätigkeit zu decken. Dies erfolgt in vielfältiger Form. Die im Bezirk Erfurt angestellten Untersuchungen ergaben, daß republikflüchtige Lehrer mit den an unseren Schulen tätigen Lehrern in Briefverbindung stehen und teilweise Abwerbetätigkeit leisten. Einem großen Teil der Lehrer ist bekannt, wo sich z.Zt. die republikflüchtigen Lehrer aufhalten und welche Arbeit sie verrichten. Der Lehrer E[...] von der Theodor-Neubauer-Schule in Gotha[124] erklärte dazu, daß nach seiner Meinung die Abgänge nach Westdeutschland dadurch zustande kommen, daß die Republikflüchtigen schildern, wie es ihnen in Westdeutschland ergangen ist. Der republikflüchtige Oberschullehrer M[...] schildert, daß er nach anfänglichen Schwierigkeiten am Gymnasium in Dortmund angekommen ist und daß er dort „Ruhe und Existenzsicherheit" vorfand. Kollege E[...] sagte, daß auch er und andere Lehrer mit republikflüchtigen Lehrern in brieflicher Verbindung stehen.

Eine ähnliche Erscheinung ist auch im Kreis Teterow – Bezirk Neubrandenburg – und zwar an der Mittelschule Gnoien festzustellen. Dort wurden in kurzer Zeit 5 Lehrer hintereinander republikflüchtig. Alle Lehrer führten eine ständige Korrespondenz mit Republikflüchtigen.

Eine weitere Form der Abwerbung ist die Beeinflussung der Lehrer beim Aufenthalt in Westdeutschland. Von den seit 1957 republikflüchtig gewordenen 34 Lehrern aus Gotha waren nach unvollständigen Feststellungen 20 Lehrer einmal oder mehrmals in Westdeutschland.

In Erfurt waren es im gleichen Zeitraum von 26 republikflüchtigen Lehrern 19. Ihre spätere Republikflucht beweist, daß sie Kontakt aufgenommen haben und sich über Einstellungsmöglichkeiten informierten.

Im Kreis Gotha waren die republikflüchtig gewordene Lehrerin Erna K[...] neunmal und der republikflüchtige Lehrer Heinz Sch[...] sechsmal in Westdeutschland. In allen Aussprachen mit Lehrern wurde festgestellt, daß diese über die Verhältnisse an den westdeutschen Schulen sehr gut unterrichtet sind.

Der Lehrer H[...] berichtete darüber, daß er anläßlich eines Besuches in Westdeutschland von einem ehemaligen Lehrer angesprochen wurde, der ihm einen Arbeitsplatz an einer Schule angeboten hat.

Die Gehälter der Lehrer wurden in Westdeutschland bedeutend erhöht. So erhält in der

Westzone		DDR	
1 Volksschullehrer mit 1-2 Dienstjahren	630 DM BDL[125]	1 Grundschullehrer m. 1-2 Dienstjahren	450 DM
1 Oberschullehrer (Endgehalt)	1 481 DM BDL	1 Oberschullehrer (Endgehalt)	845 DM

---

[124] Kreisstadt im Bezirk Erfurt.
[125] BDL: Bank Deutscher Länder. Zusatz, der in DDR-Dokumenten die westdeutsche Mark von der ostdeutschen Unterschied.

Auch die Altersversorgung liegt in Westdeutschland höher als in der DDR. So erhält

1 Mittelschullehrer	789 DM BDL	1 Mittelschullehrer	583 DM
1 Oberschullehrer	972 DM BDL	1 Oberschullehrer	616 DM

Aufgrund der genannten Bundestagssitzung ist eine weitere Erhöhung der Lehrergehälter geplant. Ein sehr großer Teil der republikflüchtigen Lehrer hat in Westdeutschland nach kurzer Zeit eine Anstellung an einer Schule erhalten. Das beweist eine Mitteilung in der „Frankfurter Allgemeinen"[126] vom 11. 11. 58. In diesem Artikel heißt es u. a.
„Im Land Niedersachsen wurden von 250 geflüchteten Lehrern nur 15% abgelehnt, während die übrigen vorläufig an Volksschulen unterrichten."
In einem Bericht des Statistischen Bundesamtes in der „Zeit"[127] vom 22. 10. 57 wird bemerkt:
„... daß der Bedarf an Lehrern zu einem beträchtlichen Teil auf andere Weise gedeckt wurde. Man griff auf Flüchtlinge, Zugewanderte usw. zurück."

2. <u>Faktoren, die die Abwerbetätigkeit des Gegners begünstigen</u>
a) <u>Ideologische Unklarheiten und mangelhaftes Vertrauen zur Perspektive unseres Arbeiter-und-Bauern-Staates</u>

Die im Bezirk Erfurt durch eine Brigade des Ministeriums für Volksbildung und des Ministeriums des Innern durchgeführten Untersuchungen ergaben, daß die Parteilosen und die Mitglieder der Blockparteien unter den Lehrern sich über die Perspektiven der Deutschen Demokratischen Republik und die Rolle der beiden deutschen Staaten nicht im Klaren sind. In individuellen Aussprachen mit mehr als 110 Lehrern kam bei vielen zum Ausdruck, daß sie im Verlassen der Deutschen Demokratischen Republik nicht in jedem Falle Verrat sehen, sondern der Meinung sind, daß man jeden Republikflüchtigen differenziert betrachten und die Ursachen untersuchen müsse.
Obwohl in allen Schulen in Gotha und Erfurt Anfang des Jahres 1958 in Sitzungen der Pädagogischen Räte, auf Veranlassung der Abteilung Volksbildung beim Rat des Bezirkes, das Thema: „Ist Republikflucht Verrat?" behandelt wurde, zeigte sich in den Aussprachen mit Lehrern, daß nicht immer eingehend genug unsere Politik und Schulpolitik erläutert wurden.
Genosse Wilsdorf (BGL-Vorsitzender der Gewerkschaft U[nterricht] u[nd] E[rziehung] Erfurt/Stadt) schätzt die Aussprachen in den Gewerkschaftsgruppen folgendermaßen ein: „Es werden allgemeine Erklärungen abgegeben, die Lehrer geben sich schnell damit zufrieden. Zusammenhänge werden nicht genügend untersucht, es wird einmal darüber gesprochen und damit ist die Angelegenheit erledigt."
Erhebliche Unklarheiten traten ebenfalls in Fragen der Einschränkung des Reiseverkehrs auf. Von 130 Lehrern, mit denen gesprochen wurde, bringen fast alle kein Verständnis für die getroffenen Maßnahmen auf.
Die ungenügende Erläuterung der Schulpolitik von Partei und Regierung ist mit eine Ursache dafür, daß besonders bei christlichen Lehrern eine Meinung vorherrscht, daß sie über kurz oder lang nicht mehr im Schuldienst der Deutschen Demokratischen Republik tätig sein können und sich deshalb rechtzeitig nach einer Lehrstelle [sic!] in Westdeutsch-

---

[126] Frankfurter Allgemeine. Zeitung für Deutschland. Westdeutsche Tageszeitung, seit 1949.
[127] Die Zeit. Wochenzeitung für Politik, Wirtschaft, Medien und Kultur, Hamburg, seit 1946.

land umsehen. Bemerkenswert ist, daß ca. 80% der flüchtigen Lehrer einer Religionsgemeinschaft angehören. In hinterlassenen Briefen der republikflüchtigen Lehrer spielen vielfach religiöse Gründe eine Rolle, z. B. schreibt die Lehrerin M[...]:
„... Wir haben die DDR verlassen, da ich keinerlei Aussichten für meine Zukunft und die Zukunft der Kinder sehe. Es war mir nicht möglich, mich dem politischen Druck zu beugen, und außerdem war ich nicht gewillt, die kirchlichen Bindungen zu lösen."
In einer Sitzung des Pädagogischen Rates wurde vom damaligen Direktor K[...] an der Theodor-Neubauer-Oberschule in Gotha erklärt, daß sich die Lehrer an einer sozialistischen Schule in mindestens zwei Jahren umgestellt haben müßten, sonst seien sie Ballast. (Gemeint waren damit die konfessionell gebundenen Lehrer.) Die Lehrerin K[...] von der gleichen Schule erklärte, daß sie durch diese Worte stark erschüttert wurde und sich bereits mit dem Gedanken getragen habe, dorthin zu gehen, wo man als christlicher Lehrer nicht als Ballast angesehen würde. Diese Erklärung wurde in Anwesenheit des stellv. Direktors, Genossen R[...], abgegeben. Der Sachverhalt wurde von ihm bestätigt.
Die konzentriert auftretende Republikflucht von Oberschullehrern hat ihre Ursache nicht zuletzt in dem mangelnden Vertrauen zur Perspektive unserer Oberschulen.
Es verließen im Republikmaßstab die nachstehend aufgeführten Oberschullehrer die DDR

1956	1957	1958 ([bis] einschl. III. Quartal)
144	173	153
5,3%	3,9%	3,41%

Die Prozentzahlen beziehen sich auf den jeweiligen Bestand an Oberschullehrern.
An der Theodor-Neubauer-Oberschule in Gotha wurde die Situation dadurch verschärft, daß eine ständige Unsicherheit über das Fortbestehen der Oberschule durch den Rat des Kreises – Abt. Volksbildung – hineingetragen wurde. Bisher sind in Erfurt/Stadt drei Oberschulen und im Kreis Gotha eine Oberschule aufgelöst worden. Die Planzahlen, die der Bezirk den Räten der Kreise übergeben hat, haben bei den Schuldirektoren den Eindruck hervorgerufen, daß weitere Einschränkungen der Oberschulen eintreten werden.
In der Auswertung des Brigadeeinsatzes sagte der Genosse Roß (Stadtschulrat in Erfurt): „Genossen, sind wir doch ganz ehrlich, welche Perspektive können wir unseren Oberschullehrern geben, die Planzahlen geben doch keine Möglichkeit dazu." Der stellv[ertretende] Direktor an der Theodor-Neubauer-Oberschule, H[...], sagte, daß bereits eine Oberschule in Waltershausen aufgelöst worden sei und von dort ein Teil der Lehrer zur Grundschule gehen mußte.
Diese Erscheinungen werden dadurch begünstigt, daß man zum Teil bei den Volksbildungsorganen der Meinung ist, daß es zu viel Lehrer gibt. Beim Magistrat von Groß-Berlin und auch bei der Abteilung Volksbildung beim Rat der Stadt Erfurt vertritt man die Meinung, daß die Republikflucht gar nicht so schlimm ist, man habe genug Reserven. Eine ähnliche Meinung vertrat auch der Direktor der Oberschule in Anklam[128], Z[...], und der Kreisschulrat Bannert, daß es nicht schade wäre, wenn die Lehrer aus ihrem Kreis republikflüchtig wären, es seien sowieso 28 Lehrer zu viel.

---

[128] Kreisstadt im Bezirk Neubrandenburg.

b) <u>Falsche Behandlung der Lehrer sowie Entstellung der Beschlüsse von Partei und Regierung</u>
In vielen Fällen werden die Lehrer durch die verantwortlichen Funktionäre im Bereich der Volksbildung falsch behandelt. Ohne ausreichende Vorbereitungen und Begründungen werden Versetzungen konzentriert und zahlreich durchgeführt. In Erfurt brachten die umfangreichen Versetzungen – über 90 – viele Unzufriedenheiten mit sich. Im Stadtbezirk Nord gab es an 11 Schulen 46 Veränderungen. Etwa jeder fünfte Lehrer wurde davon betroffen. Bereits im Vorjahr wurden im Stadtkreis Erfurt ca. 150 Versetzungen durchgeführt. Diese Versetzungen wurden in der Zeit vom 1. 1. bis einschließlich 31. 5. 58 durchgeführt. Die Direktoren in Erfurt wurden bei den Vorbereitungen der beabsichtigten Versetzungen an ihren Schulen nicht konsultiert. Eine eingehende Erläuterung erfolgte nicht. Der Gen. Sch[...] erklärte dazu: „Wir waren zum Befehlsempfang [sic!]." Die Direktoren waren deshalb nicht in der Lage, die Versetzungen an ihren Schulen überzeugend zu erläutern. Die betroffenen Lehrer erhielten teilweise nur eine schriftliche Mitteilung. Zahlreiche Versetzungen mußten in einer BGL-Sitzung auf Antrag der betroffenen Lehrer zurückgenommen werden. Eine ebensolche Arbeit ist im Bezirk Neubrandenburg und auch im Bezirk Rostock z. B. im Kreis Stralsund festzuhalten.
In Gotha zeigt sich ein ähnliches Bild. Viele Lehrer waren mit den Versetzungsmaßnahmen nicht einverstanden, und die Gewerkschaft wurde vielfach dabei übergangen. Es mußten zum Teil Versetzungen und Kündigungen rückgängig gemacht werden. Obwohl die BGL sich ständig für die gesetzlich geregelte Verfahrensweise einsetzte und sogar der Abteilung schriftlich mitteilte, wie zu verfahren sei, wurden trotzdem weitere grobe Fehler gemacht.
Ein ganz krasses Beispiel ist der Fall des Kollegen W[...]. Am 28. 5. 58 wurde dem Genannten zum Ablauf des Schuljahres die Kündigung wie folgt schriftlich begründet:
„Ihre Tätigkeit als Lehrer bietet uns nicht die Gewähr, daß sie allseitig unsere jungen Menschen erziehen und jederzeit aktiv beim Aufbau der sozialistischen Schule mitarbeiten. Ihre bisherige Haltung beweist, daß Sie nicht gewillt sind, tatkräftig mitzuarbeiten."
Die Personalakte enthält keine Beurteilungen, in denen auf Mängel eingegangen wird. Außerdem ist der Genannte in den letzten 4 Jahren weder verwarnt noch getadelt worden, im Gegenteil, er erhielt im vergangenen Jahr die „Pestalozzi-Medaille für treue Dienste" und wurde 1956 mit einer Prämie ausgezeichnet. Ein Gespräch mit der Ehefrau des Koll. W[...], der sich zur Zeit in Dresden befindet, wo er an seiner Diplomarbeit für das Fach Chemie arbeitet, ergab folgendes:
W[...] wurde am 30. 6. zur Abteilung Volksbildung bestellt. Dort wurde ihm auf Grund seines Einspruches erklärt, daß die Kündigung rechtsunwirksam sei, er solle aber selbst kündigen, sonst würde gegen ihn ein Disziplinarverfahren eingeleitet, welches mit der fristlosen Entlassung enden könne. Er sollte wählen, was ihm lieber sei. Da er nicht sofort damit einverstanden war, wurde ihm lediglich eine Bedenkzeit bis 14.00 Uhr des gleichen Tages gewährt. Um weiterem Ärger auszuweichen, hat er selbst gekündigt. Dem Kollegium der Theodor-Neubauer-Oberschule wurde bis heute nicht mitgeteilt, warum eine Entlassung des Lehrers erfolgte. Die Ehefrau erklärte, daß sie es gewesen sei, die ihren Ehemann gehalten habe, damit er nicht nach Westdeutschland flüchtig wurde. Ein ebenso krasser Fall ist die Entlassung – Wiedereinstellung – Wiederentlassung des Lehrers B[...] von der Theodor-Neubauer-Oberschule. Die falsche Behandlung der Menschen zeigt sich besonders in Gotha auch in den zum Teil willkürlichen Disziplinarverfahren der letzten Monate.

Von den durchgeführten Verfahren wurde in 11 Fällen auf fristlose Entlassung erkannt. Drei dieser Lehrer wurden republikflüchtig.
Die Tatsache, daß drei fristlose Entlassungen zurückgezogen werden mußten, beweist, daß die Disziplinarverfahren schematisch durchgeführt und leichtfertig entschieden wurden. Es gibt auch solche Fälle, wo fristgemäße Kündigungen in Disziplinarverfahren umgewandelt werden, weil in arbeitsrechtlicher Hinsicht Fehler vorkamen. So wurde die Genossin K[...] aus der Grundschule Schwabhausen[129] wegen begangener Fehler in der Schule fristgemäß gekündigt. Die BGL beanstandete diese Kündigung, daraufhin wurde sie von der Abteilung Volksbildung zurückgenommen. Später jedoch, um die Rechte der BGL zu umgehen, ein Disziplinarverfahren gegen die Genossin K[...] eingeleitet wurde [sic!], mit dem Ergebnis der fristlosen Entlassung.
Durch die Stadtverordnetenversammlung in Stralsund wurde am 23. Okt. 1958 der dortige Stadtschulrat von seiner Funktion entbunden, weil er die Beschlüsse von Partei und Regierung in Bezug auf die Arbeit mit den Lehrern grob mißachtet hat. Es wurden aber ebenfalls ungerechtfertigte Versetzungen und Entlassungen vorgenommen, die den politischen Grundsätzen unserer Kaderpolitik und den staatlichen Weisungen widersprechen.
Durch den Zentralvorstand der Gewerkschaft Unterricht und Erziehung wurde eine nicht genügend politisch fundierte Orientierung zum Studium des dialektischen Materialismus durch alle Lehrer herausgegeben.
Im Bezirk Neubrandenburg wurde dies schematisch übertragen und keine geduldige Überzeugungsarbeit geleistet, sondern administriert. Umsetzungen christlicher Lehrer in andere Fächer bzw. an einen anderen Arbeitsplatz wurden nicht entsprechend vorbereitet, sondern zum Teil, wie in Görlitz – Bezirk Dresden, von der Abteilung Volksbildung einfach Kündigungen ausgesprochen.
[...][130]

Dokument 19

HVDVP, HA PM, Fischer[131] an ZK der SED, Abt. Sicherheitsfragen, Republikflucht von Ärzten im Jahr 1957, 25. 1. 1958
BArch DO 1/11, Nr. 965, Bl. 22-24

[...][132]

Die Ursachen zur Republikflucht der Ärzte liegen zur Hauptsache in folgendem begründet: Der überwiegende Teil der republikflüchtig gewordenen Ärzte hatte ein Anstellungsverhältnis in den Kliniken und Krankenhäusern oder anderen staatlichen Einrichtungen unserer Republik.

---

[129] Ort im Kreis Gotha, Bezirk Erfurt.
[130] Ausgelassen wurde Teil III („Wie wurden die Republikfluchten der Lehrer durch die Organe der Volksbildung und des Ministeriums des Innern bekämpft?").
[131] Günther Fischer, VP-Inspekteur. Nach 1956 Leiter der HA PM bei der HVDVP.
[132] Ausgelassen wurde die statistische Verteilung der Republikflüchtigen auf die Bezirke.

Bei diesem Kreis der Ärzte war zum überwiegenden Teil der Drang vorhanden, eine eigene Praxis zu führen, was allerdings abgelehnt oder sehr langwierig bearbeitet wurde.
Zum anderen gab es zwischen einem Teil der republikflüchtig gewordenen Ärzte und deren Vorgesetzten Differenzen, die zum Anlaß der Republikflucht genommen wurden.
Bei den republikflüchtig gewordenen Ärzten bestanden zum größten Teil Verbindungen zu Verwandten und ehemaligen Arbeitskollegen in Westdeutschland. Oftmals wurden auch Kongresse in Westdeutschland zur Anbahnung von Verbindungen mit westdeutschen Ärzten ausgenutzt, um sich eine entsprechende Stellung in Westdeutschland vermitteln zu lassen.
Bei den freipraktizierenden Ärzten lagen die Republikfluchtgründe zum überwiegenden Teil darin, daß ihre Kinder nicht zum Studium zugelassen oder ein Besuch der Oberschule abgelehnt wurde.
Zu Beginn der strafferen Ausstellung von PM 12a[133] und Aufenthaltsgenehmigungen sowie mit dem Erlaß des Ergänzungsgesetzes zum Paßgesetz[134] hat sich die Zahl der Republikfluchten von Ärzten erhöht bzw. begründete ein großer Teil der republikflüchtig gewordenen Ärzte das Verlassen der Republik damit, daß sie diese Maßnahmen als eine Einengung ihrer persönlichen Freiheit betrachten und damit ihre verwandtschaftlichen Beziehungen aufgeben müssen.

Dazu folgende Beispiele:
Am 2.10.1957 wurde bekannt, daß der Dr. Gottfried Sch[...], geboren am [...] 1918, wohnhaft gewesen in Freiberg[135] [...] republikflüchtig wurde.
Der Genannte war als Chirurg an den Krankenanstalten Freiberg, Poliklinik, tätig.
Anläßlich einer Sportärztetagung fuhr er am 10.9.1957 nach Würzburg. Er hatte sich seinen Kollegen gegenüber bereits vor Jahren geäußert [sic!], daß er in einer anderen ärztlichen Fachrichtung weiterstudieren möchte, da ihm die Tätigkeit als Chirurg aufgrund seines Leber- und Gallenleidens schwer fällt.
Seit längerer Zeit stand der Genannte mit dem Leiter der Klinik Mergentheim[136] bei Würzburg, Dr. W[...], in Verbindung, der ihn in der dortigen Klinik einstellen wollte.
Es wird angenommen, daß das eigentliche Motiv zur Republikflucht darin zu suchen ist, daß sich Dr. Sch. eine eigene Praxis schaffen wollte und ihm hier die Gelegenheit nicht gegeben war.
Der republikflüchtig gewordene Oberarzt im Landeskrankenhaus Pfafferode[137], Dr. Werner M[...], geboren am [...] 1915, wohnhaft gewesen in Mühlhausen, teilte aus Westdeutschland mit:

---

[133] Paß- und Meldebescheinigung 12a. Seit der „Anordnung über die Regelung des Interzonenverkehrs" (GBl. Nr. 123, 23.11.1953, S. 1157), die Innenminister Stoph am 21. November 1953 im Zusammenhang mit der Übergabe der Zuständigkeit für Interzonenreiseangelegenheiten durch den Hohen Kommissar der UdSSR an die Regierung der DDR erlassen hatte, wurden die bisherigen Interzonenpässe durch die Personalausweise der DDR ersetzt. Für Reisen in den Westen mußte seitdem der Personalausweis beim Volkspolizeikreisamt hinterlegt und gegen die PM 12a getauscht werden. Ohne PM 12a war eine legale Reise nach Westdeutschland nicht möglich.
[134] Korrekt: Gesetz zur Änderung des Paßgesetzes (Dok. 8).
[135] Kreisstadt im Bezirk Karl-Marx-Stadt.
[136] Korrekt: Bad Mergentheim, Stadt im Main-Tauber-Kreis (Baden-Württemberg).
[137] Krankenhaus in der Kreisstadt Mühlhausen, Bezirk Erfurt.

„Ursache meines Nichtzurückkommens liegt in der unerfreulichen, herrschsüchtigen und ungerechten Art begründet, mit der Dr. A[...] mir die Arbeitsfreude, wo ich immerhin 8 Jahre gearbeitet habe, vergällt hat."
(Dr. A[...] ist der Leiter des Landeskrankenhauses in Pfafferode und soll kein gutes Verhältnis zu den Ärzten haben).
Am 26. 12. 1957 wurde der Zahnarzt Dr. Karl U[...], geboren am [...] 1908, wohnhaft gewesen in Neuhaus[138] [...], republikflüchtig.
Mitte des Jahres 1957 wurde der Sohn Jürgen U[...] republikflüchtig, da er an der Universität in Jena nicht zum Studium zugelassen wurde. Er [Dr. Karl U.] erhielt auf Empfehlung des 2. Kreissekretärs der SED, Genossen Liebelt, eine PM 12a zur Reise nach Westdeutschland, um seinen Sohn zurückzuholen. Diese Gelegenheit nutzte der Genannte aus, um selbst republikflüchtig zu werden.
Anfang Januar 1958 wurde der Leiter der TBC-Beratungsstelle Gotha, Dr. Viktor H[...], geboren am [...] 1919, wohnhaft gewesen in Gotha [...], republikflüchtig.
In einem Brief an den Rat des Kreises Gotha teilte er mit, daß er nicht in die DDR zurückkommt, da er Schwierigkeiten bezüglich weiterer Reisen nach Westdeutschland auf Grund des neuen Paßgesetzes haben wird und weiterhin keine weitere Entwicklung seiner Kinder in der DDR gegeben wäre, die zur Zeit noch die Oberschule besuchten. Genannter war katholisch und stark konfessionell gebunden.
Am 2. 1. 1958 wurde bekannt, daß der Zahnarzt Georg F[...], geboren am [...] 1919, wohnhaft gewesen in Lützen[139] [...], republikflüchtig geworden ist.
Er schreibt aus Duisburg, daß er nicht in die DDR zurückkehrt, weil seine persönliche Freiheit eingeschränkt ist, da ihm durch den Kreisarzt bei seinen Reisen nach Westdeutschland Schwierigkeiten bereitet werden. Auch von Seiten des Ministeriums für Gesundheitswesen könnte er keine Hilfe erwarten und zum anderen wäre mit dem neuen Paßgesetz eine Freizügigkeit von Reisen in die Bundesrepublik in keiner Weise mehr gewährleistet.
F[...] war Mitglied der SED. Anfang Dezember 1957 hat er seinen Austritt erklärt. F[...] war katholisch und gab seine Bindungen zur Kirche nicht auf.
In seinem Brief aus Westdeutschland bringt er zum Ausdruck, daß wegen seiner Treue zur Kirche seine persönliche Sicherheit stark gefährdet wäre. F[...] verkehrte nur in bürgerlichen Kreisen, obwohl er und auch seine Frau aus einer Arbeiterfamilie stammen.
F[...] stand mit einem republikflüchtigen Dr. Sch[...] aus Lützen in regem Briefverkehr.
Der Kreistierarzt Dr. Heinz Werner K[...], geboren am [...] 1913, wohnhaft gewesen in Hildburghausen[140], wurde am 31. 12. 1957 republikflüchtig.
Er teilte aus Hannover mit, daß folgende Gründe die Ursache seiner Republikflucht sind:
1. Die Nichtzulassung seines Sohnes Manfred zur Universität, trotzdem dieser das beste Zeugnis von ca. 40 Abiturienten hatte.
2. Nachdem sein Sohn Manfred flüchtig wurde, habe in der Schule eine Hetze gegen seine beiden anderen Jungen eingesetzt. Ihm wäre dabei seine nichtmarxistische Einstellung vorgeworfen worden.

---

[138] Korrekt: Neuhaus am Rennweg, Kreisstadt im Bezirk Suhl.
[139] Stadt im Bezirk Halle, Kreis Weißenfels.
[140] Kreisstadt im Bezirk Suhl.

3. Durch die Einführung des Paßgesetzes will er es nicht auf sich nehmen, daß er seinen Sohn nicht mehr wiedersehen darf. Gleichfalls ist er der Ansicht, daß die berufliche Weiterbildung in den Ländern des Westens zu finden ist.
4. Weil er durch den stellv[ertretenden] Vorsitzenden des Rates des Kreises am 27. 11. 1957 aufgefordert wurde, seinen Sohn aus Westdeutschland zurückzuholen, andernfalls ihm aber fristlos gekündigt würde.

Mit sozialistischem Gruß
[Unterschrift]
(Fischer)

Dokument 20

Abteilung Innere Angelegenheiten, Sektor I, o.V.,
Probleme, die in Zusammenhang mit der Republikflucht von Jugendlichen
getreten sind, 22. 10. 1960
BArch DO 1/34, Nr. 21724.

Die gesellschaftlichen Organisationen, insbesondere die FDJ, aber auch die staatlichen Organe und die volkseigenen Betriebe verstehen es nicht in genügendem Maße, die Jugendlichen für eine gute Jugendarbeit zu gewinnen bzw. größeren Einfluß auf ihre politisch-ideologische Entwicklung zu nehmen.

Die gegenwärtige politisch-ideologische Arbeit mit den Jugendlichen reicht nicht aus, um unseren jungen Menschen die Rolle der beiden deutschen Staaten richtig zu erläutern und sie zu wirklichen Patrioten zu erziehen. Insbesondere herrschen noch große Unklarheiten über die Rolle unserer NVA [Nationale Volksarmee] und der Bundeswehr in Westdeutschland. So zogen in den letzten Monaten im Bezirk Rostock 300 Jugendliche ihre Bereitschaftserklärung für den Ehrendienst der NVA zurück. Der Einfluß des Klassengegners auf die Jugendlichen hat sich verstärkt durch Schmutz- und Schundliteratur, durch Musiksendungen und andere Einwirkungen. Offensichtlich haben die feindlichen Agenturen jetzt ihren Hauptangriff auf die Jugend gelegt.

Selbst die erhöhte Republikflucht von Jugendlichen ist für einige Betriebsfunktionäre noch kein Alarmsignal. Bei der Einschätzung bestehen bei ihnen erhebliche ideologische Unklarheiten.

So wird in der Maschinenfabrik Halle[141] als wesentliche Ursache der Republikflucht von Jugendlichen die Meinung vertreten, daß diese mehr oder weniger eine Modekrankheit sei, oder aber daß die Jugendlichen sich nun einmal die Hörner abstoßen müssen, eines Tages würden sie sowieso wieder nach Hause kommen.

Im Montagewerk Halle erklärte der Leiter der Abteilung Arbeit: „Was kann man eigentlich dagegen tun? Mein Junge hört auch nicht mehr auf mich und außerdem werden sie auch schon bei uns mit 18 Jahren mündig, da haben die Eltern ja nichts mehr zu sagen."

---

[141] VEB Maschinenfabrik Halle.

Im Bezirk Rostock stieg die Zahl der republikflüchtigen Jugendlichen besonders in den Städten, Betrieben und Instituten, insbesondere unter den Oberschülern, Abiturienten und Studenten, während in der Landwirtschaft ein merklicher Rückgang der Republikfluchten von Jugendlichen zu verzeichnen ist.

Hierbei tritt in Erscheinung, daß von den republikflüchtigen Oberschülern die Unterrichtsmethoden bzw. von den republikflüchtigen Studenten die Arbeitseinsätze als Grund vorgeschoben werden.

Mit den jungen Intelligenzlern wird ungenügend gearbeitet, obwohl der Gegner seine Abwerbungsversuche besonders auf die junge Intelligenz richtet.

Diese ungenügende Arbeit beginnt bereits bei den Instituten und Hochschulen bzw. Fachschulen. In den Schulen und Betrieben werden wenig Anstrengungen unternommen, um z. B. die junge Intelligenz für den Eintritt in die Partei der Arbeiterklasse zu gewinnen. Bei einer großen Zahl der jungen Intelligenz waren die Einstellungsgespräche durch die Kaderabteilungen, die bis zu zwei Jahren zurückliegen, die einzigen Gespräche, die mit ihnen geführt wurden. Bei einigen Kaderabteilungen wurde festgestellt, daß manche Instrukteure diese jungen Menschen nur danach beurteilen, ob sie materielle Forderungen stellen. Diese ungenügende Arbeit führt dazu, daß sich diese jungen Menschen politisch-ideologisch mehr an die alte Intelligenz anschließen, von denen ein Teil noch die Ideologie des IG-Farbenkonzerns vertreten [sic!].

Ein Teil der republikflüchtigen Jugendlichen hat starke kirchliche Bindungen. Im Bezirk Halle wurde festgestellt, daß die Kirche bei der Beeinflussung der jungen Intelligenz sehr stark in Erscheinung tritt; so wurden z. B. mit Angehörigen der jungen Intelligenz Rüstzeiten durchgeführt.

Von jugendlichen Rückkehrern werden Abwerbungen vorgenommen. Hierbei bedienen sie sich besonders der Verherrlichung der Verhältnisse im „goldenen Westen".

Ein großer Teil der Oberschüler werden [sic!] mit ihren Eltern republikflüchtig, und ein Teil der Studenten werden [sic!] von ihren bereits republikflüchtigen Eltern bzw. in Westdeutschland lebenden Verwandten aufgefordert, die DDR zu verlassen.

In Aussprachen mit westdeutschen Gästen wurde festgestellt, daß bei diesen unklare Vorstellungen über die FDJ und die Jungen Pioniere bestehen, sie stellen diese der faschistischen Hitlerjugend gleich.

Dokument 21

Ministerium für Staatssicherheit
an Ulbricht[142], Neumann[143], Honecker[144], Grüneberg[145] und Röhlig:
Bericht über die Entwicklung der Republikflucht in der Zeit vom 1. 4.-20. 4. 1960
BStU ZA, MfS-ZAIG, Nr. 247, Bl. 24-34.

Nach Überprüfung haben im genannten Zeitraum insgesamt 8 727 Personen illegal die DDR verlassen.
Diese Zahl entspricht den täglichen Angaben der Westpresse für die Zeit vom 11. April bis 21. April 1960.
Nach Angaben der Westpresse liegt die Zahl der Republikfluchten für die Zeit vom 1. April bis 20. April bei 10 500 Personen.
Von den 9 727 ermittelten Republikfluchten waren 3 603 Männer, 3 449 Frauen und 1 675 Kinder.

[...][146]

Als Gründe der Republikfluchten von Bauern und Beschäftigten der Landwirtschaft wurden im wesentlichen wieder folgende ermittelt:
– Ablehnung des Eintritts in die LPG und Ablehnung der Übernahme von Funktionen in den LPG. (Dies trifft in der Mehrzahl der Fälle in den Bezirken Dresden, Gera, Suhl, Berlin, Rostock, Karl-Marx-Stadt, Halle, Frankfurt/Oder, Magdeburg und Potsdam zu.) Dieser Grund wurde von Bauern und Beschäftigten nach ihrer Flucht offen in Briefen an ihre Verwandten, Bekannten und vielfach auch an die Bürgermeister ausgesprochen.
– Verwandtschaftliche Bindungen nach Westdeutschland, Abwerbung durch Verwandte und Übernahme von Besitz in Westdeutschland konnte bei einer Reihe von Republikfluchten in den Bezirken Dresden, Karl-Marx-Stadt, Erfurt, Halle, Leipzig und Magde-

---

[142] Walter Ulbricht (1893-1973), 1. Sekretär des ZK der SED, Vorsitzender des Staatsrates der DDR. 1919 Mitbegründer der KPD, 1929-1946 Mitglied des Politbüros des ZK der KPD, 1933-1945 Exil in Frankreich und der UdSSR, 1945 Rückkehr nach Deutschland als Leiter der Gruppe Ulbricht, ab 1950 Generalsekretär und ab 1953 1. Sekretär des ZK der SED, 1960-1971 Vorsitzender des Nationalen Verteidigungsrates, 1960-1973 Vorsitzender des Staatsrats.
[143] Alfred Neumann (1909-2001), SED-Funktionär. 1929 KPD, 1934 Emigration in die UdSSR, 1938/39 Teilnahme am Spanischen Bürgerkrieg, 1941 an Gestapo ausgeliefert, bis 1945 im Zuchthaus Brandenburg-Görden, dann im SS-Strafbataillon, April 1945 Übertritt zur Roten Armee, bis 1947 sowjetische Kriegsgefangenschaft, 1949 Mitglied der SED-Landesleitung Berlin, 1951-1953 stellv. Oberbürgermeister von Berlin, 1953-1957 1. Sekretär der SED-Bezirksleitung Berlin, 1958-1989 Mitglied des Politbüros, seit 1961 Minister, 1968-1989 1. stellv. Vorsitzender des Ministerrats.
[144] Erich Honecker (1921-1994), Generalsekretär des ZK der SED, Vorsitzender des Staatsrats der DDR. 1929 KPD, 1935-1945 Haft, ab 1937 im Zuchthaus Brandenburg-Görden, 1946 Mitbegründer der FDJ, 1946-1955 Vorsitzender bzw. 1. Sekretär des Zentralrates der FDJ, 1958-1989 Mitglied des Politbüros und Sekretär des ZK der SED, verantwortlich für Sicherheits- und Kaderfragen (Generalsekretär ab 1976), 1960-1971 Sekretär des Nationalen Verteidigungsrates der DDR, 1973-89 Staatsratsvorsitzender.
[145] Gerhard Grüneberg (1921-1981), SED-Funktionär. 1946 KPD/SED, 1952-1958 1. Sekretär der SED-Bezirksleitung Brandenburg, 1960-1981 Sekretär für Landwirtschaft beim ZK der SED, 1966-1981 Mitglied des Politbüros.
[146] Ausgelassen wurden ausführliche Tabellen und quantitative Angaben über die regionale und soziale Verteilung der Republikflucht.

burg als Grund ermittelt werden. Dabei ergab sich, daß zahlreiche dieser Fluchten von den betreffenden Personen bereits bei früheren Besuchen in Westdeutschland vorbereitet worden waren.
– Abwerbung durch bereits früher geflüchtete und andere Personen konnte in 31 Fällen in den Bezirken Berlin, Halle, Potsdam und Rostock nachgewiesen werden.

Welche Methoden gegnerische Kräfte und bereits früher geflüchtete Personen anwenden, zeigen die folgenden Beispiele:

In <u>Falkensee/Potsdam</u> wurde der Einzelbauer [...][147] von einer unbekannten Person in der Wohnung aufgesucht und aufgefordert, am 28. 3. 1960 8.00 Uhr in einem Flüchtlingslager in Westberlin zu erscheinen. Er bekäme alles, was er in der DDR hinterläßt, ersetzt und würde nach Hannover ausgeflogen. Er solle jedoch nichts davon seinem Schwiegersohn, der Angehöriger der VP ist, sagen. [...] kam der Aufforderung zur Republikflucht nicht nach, unterließ es jedoch, sofort den Sicherheitsorganen davon Kenntnis zu geben.

In <u>Krummin/Wolgast/Rostock</u> erhielt ein Mitglied der LPG von einer republikflüchtigen Person aus Westdeutschland einen Brief, in dem darauf hingewiesen wurde, daß es möglich sei, innerhalb kurzer Zeit nach Verlassen der DDR in Westdeutschland einen Hof zu bekommen, wenn der Nachweis erbracht wird, daß man vorher einen Hof geleitet hat. Außerdem bestehe die Möglichkeit, nach Afrika oder Kanada auszuwandern.

Der Briefschreiber wies ferner darauf hin, daß er Briefe ähnlichen Inhalts an alle seine ehemaligen Schulfreunde versenden wird.

Das LPG-Mitglied übergab diesen Brief sofort der VP.[148]

Die Absicht, in das kapitalistische Ausland auszuwandern, wurde in zwei Fällen im Bezirk Cottbus und in Berlin als Grund von Republikfluchten ermittelt.

<u>Weitere Gründe waren:</u>
– Angst vor Auseinandersetzung wegen schlechter Leitungstätigkeit und Arbeitsbummelei (in einigen Fällen in den Bezirken Cottbus und Berlin).
– Angst vor Bestrafung krimineller Delikte (in zahlreichen Fällen in den Bezirken Rostock, Frankfurt/Oder und Potsdam).
– Ehezwistigkeiten und Familienzerwürfnisse (in einigen Fällen in den Bezirken Rostock, Karl-Marx-Stadt und Erfurt).

Unbekannt sind bisher die Gründe bei ca. 50 Republikfluchten in den Bezirken Dresden, Gera, Berlin, Cottbus, Potsdam, Rostock, Magdeburg und Schwerin.

<u>II. Stimmung unter den geflüchteten Bauern und Pläne und Absichten des Gegners</u>

Berichten aus dem Westberliner „Flüchtlingslager" Berlin-Marienfelde[149] ist zu entnehmen, daß die Bauern in Gesprächen mit den Lagerinsassen zum Ausdruck bringen, die Bildung von LPG sei nicht der eigentliche Grund für ihre Flucht, weil sie bereits seit Jahren ein „Gesetz zur Kollektivierung" erwartet hätten. Außerdem sei auch von ihnen bereits erkannt worden, daß die Großbauernwirtschaften rentabler seien.

Der Hauptgrund sei vielmehr die mit der Bildung von LPG verbundene „Personalpolitik", vor allem die Wahl der LPG-Vorsitzenden.

---

[147] Alle Namen von der BStU geschwärzt.
[148] Eine Abschrift des Briefes ist als Dok. 21a in diesem Band abgedruckt.
[149] Im August 1953 wurde in Berlin-Marienfelde das erste zentrale Notaufnahmelager für die Flüchtlinge aus der DDR eröffnet, in das nach und nach auch die am Notaufnahmeverfahren beteiligten Dienststellen einzogen. Zur Geschichte des Lagers vgl. Augustin, Im Vorzimmer des Westens (2005).

Sie als Bauern hätten vor allem befürchtet, „einem jungen, nur politischen Mann ausgeliefert zu werden, der nicht aus dem Dorfe stammt und von der Landwirtschaft wenig oder keine Ahnung habe."

Wörtlich habe ein schon länger der LPG angehörender Bauer diese Auffassung wie folgt bestätigt: „Ich hatte eigentlich gar keinen wirtschaftlichen Grund. Ich hatte Angst vor mir selber, daß ich unserem Vorsitzenden nicht einmal die Mistgabel ins Kreuz jage. Ein junger Schnösel war das, vom Tuten und Blasen nicht die geringste Ahnung, nur dauernd politische Phrasen im Kopf. Das Transparent an der Scheunentür wurde wichtiger als die Arbeit im Stall."

Aufschlussreich in diesem Zusammenhang und über die Vorstellungen, mit denen die Bauern die DDR verlassen, ist auch die Meinung einiger Mitarbeiter der englischen Sichtungsstelle[150] im Lager Berlin-Marienfelde.

Diese Mitarbeiter schätzen, „daß 75% der jetzt flüchtigen Bauern nach einiger Zeit wieder in die DDR zurückkehren werden, weil der größte Teil der Bauern der Ansicht war, daß sie in Westdeutschland wieder Land erhalten werden. Da dies nicht der Fall sei, wären viele bereits enttäuscht."

Einige Berichte lassen aber auch erkennen, daß sich geflüchtete Bauern mit der Absicht tragen, nach Kanada auszuwandern.

Dieser Stimmung unter den geflüchteten Bauern tragen offensichtlich auch die fieberhaften Bemühungen Bonner Dienststellen und westdeutscher Organisationen Rechnung, den geflüchteten Bauern in sogen. „Notaufnahmeverfahren"[151] Vorrechte zu verschaffen und diesen Bauern in Westdeutschland oder dem kapitalistischen Ausland zu Land- und Siedlerstellen zu verhelfen. Dies wird durch Informationen und zahlreiche Presseveröffentlichungen bewiesen, in denen mit der Absicht, die Republikflucht der Bauern noch zu verstärken, Appelle und Forderungen an die Behörden und die Länder Westdeutschlands gerichtet werden.

So erteilte z. B. das Lemmer-Ministerium[152] den „Notaufnahmebehörden" im Lager Berlin-Marienfelde die Anweisung, republikflüchtige Landwirte bevorzugt abzufertigen und ihnen den „Flüchtlingsausweis C"[153] auszuhändigen.

---

[150] Im Notaufnahmelager Marienfelde waren alle drei westlichen Besatzungsmächte präsent. Aufgrund des Besatzungsstatutes für West-Berlin befragten US-Amerikaner, Briten und Franzosen in ihren jeweiligen Sichtungsstellen die Flüchtlinge noch vor den deutschen Behörden. Vgl. dazu Kimmel, Notaufnahmeverfahren (2005), S. 126–129.

[151] Alle DDR-Flüchtlinge, die sich in einem der drei Notaufnahmelager Berlin-Marienfelde, Gießen oder Uelzen meldeten, mußten dort ein 13-stufiges Verfahren durchlaufen, an dessen Ende die Anerkennung als politischer Flüchtling, die Aufnahme aus Ermessensgründen oder die Ablehnung stehen konnte. Vgl. dazu Kimmel, Notaufnahmeverfahren (2005), S. 123–126.

[152] Gemeint ist das Bundesministerium für Gesamtdeutsche Fragen, das hier nach Ernst Lemmer (1898–1970), von 1957–1962 Minister für Gesamtdeutsche Fragen, benannt wird.

[153] Der Flüchtlingsausweis „C" war den Flüchtlingen aus der DDR vorbehalten, wurde jedoch nur ausgegeben, wenn der Betreffende flüchten mußte, „um sich einer von ihm nicht zu vertretenden und durch die politischen Verhältnisse bedingten besonderen Zwangslage zu entziehen, und dort nicht durch sein Verhalten gegen die Grundsätze der Menschlichkeit oder Rechtsstaatlichkeit verstoßen hat. Eine besondere Zwangslage ist vor allem dann gegeben, wenn eine unmittelbare Gefahr für Leib und Leben oder die persönliche Freiheit vorgelegen hat. Wirtschaftliche Gründe allein rechtfertigen nicht die Anerkennung als Sowjetzonenflüchtling." Gesetz über die Angelegenheiten der Vertriebenen und Flüchtlinge (Bundesvertriebenengesetz – BVFG –) vom 19. 5. 1953, § 3, Abs. 1; § 15, in: Bundesgesetzblatt (BGBl.), Teil I, Nr. 22, 22. 5. 1953, S. 201–221.

Mit dem Ausweis C erhält der Republikflüchtige in Westdeutschland im Rahmen von Kann-Vorschriften Beihilfen zum Lebensunterhalt, zur Beschaffung des Hausrats und des Wohnraumes, zur Ausbildung der Kinder und zum Aufbau einer Existenz. Allein für den beruflichen Neuanfang können ihm bis zu 33 000 DM Entschädigung zugebilligt werden („Die Welt"[154] vom 22. 4. 60).

Nach Informationen von ADN[155] planen die westdeutsche und kanadische Regierung gegenwärtig ein Übereinkommen, wonach sich aus der DDR geflüchtete Bauern in der Provinz Neuschottland/Kanada ansiedeln können.

Wie ein Beamter des kanadischen Einwanderungsministeriums dazu erklärt, sind die Behörden in Deutschland bereit, den Einwanderern Ausbildungsmöglichkeiten, technische Hilfe sowie Darlehen für den Kauf von Farmen und Ausrüstungen zu gewähren. Eine ähnliche Mitteilung veröffentlichte „die Welt" am 14. 4. 60.

Nach Meldungen der Westpresse haben auch solche Organisationen wie die „Arbeitsgemeinschaft heimatverdrängter Landwirte, Hannover"[156], der „Landesparteitag des Gesamtdeutschen Blocks/BHB[157], Schleswig-Holstein", der „Bund der Vertriebenen"[158] und die „Interessengemeinschaft mitteldeutscher Wirtschaft"[159] Forderungen nach schnellerer „Hilfe" für die aus der DDR geflüchteten Bauern erhoben.

„Die Welt" vom 2. 4. 60 berichtet z. B., daß der Bundesvorsitzende der „Arbeitsgemeinschaft heimatverdrängter Landwirte", Wichmann, einen Appell an die Behörden gerichtet habe, „den aus der DDR geflüchteten Bauern möglichst schnell zu helfen".

Am 4. 4. 60 berichtet „Die Welt", der Landesparteitag des „Gesamtdeutschen Blocks/BHB", Schleswig-Holstein, forderte eine „Änderung des Bundesvertriebenengesetzes" in dem Sinne, „Land für Bauern bereitzustellen, die aus der DDR flüchten". Danach sollen künftig „25% der anfallenden landwirtschaftlichen Siedlungen im Rahmen einer Sonderaktion diesen geflüchteten Bauern zur Verfügung" gestellt werden. Ferner sollen diese Bauern den „Flüchtlingsausweis C" erhalten und damit an den 75% der neuen Siedlungen beteiligt werden, die den Vertriebenen zur Verfügung stehen.

---

[154] Die Welt. Unabhängige Tageszeitung für Deutschland, Hamburg, seit 1946.
[155] Allgemeiner Deutscher Nachrichtendienst, staatliche Nachrichtenagentur der DDR.
[156] In der Bundesrepublik bestanden zahlreiche regional und berufsständisch differenzierte Interessenvertretungen von DDR-Flüchtlingen. Viele benannten sich im Laufe der Zeit mehrfach um, schlossen sich mit anderen zusammen oder trennten sich wieder. Dies erschwert den Nachweis und die Zuordnung der einzelnen Verbände. Beim erwähnten Verband handelt es sich vermutlich um den Verband „Heimatverdrängtes Landvolk – Arbeitsgemeinschaft deutscher Landwirte und Bauern", der sich 1969 dem neugegründeten „Bund der Mitteldeutschen" anschloß. Die Tätigkeit einer Interessenvertretung von geflüchteten Bauern mit dem Namen „Arbeitsgemeinschaft Deutscher Landwirte e.V." läßt sich ab 1949 nachweisen. Vgl. zu diesem Themenkomplex Heidemeyer, Flucht und Zuwanderung (1994), S. 315–330; Bader, Geborgter Glanz (1979).
[157] Korrekt: Gesamtdeutscher Block/BHE: Gesamtdeutscher Block/Bund der Heimatvertriebenen und Entrechteten. Politische Partei in der Bundesrepublik in der Zeit von 1950 bis 1961. War von 1953 bis 1957 an der zweiten von Konrad Adenauer geführten Bundesregierung beteiligt.
[158] Bund der Vertriebenen (BdV): Dachverband der Vertriebenenverbände, entstand 1957 durch den Zusammenschluß der „Vereinigung der Landsmannschaften" (VdL) und des „Bundes vertriebener Deutscher" (BvD).
[159] Ein Verband dieses Namens konnte nicht ermittelt werden. Gemeint ist möglicherweise die „Interessengemeinschaft der in der Ostzone enteigneten Betriebe", die sich im April 1969 dem „Bund der Mitteldeutschen" anschloß. Siehe auch Anm. 156.

Eine Änderung des „Bundesvertriebenengesetzes" fordert nach einer Meldung der „Welt" vom 11 4. 60 auch der „Bund der Vertriebenen" in Bonn. In einer Entschließung fordert der „Bund" ebenfalls, die geflüchteten Bauern „bei der Auslegung von Neubauernstellen bevorzugt" zu behandeln und erklärt sich bereit, dafür „zusätzliche Gelder zur Verfügung zu stellen".

Gleiche Behandlung der geflüchteten Personen aus der DDR gegenüber den „Vertriebenen" im Rahmen des „Lastenausgleiches" fordert nach einer Mitteilung der „Welt" vom 13. 4. 60 auch die „Interessengemeinschaft mitteldeutscher Wirtschaft".

Am 13. 4. 60 veröffentlicht „Die Welt" schließlich einen Aufruf der „Landsmannschaft Provinz Sachsen und Anhalt"[160], Hannover, Königstr. 7, in den die aus der DDR geflüchteten Bauern gebeten werden, „genaue Angaben über ihren ehem[aligen] Besitz" an diese „Landsmannschaft" zu geben.

Um dem Eindruck einer breiten „Unterstützungsbewegung" in Westdeutschland für die geflüchteten Bauern aus der DDR zu erwecken, veröffentliche „Der Telegraf"[161] am 2. 4. 60 eine Meldung, wonach „als erste Gemeinde in Niedersachsen die Kleinstadt Schöningen im Kreis Helmstedt beschlossen habe, Flüchtlingsbauern Land für eine neue Ansiedlung zur Verfügung zu stellen."

Es ist offensichtlich, daß diese gelenkte Pressekampagne darauf abzielt, weitere Bauern aus der DDR abzuwerben und die Republikfluchten dieser Kreise zu verstärken, wobei man darauf spekuliert, daß die in Westdeutschland lebenden Verwandten und Bekannten von Bauern der DDR diese vom Inhalt der Pressekampagne informieren.

Dokument 21a

Nachtrag[162] zur Information Nr. 313/60 vom 23. 4. 1960, Abwerbebrief (Abschrift)[163]
BStU ZA, MfS-ZAIG, Nr. 247, Bl. 35–38.

Lieber Usedomer Freund!

Ihr erinnert Euch meiner, wir gingen zusammen bei Küster [...][164] in Krummin[165] zur Schule und sahen das Leben und Treiben auf dem Korswandter Gut[166] durch die Schulfensterscheiben, dann ging ich nach Wolgast[167] auf die Wilhelm-Schule und Ihr gingt in

---

[160] Korrekt: Landsmannschaft*en* Provinz Sachsen und Anhalt. Parallel zu den Landsmannschaften der Heimatvertriebenen bildeten sich nach Gründung der DDR auch Landsmannschaften der aus der SBZ bzw. DDR geflohenen Deutschen. Anfang der fünfziger Jahre schlossen sich diese zu den „Vereinigten Landsmannschaften Mitteldeutschlands" (VLM) zusammen. Ein Gründungsdatum der Landsmannschaften Provinz Sachsen und Anhalt ließ sich nicht ermitteln. Im April 1969 schlossen sie sich zusammen mit neun weiteren Interessensvertretungen von DDR-Flüchtlingen dem neugegründeten „Bund der Mitteldeutschen" an.
[161] Der Telegraf, Tageszeitung, Berlin (West), 1946–1972.
[162] Dieser Nachtrag ging nur an Ulbricht und Röhlig.
[163] Der Brief ist laut einer Anmerkung am Ende der Abschrift ein Schreibmaschinendurchschlag. Lediglich der letzte Absatz ist im Original mit einer Schreibmaschine gleichen Typs hinzugefügt.
[164] Name von der BStU geschwärzt.
[165] Ort auf der Insel Usedom, Bezirk Rostock, Kreis Wolgast.
[166] Gut auf der Insel Usedom, Bezirk Rostock, Kreis Wolgast.
[167] Kreisstadt im Bezirk Rostock.

den Beruf des Landwirtes, nahmt später den Hof Eurer Väter. Ich wurde auch Landbauer, aber erst nach weiteren 10 Ausbildungsjahren. Seit fünf Jahren bin ich im Ausland, in Asien und Afrika, tätig. Doch bin ich nicht ausgewandert, sondern fahre öfter für ein Forschungsinstitut in Berlin hinaus, so bin ich über die Zustände im Ausland, in Westdeutschland und Ostdeutschland informiert.

Bei Euch war vor kurzem das große Bauernlegen[168]. Acht Tage lang belagerten Euch die Agitatoren und hämmerten Euch die Parolen von einem besseren Leben in der LPG vor. Nicht aus Überzeugung, sondern aus Verzweiflung und Angst tratet Ihr bei, mehr notgedrungen als freiwillig. Manch einer mußte vielleicht auch schon eher eintreten. Nun geht Ihr morgens wie einst Papa Schröder, Schenk, Benter, Behn mit der Schaufel oder einem Schraubenschlüssel in der Hand zur Arbeit auf den Hof, der Euch nicht gehört. Ich weiß, mit Tränen in den Augen seid Ihr am ersten Monat nach Mahlow[169] auf die LPG Typ I[170] gegangen oder folgtet am ersten Montag nach der Enteignung den Weisungen Eurer Neberger[171] und Krumminer LPG-Chefs. Wir haben Euch nicht vergessen, ich aber will Euch helfen.

Dieser Brief geht im Original und Durchschlag an alte Bekannte aus der Schulzeit. Nur eine sehr begrenzte Anzahl von Nebergern und Krumminern wird diesen Text erhalten, dem einige persönliche Zeilen beigefügt sind. Ich bin also kein Propagandist, werde nicht bezahlt von einer Adenauer-Clique, sondern mache dies aus eigenem Antrieb, befürchtet also nichts.

Ihr braucht den Brief nicht zum nächsten SED-Funktionär zu tragen, außerdem kommt der Brief aus der DDR.

Ich will Euch warnen und beraten, Landwirte, die eine Fachschulausbildung erhalten haben, erhalten in Westdeutschland nach einer Flucht aus der Ostzone verhältnismäßig leicht wieder eine Pachtung. In der Nähe unseres neuen Betriebes sind einige Moorhöfe z. B. zu verpachten. Meinem Vater hatte man einen Hof angeboten, nachdem er bereits einen Betrieb gegründet hatte. Eine andere Voraussetzung ist, daß man vor kurzem noch einen Hof geleitet hat oder selbständig war. Man erhält Kredite, die die der Bodenreform für die Neusiedler übertreffen. Nach meinen Erfahrungen lohnt es sich nicht, die Ostzone zu verlassen, um in dem Westen einen neuen Hof zu gründen, wenn man bereits älter als 45 Jahre ist. Man muß die ersten fünf Jahre sehr hart arbeiten, doch arbeitet man nicht für die Geldgeber dieses Kredites, in Wirklichkeit sind es nämlich gar keine Kredite, sondern Darlehen. Sie sind also zinslos. Lediglich eine 2- oder 4%ige Amortation ist notwendig. Man zahlt das Geld also in 50 bzw. 25 Jahren zurück, je nachdem, ob es eine Pachtung oder Eigentum ist, das man in Angriff nimmt. Ihr braucht hierfür Eure Zeugnisse von der Berufsschule oder landwirtschaftlichen Fachschule, Grundbuchauszüge, Gebäudebuchauszüge, Einheitswertveranlagung, Buchführungsabschlüsse, Finanzamtsveranlagungen.

---

[168] Gemeint ist die zweite Kollektivierungswelle in der DDR, die im Frühjahr 1960 abgeschlossen wurde.
[169] Ort im Bezirk Potsdam, Kreis Zossen.
[170] Es gab drei Typen von LPG: I, II und III. Bei Typ I wurde nur das Ackerland gemeinschaftlich genutzt, während Maschinen und Vieh in der Hand des jeweiligen Besitzers verblieben; bei Typ II brachten die Mitglieder auch Maschinen und Geräte sowie tierische Zugkräfte zur gemeinsamen Nutzung ein; bei Typ III wurde der gesamte Besitz an Grund und Boden einschließlich Grünland und Wald sowie das gesamte Besitzkapital einschließlich Vieh und Wirtschaftsgebäude zur gemeinsamen Bewirtschaftung eingebracht.
[171] Korrekt: Neeberg, Ort auf der Insel Usedom, Bezirk Rostock, Kreis Wolgast.

Sie helfen Euch, Eure Befähigung zur Leitung eines Hofes nachzuweisen. Eine andere Möglichkeit ist, nach Afrika oder Kanada auszuwandern. Länder, die ich gut kenne.
In Afrika ist für einen Deutschen, der kein Englisch spricht, die beste Gelegenheit in Südwest-Afrika. Dort leben 30 000 Deutsche, 40 000 Buren (Engländer deutscher und holländischer Abstammung) und 7 000 Engländer. Jeder versteht Deutsch. Das Land ist weißes Land. In einem Gebiet so groß wie Westdeutschland leben nur weiße und schwarze Arbeiter, die jedoch nur Wanderarbeiter sind. Ihr kennt alle [...][172] aus Ziemitz[173]. Seine Tochter ist dorthin verheiratet. Ich besuchte sie im letzten Sommer. Einigen von Euch schickte ich Ansichtskarten aus Swakopmund[174], einer Stadt so groß wie Zinnowitz[175] und rein deutsch. Habt Ihr die Karten erhalten? Ihr braucht von Westdeutschland aus rund 1 000 DM West pro Person für die Überfahrt mit dem Dampfer. Kinder sind billiger, bei Auswanderungen mit der ganzen Familie gibt es Beihilfe. Wenn Ihr in Westberlin seid, schreibt Ihr an die B o t s c h a f t d e r U n i o n o f S o u t h A f r i k a[176], Köln, Makabäus-Straße. Dort erhaltet Ihr Auskunft. Posten als Verwalter für die Viehfarmen erhält man genug. Ihr schreibt an die „Allgemeine Zeitung"[177] John-Meinert-Verlag[178], Windhuk[179], Südwest-Afrika. Die geben Inserate auf bzw. teilen Euch Anschriften mit. Die Betriebe sind in erster Linie weiße Wirtschaftsbetriebe. Im Süden des Landes werden Karakul-Schafe[180] gezogen. In der Mitte und im Norden des Landes Rinder. Im Norden werden Mais, Gemüse und andere Früchte ackerbaulich gebaut. Man hat als Verwalter meist freie Station und Produkte aus der Farm und monatlich 20–50 Pfund (200–500 DM West Gehalt). Man lebt auf einem Betrieb, der 1 000 ha groß ist, zwar einsam, aber wie in Europa. Eine Kuh hat 10 ha Land zur Verfügung, und zwei bis fünf schwarze Arbeiter betreuen mit dem Eigentümer und seinem weißen Verwalter bis zu 1 000 und 3 000 Schafe. Die Farmen sind alle eingekoppelt und unterteilt. Das Land ist nicht gefährlich, die Schwarzen leben in Reservaten. Das Klima ist angenehm. Obwohl es tropische Breiten sind, ist das Klima wegen der Höhenlage günstig. Im Winter ist dort sogar Eis auf dem Wasser. Im Norden regnet es viel wie auf der Insel Usedom (500 bis 650 mm), im Süden ist es viel trockener. Das Geld für die Überfahrt kann man in Westdeutschland jetzt im Sommer leicht innerhalb von fünf Monaten verdienen. Wenn Ihr im Herbst losfahrt, kommt Ihr unten gerade zum Sommer an. Die Familien würde ich gleich mitnehmen.
Was mich betrifft, ich habe dort unten zu tun, werde aber die meiste Zeit in Äthiopien sein (Abessinien) und dann in Arabien.

---

[172] Name von der BStU geschwärzt.
[173] Ort auf der Insel Usedom, Bezirk Rostock, Kreis Wolgast.
[174] Stadt an der Küste Südwestafrikas, 1884–1918 deutsches Schutzgebiet, 1920–1990 Mandatsgebiet der Südafrikanischen Union bzw. der Republik Südafrika.
[175] Ostseebad auf der Insel Usedom, Bezirk Rostock, Kreis Wolgast. Zinnowitz hatte um 1960 etwa 4 000 Einwohner.
[176] Die Südafrikanische Union entstand 1910 durch den Zusammenschluß der Kapkolonie, Natals, des Oranje Freistaats und Transvaals als unabhängiges Dominion im britischen Commonwealth. Nach dem Ende des Ersten Weltkriegs unterstellte der Völkerbund die ehemals deutsche Kolonie Südwestafrika der Mandatsverwaltung der Südafrikanischen Union. 1961 wurde aus der Union die Republik Südafrika.
[177] Die Allgemeine Zeitung, deutschsprachige Zeitung Südwestafrikas bzw. Namibias, seit 1916.
[178] 1912 von John Meinert (1886–1944) in Deutsch-Südwestafrika gegründeter Zeitungsverlag.
[179] Hauptstadt von Südwestafrika.
[180] Steppenschafrasse, die ursprünglich in Usbekistan beheimatet war. Die Zucht der Karakulschafe ist wichtigster Landwirtschaftszweig in Südwestafrika/Namibia.

Versteht mich nicht falsch, dies soll keine Abwerbung sein. Ich will Euch einen Rat geben, Euch helfen. Hieraus entsteht später keine Verpflichtung, Euch geldlich zu helfen. Das kann ich leider nicht. Dies muß ich hinzusetzen, damit später kein Schaden entsteht. Im Westen hilft sich jeder am besten selber. Dem Mutigen gehört die Welt.
Nun noch einige persönliche Zeilen.
Lieber [...][181] ich habe gehört, daß Du ein sehr tüchtiger Landwirt geworden bist, so daß ich Dir raten könnte, in der Heimat Deiner Väter Dein Glück zu versuchen. Du hast dort sogar noch Verwandte. Hieß der Ort nicht Hasemoor[182]? Küster Lange zog Dich einmal damit auf. Du wirst schon erraten haben, wer ich bin,

[Unterschrift][183]

IV. Maßnahmen gegen die Republikflucht

Dokument 22

Protokoll Nr. 222
der Sitzung des Sekretariats des ZK am 22. 12. 1952,
Anlage Nr. 6: Richtlinien über Maßnahmen gegen die Republikflucht
und zur Werbung von Fachkräften in Westdeutschland
SAPMO-BArch DY 30/J IV 2/3-351, Bl. 46-57.

I. Maßnahmen zur Aufklärung der Öffentlichkeit
A. Allgemeine Aufklärung über die Gründe für die Flucht aus der Deutschen Demokratischen Republik
1.a) Anhand von Beispielen aus Westberlin und Westdeutschland über die katastrophalen Zustände in den „Flüchtlingsstellen" und „Flüchtlingslagern" und die hemmungslose Ausbeutung bzw. ständige Arbeitslosigkeit solcher „Flüchtlinge" ist der politische Mißbrauch, das Fallenlassen und das Elend der Republikflüchtigen zu schildern.
In gleicher Weise sind die Methoden des Kaufs von Agenten und Spionen durch die ausländischen Geheimdienste in Westberlin und Westdeutschland zu entlarven.
b) Besonders drastische Beispiele von Republikflüchtigen, die z. B. an verbrecherischen Organisationen unter der Hitlerherrschaft, kriminellen Verbrechen, Sabotage und Agententätigkeit in der Deutschen Demokratischen Republik usw. teilgenommen haben, sind zu veröffentlichen.
c) Hierzu sind die zahlreichen Meldungen der Westpresse über Prozesse gegen Republikflüchtige wegen neuer krimineller Verbrechen, die Angaben über die Ablehnung eines großen Prozentsatzes der „Ostflüchtlinge" durch die Westberliner bzw. westdeutschen Flüchtlingsstellen und die Begründung dafür auszuwerten.

---

[181] Name von der BStU geschwärzt.
[182] Korrekt: Hasenmoor, Gemeinde in Schleswig-Holstein, Kreis Segeberg.
[183] Von der BStU geschwärzt, wobei die Anmerkung auf der Abschrift besagt, daß der Brief „keine persönliche Unterschrift" trägt.

d) In dieser Beziehung ist eine Reihe von Prozessen, die in der Deutschen Demokratischen Republik gegen Agenten und Spione (Burianek, Jugendprozesse)[184] durchgeführt wurden, in den Einzelheiten auszuwerten.
Durch die Genossen Melsheimer[185] und Benjamin[186] ist das Material zur Verfügung zu stellen.

2.a) Durch die Hauptverwaltung der Deutschen Volkspolizei und das Ministerium für Staatssicherheit sind Unterlagen über die Herkunft der Flüchtlinge und die Gründe der Flucht systematisch zusammenzustellen und laufend Einzelbeispiele von Flüchtlingen, denen Verbrechen nachzuweisen sind, zu veröffentlichen.
b) In einem geeigneten Fall ist durch öffentlichen Prozeß ein Agent oder krimineller Verbrecher (bzw. Gruppe), der flüchtig ist, in Abwesenheit abzuurteilen.
c) Das Institut für Zeitgeschichte[187] (Gen. Bittel[188]) wird beauftragt, rückwirkend und dann laufend die Meldungen, Kommentare und Reportagen usw., die über das Elend, den politischen Mißbrauch usw. der Republikflüchtigen in der Westpresse veröffentlicht worden sind, und die Enthüllungen über kriminelle Delikte der „Ostflüchtlinge" zusammenzustellen. Ebenso sind die zu diesen Fragen vorhandenen Unterlagen des Amtes für Information[189] und des Deutschen Wirtschaftsinstitutes[190] auszunutzen.

---

[184] Johann Burianek (1913-1952), am 24.5.1952 in einem großen Schauprozeß des Obersten Gerichts als „Agent der Kampfgruppe gegen die Unmenschlichkeit" zum Tode verurteilt und hingerichtet, 2005 auf Initiative der „Arbeitsgruppe 13. August" vom Landgericht Berlin rehabilitiert.
[185] Ernst Melsheimer (1897-1960), Generalstaatsanwalt der DDR. 1928 SPD, 1933 Landgerichtsdirektor, 1940 Kammergerichtsrat, 1945/46 KPD/SED, 1946-1949 Vizepräsident der Deutschen Zentralverwaltung für Justiz, 1949-1960 Generalstaatsanwalt der DDR.
[186] Hilde Benjamin (1902-1989), Ministerin für Justiz. 1927 KPD, 1933 Berufsverbot, 1945-1949 Mitarbeiterin in der Deutschen Zentralverwaltung für Justiz, 1946 SED, 1949-1953 Vizepräsidentin des Obersten Gerichts der DDR, vorsitzende Richterin in einigen Schauprozessen, u.a. gegen die Burianck-Gruppe, 1953-1967 Ministerin für Justiz, ab 1967 Professorin an der Deutschen Akademie für Staats- und Rechtswissenschaften in Potsdam.
[187] Deutsches Institut für Zeitgeschichte. 1949 gegründete Zentralstelle der DDR für politische Dokumentation und eines der wichtigsten Informationszentren für die politisch-ideologische Auseinandersetzung mit dem kapitalistischen Ausland, insbesondere mit der Bundesrepublik, Herausgabe von Quellensammlungen, Chroniken, Zeitschriften und Informationsdienste zur jüngsten Geschichte und zur deutschen und internationalen Politik.
[188] Karl Bittel (1892-1969), Professor für Geschichte. 1919 KPD, 1922/23 Leiter der Genossenschaftsabteilung des ZK der KPD, 1923-1927 Aufenthalt in der UdSSR, 1928 Rückkehr nach Berlin, 1933-1934 KZ, 1945 Mitglied der KPD-Landesleitung Baden, Chefredakteur der KPD-Zeitung „Unser Tag", 1949 Übersiedlung in die SBZ, 1949-1951 Geschäftsführer und stellvertretender Leiter, 1951-57 Direktor des Deutschen Instituts für Zeitgeschichte, ab 1957 Professor für allgemeine Geschichte der neuesten Zeit an der Humboldt-Universität zu Berlin.
[189] Das Amt für Information (AfI) wurde nach Gründung der DDR aus der Hauptverwaltung für Information der DWK gebildet. Es unterstand dem Büro des Vorsitzenden des Ministerrates der DDR und war zuständig für Verlautbarungen der Regierung der DDR, insbesondere über Stellungnahmen zu Vorgängen in der Bundesrepublik und zu Fragen von gesamtdeutschem Interesse. Darüber hinaus gab es Aufklärungs- und Propagandaschriften heraus. Ende 1952 wurde das AfI aufgelöst, ein großer Teil seiner Funktionen wurde in das am 1.1.1953 gegründete Presseamt beim Ministerpräsidenten der DDR überführt.
[190] Das Deutsche Wirtschaftsinstitut (DWI) wurde am 1.6.1949 gebildet. Es unterstand dem Präsidium des Ministerrates der DDR und diente der Erforschung von Ökonomie und Politik der Bundesrepublik. 1971 ging das DWI im neugegründeten Institut für Internationale Politik und Wirtschaft auf.

B. Popularisierung der Arbeitsaufnahme westdeutscher Wissenschaftler, Ärzte, Ingenieure, Techniker und Facharbeiter, die in der Deutschen Demokratischen Republik Arbeit aufgenommen haben.

1. In den Zeitungen und Zeitschriften sind laufend kleinere Veröffentlichungen westdeutscher Wissenschaftler, Ärzte, Ingenieure, Techniker und Facharbeiter zu bringen, die in Betrieben und Institutionen der DDR Arbeit aufgenommen haben (soweit die Veröffentlichung zweckmäßig ist).
2. Mit Personen, die aus Westdeutschland für dauernd, zu Besuchen oder zu geschäftlichen Zwecken in die DDR kommen, ist Verbindung aufzunehmen. Mit ihnen ist Übereinstimmung zu erzielen, ob sie gewillt sind, ihre Stellungnahme der Presse zur Verfügung zu stellen. Dabei darf nicht der Anschein erweckt werden, als sollte ein Zwang ausgeübt werden.

Durch den Nationalrat der Nationalen Front des demokratischen Deutschland ist dafür zu sorgen, daß die Erfahrungen der örtlichen Ausschüsse bei Veranstaltungen mit Besuchern aus Westdeutschland gesammelt und ausgewertet werden. Das gilt besonders für die anläßlich der Leipziger Messe geleistete Arbeit, für die Empfänge der privaten Besucher durch den Magistrat von Groß-Berlin und die speziellen Veranstaltungen in den Kreisen für Besucher der DDR.

3. Durch die Kreisleitungen der Partei ist in Zusammenarbeit mit den örtlichen Dienststellen der Volkspolizei dafür Sorge zu tragen, daß die Zugewanderten und Zurückgekehrten über ihre Gründe und Eindrücke befragt werden. Den örtlichen Leitungen der Massenorganisationen sind entsprechende Anweisungen für die Behandlung ihnen bekannter Fälle zu geben.

Geeignetes Material ist in der örtlichen Presse zu veröffentlichen und dem Amt für Information zur zentralen Veröffentlichung zuzuleiten.

C. Maßnahmen zur Verhinderung der Abwanderung von Arbeitern aus den Betrieben

1. In den Betrieben, besonders in solchen, aus denen Fachkräfte abgewandert sind, ist eine politische Aufklärungsarbeit durchzuführen, die sich an das Klassenbewußtsein der Arbeiter wendet, den Verrat aufzeigt, den solche Arbeiter an der Sache des Sozialismus begehen, wenn sie sich von den Kapitalisten nach Westdeutschland locken oder bestechen lassen.

Die betreffende Belegschaft, in der Arbeiter, Angestellte oder Angehörige der Intelligenz sich nach Westdeutschland absetzten, ist über bekanntgewordene schlechte Erfahrungen von Republikflüchtigen aufzuklären. Besonders die Betriebs- und Wandzeitungen sollen darüber Berichte und konkrete Beispiele veröffentlichen anhand von Briefen aus Westdeutschland, die an Arbeiter des Betriebes gerichtet wurden.[191]

Arbeiter, die aus Westdeutschland in die Deutsche Demokratische Republik gekommen sind, sollen ihre Eindrücke durch Vergleich der Verhältnisse in Westdeutschland und in der DDR in der Wandzeitung und in der Belegschaftsversammlung schildern. Artikel der zentralen Presse über die krasse Unfreiheit in Westdeutschland, über die wachsende Arbeitslosigkeit und den sinkenden Lebensstandard sollen von den Tageszeitungen, besonders von den Betriebszeitungen übernommen werden. Im einzelnen sollen die Wohnverhältnisse, die Löhne und Preise in Westdeutschland und Westberlin erläutert

---

[191] Siehe dazu als Beispiel Dok. 29.

werden, um ein anschauliches Bild von dem niedrigen Lebensstandard der Werktätigen in Westdeutschland zu vermitteln.
2. Die Zeitungen der Industriegewerkschaften sollen hierzu Beispiele bringen, besonders Leserbriefe, die die Verhältnisse im entsprechenden Industriezweig Westdeutschlands schildern, oder in denen über die Arbeitsaufnahme von zugezogenen Arbeitern berichtet wird.
3. In den Betrieben, in denen Arbeiter vom ehemaligen Betriebsinhaber nach Westdeutschland geholt wurden, ist die Belegschaft über die verbrecherische Rolle dieser ehemaligen Betriebsinhaber aufzuklären. Es ist zu erläutern, wie sie versuchen, unsere Wirtschaft zu sabotieren, und wie die abgewanderten Arbeiter diese Sabotage unterstützen, wobei sie sich selbst dem Elend preisgeben.
4. In den Betrieben, die infolge Wirtschaftsvergehens des Inhabers in staatliches Eigentum überführt wurden, ist die Belegschaft über das Verbrechen des bisherigen Eigentümers aufzuklären.
5. Das Amt zum Schutze des Volkseigentums[192] (Genosse Gärtner) ist zu beauftragen, die Tätigkeit, Publikationen usw. der westdeutschen Organisationen der in der Deutschen Demokratischen Republik enteigneten ehemaligen Betriebsinhaber zu kontrollieren, laufend zu berichten und geeignete Beispiele zur Veröffentlichung fertigzustellen.

D. Maßnahmen zur Bekämpfung der Republikflucht Jugendlicher
1. Die Genossen im Zentralrat der Freien Deutschen Jugend werden beauftragt, Vorschläge über die Bekämpfung der Republikflucht Jugendlicher auszuarbeiten.
2. In den Zeitschriften und Zeitungen, besonders der „Jungen Welt"[193] und den Jugendzeitschriften sind aufklärende Artikel zu bringen:[194]
über das Elend der Jugend in Westdeutschland, insbesondere über die Auswirkungen der fehlenden Lehrstellen und Ausbildungsmöglichkeiten,
über die Methoden der „Werbung" zur Fremdenlegion und zur amerikanischen Söldnerarmee und über das Schicksal der Söldner,
über das Schicksal junger Mädchen, die zur Prostitution gezwungen werden,
besonders über das Schicksal republikflüchtiger Jugendlicher.
Diese Artikel sollen nicht nur allgemeine Feststellungen, sondern vor allem konkrete Schilderungen über das Schicksal einzelner Jugendlicher und konkrete Angaben über die Lebensverhältnisse, über bestimmte Werbebüros usw. bringen.
3. Durch die Genossen im Zentralrat der Freien Deutschen Jugend ist zu veranlassen, daß in einigen der Städte, in denen sich Werbestellen der verschiedenen Fremdenlegionen befinden, Erkundigungen durch Korrespondenten eingezogen und die Meinung der Bevölkerung festgestellt und publizistisch ausgewertet wird.
Es sind Zusammenstellungen von Zahlen über Deutsche, die in die Fremdenlegion gepreßt wurden, zu bringen (aus der Presse, besonders Westpresse). Im Fall Holsten und Genossen ist weiterhin eine Protestkampagne zu führen.

---

[192] Das Amt zum Schutze des Volkseigentums ging aus den Ausschüssen zum Schutze des Volkseigentums bei der DWK hervor, die für die Verwaltung und die Kontrolle von sequestriertem Eigentum zuständig waren. Ein Großteil der Kompetenzen des Amtes war bereits Anfang 1950 an das neugegründete MfS übergegangen, weitere Befugnisse übernahm später die ZSKS.
[193] Junge Welt, Organ des Zentralrats der FDJ, Tageszeitung, Berlin, seit 1947.
[194] Siehe dazu als Beispiele die Dok. 39–42.

4. In den Fällen, wo Jugendliche die Deutsche Demokratische Republik verlassen haben, ist mit den Eltern und sonstigen Angehörigen Verbindung aufzunehmen, um die Jugendlichen durch die Angehörigen zur Rückkehr zu bewegen. Zurückgekehrte Jugendliche sollen in Belegschaftsversammlungen über ihre Eindrücke Bericht erstatten.
5. Die „Junge Gemeinde" ist in ihrer Tätigkeit nach dem Westen zu kontrollieren.

E. Auswertung durch den Film
1. Über diese Probleme zu diesen Punkten 1–4 soll ein Kurzfilm über die Erfahrungen eines oder mehrerer Republikflüchtigen entsprechend dem wirkungsvollen ungarischen Film „Ein Fall in Westberlin" gedreht werden.
2. Die DEFA[195] soll ein Drehbuch in Auftrag geben, das das Schicksal einiger durch RIAS-Propaganda beeinflußter Jugendlicher, ihre Flucht nach Westdeutschland und die Rückkehr in die Deutsche Demokratische Republik behandelt.[196]
Hierzu ist das Material aus den Prozessen gegen jugendliche Verbrecher auszuwerten.

II. Systematische Gewinnung von Wissenschaftlern, Ärzten, Spezialisten, Künstlern und Facharbeitern aus Westdeutschland für die Arbeitsaufnahme in der Deutschen Demokratischen Republik
1. Eine planmäßige Werbung ist durch namentlich bestimmte Großbetriebe, Institute, Kliniken, Universitäten usw. durchzuführen:
a) durch Veröffentlichung von Inseraten in den Fachzeitschriften und deren Versendung an entsprechende Institutionen in Westdeutschland,
b) durch individuelles Anschreiben von Bekannten in Westdeutschland,
c) durch Entsendung von zuverlässigen Wissenschaftlern, Ärzten usw. nach Westdeutschland (nach Genehmigung durch das Fachministerium),
d) durch Einladen von westdeutschen Wissenschaftlern, Ärzten usw. zum Besuch der entsprechenden Einrichtungen in der Deutschen Demokratischen Republik (mit Genehmigung des entsprechenden Ministeriums oder Staatssekretariats mit eigenem Geschäftsbereich).
2. Schriftliche und persönliche Beziehungen sind zu geflüchteten wichtigen Personen aufzunehmen, von denen bekannt ist, daß sie aufgrund von Einschüchterungen, Provokationen oder schlechter Behandlung usw. nach dem Westen gegangen sind. Hierzu sind die Unterlagen über solche Personen in den Ministerien auszuwerten (z.B. betreffs Sedlaczek).
3. Mit zuverlässigen Mitgliedern von Delegationen, die wissenschaftliche Tagungen in Westdeutschland besuchen, ist vorher darüber zu sprechen, daß sie Wissenschaftler, Ärzte, Spezialisten usw. individuell gewinnen und Adressen sammeln sollen.
4. In starkem Maße sind Fachtagungen und Kongresse in der DDR durchzuführen. Insbesondere sind westdeutsche Wissenschaftler, Ärzte, Spezialisten usw. zu zwanglosen Aussprachen einzuladen.

---

[195] Deutsche Film-Aktiengesellschaft. Staatliche Filmbetriebe der DDR (1946–1990).
[196] Am 16.1.1958 sandte das MdI, HA Innere Angelegenheiten, Abt. I, an die Abt. Innere Angelegenheiten der Bezirke und des Magistrats von Groß-Berlin eine Liste mit sechs Filmen aus den Jahren 1950 bis 1954, die der Abschreckung vor Republikflucht dienen sollten; ein Film speziell über jugendliche Republikflüchtige ist jedoch nicht darunter. Die Liste datiert vom 29.11.1957 (BArch DO 1/34 Nr. 21725).

5. Die Fachministerien und das Staatssekretariat für Hochschulwesen werden angewiesen, für die ihnen unterstellten Institutionen einen Plan über Maßnahmen zur Gewinnung von Fachkräften aus Westdeutschland auszuarbeiten.
6. Durch die 1. Sekretäre der Kreisleitungen sind diese Maßnahmen mit den Vorsitzenden der Räte der Kreise und den verantwortlichen Genossen in den Betrieben, Kliniken und Institutionen zu besprechen.
7. Die Genossen in den Industriegewerkschaften werden beauftragt, in Zusammenarbeit mit den Fachministerien Vorschläge über die Einladung von Delegationen aus Betrieben Westdeutschlands zu unterbreiten.
8. Bewerbungen, die zu den Betrieben und Institutionen kommen, werden mit ihrer Stellungnahme an das Fachministerium weitergeleitet. Das Fachministerium legt die Anträge der Kommission beim Ministerium des Innern vor, das unbürokratisch, schnell und endgültig von Fall zu Fall entscheidet.
Das Fachministerium entscheidet über den Einsatz der Bewerber.
9. Es ist Wert darauf zu legen, daß die Zugezogenen möglichst mit ihrer Familie in das Gebiet der Deutschen Demokratischen Republik übersiedeln. Möglichst sollen sie nicht im demokratischen Sektor von Groß-Berlin und in den Randgebieten Berlins Wohnung beziehen. Eine Ansiedlung im Gebiet der Demarkationslinie ist nicht zulässig.
Die Parteileitungen in den betreffenden Betrieben bzw. Verwaltungen sollen dafür sorgen, daß dem Zugezogenen gegenüber jede plumpe „Beobachtung" unterbleibt, ohne daß die Grundsätze der Wachsamkeit verletzt werden.
Die Zugezogenen können ihren Eintritt in gesellschaftliche Organisationen auf der Grundlage der Freiwilligkeit vollziehen.
10. Die Gewinnung von Fachleuten soll sich besonders auf folgende Gruppen erstrecken:
Naturwissenschaftler: Physiker, Chemiker, Biologen, Agrarwissenschaftler
Ärzte,
Wissenschaftler, Spezialisten und Ingenieure aller Gebiete der Technik,
Architekten, hervorragende Künstler.
Gewonnen werden sollen auch Absolventen der Hochschulen, die ihr Studium beendet haben. (Über Ausnahmen entscheidet die ständige Kommission beim Ministerium des Innern, z. B. über Studenten der Freien Universität in Westberlin).
Die Genossen in den Fachministerien werden beauftragt, einen Katalog der Berufsgruppen aufzustellen, in denen die Werbung von Facharbeitern erforderlich ist.
Dieser Katalog ist mit der Abteilung Industrie des Zentralkomitees abzustimmen und den Kreisleitungen zuzustellen.
11. Durch das Amt für Information ist eine kleine Schriftenreihe zu Werbezwecken zu veröffentlichen, wie Arbeiter, Techniker, Ingenieure, Betriebsdirektoren, Helden der Arbeit, Aktivisten, Verdiente Lehrer und Ärzte des Volkes, Schwestern usw. in der Deutschen Demokratischen Republik leben, was sie an Löhnen und Gehältern empfangen, was sie sich leisten können, welche Achtung sie genießen.

III. Administrative Maßnahmen
A. Regelung des Zuzugs und des Interzonenverkehrs
1. Bei der Hauptverwaltung der Deutschen Volkspolizei ist zentral und in den Bezirken und Kreisen eine Kartei aller Republikflüchtigen anzulegen. Dasselbe gilt auch für das Volkspolizeipräsidium Berlin. Die bisherige statistische Auswertung der Republikflucht

ist zu verbessern. Eine Kartei muß insbesondere über die Motive der Flucht Auskunft geben und Charakteristiken der einzelnen Republikflüchtigen enthalten, und zwar betreffend
Vergangenheit,
evtl. Kriminalität,
Tätigkeit in der Hitlerzeit,
Verhalten in der DDR usw.
2. An die örtlichen Behörden der Volkspolizei ist Anweisung zu geben, daß die Motive der Flucht in jedem Falle gründlich untersucht und registriert werden.
3. Durch die Hauptverwaltung der Deutschen Volkspolizei ist eine Regelung auszuarbeiten.
a) <u>über die Ausstellung der Interzonenpässe</u>
Mit Angehörigen der Intelligenz, Spezialisten usw., die Antrag auf Ausstellung eines Interzonenpasses stellen, soll gesprochen werden, damit sie nach Möglichkeit nicht nach Westdeutschland hinüberfahren, sondern ihre Angehörigen usw. zum Besuch in die Deutsche Demokratische Republik einladen. In dringenden Fällen sollen Interzonenpässe ausgestellt werden; hierzu ist die Stellungnahme des Betriebes oder der Institution, in der der Antragsteller beschäftigt ist, einzuholen.
Es ist eine eingehende Feststellung vorzunehmen:
inwieweit Inhaber von Interzonenpässen diese zur Republikflucht benutzen,
inwieweit durch das Versagen des Interzonenpasses Republikflucht ausgelöst wird.
b) <u>über die Bewilligung von Aufenthaltsgenehmigungen</u>
Angehörigen der Intelligenz, Spezialisten usw. soll auf ihren Wunsch Gelegenheit gegeben werden, ihre Familienangehörigen usw. zum Besuch in die Deutsche Demokratische Republik einzuladen.
Allgemein soll Anträgen auf Besuch der nächsten Angehörigen entsprochen werden, soweit hinsichtlich des Antragstellers und des Besuchers keine politischen Bedenken bestehen.
c) <u>über den Zuzug in die Deutsche Demokratische Republik</u>
Den Wissenschaftlern, Ärzten, Spezialisten, Facharbeitern ist für ihre Familienangehörigen der Zuzug zu gestatten. Die Wissenschaftler, Ärzte, Spezialisten usw. sind anzusprechen, deren nächste Familienangehörigen in Westdeutschland oder Westberlin wohnen, damit sie diese in das Gebiet der Deutschen Demokratischen Republik herüberholen.
4. Durch die Hauptverwaltung Deutsche Grenzpolizei sind Richtlinien über die Behandlung von illegal in das Gebiet der Deutschen Demokratischen Republik übertretenden Personen auszuarbeiten, die
a) gewährleisten, daß nach der Überprüfung der Gründe ihrer Einreise in die DDR Facharbeiter, Spezialisten usw. den Betrieben und Institutionen zugeführt werden (jedoch nicht in den Grenzkreisen),
b) die Rückkehr von Republikflüchtigen, insbesondere Jugendlichen, in unbedenklichen Fällen ermöglichen,
c) die Aufnahme von Jugendlichen, die zur Söldnerarmee gepreßt werden sollen, vorsehen.
5. Desgleichen sind ähnliche Richtlinien für die Behandlung rückkehrender Republikflüchtiger (Arbeiter, Bauern, Jugendliche) auszuarbeiten. Die richtige Befragung der in das Gebiet der DDR übertretenden Personen ist durch eine entsprechende Anleitung in den zuständigen Organen zu gewährleisten.

B. Versetzungen von Angehörigen der Intelligenz
Die Genossen in den Fachministerien und Staatssekretariaten mit eigenem Geschäftsbereich werden dafür verantwortlich gemacht, daß bei notwendigen Versetzungen von Wissenschaftlern, Spezialisten usw. in andere Betriebe oder Institutionen diese Personen rechtzeitig benachrichtigt und von der Notwendigkeit der Übersiedlung überzeugt und dafür gewonnen werden.

C. Beschränkungen der Arbeitsaufnahme in volkseigenen Betrieben
Es sind Richtlinien für die Arbeitsaufnahme für bestimmte volkseigene Betriebe durch die ständige Kommission beim Ministerium des Innern mit der betreffenden Abteilung im Zentralkomitee auszuarbeiten. Für Wissenschaftler, Spezialisten, Ärzte und Facharbeiter usw. entscheidet die ständige Kommission beim Ministerium des Innern bzw. das Fachministerium über den Arbeitseinsatz. In allen anderen Fällen entscheidet der Rat des Bezirkes oder Kreises.

Dokument 23

Schreiben des 1. und 2. Sekretärs der SED-Betriebsparteiorganisation
des VEB-Edelstahlwerks Döhlen[197] an die HVDVP, Abt. PM, 22. 7. 1954
BArch DO 1/11, Nr. 962, Bl. 201.

Werte Genossen,

Die Republikflucht eines unserer Kollegen des Betriebes veranlaßt uns, Euch auf folgendes hinzuweisen:
Der jetzige Weg, um seine Verwandten in Westdeutschland zu besuchen ist so, daß unsere Werktätigen mit den nötigen Unterlagen (Paßbildern, Personalausweis usw.) zur VP-Meldestelle gehen und dort ohne Weiteres ihre Bescheinigung bekommen. Dabei ist aber bisher von den Meldestellen nicht darauf geachtet worden, ob derjenige tatsächlich Urlaub hat. So ist es bereits in unserem Betrieb 2 x vorgekommen, daß Kollegen auf legalem Wege republikflüchtig wurden.
Wir machen deshalb den Vorschlag, daß bei Reisen von Werktätigen nach Westdeutschland, bei den VP-Meldestellen neben den anderen Unterlagen auch eine Bescheinigung des Betriebes vorgelegt wird, aus der ersichtlich ist, daß der Kollege auch tatsächlich Urlaub hat. Wird diese Bescheinigung nicht vorgelegt, so ist die Meldestelle zu verpflichten, beim Betrieb Rückfrage zu halten, damit, wenn Republikfluchtverdacht vorliegt, die nötigen Schritte unternommen werden können.
Wir bitten diesen Vorschlag zu überprüfen und uns gegebenenfalls Mitteilung darüber zu machen.

Mit sozialistischem Gruß!
SED-Betriebsparteiorganisation
VEB-Edelstahlwerk Döhlen

[Unterschrift unleserlich]   [Unterschrift unleserlich]
2. Sekretär   1. Sekretär

---

[197] Werk in Freital, Bezirk Dresden.

Dokument 23 a

Antwortschreiben des VP-Inspekteurs Fischer, Leiter der Abt. PM 1
an die Betriebsparteiorganisation des VEB-Edelstahlwerkes Döhlen, 5. 8. 1954
BArch DO 1/11, Nr. 962, Bl. 202.

Der Vorschlag, Reisen nach Westdeutschland nur zuzustimmen, wenn das Einverständnis des Betriebes vorliegt, lässt sich nicht verwirklichen und würde im Bezug auf die Republikflucht auch nicht zu dem erwarteten Erfolg führen. Schließlich können Kollegen auch unter Ausnutzung ihres tariflichen Urlaubes flüchtig werden bzw. liegen hundertfach Beispiele vor über Fälle, wo eine Republikflucht vorher niemals erwartet worden wäre. Euer Vorschlag ist also ein Versuch, der Republikflucht mit formalen Mitteln vorzubeugen.

Der Vorschlag lässt sich bei dem Umfange des Reiseverkehrs nach Westdeutschland auch kräftemässig nicht verwirklichen. Die Volkspolizei kann sich deshalb bei einer Ablehnung nur auf Tatsachen stützen, die ihr bekannt sind und die eine Reise nach Westdeutschland nicht zweckmässig erscheinen lassen.

Von diesem Gesichtspunkt aus könntet Ihr der Volkspolizei gute Hilfe leisten, wenn Ihr allgemein Republikfluchten oder Verdachtsfälle sofort der Volkspolizei meldet.

Weil diesem Fragenkomplex besonders im Bezug auf vorbeugende Maßnahmen große Bedeutung im Rahmen der Verbesserung der gesamtdeutschen Arbeit zukommt, bitten wir Euch, mit dem Volkspolizeikreisamt Freital[198] Verbindung aufzunehmen, um im Erfahrungsaustausch wirksame Mittel zur Verminderung der Republikfluchten zu finden.[199]

Leiter der Abteilung PM 1
(Fischer)
VP-Inspekteur

Dokument 24

Der Minister für Staatssicherheit, Generaloberst Mielke,
Anweisung Nr. 1/60,
Politisch-operative Maßnahmen zur Einengung der Republikfluchten, 4. 5. 1960[200]
BStU ZA, MfS-BdL, Nr. 003499, Bl. 1–7.

Zur Erfüllung der in der Dienstbesprechung vom 4. Mai 1960 nochmals gegebenen Hinweise zur Einengung der Republikfluchten sind sofort in allen Hauptabteilungen/Abtei-

---

[198] Kreisstadt im Bezirk Dresden.
[199] Ein weiterer, ebenfalls ablehnender Antwortbriefentwurf von Fischer vom 12. 8. 1954 findet sich in BArch DO 1/11, Nr. 962, Bl. 204.
[200] Aus dem Verteiler im Anhang (Bl. 9) geht hervor, daß insgesamt 70 Exemplare der Arbeitsrichtlinie verteilt wurden, davon zwölf an die Führungsriege des MfS, sieben an die HV A sowie je eins an die Abteilungen I-X, XIII, XXI, Information, Agitation, M [Postkontrolle], R [„politisch-operative Sicherung" westlicher Militärmissionen in Potsdam], PS [Personenschutz], Anleitung und Kontrolle sowie an die Bezirksverwaltungen und die Verwaltung von Groß-Berlin. In der Anlage (Bl. 8) befindet sich eine statistische Übersicht über die Republikfluchten in der Landwirtschaft in der Zeit vom 1. 4.–20. 4. 1960 im Vergleich mit den Gesamtzahlen des Monats April 1959.

lungen und Diensteinheiten Dienstbesprechungen durchzuführen, in denen weitere politisch-operative Maßnahmen – die dem jetzigen Stand der Entwicklung entsprechen – festzulegen sind.

Die Leiter haben <u>allen Mitarbeitern aller Linien</u> überzeugend darzulegen, daß es m ö g l i c h und n o t w e n d i g ist,
die Republikflucht durch entsprechende Gegenmaßnahmen einzuengen, was zur Zeit eine der wichtigsten Aufgaben bei der Sicherung des Aufbaus des Sozialismus in der Deutschen Demokratischen Republik ist.

Deshalb sind sofort folgende Maßnahmen durchzuführen:

I. Die Organisierung der operativen Abwehrarbeit bei der Bekämpfung der Republikflucht und Abwerbung

1. Die Grundfrage ist die Einstellung der politisch-operativen Arbeit aller Linien der Abwehr und Aufklärung auf die Bekämpfung der Republikflucht.
2. Die Organisierung der Abwehrarbeit muß in engster Zusammenarbeit unserer Mitarbeiter mit Partei- und Staatsorganen, mit der Deutschen Volkspolizei, der Transportpolizei, der Deutschen Grenzpolizei und des AZKW erfolgen.
3. Die Bedeutung der politisch-operativen Bekämpfung der organisierten Republikflucht und Abwerbung erfordert, daß in jeder Bezirksverwaltung ein leitender Mitarbeiter für diese Aufgabe verantwortlich eingesetzt wird.
4. Das gesamte Netz der inoffiziellen Mitarbeiter muß außer den speziellen Aufgaben auf die Absicherung gegen Republikfluchten orientiert werden.
5. In Schwerpunkten sind je nach Erfordernis auch inoffizielle Mitarbeiter für die Absicherung gegen Republikfluchten zu schaffen.
   Die Arbeit mit den inoffiziellen Mitarbeitern muß darauf ausgerichtet sein, Abwerber, geplante Fluchten, Mängel und Mißstände, die zur Unzufriedenheit führen können, sowie deren Ursachen und ideologische Unklarheiten festzustellen und zu bearbeiten.
6. Kontrolle aller Verbindungen und Kontakte nach Westberlin, Westdeutschland und dem westlichen Ausland sowie von da in das Objekt.
   Überwachung aller Personen des Objektes, mit denen politisch-ideologische Auseinandersetzungen geführt wurden oder wo disziplinarische Maßnahmen bzw. Straf- oder Parteiverfahren laufen bzw. durchgeführt worden sind.

[...][201]

III. Maßnahmen des Ministeriums für Staatssicherheit zur Bekämpfung der feindlichen Zentren in der Organisierung der Republikflucht und Abwerbung

1. Das Ministerium für Staatssicherheit hat gegen feindliche Zentralen, welche die organisierte Republikflucht und Abwerbung als Bestandteil ihres Kampfes gegen das sozialistische Lager betreiben, operative Maßnahmen einzuleiten.
2. Aufklärung, Entlarvung und Zerschlagung aller feindlichen Geheimdienste, Organisationen und Zentren, welche die Republikflucht und Abwerbung organisieren sowie ihre Mittel und Methoden.

---

[201] Ausgelassen wurde Punkt II, der sich mit den Maßnahmen zur Bekämpfung der Republikflucht durch die Volkspolizei, die Transportpolizei, die Grenzpolizei und das Amt für Zollkontrolle und Warenverkehr befaßt.

Durch konzentrierte Bearbeitung ist die Einschränkung ihres Wirkungsbereiches zu erreichen.
3. Personen, die im Auftrag der Geheimdienste, Agentenzentralen, Monopole oder solche, die auf Grund ihrer feindlichen Einstellung gegen die Deutsche Demokratische Republik Personen aus der DDR abwerben, sind aufzuklären und entsprechend des § 21 des StEG Teil 2[202] – wenn nicht noch andere Gesetze der DDR verletzt wurden, – zu bearbeiten.
4. Die westberliner und westdeutschen Notaufnahme- und Flüchtlingslager sind entsprechend aufzuklären. Diese Aufklärung muß als Grundlage für die Festlegung von weiteren Absicherungen und Angriffsmaßnahmen dienen.
5. Die operative Aufklärung hat ständig zu erforschen, wo und in welchen Betrieben Westberlins und Westdeutschlands, wie Osram, Siemens, AEG. usw. ein Arbeitskräftebedarf künstlich erhalten wird, um das Abziehen von Fachkräften aus der Deutschen Demokratischen Republik zu ermöglichen und zu erleichtern.

IV. Maßnahmen des MfS bei der Bearbeitung von geflüchteten oder abgeworbenen Personen
1. Alle Fälle von erfolgter Abwerbung und Republikflucht sind intensiv zu untersuchen und zu bearbeiten.
2. Ständige Analysierung der Republikfluchten und der operativen Schwerpunkte in den Objekten bei gleichzeitiger Einschätzung der Zuverlässigkeit der Kader.
3. Die Ursachen und der Anlaß zur Flucht sind aufzuklären – und falls es sich um Fehler und Mängel oder um Unzulänglichkeiten von Staats- und Wirtschaftsorganen handelt, sind Maßnahmen zur Beseitigung einzuleiten.
4. Um Verrat des Geflüchteten zu begegnen und eventuell ein weiteres Nachziehen von Personen zu verhindern, sind alle erforderlichen Absicherungsmaßnahmen einzuleiten. Dazu gehört, daß die Verbindungen des Flüchtigen in der Arbeitsstelle und am Wohnort aufgeklärt und überwacht werden.

V. Aufgaben des MfS bei der Unterstützung der Partei in der massenpolitischen Arbeit
1. Durch geeignete Maßnahmen ist die massenpolitische Arbeit der Partei und der Staatsorgane zur Verhinderung von Republikfluchten und Abwerbungen besonders auf dem Gebiete der Landwirtschaft zu unterstützen.
2. Der Partei sind die für die öffentliche Auswertung erforderlichen Materialien, ohne die Konspiration zu verletzen, zur Verfügung zu stellen, um durch eine verstärkte politisch-ideologische Erziehungsarbeit unter der Bevölkerung die Republikfluchten weiter zu senken.
Solche zu erarbeitenden Materialien müssen u. a. aufzeigen:
– die Aussichtslosigkeit des Flüchtlingslebens, die untragbaren Zustände in den Lagern, der moralische Zerfall dieser Menschen usw.;
– die Ausbeutung der Republikflüchtigen durch das kapitalistische System und die Ausnutzung für die Kriegsvorbereitungen;

---

[202] Gesetz zur Ergänzung des Strafgesetzbuches (Strafrechtsergänzungsgesetz) vom 11.12.1957 (GBl. Nr. 78, 23.12.1957, S. 643–647). Nach § 21 dieses Gesetzes wurden Personen, die „im Auftrage von Agentenorganisationen, Spionageagenturen oder ähnlichen Dienststellen oder von Wirtschaftsunternehmen" oder „zum Zwecke des Dienstes in Söldnerformationen" eine andere Person zum Verlassen der DDR verleiteten, mit Zuchthaus bestraft.

- die Perspektivlosigkeit ganzer sozialer Gruppen und Berufszweige in Westberlin und Westdeutschland und ihre Verelendung;
- die besondere Verelendung der Jugendlichen in den Lagern, ihre Ausweglosigkeit, ihr Ziel im Kapitalismus.

Über die eingeleiteten Maßnahmen und über die Durchführung der Anweisung 1/60 ist bis zum 28. 5. 1960 Bericht zu erstatten.

Mielke
Generaloberst

F.d.R. *Schlag*
(Schlag)
Major

Dokument 24 a

Der Minister für Staatssicherheit, Generaloberst Mielke,
betr. politisch-operative Maßnahmen und Erfahrungen zur
Einschränkung und Verhinderung von Republikfluchten in Ausführung der
Anweisung Nr. 1/60 vom 4. 5. 1960, 7. 7. 1960[203]
BStU ZA, MfS-BdL, Nr. 003493, Bl. 1-11.

Um die ansteigenden Republikfluchten wirksam zu bekämpfen, wurden, neben der umfassenden politischen Orientierung aller Mitarbeiter in allen Diensteinheiten des MfS auf dieses Problem, eine Reihe operativer und organisatorischer Maßnahmen eingeleitet, die zum Teil schon gute Erfolge gebracht haben.

Solche Maßnahmen sind z. B. das Einbeziehen aller inoffiziellen Mitarbeiter zur Aufklärung und Verhinderung von Republikfluchten, die Schaffung neuer, speziell für diese Zwecke geeigneter IM [inoffizieller Mitarbeiter], wie Taxichauffeure, Fahrkartenverkäufer, Briefträger u. a. Personenkreise.

Alle durch inoffizielle Quellen erhaltenen Hinweise werden operativ bearbeitet und unter Wahrung der Konspiration entsprechend zur Verhinderung der Republikflucht ausgewertet.

Neben den inoffiziellen Mitarbeitern werden die technischen Möglichkeiten des MfS einschließlich der Abteilung M[204] systematisch für die Aufklärung von Republikfluchten und Ursachen herangezogen.

Auch die Ausnutzung aller inoffiziellen Kontakte und Verbindungen des MfS und die Auswertung offiziellen Materials erfolgt unter dem Gesichtspunkt der Erkundung von Republikfluchtabsichten und der Verhinderung von Republikfluchten.

So werden z. B. solche Personen überprüft, die bei den verschiedenen Geldinstituten größere Geldabhebungen machen, Wohnungseinrichtungen, Fahrzeuge u. a. Wertgegenstände verkaufen bzw. durch ähnliche Erscheinungen verdächtig wirken.

Mit den verantwortlichen Funktionären des Deutschen Reisebüros werden Maßnahmen zur Verhinderung von Republikfluchten unter Ausnutzung von Touristenreisen festgelegt.

---

[203] Auch von den Ausführungsbestimmungen der Anweisung wurden 70 Exemplare verteilt.
[204] Abteilung M: Diensteinheit, die Post- und Paketkontrollen sowie Postzollfahndungen durchführt.

Um weitere wirksame Abwehrmaßnahmen einleiten zu können, werden unter Ausnutzung aller inoffiziellen und offiziellen Möglichkeiten analytische Übersichten über die verschiedenen Objekte und Orte geschaffen, insbesondere über solche, die sich in der Vergangenheit als Schwerpunkte der Republikflucht und Abwerbung erwiesen bzw. die sich zu solchen entwickeln könnten.

Dabei werden besonders solche Fakten beachtet, wie der politisch-ideologische Zustand, die verschiedenartigen Verbindungen nach Westdeutschland (Betriebe, Konzerne, Gesellschaften, Tagungen, verwandtschaftliche Beziehungen, Verbindungen zu republikflüchtigen Personen usw.), welche Mängel und Schwächen oder andere Anlässe zur Republikflucht gibt es u. a.

Dabei werden auch solche Personen beachtet, mit denen es Auseinandersetzungen in parteimäßiger, disziplinarischer und arbeitsmäßiger Hinsicht gab und gibt bzw. alle anderen Gründe, die Anlaß zu einer evtl. Republikflucht sein könnten.

Zur Absicherung der DDR-Teilnehmer an wissenschaftlichen Tagungen und Kongressen in Westdeutschland und Westberlin wird der zentrale Einsatz geeigneter inoffizieller Mitarbeiter organisiert.

Gleichermaßen wurden die Anstrengungen verstärkt, die Tätigkeit, die konkreten Maßnahmen und Methoden der Geheimdienste und Agentenzentralen und anderer Einrichtungen (Flüchtlingslager, Konzerne usw.) in Westdeutschland und Westberlin, besonders hinsichtlich der Organisierung der Republikfluchten und Abwerbungen, aufzuklären und weitgehendst auszuschalten.

In diesem Zusammenhang sollen Materialien beschafft und entsprechend den Möglichkeiten publiziert werden, um der Bevölkerung das Flüchtlingselend, die Perspektivlosigkeit in Westdeutschland und die verbrecherische Ausnutzung der Republikflüchtigen überzeugend nachzuweisen.

Zu diesem Zweck sollen auch republikflüchtige Personen für die Rückkehr in die DDR gewonnen werden, die für ein öffentliches Auftreten in Versammlungen, Foren usw. geeignet sind.

Um möglichst vollständig in den Besitz von Hinweisen zu kommen und um die Maßnahmen zur Verhinderung von Republikfluchten allumfassend und mit großer Wirksamkeit durchführen zu können, wurde, bis zur Gemeindeebene hinab, eine enge und speziell auf diese Aufgaben zugeschnittene Zusammenarbeit mit den Partei- und Staatsorganen, besonders mit den Organen der VP, der Trapo[205], der DGP[206] und des AZKW, organisiert.

Zu einem großen Teil werden die wichtigsten Maßnahmen in regelmäßigen Besprechungen beraten, Erfahrungen ausgetauscht und für Agitationszwecke auswertbares Material der Partei zur Verfügung gestellt, wo auch von Fall zu Fall entschieden wird, welche Organe Rücksprachen mit den Republikflucht-Verdächtigen führen usw.

Im Bezirk Potsdam z. B. besteht neben der Kommission der Bezirksleitung, der alle Leiter der Sicherheitsorgane, der Vorsitzende des Rates des Bezirkes und der Leiter der Abteilung

---

[205] Transportpolizei, Dienstzweig der DVP, zuständig für Ordnung und Sicherheit auf Anlagen der Deutschen Reichsbahn, insbesondere für den Schutz von Militärtransporten.
[206] Deutsche Grenzpolizei, gebildet 1946. 1952 Ausgliederung aus dem MdI und Unterstellung unter das MfS. 1957 Ausgliederung aus dem MfS und Bildung des Kommandos Deutsche Grenzpolizei. Erneute Unterstellung unter das MdI. 1961 Umbenennung in Grenztruppen der DDR und Unterstellung unter das Ministerium für Nationale Verteidigung.

Sicherheit der Bezirksleitung angehören, eine Brigade, die sich aus Angehörigen der Partei, des Staatsapparates, der VP, des MfS zusammensetzt und die speziell in solchen Kreisen eingesetzt wird, wo sich Schwerpunkte von Republikfluchten ergeben. Diese Brigade hat die Aufgabe, in solchen Gebieten unmittelbare operative Unterstützung zu geben.

Ebenfalls wurde in gemeinsamen Festlegungen dafür gesorgt, daß alle im Zusammenhang mit **Republikfluchten** stehenden Überprüfungs- und Auskunftsersuchen schnellstens durch die entsprechenden Stellen des MfS, der VP u. a. Organe erledigt werden.

Die speziellen Maßnahmen der VP erstrecken sich hauptsächlich auf eine bessere Durchführung der **Kontrolltätigkeit,** der **Fahndung** und der **Beschaffung von Informationen.** So werden z. B. verstärkt von VK[207] und Mot[orrad] Kom[mandos] die Fernverkehrsstraßen und Zufahrtsstraßen in Richtung Berlin kontrolliert, Einzelfahrten und Gesellschaftsfahrten nach Berlin bzw. in die Randgebiete Berlins (Potsdam, Werder) aufgeklärt und zu diesem Zweck für Verkehrsgesellschaften, Reisebüros, Fuhrunternehmer, Taxigenossenschaften usw. ein Meldesystem durch die Abteilung E[208] geschaffen. Allen größeren Verkaufsangeboten und Verkäufen wird nachgegangen. Durch die Abteilung PM werden alle abgelehnten Anträge auf Westreisen an die K[riminalpolizei] gemeldet, desgleichen Genehmigungen für Angehörige von Kreisen der Intelligenz.

Der Verwandten- und Bekanntenkreis flüchtiger Personen wird unter operative Kontrolle genommen, um ein Nachziehen dieser Personen zu verhindern.

Zur Aufdeckung von Republikfluchten werden das gesamte Netz der freiwilligen Helfer der ABV [Abschnittsbevollmächtigte], die IM der Abteilung K und alle sonstigen Informationsquellen eingeschaltet.

An den Sektorengrenzen in Berlin wurden zur Verhinderung gewaltsamer Durchbrüche neue Verkehrsregelungen eingeführt, wie Geschwindigkeitsbeschränkungen, Stopp-Schilder, Sperr-Schilder u. a.

Von der Transportpolizei wird der Einsatz der ZBK[209] verstärkt und die Kontrollen noch gründlicher durchgeführt, besonders an Wochenenden und Feiertagen. Größerer Wert als bisher wird auf die Kontrolle des Reisegepäcks einschließlich der Packwagen gelegt und neben dem üblichen Fahndungsbuch wird ein Kontrollbuch eingeführt, in dem alle Personen, die im Verdacht der Republikflucht stehen, aufgeführt sind. Außerdem kommen für die Kontrolle in den Reisezügen nach Berlin zusätzlich Kräfte zum Einsatz und zum Teil auch Mitarbeiter des MfS, die durch operative Maßnahmen und durch Zusammenwirken mit der Trapo alle verdächtigen Personen überprüfen und eine evtl. Republikflucht verhindern.

Neben der allgemeinen Verbesserung der Kontrolltätigkeit durch das AZKW werden von diesem Organ alle Hinweise auf Verdacht der Republikflucht an das MfS gegeben und Maßnahmen in Zusammenarbeit mit dem Überwachungsdienst der Deutschen Post eingeleitet, größere Geldsendungen nach Berlin, Paketsendungen nach Westberlin oder Westdeutschland zu prüfen und – wenn sich Verdachtsmomente ergeben – [zu] unterbinden. Die Absender werden dann durch die VP aufgeklärt.

---

[207] Abt. Verkehrskontrolle der DVP.
[208] Die Abt. E war für die Analyse, Reproduktion und Produktion von operativen (fiktiven) Dokumenten zuständig.
[209] Zugbegleitkommandos der Transportpolizei, die zur Kontrolle von Zuggästen der Deutschen Reichsbahn eingesetzt wurden.

Außerdem ist vorgesehen, daß vom AZKW der regelmäßige Omnibus-Linienverkehr nach Berlin oder in die Randgebiete, die Abfahrtsplätze und Zeiten beachtet und ebenfalls die Fahrgäste und das Gepäck überprüft werden. Das gleiche trifft für Gelegenheitsfahrten und Flugverbindungen zu.

Als wichtigste Maßnahme der DGP erfolgt eine sorgfältige Überprüfung des Sicherungssystems an der Staatsgrenze West und am Ring um Berlin und die schnelle Beseitigung aller damit zusammenhängenden Mängel einschließlich ideologischer und disziplinarischer Schwächen im Personalbestand der DGP selbst, um die noch immer beträchtliche Zahl von Grenzdurchbrüchen, meist von Personen und teilweise ganzen Familien aus der Landwirtschaft mit Vieh, Fahrzeugen u. a. Wertgegenständen einzuschränken. In verstärktem Maße werden Grenzpolizeihelfer-Dörfer geschaffen und die Schulung der freiwilligen Helfer verbessert. Grenzpolizeihelfer u. a. Personen, die brauchbare Hinweise zur Verhinderung von Republikfluchten geben, werden prämiert.

Außer diesen allgemeingültigen Maßnahmen werden je nach Möglichkeiten und örtlichen Erfordernissen spezielle Aufgaben gestellt.

Auswirkungen der bisher eingeleiteten Maßnahmen
Die vorgenannten Maßnahmen zur Einschränkung der Republikflucht führten allein in der Zeit vom 24. 5.–22. 6. 1960 dazu, daß 4 404 Personen gestellt und zurückgehalten werden konnten.

An diesem Ergebnis sind die einzelnen Organe wie folgt beteiligt:

     803 Personen durch die Volkspolizei
  2 389 Personen durch die Transportpolizei
     496 Personen durch die Grenzpolizei
     716 Personen durch das AZKW.

In dem genannten Zeitraum wurden weiterhin auf Grund der Vorbereitungshandlungen 992 beabsichtigte Republikfluchten erkannt und zunächst verhindert.
Bei diesen und weiteren Zahlenangaben über verhinderte Republikfluchten ist jedoch zu beachten, daß erfahrungsgemäß ein Teil dieser Personen erneut versucht, die DDR zu verlassen, was auch teilweise gelingt.
Die Maßnahmen des MfS zeigten sich offiziell vor allem in Aussprachen mit den der Republikflucht verdächtigen Personen, in Hinweisen an andere Organe zur Überwachung, Sicherung oder Festnahme, in koordinierten gemeinsamen Maßnahmen, die in Zusammenarbeit mit anderen Dienststellen eingeleitet und durchgeführt wurden und in der Erarbeitung und Zurverfügungstellung von Auswertungsmaterialien über die Situation in den Flüchtlingslagern und über die Lebensverhältnisse der Republikflüchtigen in Westberlin und Westdeutschland.
Wesentliche Erfolge konnten durch verstärkte Kontrollen der Abteilung – M – des MfS erreicht werden.
So wurden allein im Bezirk Neubrandenburg auf der Grundlage von M-Materialien 127 Aussprachen geführt. Von diesen angesprochenen Personen wurden bisher nur vier flüchtig.
An die Volkspolizei sowie andere staatliche Organe wurden über 90 Hinweise gegeben, die ebenfalls überwiegend erfolgreich abgeschlossen werden konnten.
In Zusammenarbeit mit der Transportpolizei sind verschiedene Bezirksverwaltungen des MfS (Schwerin, Leipzig, Erfurt u. a.) dazu übergegangen, an bestimmten Tagen die nach

Berlin fahrenden Züge in Verbindung mit der Transportpolizei durch operative Mitarbeiter der Fachabteilungen des MfS zu kontrollieren.
Durch diese Zusammenarbeit war es z. B. im Bezirk Schwerin möglich, in der Zeit vom 1. 3.–23. 5. 1960 in den D-Zügen nach Berlin 196 Personen, die flüchtig werden wollten, festzustellen und zurückzuführen.
Gute Ergebnisse wurden auch durch eine enge Zusammenarbeit mit der Deutschen Volkspolizei erreicht.
So konnten z. B. in den Kreisen Grevesmühlen, Doberan und Wolgast[210]/Rostock durch gute Zusammenarbeit mit der Kriminalpolizei mehrere Republikflüchtige festgenommen werden, die mit gemieteten Taxis flüchtig waren. Einem dieser Taxifahrer konnte Beihilfe in zwei Fällen nachgewiesen werden.
Ein ehemaliger Bauunternehmer, der bei dem VEB Bauunion Potsdam als Maurer beschäftigt ist, führte im Auftrag eines Westberliner Bauunternehmers Abwerbungen von Baufacharbeitern durch. Es gelangen ihm insgesamt 13 Abwerbungen, wovon fünf Personen im volkseigenen Sektor beschäftigt waren. Der Beschuldigte wurde verhaftet.
In den Kreisen Schwerin und Hagenow[211] traten insbesondere unter den Bauern Abwerber auf. Zwei dieser Elemente konnten verhaftet werden. Es handelt sich dabei um den Inhaber eines Fahrradaufbewahrstandes und einen privaten Taxifahrer.
Beide standen der Deutschen Demokratischen Republik feindlich gegenüber. Die Hausdurchsuchungen erbrachten Beweisgegenstände für die Fakten der Abwerbung, da eine Generalstabskarte mit Einzeichnungen aller Kontrollpunkte der Deutschen Grenzpolizei vom Ring um Berlin und Aufstellungen über bestimmte Anfahrtswege und Verkehrsverbindungen bis zum Lager Marienfelde vorgefunden wurden.
Der eine dieser Abwerber hatte engste Verbindungen zu westlichen Kirchenkreisen. Die feindliche Handlungsweise erstreckte sich von der ideologischen Beeinflussung bis zur aktiven Fluchthilfe.
In Gütersdorf, Kreis Oschersleben[212], organisierte der Sohn eines ehemaligen Großbauern Diversionshandlungen und gewann zwei weitere Genossenschaftsbauern, die Mitglied der LPG, Typ I, waren, zur Durchführung weiterer Verbrechen gegen die LPG, Typ III[213], der gleichen Gemeinde. So wurden von ihnen Landmaschinen beschädigt, wertvolle Aggregate außer Betrieb gesetzt und Luftbereifungen von Landmaschinen zerstört. Ziel des Organisators war, die Beeinflussung der beiden Mittäter soweit zu führen, daß eine gemeinsame Republikflucht zur Durchführung kommen sollte. Er forderte sie zu einer großen Aktion auf, die zum Schaden der LPG erfolgen sollte. Das Vorhaben konnte durch die Verhaftung des Hauptbeschuldigten abgewehrt werden.
Es wurden eine Reihe weiterer Vorgänge durch Festnahmen abgeschlossen, die ähnliche Abwerbungsdelikte beinhalteten.
Verbessert hat sich dabei auch die Arbeit und Initiative der ABV, die teilweise bereits zu guten Ergebnissen führte. Z. B. wurden im Kreis Grimmen/Rostock durch einen ABV vier Personen festgenommen, die mit einem Pkw die DDR zu verlassen versuchten.

---

[210] Kreisstadt im Bezirk Rostock.
[211] Grenzkreis im Bezirk Schwerin.
[212] Kreis im Bezirk Magdeburg.
[213] Zu den verschiedenen Typen von LPG siehe Anm. 170 zu Dok. 21a.

10 000,- DM und andere Wertgegenstände, die teilweise schon im demokratischen Sektor [von Berlin] hinterlegt waren, konnten sichergestellt werden.

Dem ABV von Fretterode[214]/Heiligenstadt wurde bekannt, daß zehn Personen aus der Gemeinde Vorbereitungen zur Republikflucht trafen. Durch gemeinsam mit der Partei und der Nationalen Front geführte Aussprachen wurde erreicht, daß alle zehn Personen ihre Fluchtabsichten aufgaben und in der DDR verblieben.

Positive Auswirkungen der eingeleiteten Maßnahmen zur Einschränkung der Republikflucht zeigen sich vor allem in den Randgebieten von Berlin.

Die Arbeit des AZKW in den Randgebieten von Berlin wurde vor allem durch die Besetzung von Fehlstellen mit Schülern der AZKW-Schule Johann-Georgenstadt[215] verbessert.

Während vorher nur in geringem Umfange Verdächtige durch das AZKW festgehalten wurden, konnten in der letzten Zeit innerhalb von 14 Tagen 893 Personen gestellt werden. Von diesen Personen stammten 25% aus dem Bezirk Potsdam, während 75% aus anderen Bezirken kamen.

Trotz dieser angeführten positiven Auswirkungen, die durch die einzelnen Maßnahmen zur Einschränkung der Republikflucht erreicht wurden, gibt es aber noch erhebliche Mängel und Schwächen in der Bekämpfung der Republikflucht.

So wurde in der Zusammenarbeit mit den Organen der Volkspolizei festgestellt, daß die ABV und unteren Mitarbeiter zum überwiegenden Teil sehr gewissenhaft ihre Aufgaben zur Verhinderung der Republikflucht durchführen, aber bei den vorgesetzten Dienststellen oftmals nicht die erforderliche Unterstützung finden.

Dies zeigt sich in verschiedenartigen Formen.

Z. B. lehnte der komm. Stellvertreter Allgemein [sic!] beim VPKA Bergen/Rügen die Fahndung nach einer republikflüchtigen Person mit dem Bemerken ab, daß diese wahrscheinlich schon den Ring um Berlin passiert habe.

Durch die von der Dienststelle des MfS eingeleiteten Maßnahmen konnte diese Person jedoch noch festgenommen werden.

Mängel zeigen sich weiterhin bei der Rückführung von Personen, die unter dem Verdacht der Republikflucht auf dem Wege nach Berlin bzw. am Ring um Berlin festgenommen werden.

Es liegen mehrere Hinweise vor, wonach vorläufig festgenommene Personen von den Kontrollorganen mit der Anweisung zurückgeschickt wurden, sich auf ihrem zuständigen VPKA zu melden. Diese Personen nutzten dieses unkontrollierte Vorgehen dazu aus, um auf anderem Wege nach Westberlin zu gelangen.

In diesem Zusammenhang muß auf die noch immer vorhandenen Lücken im Grenzsicherungssystem an der Staatsgrenze West hingewiesen werden, wo erst in der letzten Zeit wieder verstärkt Grenzdurchbrüche mit Fahrzeugen und Ausrüstungen erfolgten.

Auch für den Ring um Berlin gibt es Hinweise, daß die Grenzsicherung noch nicht den Erfordernissen entspricht.

Während einerseits noch immer gewaltsame Grenzdurchbrüche mit Fahrzeugen erfolgen, mußten andererseits allein in der Zeit vom 1. 4.-20. 5. 1960 von den Parkplätzen in Potsdam und den Randkreisen 51 Pkw und Krafträder abgeschleppt werden, deren Besitzer von dort aus republikflüchtig geworden waren.

---

[214] Ort im Bezirk Erfurt, Kreis Heiligenstadt.
[215] Korrekt: Johanngeorgenstadt: Stadt im Bezirk Karl-Marx-Stadt, Kreis Schwarzenberg.

Von diesen 51 Fahrzeugen waren 10 aus dem Bezirk Potsdam.

Ein großer Teil der Personen, der die DDR zu verlassen beabsichtigt, versucht vorher die Fahrzeuge zu verkaufen.

Um den Staatsorganen die Möglichkeit zu nehmen, ihre Fluchtabsichten festzustellen und zu erforschen, lassen sie dabei ihre Fahrzeuge oftmals in anderen Kreisen und Bezirken taxieren.

Diese Lücke könnte geschlossen werden, wenn alle Fahrzeuginhaber ihr Kfz nur dort taxieren lassen dürfen, wo es polizeilich angemeldet und registriert ist.

Ein weiterer Mangel besteht in der Kontrolle der Gepäckstücke durch das AZKW auf den Bahnhöfen der Deutschen Reichsbahn.

Bei den Ermittlungen über republikflüchtige Personen, die z. T. Wäsche und andere Güter mitgenommen haben, wurde festgestellt, daß die Koffer in den Gepäckabfertigungsstellen der Deutschen Reichsbahn nicht unter Kontrolle des AZKW stehen. Dadurch kann das Gepäck unkontrolliert den jeweils gewünschten Zielbahnhof erreichen, während die Personen selbst ohne verdächtiges Reisegepäck die Züge benutzen.

Bei einem großen Teil der festgehaltenen Personen wurde festgestellt, daß sie unmittelbar vor der Republikflucht ihre gesamten Spareinlagen abgehoben hatten, ohne daß dies den Sicherheitsorganen bis zum Zeitpunkt der Republikflucht bekannt geworden ist.

Obwohl in vielen Bezirken versucht wird, die Geldbewegungen durch die zuständigen Organe in Erfahrung zu bringen, erweisen sich diese Maßnahmen als unzureichend, da die Zeitdifferenz zwischen der Auflösung eines Kontos oder einer größeren Geldabhebung bis zur Mitteilung an die Sicherheitsorgane zu lang und die Person dann oftmals bereits republikflüchtig geworden ist.

f.d.R.:   Mielke
   (Schlag)   Generaloberst
   Major

Dokument 24 b

Entwurf: Maßnahmen und Vorschläge zur Bekämpfung der Republikflucht (Ergänzung zur Anweisung Nr. 1/60 v. 4. 5. 1960), o.V., o.D.[216] (Auszug)[217]
BStU ZA, MfS-BdL, Nr. 003501, Bl. 2-18, hier Bl. 4 f.

<u>Organisierung aktiver Maßnahmen in Westberlin und W[est]-Deutschland</u>
– Zerschlagung bzw. Minderung der Wirksamkeit der Abwerbezentralen, Vorgangsbearbeitung r[epublik]-flüchtiger Personen sowie Feststellung der Verbindungen R[epublik]-Flüchtiger in die DDR
– Ausnutzung des inoffiziellen Netzes zur Aufklärung sämtlicher als Abwerber auftretenden Dienststellen, Organisationen, Konzerne, Betriebe und Personen und zur Einleitung entsprechender operativer Abwehrmaßnahmen

---

[216] Der Entwurf wurde am 1. 2. 1961 von Mielke an 40 führende Mitarbeiter des MfS verschickt. vgl. das entsprechende Schreiben in BStU MfS-BdL, Nr. 003501, Bl. 1.
[217] Der Rest des Dokuments enthält keine Maßnahmen, die grundsätzlich über die in der Anweisung Nr. 1/60 vorgeschlagenen hinausgehen.

- Bessere Bearbeitung der Abwerbezentralen durch konkrete Festlegung der Verantwortlichkeit
- Einsatz inoffizieller Mitarbeiter zum öffentlichen Auftreten gegen Abwerbungsversuche und Methoden auf Kongressen usw. in W[est-]D[eutschland] und W[est-]B[erlin]
- Einsatz inoffizieller Mitarbeiter in Westberliner und westdeutschen Flüchtlingslagern, in Dienststellen des Notaufnahmeverfahrens und in anderen geeigneten Objekten zur Erforschung der Ursachen der R[epublik]-Fluchten, zur Beeinflussung einzelner R[epublik]-Flüchtiger, um sie zur Rückkehr zu bewegen und [zur] Zersetzungsarbeit in den Flüchtlingslagern
- Einsatz inoffizieller Mitarbeiter zur Ausnutzung aller Möglichkeiten, um Personen in Westberlin und Westdeutschland zu diskriminieren und auszuschalten, die propagandistisch zur Forcierung der R[epublik]-Flucht beitragen
- Einleitung geeigneter operativer und propagandistischer Maßnahmen, um das in Westdeutschland bestehende Mißbehagen, Mißgunst und Mißtrauen gegen R[epublik]-Flüchtige auszunutzen und zu verstärken
- Ausnutzung aller operativen Möglichkeiten zur persönlichen Diffamierung bestimmter R[epublik]-Flüchtiger unter dem Aspekt, sie für westdeutsche und Westberliner Dienststellen, Arbeitsstellen usw. verdächtig und untragbar zu machen
- Prüfung der Möglichkeiten, um bei R[epublik]-Flucht einzelner profilierter Personen (auch Spitzensportler und Trainer) schneller in der Form zu reagieren, daß sie durch entsprechende operative und propagandistische Maßnahmen in Westdeutschland und Westberlin unglaubwürdig gemacht werden und um der gegnerischen Propaganda entgegenzuwirken
- Ausnutzung des Netzes der inoffiziellen Mitarbeiter zur Feststellung von Verbindungen nach Westberlin und Westdeutschland, die zur Organisierung und Vorbereitung der R[epublik]-Flucht ausgenutzt werden oder dazu dienen können
- Kontrolle der Verbindungen r[epublik]-flüchtiger Personen zu Bürgern der DDR im Interesse der Verhinderung weiterer Abwerbungen bzw. Begünstigungen der R[epublik]-Flucht.

Dokument 25

Wort der Synode der Evangelischen Kirche der Union
vom November 1960 an die Gemeinden, o.V., o.D.[218]
SAPMO-BArch DY 30/J IV 2/3 A-751.

<u>Wort der Synode der Evangelischen Kirche der Union
vom November 1960 an die Gemeinden</u>

Wir danken Gott, daß wir in beiden Teilen unseres Landes unter seiner Herrschaft stehen. Er hat uns in vielen Nöten immer wieder geholfen. Wir danken unserem Herrn, daß er so

---

[218] Der Wortlaut des Wortes der Synode ist dem Arbeitsprotokoll der Sitzung des Sekretariats des ZK vom 28. 11. 1960 entnommen. Im Reinschriftenprotokoll zu dieser Sitzung ist die Empfehlung des Sekretariats notiert, daß den Superintendenten der evangelischen Kirche der Union nahegelegt wird, das Wort der Synode nicht zu verlesen.

viele Menschen bereit gemacht hat, in der Deutschen Demokratischen Republik zu bleiben, an dem Ort, an den er sie gestellt hat. Wir sehen aber auch mit Sorge, wie viele die Deutsche Demokratische Republik verlassen haben oder nur widerwillig in ihr bleiben. Wir kennen die bedrängenden Gründe für dieses Weggehen und nehmen sie so ernst, daß wir uns deswegen an die Regierung der Deutschen Demokratischen Republik gewandt haben. Unseren Gemeinden aber rufen wir zu:

I.

Der Herr spricht: „Fürchte dich nicht! Ich bin der Erste und der Letzte und der Lebendige. Ich war tot, und siehe, ich bin lebendig von Ewigkeit zu Ewigkeit und habe die Schlüssel der Hölle und des Todes."

Auch in der Deutschen Demokratischen Republik stehen alle Menschen, die Mächtigen und die Ohnmächtigen, in der Hand des Auferstandenen, der seine Siegesgewalt an allen offenbaren will, die ihm trauen.
Wer sich durch Menschengewalt oder durch Furcht vor Menschen, durch eigene Wünsche oder Sorgen von dem lebendigen Gott wegdrängen läßt, sehe zu, daß er nicht ins Verderben gehe.

II.

Der Herr spricht: „Wer nicht sein Kreuz auf sich nimmt und folgt mir nach, der ist mein nicht wert."

Auch in der Deutschen Demokratischen Republik will Gott alle die überreich segnen, die sein Urteil auf Golgatha als ihr alleiniges Heil annehmen und darum, wenn es sein muß, in Verzicht und Leiden dem Gekreuzigten willig nachfolgen.
Wer meint, Gott müsse ihm ein gutes Leben garantieren, und wer die Last seines Lebens nur mit Murren trägt, oder eigenmächtig abschüttelt, geht von seinem Erretter weg.

III.

Der Herr spricht: „Wenn zwei unter euch eins werden auf Erden, worum sie bitten wollen, das soll ihnen widerfahren von meinem Vater im Himmel. Denn wo zwei oder drei versammelt sind in meinem Namen, da bin ich mitten unter Ihnen."

Auch in der Deutschen Demokratischen Republik, wo in der Kirche so vieles zerbricht, schenkt uns der Herr die Gemeinschaft von Brüdern und Schwerstern, die miteinander beten, sich gegenseitig helfen und zusammen Gott preisen.
Wer diese Gemeinschaft im Namen Jesu Christi gering achtet, sie nicht täglich sucht oder gar verläßt, behält ein leeres Herz und bleibt allein.

IV.

Der Herr spricht: „Du sollst deinen Nächsten lieben wie dich selbst."

Auch in der Deutschen Demokratischen Republik hat Gott einem jeden von uns an seinem Arbeitsplatz Menschen zur Seite gestellt, denen wir dienen sollen, und an die wir gebunden sind.
Wer dagegen in die Sorge um sich selbst und seine Familie versinkt und darum ohne Rücksicht über seine Mitmenschen hinweggeht oder sie verläßt, verleugnet die Liebe.

V.

<u>Der Herr spricht:</u> „Ihr seid das Licht der Welt. So soll euer Licht leuchten vor den Leuten, daß sie eure guten Werke sehen und euren Vater im Himmel preisen."

Auch in der Deutschen Demokratischen Republik hat uns Gott zu Trägern seines Lichtes gemacht und zu Boten seiner Wahrheit berufen, damit durch unser Wort und Leben viele Menschen zu Gott kommen.
Wer diesen Auftrag nicht annimmt oder sich ihm entzieht, wird Gott nicht entrinnen.
An alle in der Deutschen Demokratischen Republik, die sich den Worten unseres Herrn öffnen, richten wir folgende Bitte und Mahnungen:

<u>An die Pfarrer, Katecheten und alle anderen kirchlichen Amtsträger:</u>
Gott wird euer Bleiben segnen. Ihr macht euch schuldig vor Gott, wenn ihr euern Dienst nicht treu verseht oder ihn eigenmächtig verlaßt.

<u>An die Ärzte:</u>
Bedenkt, ob ihr nicht wider Gott, den Vater der Elenden, sündigt, wenn ihr angesichts des schreienden Mangels an Ärzten eure Patienten verlaßt. Auch wenn ihr bis an die Grenzen eurer Kraft beansprucht seid, entzieht euch denen nicht, die euch brauchen und die mit dankbarer Liebe an euch hängen.

<u>An die Lehrer, Dozenten und Professoren:</u>
Denkt an die euch anbefohlenen jungen Menschen und fragt euch, ob ihr nicht um ihretwillen die besonderen Lasten eures Berufes weiter tragen müßt!

<u>An alle, die in Stadt und Land in der Produktion stehen:</u>
Prüft, ob ihr in den Genossenschaften und Betrieben wirklich nicht Gott zur Ehre und den Mitmenschen zu Nutze leben könnt.

<u>An die Eltern und ihre Kinder:</u>
Denkt an das Leid so vieler getrennter Familien! Reißt deshalb eure Ehen und Familien nicht ohne äußerste Not auseinander. Macht nicht Berufsaussichten zum alleinigen Maßstab eurer Entschlüsse. Erzieht eure Kinder im Glauben an Gott und wißt, daß der Herr euch darin segnen wird. Traut ihm: Er kann eure Kinder auch in der sozialistischen Schule im Glauben bewahren.

<u>An alle, die sich mit dem Gedanken tragen, wegzugehen:</u>
Bedenkt, daß andere durch euer Weggehen in Versuchung kommen, an Christus und seiner Gemeinde irre zu werden. Wenn irgend möglich, sucht zuvor die brüderliche Aussprache und stellt euch dem Rat, der Mahnung und der Warnung der Brüder im Glauben.
Wir reden zu euch als eure Brüder und Schwestern, die von ihrer eigenen Schwachheit wissen. Aber der Herr ist treu; der wird uns stärken und bewahren vor dem Argen!

Dokument 26

Der Generalsuperintendent der Neumark und der Niederlausitz,
D. Günther Jacob[219], an den Arzt Dr. R[...], 13. 11. 1960 (Abschrift von Abschrift)[220]
BArch DY 30/J IV 2/3 A-751.

Sehr geehrter Herr Dr. R[...]!

In den letzen Monaten haben einige Ärzte und Zahnärzte aus unserem Sprengel ihre Tätigkeit über Nacht aufgegeben und sich nach dem Westen abgesetzt. Aus mancherlei seelsorgerlichen Gesprächen weiß ich wohl um die allgemeinen Gründe, die diese Ärzte schließlich zu ihrem Entschluß veranlaßt haben. Bei aller Bereitschaft, diese allgemeinen und auch die jeweils besonderen Gründe für eine solche Tat zu verstehen, kann ich jedoch die tiefe Sorge nicht verschweigen, die uns Pastoren im Blick auf die uns allen anvertrauten Menschen jetzt befällt. Für viele kranke Menschen bedeutet der Fortgang des Arztes eine sehr spürbare Einengung, ja Gefährdung der ärztlichen Betreuung, die sie benötigen. In dieser Not wende ich mich im Namen der Evangelischen Kirchenleitung Berlin-Brandenburg an Sie.

In einem solchen Brief können natürlich die oft sehr komplizierten Hintergründe, die den Entschluß zum Weggang ausgelöst haben, nicht im einzelnen erörtert werden. Sie dürfen aber überzeugt sein, daß ich um alle Schwierigkeiten sehr wohl weiß. Trotzdem muß ich Sie als einen evangelischen Christen bitten, alle persönlichen und familiären Aspekte gegenüber dem Dienst an den Kranken zurückzustellen. Dieser auch unter so manchen widrigen Umständen so segensvolle Dienst an unseren Kranken ist Ihnen von Gott selbst aufgetragen. Hier, wo Sie jetzt als Ärzte und Zahnärzte arbeiten, liegt Ihnen täglich der arme Lazarus vor der Tür. Dürfen Sie diesen Lazarus in seiner Not sich selbst überlassen, um anderswo ein vielleicht gesichertes und bequemes Leben nach Ihren Idealen zu führen? Gehört es nicht zum Gehorsam gegen Gottes Berufung, daß Sie den Weg des Verzichts und des Opfers im Dienst an Ihren Mitmenschen gehen. Wir alle müssen es als Christen täglich neu lernen, daß nur auf dem schlichten Gehorsam gegen Gottes Gebot und auf der Treue gegenüber den uns anbefohlenen Menschen Segen ruht und daß wir mit unserem ichsüchtigen und eigenmächtigen Verhalten, für das natürlich immer eine sehr schönklingende Begründung zu finden ist, uns um diesen Segen betrügen werden, auch dann, wenn die Dinge äußerlich einen scheinbar so vorteilhaften Verlauf nehmen sollten!

Ihnen als einem Glied unserer Kirche danke ich herzlich für allen Dienst, den Sie trotz der bekannten Umstände hier an den Kranken getan haben. Ich bitte Sie, Ihre Arbeit auch weiterhin als einen Dienst anzusehen, zu dem Sie Gott heute und in Zukunft in unserem Raum beruft, solange noch Menschen auf Ihre Hilfe einfach angewiesen sind. Aus

---

[219] Günter Jacob (1906-1993), Funktionär der evangelischen Kirche. Seit 1946 Generalsuperintendent der Neumark und der Niederlausitz, 1963-1967 nebenamtlicher Verwalter des Bischofsamts der Ostregion der Evangelischen Kirche Berlin-Brandenburg.

[220] Der Brief wurde ebenfalls in der Sitzung des Sekretariats des ZK vom 28. 11. 1960 behandelt. Es wurde vorgeschlagen, „einige Ärzte" auf den Brief „in einer solchen Form" antworten zu lassen, daß die Antwortbriefe eventuell veröffentlicht werden könnten (SAPMO-BArch DY 30/J IV 2/3-714, Bl. 8). In allgemeiner Form, ohne konkreten Adressaten, ist der Brief veröffentlicht in: Kirchliches Jahrbuch 1960, S. 135 f.

unserem christlichen Glauben und in der Gemeinde Jesu Christi werden uns immer von neuem die Kräfte zuwachsen, um den schweren Weg auch in eine ungewisse Zukunft hinein zu gehen.

In der Verbundenheit des Glaubens und des Dienstes

Ihr gez. D. Jacob

Dokument 27

HVDVP, Leiter der HA PM, Oberst der VP Fischer an VK, Gen. Anstett[221];
AZKW, Müncheberg; HA K, Gen. Rothe; HA Innere Angelegenheiten, Gen. Bergmann[222];
HA PM, Behandlung von Rückkehrern, die mit Kraftfahrzeugen einreisen wollen,
13. 12. 1957
BArch DO 1/11, Nr. 964, Bl. 260.

In verschiedenen Beratungen mit Räten der Kreise und VPKÄ wird wiederholt zum Ausdruck gebracht, daß der jetzige Verfahrensweg, wonach Republikflüchtige, die in die Deutsche Demokratische Republik zurückkehren und hierbei ein Kraftfahrzeug bei sich führen, mit diesem Kraftfahrzeug in die jeweiligen Kreise weitergeleitet werden, zu großen Schwierigkeiten in den Kreisen führt. Wenn es sich bei den Rückkehrern um Jugendliche handelt, ist der Einfluß auf andere Jugendliche sehr stark und die Republikflucht wird dadurch unterstützt. So wurde gemeldet, daß der jugendliche Rückkehrer Peter H[...], geb. [...] [19]40 in Dresden, nach einem Aufenthalt von sechs Monaten in Westdeutschland zurückkehrte und angeblich so viel verdient haben will, so daß er in dieser Zeit in der Lage war, einen PKW zu kaufen. Es wurde ihm erlaubt, diesen PKW mit nach Meißen[223] zu nehmen, was zur Folge hat, daß andere Jugendliche sagen, wenn man in Westdeutschland so schnell und leicht Geld verdient, dann werden wir auch republikflüchtig, um uns ein Kraftfahrzeug zu kaufen. Für das Kraftfahrzeug liegt zwar keine Einfuhrgenehmigung und auch keine Zulassung der Volkpolizei vor, jedoch steht das Kraftfahrzeug in Meißen in einer Garage.
In einem anderen Falle erhielt der L[...] aus Schönebeck[224], der sich ebenfalls nur kurze Zeit in Westdeutschland aufhielt und mit Kraftfahrzeug zurückkehrte, von den zuständigen Dienststellen eine Einfuhrgenehmigung und durch die Abteilung VK der BDVP Magdeburg wurde das Kraftfahrzeug zugelassen. Die Bevölkerung ist über diese Tatsache empört und verlangt eine Änderung.
Daß es in der Mehrzahl zu solchen Diskussionen kommt, ist darauf zurückzuführen, daß nach den gegebenen Weisungen die Kraftfahrzeuge bis in den Heimatort durchgelassen werden und erst von dort die Einfuhrgenehmigung zu beantragen ist.
Ausgehend von diesen Feststellungen sind wir der Meinung, daß man darüber beraten muß, welche Möglichkeiten gegeben sind, zukünftig zu verhindern, daß Kraftfahrzeuge,

---

[221] Josef Anstett, VP-Chefinspekteur, bis 1964 Leiter der HA Verkehrspolizei bei der HVDVP.
[222] Georg Bergmann, 1962–1976 Leiter der HA IA bei der HVDVP.
[223] Kreisstadt im Bezirk Dresden.
[224] Kreisstadt im Bezirk Magdeburg.

die Rückkehrer mitbringen, in das Innere der Republik mitgenommen werden können, obwohl die Frage der Einfuhrgenehmigung noch nicht entschieden ist.
Gleiche Fragen treten auf bei dem Mitbringen von Kraftfahrzeugen durch Erstzuziehende aus Westdeutschland, wo auch das Beantragen vom jeweiligen Aufenthaltsort aus erfolgt, was besonders in Fällen der Nichterteilung der Einfuhrgenehmigung zu erheblichen Schwierigkeiten mit den betreffenden Bürgern, besonders jedoch mit der Bevölkerung führt.
Die Hauptabteilung PM hält es deshalb für notwendig, daß sich die beteiligten Dienststellen in dieser Frage absprechen und es zu einer Änderung der Regelung kommt. Es wird vorgeschlagen, daß die beteiligten Dienststellen am Dienstag, den 19. 12. 1957, 14.00 Uhr, bei der Hauptabteilung PM (Zimmer 227) darüber beraten.[225]

Leiter der Hauptabteilung PM
(Fischer)
Oberst der VP.

Dokument 28

Gemeinsamer offener Brief der Betriebsgewerkschaftsleitung,
der Betriebsparteiorganisation und der Betriebsleitung
an alle Belegschaftsangehörigen des Kreiskrankenhauses/Poliklinik Altenburg[226],
Säuglingsheilanstalt, 13. 8. 1957 (Abschrift)
BArch DO 1/34, Nr. 21719.

WERTE KOLLEGINNEN UND KOLLEGEN!

Schwester Sch[...]-K[...]
wurde republikflüchtig!

Vor einiger Zeit wurde die ehemalige Stationsschwester republikflüchtig. Sie hält sich zur Zeit in einem westberliner Lager auf und benötigt „dringend" eine „eidesstattliche Erklärung" darüber, daß sie in unserer Republik „politisch" [verfolgt] worden sei.
In einem hier vorliegenden Brief schreibt sie u. a. an eine bei uns tätige Kollegin:

„Könntest Du mir eine eidesstattliche Versicherung abgeben, daß meine Flucht lediglich politischen Motiven entspringt, daß ich das DDR-Regime nicht mehr ertragen konnte. Ich brauche es für das Anerkennungsverfahren. Vielleicht schreibst Du rein, daß ich auf Grund meiner Haltung immer mit einem Fuß im Gefängnis stand. Vergiß nicht den Stempel, es gibt hier nämlich sehr viel Gauner, deshalb das Mißtrauen der Dienststellen."

---

[225] Ein Aktenvermerk über diese Beratung findet sich in der gleichen Akte, Bl. 261 f. Es wurde vorgeschlagen, Kraftfahrzeuge aus Westdeutschland direkt an der Grenze abzufangen und nur noch durchzulassen, wenn eine Einfuhrgenehmigung durch das Ministerium für Außen- und Innerdeutschen Handel vorliegt; die Genehmigung sollte nur in Ausnahmefällen und nur im Einvernehmen mit den örtlichen staatlichen Organen und den Volkspolizeikreisämtern erteilt werden.
[226] Kreisstadt im Bezirk Leipzig.

Wer war die Schwester Sch[...]-K[...]?
Gehört sie nicht auch zu den Gaunern, die sie in ihrem Bericht erwähnt?

Die Sch[...]-K[...] ist seit 1948 im Gesundheitswesen tätig. Sie wurde von der Nachtschwester zur Stationsschwester gefördert [sic!] und erhielt monatlich 485,- DM.
Sie hat drei Kinder im Alter vom 15, 18 und 20 Jahren
Alle drei Kinder wurden durch unseren Arbeiter-und-Bauern-Staat weitgehender gefördert, obwohl der Vater in der faschistischen Zeit Staatsanwalt war.
Die älteste Tochter erhielt eine Lehrausbildung in einem praktischen Beruf,
die jüngere Tochter besuchte die Oberschule,
der Sohn die Mittelschule.

HAT DAS ETWAS MIT POLITISCHER VERFOLGUNG ZU TUN?
WAS WAR DAS ERGEBNIS DIESER GROSSZÜGIGEN HILFE DURCH UNSEREN STAAT DER ARBEITER UND BAUERN?

Die älteste Tochter entlarvte sich am 17. Juni 1953 als Provokateur und wurde republikflüchtig.
Die Mutter, „Schwester" Hanna, bezog trotzdem ein weiteres Jahr unrechtmäßig die Waisenrente für dieses Mädchen, ohne daß sie von unseren staatlichen Organen für diesen Betrug belangt worden wäre.
Das gleiche versuchte sie nach der Republikflucht ihres Sohnes, den die Sch[...]-K[...] über die Osterfeiertage 1957 nach Westdeutschland schleuste.
Die jüngere Tochter legte im Juni d[ieses] J[ahres] an der Oberschule das Abitur ab und wurde jetzt mit ihrer Mutter republikflüchtig.

WAHRLICH, EINE SAUBERE FAMILIE!

Wir fragen alle Kolleginnen und Kollegen,
inwieweit aus diesen geschilderten Tatsachen eine „politische Verfolgung" der ehemaligen Schwester Sch[...]-K[...] abzuleiten ist, die doch alle Errungenschaften unseres Arbeiter- und-Bauern-Staates in Anspruch genommen hat?
In ihrem Brief spricht diese Sch[...]-K[...] sogar von einer „polizeilichen Überwachung", die der ärztliche Direktor, Chefarzt Dr. E[...], und die leitende Oberschwester Johanna U[...] veranlaßt hätten.
Wir verwahren uns gegen diese gemeinen Verleumdungen gegenüber unserem Oberarzt Dr. E[...] und der Oberschwester U[...], die unermüdlich ihre ganze Kraft für die Pflege und das Wohl der Kranken einsetzen.
Die angeblich polizeiliche Überwachung der Sch[...]-K[...] ist, das wißt ihr selber, Kollegen, eine infame Lüge!
Bei uns wird keiner polizeilich überwacht. Natürlich sind wir wachsam gegen Provokateure, Agenten und Kriegstreiber.
Wie bereits erwähnt, hält sich die Sch[...]-K[...] zur Zeit mit ihrer Tochter in einem westberliner Lager auf. Darüber schreibt sie u. a.:
„Wir sind zur Zeit in einem Flüchtlingslager, wo es nicht gerade schön ist. Tine arbeitet hier mit im Büro und verdient sich auf diese Weise 0,50 DM pro Tag. Anscheinend ist sie bei ihrem Vorgesetzten beliebt, denn er meinte, sie könne noch ein Vierteljahr hierbleiben............" (!!!) [sic!]

Wir wissen,
daß die Sch[...]-K[...] eine eidesstattliche Erklärung nur deshalb braucht, um sich in Westdeutschland persönliche Vorteile zu verschaffen. Sie wollte sogar die Gewerkschaftsleitung veranlassen, ihr bei diesem Schwindel behilflich zu sein.
Dieses hier am Beispiel der „ehrwürdigen Schwester" Sch[...]-K[...] Dargelegte zeigt allen, die das noch nicht begriffen haben, wie die sogenannten „politischen Flüchtlinge" in Westdeutschland entstehen, die den westdeutschen Arbeitern und Werktätigen als Lohndrücker und Streikbrecher in den Rücken fallen.

WELCHE SCHLUSSFOLGERUNGEN ZIEHEN WIR DARAUS?

Wir verurteilen dieses verbrecherische Verhalten auf das schärfste und fordern die gesamte Belegschaft auf, in Gruppenversammlungen und in der in Kürze stattfindenden Belegschaftsversammlung dazu Stellung zu nehmen.
Wir verabscheuen solche Menschen wie die Sch[...]-K[...], die sich durch Betrug an den Werktätigen unserer Republik mit Lüge und Verleumdung unseres Staates auf Kosten der westdeutschen Werktätigen persönliche Vorteile verschaffen wollen.

Beriebsgewerkschaftsleitung   Betriebsparteiorganisation
Schacht, Vorsitzender   Erzigkeit, Sekretär

Betriebsleitung
D. Sch[...], stellvertr[etender] Direktor
S[...] Verwaltungsleiter

F.d.R.d.A.
[unleserliche Unterschrift]

V. Abschiedsbriefe und andere private Briefe

Dokument 29

Abschiedsbrief des Arztes Dr. Roland H. an seinen Vorgesetzten, 12. 5. 1959
(Abschrift von Abschrift)[227]
BStU ZA, MfS-AS, Nr. 2453/67, Bl. 54.

Sehr geehrter Herr Professor,

Hiermit kündige ich ab sofort mein Arbeitsverhältnis in der von Ihnen geleiteten Universitäts-[...]klinik[228] Halle. -Während meines Aufenthaltes in Westdeutschland hat sich mir die Möglichkeit geboten, als wissenschaftlicher Assistent die Leitung des chemischen Laboratoriums der [...]klinik in Frankfurt/M. zu übernehmen. Aus mehreren Gründen

---

[227] Eine zweite Abschrift wurde vorweg dem Rektorat der Universität mit der Bitte um Kenntnisnahme übersandt.
[228] Die Fachrichtungen der Kliniken sind im gesamten Text von der BStU geschwärzt.

hielt ich es für richtig, diese Möglichkeit wahrzunehmen. Einerseits kann ich mich auf diese Weise in beruflicher Hinsicht weiterbilden, indem ich als klinischer Chemiker nach 4-jähriger Tätigkeit an einer [...]klinik nunmehr die Probleme einer anderen Fachrichtung kennenlerne. Diese Tatsache allein würde aber nicht eine derartige abrupte Unterbrechung meiner Tätigkeit in Halle rechtfertigen, wenn nicht noch andere schwerwiegende Gründe mich zu diesem Schritt veranlaßten. Der „Aufbau des Sozialismus" in der DDR hat zu Erscheinungen geführt, die ich nicht länger vertreten kann. Ich möchte mich nicht in Einzelheiten verlieren, ebensowenig will ich in diesem Zusammenhange große theoretische Erörterungen anstellen. Was für mich in der DDR immer unerträglicher wurde, war die Anmaßung des Staates, für seine Bürger zu „denken" und das einmal festgelegte Dogma als allgemein verbindlich zu erklären. Genauso unerträglich war für mich die Aussicht, daß meine Tochter einmal in der Schule zum „Klassenkampf", „Klassenhaß", zur Verteidigung der sozialistischen Errungenschaften mit der Waffe in der „Hand" usw. erzogen werden könnte. Aus diesen Gründen ziehe ich es vor, in der Bundesrepublik zu bleiben.
Die äußeren Umstände erlaubten es mir leider nicht, die Kündigungsfrist ordnungsmäßig einzuhalten oder Sie, sehr verehrter Herr Professor, vorher von meinem Vorhaben in Kenntnis zu setzen. Ich bitte Sie um Verständnis dafür und hoffe, daß Sie nicht meinetwegen irgendwelche Unannehmlichkeiten haben.
Ich möchte zum Schluß nicht versäumen, Ihnen für Ihre stete Anleitung und Unterstützung während meiner Tätigkeit in Ihrer Klinik sowie für das Vertrauen, das Sie mir entgegengebracht haben, herzlich zu danken.
Mit den besten Grüßen an Sie und alle Kollegen in der [...]klinik verbleibe ich

mit vorzüglicher Hochachtung
Ihr sehr ergebener
gez. [...][229]

Dokument 30

Abschiedsbrief des Arztes Günter St. an den Oberarzt Dr. K., 29. 5. 1959 (Abschrift)
BStU ZA, MfS-AS, Nr. 2453/67, Bl. 64f.

Sehr geehrter Herr Oberarzt!

Bitte entschuldigen Sie, wenn ich erst jetzt mehr von mir hören lasse, doch ich mußte erst etwas Grund haben.
Es tut mir leid, daß ich Sie und andere täuschen mußte, die Umstände ließen und lassen jedoch keine andere Möglichkeit zu. Ich bemühe mich, objektiv zu sein und will deshalb auch nicht schimpfen über das oder jenes, was mir drüben nicht gefallen hat.
Es ist im wesentlichen die mangelnde Freizügigkeit in der DDR, die mich bewogen hat, meine Heimat schweren Herzens zu verlassen. Wir können uns in der letzten Zeit nicht beklagen, daß man uns im Rahmen der dort üblichen Auffassung nicht großzügig behan-

---

[229] Name von der BStU geschwärzt.

delt hätte. Verschiedene Beispiele aus anderen Berufen zeigten jedoch immer wieder, daß man den Mohr so lange großzügig behandelte, wie er notwendig war, wenn er nicht völlig auf die gewünschte [Linie] einschwang. Kein Mensch kann mir in der DDR garantieren, daß meine Kinder die Bildung erhalten können, die ich wünsche. Wir kennen die verschiedenen Schwankungen, die dort Jahr für Jahr üblich sind und die eine Unsicherheit hervorrufen.

Warum z. B. gibt man uns nicht jährlich einen beschränkten Devisenbetrag frei, um die westliche Welt wirklich frei kennen zu lernen? Wie deprimierend war es voriges Jahr für mich in Ulm, beim Besuch der Klinik praktisch ohne einen Pfennig dazustehen! Und warum führt man für unsere Arbeit kein Leistungsprinzip ein, für so und so viel Fälle, für operative Belastung etc.?

Wir haben kurz vor meinem Weggang über die Schlüsselzahlen gesprochen und festgestellt, daß wir in der Urologie allein an täglich neuen Fällen oft die Schlüsselzahlen erreichten und dazu noch eine erkleckliche Anzahl alte Fälle mitversorgten.

Selbst mit der neuen Gehaltsregelung ist unsere Arbeit nicht genügend gewürdigt. Es gibt dem Leistungsvermögen des einzelnen keinen echten Spielraum.

Das ist aber nicht die Hauptsache. Maßgebend für meine Entscheidung ist die Unsicherheit, die Erziehung meiner Kinder betreffend, die mangelnde Freizügigkeit, die es jeden Tag wieder mit sich bringen kann, daß meine Kinder ihren Großvater nicht aufsuchen können, daß ich in vielleicht 10 Jahren auf der Höhe meines Könnens wieder so viel verdiene, wie ein Facharbeiter, so wie es uns aus der CSR[230] bekannt ist.

Die Regierung der DDR möge uns frei Informationen aus allen Ländern beziehen lassen, zugunsten einer wirklichen Demokratie möge man die starre Administration fallen lassen, die in keiner Weise den Wünschen auch nur eines Bruchteiles der Bevölkerung entspricht.

Ich werde nun den westlichen Teil meines Vaterlandes kennenlernen. Sicher ist hier nicht alles Gold, was glänzt und die Freiheit dürfte auch immer nur ein relativer Begriff sein. Auch hier werde ich mit Kritik und Gerechtigkeitssinn die Dinge betrachten.

Ich darf Ihnen zuletzt meinen herzlichen Dank aussprechen für das, was ich bei Ihnen lernen durfte.

Ihnen, den Kollegen und dem Personal ebenso großen Dank für die schöne Zusammenarbeit, es war eine sehr gute Klinik.

Bitte auch eine Empfehlung an Seine Magnifizenz und an Herrn [...][231].

Ich verbleibe mit kollegialer Hochachtung und den besten Grüßen
Ihr gez. Günter St.

Ich bitte, den Brief allen interessierten Stellen zur Kenntnis zu geben.

---

[230] Tschechoslowakische Republik, ab 1960 CSSR: Tschechoslowakische Sozialistische Republik.
[231] Name von der BStU geschwärzt.

Dokument 31

Abschiedsbrief des CDU-Abgeordneten im Sachsen-Anhaltinischen Landtag und Präsidialrat der CDU, Fritz-Georg Jordan, an den Vorsitzenden der CDU Sachsen-Anhalt, Wujciak[232], 16. 8. 1950 (Abschrift)
ACDP VII 011, Nr. A 3026.

Sehr geehrter Herr Wujciak!

Hiermit gebe ich Ihnen davon Kenntnis, dass ich das Gebiet der Deutschen Demokratischen Republik verlassen musste, um meine persönliche Freiheit nicht zu verlieren. Ich musste diesen Schritt tun, weil von mir Dinge verlangt wurden, die ich mit meinem Gewissen nicht vereinbaren konnte.

Ich melde mich hiermit offiziell vom Landesverband Sachsen-Anhalt ab. Sollte der Vorstand trotzdem meinen Ausschluss beschliessen, so kann ich ihn nicht daran hindern.[233] Ich möchte aber nicht versäumen, verschiedene Herren gerade des Landesvorstandes zu warnen, die mir die ganze Sache eingerührt haben. Ich werde sie dafür noch zur gegebenen Zeit zur Verantwortung ziehen, da meine Frau durch die ganze Aufregung am 8. 8. eine Fehlgeburt gehabt hat, beschuldige ich diese gewissen Leute des Verbrechens gegen die Menschlichkeit und werde nicht ruhen, bis sie ihrer gerechten Bestrafung zugeführt sind, wie z. B. Ihren Stellvertreter[234], der in nicht so ferner Zeit rücksichtslos dafür zur Rechenschaft gezogen wird, daß er die CDU restlos zerschlagen hat. Er wird als Hauptschuldiger Nr. 1 auf der Anklagebank sitzen. Sie, Herr Wujciak, haben auf ein falsches Pferd gesetzt.

gez. Fritz-Georg Jordan

---

[232] Joseph Wujciak (1901–1977), CDU-Funktionär. 1919–1933 Zentrum und Christliche Gewerkschaften, 1945 CDU, 1948 Vorsitzender des CDU-Kreisverbandes Eisleben und Mitglied des CDU-Landesausschusses Sachsen-Anhalt, 1950 Vizepräsident des Landtages Sachsen-Anhalt, Juni 1950 bis Juli 1952 Vorsitzender des CDU-Landesverbandes Sachsen-Anhalt, ab August 1952 Vorsitzender des CDU-Bezirksvorstandes Halle, 1954 Mitglied des Hauptvorstandes der CDU.
[233] Tatsächlich wurde Fritz-Georg Jordan am 28. 8. 1950 aus der CDU ausgeschlossen. Der Ausschließungsbeschluß vom 9. 9. 1950 befindet sich in der gleichen Akte.
[234] Gemeint ist Carl (Karl) Broßmann (1892–1970), Funktionär der Ost-CDU. 1933 NSDAP, 1945 CDU, 1950 2. Vorsitzender CDU Sachsen-Anhalt, 1952–1960 Vorsitzender des Bezirksvorstandes Magdeburg der CDU. Broßmann sollte auf Betreiben der SKK auf dem 4. Landesparteitag der CDU in Sachsen-Anhalt (3./4. 6. 1950) zum Vorsitzenden gewählt werden. Die Forderung löste wegen des Vorwurfes, er sei Mitarbeiter des sowjetischen Geheimdienstes gewesen, Krawalle aus. Broßmann wurde schließlich zum 2. Vorsitzenden bestimmt.

Dokument 31a

Abschiedsbrief des CDU-Abgeordneten im Sachsen-Anhaltinischen Landtag und Präsidialrat der CDU Fritz-Georg Jordan an seine Parteifreunde, 19. 8. 1950
(Abschrift)
ACDP VII 011, Nr. A 3026.

Meine verehrten Parteifreunde!

Daß ich Halle verlassen musste, kam sogar mir selbst überraschend; so dass ich nicht einmal Gelegenheit hatte, meine Möbel in Sicherheit zu bringen. Damit habe ich nun zum 2. Mal alles verloren; aber für die persönliche Sicherheit sind wohl keine Möbel zu schade, und die meinige war aufs höchste gefährdet, weil ich Dinge tun sollte, die ich ablehnen musste, wollte ich nicht zum Lumpen werden. Ich weiß, meine Freunde, daß sie mich nun alle beneiden werden, weil ich kein Wort mehr von Nat[ionaler] Front, Friedenskomitee usw. zu reden brauche. Ich kenne Ihre Nöte, Ihre Gewissensqualen wohl besser als jeder andere. Ich will ihnen zum Trost aber folgendes sagen: Die Worte, die Sie heute reden, die Bekenntnisse, die Sie ablegen müssen, sind wie Schall und Rauch. Sie verschwinden, ohne Sie persönlich in irgend einer Weise persönlich zu belasten. Diejenigen, die dereinst darüber befinden werden, wissen genau, daß all ihre Handlungen nur unter Zwang ausgeführt wurden, unter dem Zwang der persönlichen Sicherheit und Freiheit.

Nach meinen Erlebnissen und Gesprächen in den letzten Tagen habe ich die feste Gewissheit, daß der Tag der Freiheit auch für Sie, die Sie unter dem Zwang des Kommunismus leben müssen, in nicht so weiter Ferne mehr liegt. Hüten Sie sich aber, mit Leuten wie Broßmann[235], Hellwege[236] und Konsorten gemeinsame Sache zu machen. Diese Söldlinge Moskaus werden zur Rechenschaft gezogen, denn sie haben die CDU und das Christentum schändlich verraten.

Ich wünsche Ihnen alles Gute meine Freunde. Behalten Sie Ihre Nerven solange es geht. Wenn aber jemand gehen muß, im Büro Jacob Kaiser[237], Reichstrasse 4, wird er stets Aufnahme und Unterstützung finden.

Mit den besten Grüßen
Ihr gez. Jordan[238]

---

[235] Siehe Anm. 234 zu Dok. 31.
[236] Heinz Hellwege, CDU-Funktionär. Hellwege wurde auf dem 4. Landesparteitag der CDU in Sachsen-Anhalt in den Vorstand gewählt.
[237] Korrekt: Jakob Kaiser (1888–1961), Mitbegründer der CDU für Berlin und die SBZ, 1947 Absetzung als CDU-Vorsitzender der SBZ durch die SMAD (zusammen mit Ernst Lemmer), ab 1948 in West-Berlin, 1949–1957 Bundestagsabgeordneter und Bundesminister für Gesamtdeutsche Fragen, 1950–1958 stellvertretender Bundesvorsitzender der CDU. Das „Büro Jakob Kaiser" (später Ostbüro der CDU) wurde Ende 1947 nach der Absetzung der beiden CDU-Vorsitzenden in der SBZ in West-Berlin gegründet.
[238] Am Ende der Abschrift folgender Vermerk: „Nur unter den Vorstandsmitgliedern zirkulieren lassen. nicht gemeinsam besprechen."

Dokument 32

Abschiedsbrief von H.K. an das Entwurfsbüro für Hochbau
des Rates des Bezirkes Schwerin, Kaderabeilung, 20.1.1958 (Abschrift)
Stadtarchiv Schwerin, R 4/323.

Hiermit teile ich Ihnen mit, daß ich am 18.1.58 das Gebiet der DDR verlassen habe und somit nachträglich mein Arbeitsverhältnis kündige. Ich bedaure, daß ich infolge der Lage der Dinge die Kündigung nicht ordnungsgemäß und rechtzeitig vornehmen konnte.
Ich will im folgenden versuchen, meine Gründe klarzulegen.
1.) Obwohl mir persönlich kein außergewöhnlicher Zwang auferlegt war, hielt ich die seitens der Regierung verfolgte politische Methode für nicht mehr annehmbar und erträglich. Ich halte viele der in der DDR erklärten politischen Ziele für gut und richtig, glaube aber, daß die Art und Weise der Durchsetzung dieser Ziele die persönliche Freiheit und die Wünsche des einzelnen Menschen außer acht läßt. Die erzwungene Unterordnung unter die jeweils eingeschlagene und oftmals stark wechselnde politische Linie vermag ich ohne Gewissensnot nicht gutzuheißen. Die Aufgabe aller persönlichen und menschlichen Wünsche, wie z. B. die Unterhaltung nächster verwandtschaftlicher Beziehungen, wie sie von mir gefordert wurde, sind ein weiterer Punkt und der entscheidende Anlaß zu meiner Entscheidung geworden. Ich kann nicht einsehen, daß ich oder auch meine Frau meinen Bruder bzw. die Schwester, die in Westdeutschland leben, nicht wiedersehen soll.
2.) Die Erziehung meiner 3 Kinder war ein weiterer wichtiger Faktor. Bei meiner ältesten Tochter wurde das Problem Jugendweihe/Konfirmation/Oberschule bereits akut. Ich hatte berechtigten Grund, anzunehmen, daß mir bzw. meiner Tochter Schwierigkeiten bei der Aufnahme in die Oberschule erwachsen wären, da ich als überzeugter Christ meine Tochter hätte konfirmieren lassen, nicht aber die Jugendweihe zugelassen hätte. Daher habe ich nichts gegen die Jugendweihe, halte aber jeden Druck diesbezüglich für unerträglich. Weiterhin war mir die Erziehung in der Schule zu einseitig und [ich] glaube, daß auch das Verschweigen von Dingen eine Art der Lüge ist.
Ich kann Ihnen abschließend versichern, daß es mir ungeheuer schwer gefallen ist, diesen Schritt zu tun, zumal ich auch für die Zukunft meiner Familie die Verantwortung trage. Ich bin mir voll bewußt, daß ich mich finanziell und wirtschaftlich hier nicht besser stehen [sic!] werde als in der DDR und daß ich sehr an meiner Arbeit und meinen Aufgaben gehangen habe. Dennoch mußte ich mich zum Fortgehen entschließen, um mir selbst treu zu bleiben. Daß Sie meine Gründe anerkennen, bezweifle ich sehr, hoffe aber, daß meine uneigennützigen Beweggründe anerkannt werden. Da ich vor Monatsende fortging und das Gehalt für den lfd. Monat bezogen habe, stehe ich noch mit einem Betrag in der Schuld des EfH. Auf meinem Gehaltskonto sind noch etwa knapp 400,— DM verblieben, die ich mit beiliegendem Blanko-Scheck, da ich die genaue Höhe des Betrages nicht kenne, abzuheben bitte. Falls der Betrag nicht ausreichen sollte, wenden Sie sich bitte an meinen Vater in Schönberg/Mecklenburg [...][239], der den Fehlbetrag ausgleichen wird, da ich ihm gleichzeitig entsprechende Nachricht gegeben habe.

gez. H. K[...]

F.d.R.d.A.
[Unterschrift unleserlich]

---

[239] Anonymisiert wurde die genaue Anschrift.

Dokument 33

Abschiedsbrief des Kinderarztes Dr. Dieter P.,
tätig als Oberarzt in der Kinderklinik
im Krankenhaus Dresdner Str., Karl-Marx-Stadt (Abschrift)[240], 19. 10. 1960
BArch DO 1/34, Nr. 21724.

Ich habe mich entschlossen, von meiner Reise nach der Bundesrepublik nicht zurückzukehren. Die Gründe für diesen Entschluß sind so mannigfaltig, daß sie schwer zu Papier zu bringen sind. Sie wissen, daß ich meine ärztlichen Pflichten, seit ich 1953 gekommen bin,[241] jederzeit erfüllt habe. Mein Ziel war eine wissenschaftliche Laufbahn, deren erste Anfänge sich in vierzehn Publikationen und mehreren großen Vorträgen abzeichneten. Meine diesbezüglichen Bemühungen, deren Voraussetzung eine entsprechend eingerichtete Klinik ist, sind leider im Bezirk verhallt. Ich weiß, daß Sie sich stets den Versuchen meines Chefs aufgeschlossen gezeigt haben, während man beim Bezirk anscheinend nicht einmal weiß, wo das Haus steht. Schon die von Ihnen immer befürworteten Kongreßreisen, die zur wissenschaftlichen Arbeit erforderlich sind, waren nur mit Unterstützung meiner hiesigen Verwandten möglich. Man ist [sich] anscheinend in all den Jahren nicht bewußt geworden, wer an einer ehrlichen Mitarbeit interessiert war. Ich habe dieses Bemühen mehrfach unter Beweis gestellt. Der kinderärztliche Sektor wird im Bezirk von einer Kollegin diktiert, die der Klinik und mir jahrelang nur Schwierigkeiten bereitet hat. Mein Versuch, an eine Universitätsklinik zu kommen, ist so gut wie gescheitert, da die meisten Stellen besetzt sind und in Leipzig ein großer Unsicherheitsfaktor besteht. In vielen Aussprachen mit Vertretern der Partei und der Stadt in unserem Krankenhaus habe ich oft versucht klarzumachen, aus welchen Gründen die Ärzte weggehen. Man hat uns angehört, viel versprochen und nichts gehalten. Die Republikflucht ist kein Problem der Abwerbung, sondern, wie ich es auch meinem Chef schrieb, der Dummheit und des Unverstandes vieler kleiner Staatsfunktionäre, die uns das Leben und Arbeiten systematisch sauer machen. Warum gibt man uns keine Praxis? Warum müssen Pflichtassistenten im Nachtdienst völlig auf sich allein gestellt, die Stadt ärztlich versorgen? Warum müssen die Leute aus Oberwiesenthal[242] nach Chemnitz zum Arzt gehen? Ich habe mit versucht, in sieben Jahren die Not zu beheben, aber ich habe es ebensowenig geschafft, wie die vielen anderen Kollegen, die deswegen Tag und Nacht arbeiten.

Und auch ich lasse wieder viele Patienten, die nun keinen Arzt haben, zurück, aber auch sie werden nur dann endlich entsprechend betreut werden, wenn man einsieht, daß man einen Arzt nicht in eine gedankliche Zwangsjacke stecken kann.

In den letzten Tagen habe ich den Perspektivplan gelesen. Die Kollegen betrachten derartige Hirngespinste – wie Fernsehanlage im Dienstzimmer und photogesteuerte Hand-

---

[240] Die Abschrift entstammt einem umfangreicheren Vorgang über die Republikflucht von Dr. P., der weitere Stellungnahmen und Untersuchungsergebnisse enthält.
[241] P. hatte seine medizinische Ausbildung in West-Berlin absolviert und war erst danach in die DDR gegangen.
[242] Kurort im Bezirk Karl-Marx-Stadt, Kreis Annaberg. Oberwiesenthal liegt etwa 55 km von Chemnitz entfernt.

waschanlage – als eine Verhöhnung ihrer Arbeit, die mitunter sogar in einer großen Klinik so primitiv ist, daß es nicht einmal Badewannen oder Wasserleitungsrohre und v.a.m. gibt. Man geht an den Realitäten vorbei. Eine Klinik braucht nicht technische Spitzfindigkeiten, sondern ein arbeitsfähiges Labor und Möbel für Schwesternzimmer. Ich habe zu lange im Gesundheitswesen auch mitverantwortlich gearbeitet, um nicht unsere [Probleme] zu kennen. Die Summe der tausend kleinen Dinge, über die man so gern redet, und der Unverstand so vieler kleiner Halbausgebildeter, das sind die Gründe für den Weggang der Kollegen und unter anderem auch meines eigenen.

Ich gehe nicht leicht. Ich verlasse meine Eltern und einen großen Freundeskreis und meinen verehrten Chef, meine mir sehr am Herzen liegende Klinik und nicht zuletzt viele gute Kerle mancherlei Orts.

Aber ich habe mich darüber hinweggesetzt, weil ich meine Arbeitskraft nicht sinnlos vergeuden möchte, nachdem ich die Sinnlosigkeit erkannt habe. Man wird mich auf die Liste der staatsfeindlichen Elemente setzen. Das bin ich nicht. Ich liebe meine Heimat und ich achte und schätze die vielen Menschen, die ich dort zurücklasse.

In diesem Zusammenhang möchte ich Sie, verehrter Herr Kreisarzt, um etwas bitten. Sie kennen die Möbelnot unserer Klinik. Ich möchte, daß mein Schlafzimmer und mein Herrenzimmer dazu verwendet wird, einige Zimmer einzurichten. Aus dem Schlafzimmer lassen sich zwei Schwesternzimmer herrichten und das Herrenzimmer gibt ein würdiges Chefzimmer. Die dort stehenden Möbel könnten für den leerstehenden Ärzteraum verwendet werden. Ich habe meinem Chef im gleichen Sinne geschrieben und schenke die Möbel der Klinik aus Dankbarkeit für meine Ausbildungszeit. Auch die zwei im Wohnzimmer vorhandenen Eckcouches bitte ich dem Haus zu übergeben. Dafür habe ich den Wunsch, daß meinen Eltern und Schwiegereltern die restlichen Möbel, das ist das Wohnzimmer und die Küche, sowie Waschmaschine und Kühlschrank und einige Teppiche zur Verfügung bleiben, oder daß sie wenigstens die Sachen käuflich erwerben können. Meine Angehörigen habe ich erst mit gleicher Post von meinem Entschluß unterrichtet.

Ich danke Ihnen, sehr geehrter Herr Kreisarzt, für Ihr stets wohlwollendes und freundliches Entgegenkommen und hoffe, daß Sie mich trotzdem in angenehmer Erinnerung behalten werden.

Bitte grüßen Sie meinen Freund H[...], der neben Ihnen wohl die meisten Sympathien der Kollegen hat, Herrn G[...] und Fräulein M[...]

Ich wünsche Ihnen für Ihr persönliches Wohlergehen alles Gute und recht baldige vollständige Genesung und verbleibe mit besten Grüssen und einer Empfehlung an Ihre Frau Gemahlin

       mit vorzüglicher Hochachtung
       Ihr sehr ergebener
       gez. Dr. P[...]

Dokument 34

Brief von Manfred G. aus Hücheln[243] an seinen ehemaligen Kollegen Peter V.,
10. 10. 1957 (Abschrift von Abschrift)
BArch DO 1/34, Nr. 21725 [o.P.].

Lieber Peter!

Einen Moment bitte – so jetzt bist Du mal an der Reihe. Entschuldige bitte, daß ich nicht früher geschrieben habe. Peter, wie ist es mit Dir, hast Du nicht Lust rüber zu kommen? Mir geht es glänzend. Ich habe eine große Wohnung für mich, auch Platz für Dich, verdiene sehr gut.
Ich baue eine Kapelle auf, jetzt sind wir schon ?[244] Mann. Du bist doch schon 18 Jahre. Schmeiß doch Deine Lehre ins Wasser. Ich verdiene auch ohne meinen Beruf (welcher gar kein Beruf hier ist) mein gutes Geld.
Wie geht es Dir sonst noch. Du kannst mich ja zu Weihnachten besuchen kommen und dann bleibst Du hier. Bringst das Notwendigste mit und der Laden stimmt. Ja? (Auch Dein Akkordeon) Ich schreibe meinen Absender auf der Rückseite des Blattes (Lang).

Sei herzlich gegrüßt
von Deinem Freund
Manfred G[...]

f.d.R.d.A.v.A.[245]

Dokument 35

Anonymer Brief an das Politbüro des ZK der SED
mit Vorschlägen zu Maßnahmen gegen die Republikflucht, 27. 11. 1957 (Abschrift)[246]
BStU ZA, MfS-SdM, Nr. 1125, Bl. 238 f.

Betr.: Interzonenverkehr

Das Weihnachtsfest steht bevor! Viele Familien sind durch die Zonengrenzen auseinandergerissen, teils unfreiwillig, teils freiwillig. Deutsche aus Westdeutschland sind zu uns gekommen und umgekehrt, auf beiden Seiten besonders viele ledige junge Menschen. Warum gingen junge Menschen von uns weg? Warum? Teils aus beruflichen Gründen, dies wohl besonders bei Lehrern und Erziehern, weil in diesem Beruf die Möglichkeit, den Arbeitsort zu wechseln, sehr erschwert ist, zum Teil spielen auch Liebesgeschichten über die Zonengrenzen hinweg eine Rolle. Viele junge Menschen gingen weg, weil sie bei uns nicht weiterkommen oder studieren können, da sie keine Arbeiter-oder-Bauern-Kinder sind.

---

[243] Stadtteil von Eschweiler in Nordrhein-Westfalen, Kreis Aachen.
[244] Fragezeichen in der Abschrift.
[245] Unterschrift fehlt.
[246] Die Abschrift findet sich als Anlage zu einem Bericht des ZK der SED, Abt. Sicherheitsfragen, an das MfS, Generalleutnant Mielke, 10. 12. 1957, zur Republikflucht im Werk Rheinmetall Sömmerda (BStU, MfS-SdM Nr. 1125, Bl. 235 f.

In vielen Fällen liegt ein reines Versagen der Nerven zugrunde. Meiner Ansicht nach geben wir den jungen Menschen heute schon viel zu früh verantwortungsvolle Posten, zu denen auf die Dauer die Nerven nicht ausreichen. Durch alle Schwierigkeiten müssen sie sich allein durchkämpfen, sich noch durch Fernstudium weiterbilden usw. Sie sind ja selbständig und soo [sic!] klug. Das wird ihnen ja immer wieder eingeredet. Klappt es dann mal irgendwie nicht, dann folgt oft von höherer Seite eine Kritik in ironisch-überheblicher Form, meist sogar noch von Kollegen, die selbst nie praktisch auf solchen Posten gearbeitet, sondern meist nur Theorie oder Parteischulwissen aufzuweisen haben. Verständnisvolle Hilfe fehlt nur zu oft. Und dann: Die überbeanspruchten Nerven halten nicht mehr stand, enttäuscht suchen die jungen Menschen anderswo ihr Glück. Auf legalem Wege wird die Genehmigung zur Übersiedlung nach Westdeutschland nicht gegeben, also gehen sie illegal.
Sind diese jungen Menschen staatsfeindlich eingestellt? Nein! Sie sind enttäuscht worden, haben keine Hilfe gefunden und gingen nun ihren eigenen Weg.
Bei den augenblicklichen Bestimmungen ist es unmöglich, daß illegal nach dem Westen gegangene Volksgenossen in die DDR zum Besuch kommen oder umgekehrt. Was erreichen wir damit? Junge Menschen, die bisher noch eine enge Bindung mit ihrer Heimat hatten, das Gute in der DDR anerkennen und vielleicht aus der Entfernung noch mehr schätzen gelernt haben, werden vor den Kopf gestoßen und sehen gerade in dieser Ablehnung die Bestätigung dessen, warum sie nach dem Westen gegangen sind. Jugend will frei sein, will nicht unter Druck stehen, sondern durch ehrliche Überzeugung zu einer Sache kommen.
Sollen sie es in Westdeutschland versuchen, so schmerzlich es für die Angehörigen auch ist. Sind sie nicht auch vielleicht gute Wegbereiter und Verfechter unserer Sache? Vielleicht unbewußt, aber sie sind es. Die Jugend hat gelernt, den Mund aufzutun und setzt sich auch im Westen für die ihnen selbstverständlichen Errungenschaften gewerkschaftlicher und sozialer Art ein.
Unsere Regierung sollte aber durch starre Maßnahmen nicht jede Verbindung mit ihnen unmöglich machen. Irgendwie sind sie in der DDR enttäuscht worden, denn darum sind sie weggegangen. Wo liegt hier die Schuld?
Ich bitte, sich meine Ausführungen zu überlegen und auch den illegal nach dem Westen gegangenen Deutschen Einreise- bzw. den Angehörigen Ausreisegenehmigung nach dem Westen zu erteilen. Meiner Ansicht nach erreichen wir damit viel mehr. Einmal persönlich, denn eine Aussprache tut viel, zweitens allgemein – die Propaganda des „Eisernen Vorhangs" wäre gegenstandslos.
Wohl bin ich davon überzeugt, daß die Regierung für mein Schreiben Verständnis aufbringt und ich keine Nachteile davon habe. Nicht überzeugt bin ich aber davon, daß dies auch bei den untergeordneten Stellen der Fall ist. Darum schreibe ich nicht meine volle Adresse.

[Unterschrift][247]

---

[247] Von der BStU geschwärzt.

VI. West-Ost-Wanderung

Dokument 36

„Die Fluchtbewegung aus Westdeutschland und Westberlin
in die Deutsche Demokratische Republik", o.V., 13. 8. 1960
BArch DO 1/34, Nr. 21724.

Die Fluchtbewegung aus Westdeutschland und Westberlin
in die Deutsche Demokratische Republik

I. Anzahl und Gründe der Flucht in die DDR
Im vergangenen Jahr verlegten 63 076 Personen ihren Wohnsitz in die Deutsche Demokratische Republik.
In den vergangenen sechs Jahren baten rund 600 000 Bürger der Bundesrepublik und der Westsektoren von Groß-Berlin um Aufnahme in die DDR. Es handelt sich bei diesen Personen um Arbeiter aus Industrie und Landwirtschaft sowie Bauern und Angehörige der Intelligenz. Welche Gründe bewogen diese große Zahl westdeutscher Bürger, ihren Staat zu verlassen?

1. Entzug der Wehrpflicht, teilweise auch direkte Flucht von Offizieren, Unteroffizieren und Mannschaften aus der Bundeswehr.
Im I. Halbjahr 1960 flohen 8 502 Jugendliche im wehrpflichtigen Alter in die DDR.
Einige Zeitungen des westlichen Auslands bemerkten dazu folgendes:
„Es gibt junge Männer, die sich durch temporäre Übersiedlung in die DDR dem Dienst in der Bundeswehr entziehen wollen" („Zürcher Zeitung"[248] vom 20. 4. 1960).
„Er (Kriegsminister Strauß[249]) hat versucht, uns zu kriegen, aber wir marschieren nicht... Es scheint, daß sich viele Jugendliche der Musterung durch die Bundeswehr nicht stellen" („Le Monde"[250] vom 4. 6. 60).
Auf Veranlassung des sog. „Bundesverteidigungsministeriums" sah sich die Bundesstelle für Verwaltungsangelegenheiten des Bundesministeriums des Innern genötigt, sogen. „Ermittlungslisten betr. Wehrpflichtige, die sich der Erfassung entziehen oder die nach der Erfassung der Meldepflicht nicht nachkommen", herauszugeben. In der „Anleitung" zum Gebrauch dieser Listen heißt es u. a.:
„Die Ausschreibung ist der gesuchten Person möglichst nicht bekanntzugeben, da sonst Gefahr besteht, daß sie den festgestellten Aufenthaltsort wieder vorzeitig verläßt".

2. Existenzunsicherheit, sinkender Lebensstandard, Perspektivlosigkeit der Arbeiterklasse und anderer Schichten, mangelnde soziale Betreuung.
Unter den Flüchtlingen befinden sich eine große Zahl kinderreicher Familien und Personen, die in Massenunterkünften u. ä. leben.
Die westdeutsche Presse bzw. die des Auslandes schreibt u. a.:

---

[248] Zürcher Zeitung, Tageszeitung, seit 1821.
[249] Franz-Josef Strauß (1915–1988), CSU-Politiker, Ministerpräsident von Bayern. 1945 CSU, 1946 Landrat von Schongau, 1949 Generalsekretär der CSU, 1952 stellv., 1961 Vorsitzender der CSU, 1953–1955 Bundesminister für besondere Aufgaben, 1955–1956 Bundesminister für Atomfragen, 1956–1962 Bundesminister der Verteidigung, 1966–1969 Bundesminister der Finanzen, 1978–1988 Ministerpräsident von Bayern.
[250] Le Monde, Tageszeitung, Paris, seit 1944.

„Ein anderes, noch ernsteres Motiv (der Flucht), das hauptsächlich von Frauen genannt wird, keine angemessenen Wohnungen in der Bundesrepublik, Zimmer in Untermiete für 80–100,– DM monatlich, mit Kind gezwungen, lange Zeit ohne Bett" zu leben. („Le Monde" vom 4. 6. 1960).
„Es war im Frühjahr 1959, als die Schwierigkeiten im Ruhrbergbau den Höhepunkt erreichten, ein deutliches Ansteigen der Abwanderung von Arbeitern in die DDR festzustellen" („Zürcher Zeitung" vom 20. 4. 1960).
Selbst Staatssekretär Thedieck[251] vom sogenannten „Bundesministerium für gesamtdeutsche Fragen" mußte zugeben:
„Für 20 von 100 spielen ungünstige Wohnverhältnisse und berufliche Gründe eine Rolle" („Bulletin der Bundesregierung" vom 10. 5. 1960).

3. Unterdrückung der geistigen und persönlichen Freiheit durch die klerikal-militaristische Diktatur
Welche Methoden z. B. zur Unterdrückung der Meinungsfreiheit angewandt werden, zeigt allein ein Beispiel. Die in Hamburg erscheinende Studentenzeitung „konkret"[252] – 2. Maiausgabe 1960 – bemerkt:
„Das Rotbuch[253] des Komitees „Rettet die Freiheit"[254] hat unter dem Titel „Verschwörung gegen die Freiheit – die kommunistische Untergrundarbeit in der Bundesrepublik" Tausende von Namen abgedruckt, die des arglosen Lesers Spürsinn für angebliche Verfassungsfeinde schärfen, Mißtrauen gegen jedermann säen sollen.
Und was sind das für Personen? Gelehrte, Schriftsteller und Künstler, die sich gegen die bundesdeutsche Atomrüstung, gegen den kalten Krieg, für Verhandlungen ausgesprochen haben. Das ist ihr Verbrechen..."
Atomkriegsgegner und Wehrdienstverweigerer werden durch die Polizei und Gerichte verfolgt.
Die der SPD nahestehende „Westfälische Rundschau"[255] vom 4. 9. 1959 schreibt:
„Westdeutsche Bürger und Organisationen, die pazifistische Tendenzen vertreten oder gegen die Aufrüstung auftreten oder die Verteidigungspläne der Bundesregierung ablehnen, sollen wegen „verfassungsverräterischer Zersetzung" nach § 91 StGB hinter Schloß und Riegel gebracht und aus dem öffentlichen Leben ausgeschaltet werden."

II. Maßnahmen der Bundesregierung zur Verschleierung der Wahrheit über die wachsende Flucht aus Westdeutschland in die DDR
Da die Fluchtbewegung aus Westdeutschland nicht in das Konzept der Bundesregierung paßt, wird sie einfach totgeschwiegen oder bagatellisiert. Staatssekretär Thedieck vom sog. „Bundesministerium für gesamtdeutsche Fragen" erklärte:

---

[251] Franz Thedieck (1900–1995), 1949–1964 Staatssekretär im Bundesministerium für gesamtdeutsche Fragen.
[252] „konkret". Zeitschrift für Politik und Kultur, politische Monatszeitschrift, Hamburg, seit 1957.
[253] Genauer Titel: Verschwörung gegen die Freiheit: Die kommunistische Untergrundarbeit in der Bundesrepublik. Presse, Rundfunk, Verlagswesen, Gewerkschaften, hrsg. v. der Münchner Arbeitsgruppe „Kommunist. Infiltration und Machtkampftechnik" im Komitee „Rettet die Freiheit", erschienen in Hamburg um 1960.
[254] 1958 von Rainer Barzel und Franz-Josef Strauß zur Aufdeckung angeblicher kommunistischer Umtriebe in Westdeutschland gegründetes Komitee.
[255] Westfälische Rundschau. Tageszeitung, Dortmund, seit 1946.

„Eine Flucht aus der Bundesrepublik gibt es nicht". Er bemerkte allerdings, daß „es in der Bundesrepublik keine amtliche Stelle gibt, die in der Lage ist, die Frage zu beantworten, wieviele Personen die Bundesrepublik verlassen haben." („Bulletin der Bundesregierung" vom 10. 5. 1960).
Der sog. „Bundesminister für Vertriebene, Flüchtlinge und Kriegsgeschädigte – damals noch Oberländer[256] – schrieb bereits am 14. 1. 1955 unter Az I 7a – 6958/20/55 an das „Bundesministerium für gesamtdeutsche Fragen" betr. der Fortzüge aus dem Bundesgebiet in die DDR folgendes:
„Es handelt sich um Angaben, die sich aus den polizeilichen Abmeldungen ergeben. Wer sich nicht abmeldet, was bei den Fortzügen in die sowjetzonalen Gebiete im großen Umfang der Fall sein dürfte, ist nicht in der Statistik der Fortzüge enthalten". Weiter heißt es: „Diese Fortzüge nach ‚unbekannt' dürften gerade in Westberlin in besonders hohem Maße nach Ostberlin und direkt oder indirekt in die SBZ führen. Die Zahlen sind recht beträchtlich."
Wie die Fluchtbewegung aus Westdeutschland in die DDR verheimlicht werden soll, geht aus einem Artikel der „Frankfurter Rundschau"[257] vom 17./18. 4. 1960 hervor:
„Zwei große amerikanische Zeitungen haben jetzt über die in der Bundesrepublik als sehr heißes Eisen angesehene deutsche West-Ost-Wanderung berichtet. Sie sind zu dem Schluß gekommen, daß diese Bevölkerungsbewegung ein beträchtliches Ausmaß erreicht hat. Vorher hatte man amtlich noch nie eine Zahl erfahren können. Vorsichtig verbarrikadierte man sich hinter Schätzungen und trat Berichten entgegen, wonach die Übersiedlung von West- nach Ostdeutschland sprunghaft angestiegen sei.
Als wir am 24. 9. 1959 diese Feststellungen machten, wurden wir von offizieller Seite scharf kritisiert."
Außerdem versucht der „Bundesgrenzschutz", Westzonenflüchtlinge vom Übertritt in die DDR abzuhalten.
„220 000 wurden von den Grenzen wieder zurückgeschickt, 6 000 seien festgenommen worden." („Frankfurter Rundschau" vom 4. 8. 1960).

III. Eingliederung der Flüchtlinge in das politische und gesellschaftliche Leben der DDR
Im Gebiet der DDR bestehen für die erste Aufnahme und Betreuung der Westzonenflüchtlinge sechs Aufnahmeheime. In diesen Heimen verbleiben die Flüchtlinge in der Regel 14 Tage, d.h., bis ihnen durch die staatlichen Organe Arbeit und Wohnung vermittelt wurden.
Die steigende Tendenz der Flucht aus Westdeutschland machte eine beträchtliche Erweiterung der Kapazität der Aufnahmeheime erforderlich. Allein für das Heim Eisenach[258] wurden 1959 3 Millionen DM verausgabt.

---

[256] Theodor Oberländer (1905–1998), CDU-Politiker, Bundesminister für Vertriebene. 1923 Teilnahme am Hitlerputsch, 1933 NSDAP, 1950 Gesamtdeutscher Block/BHE, Landtagsabgeordneter in Bayern, Staatssekretär für Flüchtlingsfragen, 1953 Bundestagsabgeordneter und Bundesminister für Vertriebene, wegen Verbrechen im Zweiten Weltkrieg vom Obersten Gericht der DDR in Abwesenheit zu lebenslangem Zuchthaus verurteilt, daraufhin 1960 Rücktritt.
[257] Frankfurter Rundschau. Unabhängige Tageszeitung. Westdeutsche Tageszeitung, seit 1947.
[258] In der DDR existierten 1960 mehrere Aufnahmeheime für Rückkehrer und Zuziehende aus der Bundesrepublik, von denen das Heim Eisenach mit 560 Plätzen das zweitgrößte war. Vgl dazu Müller, Übersiedler (2000), S. 13; Röhlke, Entscheidung (2005), S. 111.

In den Heimen erhalten aufgenommene Personen eine gute ärztliche Betreuung, Medikamente u. ä. sind ausreichend vorhanden. Der Befriedigung der kulturellen Bedürfnisse wird durch Theater- und Kinobesuche, Fernsehen, Besichtigungen sowie Vorträge Sorge getragen. Um Müttern die Sorge für ihre Kleinkinder abzunehmen, sind in den Heimen Kindergärten mit geschultem Personal vorhanden.

Alle Leistungen für die Flüchtlinge – angefangen von der Verpflegung bis zur ärztlichen Betreuung – werden durch den Staatshaushalt getragen. In den letzten Jahren wurden allein dafür 18 Millionen DM verausgabt.

Zahlreiche Politiker und Journalisten des westlichen Auslands konnten sich von den vorbildlichen sozialen Verhältnissen in den Aufnahmeheimen der DDR überzeugen. So z. B. der stellvertretende Vorsitzende der britischen Labour-Party Richard Grossmann[259], der konservative Abgeordnete Lord Hinchingbrooke[260], ferner der Korrespondent der „New York Herald Tribune"[261], Gaston Coblentz[262], sowie der Korrespondent der französischen Zeitung „Le Monde", Roland Delcour[263]. Darüber hinaus drehten die amerikanischen Fernsehgesellschaften „Columbia Broadcasting System"[264] und die NBC[265] Filme über die Situation in den Aufnahmeheimen.

Alle Westzonenflüchtlinge erhalten nach wenigen Tagen an ihrem neuen Wohnort einen Arbeitsplatz, der ihren Fähigkeiten und Kenntnissen entspricht. Oberschüler und Studenten haben die Möglichkeit, ihr Studium fortzusetzen bzw. die Oberschule weiter zu besuchen.

Die Flüchtlinge erhalten für die ersten Tage Überbrückungsgelder, die durch die Städte und Gemeinden gezahlt werden.[266] Für diese Zwecke wurden rund 26 Millionen DM in den letzten fünf Jahren verausgabt. Diese Gelder brauchen nicht zurückgezahlt zu werden.

Geeigneten Wohnraum erhalten die Flüchtlinge ebenfalls unverzüglich durch die Städte und Gemeinden zugewiesen. Einen Lageraufenthalt gibt es in der DDR nicht. Im Gegensatz dazu leben in Westdeutschland noch 700 000 Menschen in Notunterkünften („Die Welt" vom 9. 4. 1959). Außerdem gibt es nach der Statistik der Nichtseßhaften-Fürsorge noch 300 000 Obdachlose.

Um den Flüchtlingen die Möglichkeit zu geben, sich entsprechendes Mobiliar bzw. Hausrat anzuschaffen, können sie Kredite zu günstigen Bedingungen erhalten. In den letzten drei Jahren gelangten 25 Millionen DM für diesen Zweck zur Auszahlung.

---

[259] Korrekt: Richard (Howard Stafford) Crossmann (1907–1974), britischer Politiker und Publizist. 1945–1970 Abgeordneter der Labour Party im britischen Parlament. Crossmann war nie Vorsitzender, sondern lediglich von 1952–1967 Vorstandsmitglied der Labour Party.

[260] Alexander Victor Edward Paulet Montagu, Viscount of Hinchingbrooke, 10. Earl of Sandwich (1905–1995), britischer Politiker, 1941–1962 Abgeordneter der Konservativen Partei im britischen Parlament.

[261] New York Herald Tribune. US-amerikanische Tageszeitung, seit 1922.

[262] Gaston Coblentz, US-amerikanischer Journalist. Seit 1946 Auslandskorrespondent des New York Herald Tribune.

[263] Roland Jean Delcour (geb. 1923), französischer Journalist. 1950–1983 Redakteur bei der französischen Tageszeitung Le Monde, 1953–1955 Berlin-Korrespondent, 1955–1962 Redakteur für deutsche und europäische Fragen.

[264] CBS: US-amerikanische Rundfunk- und Fernseh-Station, gegründet 1927.

[265] National Broadcasting Company, US-amerikanische Rundfunk- und Fernseh-Station, die 1926 als erste Rundfunkanstalt der USA gegründet wurde.

[266] Siehe Dok. 7.

Dokument 37

**Protokoll
über die Rücksprache mit dem zurückgekehrten desertierten
und in den Westen geflüchteten VP-Wachtmeister Horst Sch[...],
und dessen Ehefrau, 8.1.1957
(Abschrift)
BArch DO 1/11, Nr. 344, Bl. 7.**

Bei der Aussprache brachten die Genannten zum Ausdruck, daß sie den Schritt bereits nach kurzer Zeit schwer bereut hätten und nur aus Angst vor der zu erwartenden Strafe nicht eher zurückgekehrt seien.
Sch[...] schilderte zunächst, daß er und seine Ehefrau wochenlang in Lagern unter unmenschlichen Bedingungen hausen mußten. Er wurde von seiner Ehefrau getrennt und in einem großen Raum mit noch weiteren 120 männlichen Personen untergebracht. Seine Frau machte ähnliche Angaben über ihre Unterbringung. Diebstahl und Betrug seien an der Tagesordnung gewesen.
Nach den Gründen befragt, warum er damals desertiert ist und seine Frau die Republik verlassen hätte, erklärten sie folgendes:
Seine Ehefrau ist eine gebürtige Berlinerin, die er vor dem Eintritt in die Volkspolizei während seiner Zugehörigkeit zur KVP in Berlin kennenlernte. Während seines Urlaubs bei der KVP seien sie dann öfters in Westberlin gewesen, hätten sich Filme angesehen und sich durch die vollen Schaufenster blenden lassen. Beeindruckt durch die Filme und die vollen Schaufenster haben sie dann gemeinsam den Entschluß gefaßt, die DDR zu verlassen. Weiter sagten sie, daß sie erhofft hatten, durch diesen Schritt ein schöneres Leben als in der DDR vorzufinden.
Seine Frau führte noch aus, daß sie ebenfalls auf die Propaganda, die in Westberlin gegen die DDR getrieben wurde, hereingefallen wären, und ohne sich weitere Gedanken über die Tat zu machen, seien sie dann abgehauen.
Nach Durchschleusung durch einige Lager seien sie dann in einem Vorort von Köln untergekommen.
Danach befragt, was sie veranlaßt hat, wieder in die DDR zurückzukehren, erklärten sie folgendes:
In der letzten Zeit haben sich die Zustände in Westdeutschland dermaßen verschlechtert, daß man sich nachts kaum noch auf die Straßen wagen könnte, weil es wiederholt vorgekommen ist, daß die Frau mehrere Male von Besatzungssoldaten angegriffen und belästigt wurde. Zum anderen sei es wiederholt vorgekommen, daß sich Jugendliche bis zu 150 Mann zusammenrotten, die Bürger belästigen, Autodiebstähle durchführen und selbst gegen einschreitende Polizei vorgegangen wären.
Sie gaben an, einmal Augenzeuge gewesen zu sein, als Rowdies Polizeiautos umgekippt und Bürger verdroschen haben.
Seine Frau machte die Bemerkung, daß man selbst am Tage auf der Straße nicht sicher wäre, weil kriminelle Elemente bei größtem Verkehr Schaufenster einschlagen oder mit Pistolen zerschießen.
Danach befragt, ob diese Schilderungen nicht etwas übertrieben wären, erklärten sie, daß sie darüber ein ganzes Buch schreiben könnten, abgesehen von dem Elend und den

Bedingungen, unter welchen ein Teil der Menschen in Westdeutschland heute noch leben muß.
„Wir haben selbst am eigenen Leibe gespürt, was es heißt, arbeitslos zu werden oder sich von einer Stelle zur anderen durchhungern zu müssen."
Mein Eindruck war, daß ihre Schilderungen keine Erfindungen sind, sondern daß ihnen diese Zustände die Veranlassung gaben, in die DDR zurückzukehren.
Sie haben den festen Willen, sofort eine Arbeit aufzunehmen und – wie sie selbst zum Ausdruck brachten – durch gute Arbeit ihre Verfehlungen wieder gut zu machen.
So haben sie bereits Verbindung mit der Karl-Liebknecht-Hütte[267] aufgenommen und werden in den nächsten Tagen ihre Arbeit aufnehmen.
Die Aussprache mit der Mutter des Sch[...] ergab, daß diese sehr große Angst hat, daß ihr Sohn später noch eingesperrt wird. Sie brachte zum Ausdruck, daß ihr einige Leute aus dem Ort erklärt hatten, daß ihr Sohn „Fahnenflucht" begangen hätte und mit einer hohen Zuchthausstrafe rechnen müsse.
Zu bemerken wäre noch, daß die Mutter seit 1921 parteilich organisiert ist. Die Sachen, die sie mir von ihrem Sohn zeigte, ließen erkennen, daß dieser ein sehr armseliges Leben geführt haben muß.
Aus all den dargelegten Schilderungen kommt man zu der Überzeugung, daß das Ehepaar Sch[...] in der DDR einen festen Wohnsitz nehmen und sich eine ordentliche Existenz aufbauen will.
Im Beisein der Mutter wurde dem Ehepaar Sch[...] erklärt, daß sie in keinem Falle annehmen sollen, daß in einigen Tagen oder Wochen mit einer Inhaftierung zu rechnen ist.

Polit-Stellvertreter
gez. S c h e i b e
VP-Rat

F.d.r.d.A.
(Hey)
VP-Hwm.

VII. Zeitungs- und Zeitschriftenartikel

Dokument 38

Satirischer Artikel von Erich Brehm[268]: Ein „politischer" Flüchtling, September 1952
Frischer Wind[269], *3. Septemberheft 1952, S. 10.*

In der „Erfassungsstelle für politische Flüchtlinge" in Westberlin stürzte die Sekretärin aufgeregt ins Zimmer des Chefs. „Herr Schmierchen", rief sie, „da draußen ist –"
„Klopfen Sie gefälligst an, bevor Sie mich stören", sagte der Mann, der hinter dem riesigen Schreibtisch Kreuzworträtsel geraten hatte.

---

[267] Karl-Liebknecht-Hütte (bis 1951 „Krughütte"), bedeutende Hütte des Kupferschieferbergbaus bei Eisleben, Bezirk Erfurt.
[268] Erich Brehm (1910–1965), Kabarettist. Gründer des ersten Berliner Nachkriegskabaretts „Kiki", 1954 Kabarettautor, 1953–1958 erster Leiter des Berliner Kabaretts „Die Distel".
[269] Frischer Wind, Satirezeitschrift (1946–1954), Vorläufer des „Eulenspiegel".

„Aber da draußen ist ein politischer Flüchtling!" rief die Sekretärin.
„Ein Flüchtling?" Schmierchen geriet nun auch in Aufregung. „Ja, warum sagen Sie denn das nicht gleich? Ein richtiger Flüchtling aus dem Osten?"
„Er sagt ja, Herr Schmierchen!"
„Dann also herein mit ihm", befahl Schmierchen und setzte sich erwartungsvoll in Positur. Endlich konnte seine Stelle wieder einmal ihre Existenzberechtigung erweisen.
An der Tür erschien ein muskulöser Mann, der offenbar nicht daran dachte, seine Ballonmütze abzunehmen. „Tag", sagte er.
„Guten Tag, guten Tag", grüßte Schmierchen, „nehmen Sie bitte Platz." Er wollte dem Besucher eine Zigarre anbieten, kam aber nicht dazu, denn der Mann sagte: „Ich bin so frei!" und nahm sich unaufgefordert gleich drei Zigarren auf einmal. „Also, woher kommen Sie?" fragte Schmierchen und begann schon, eifrig zu schreiben.
„Aus'm Gefängnis", antwortete der Mann, „ich habe ein halbes Jahr gesessen."
„Aber doch nicht gesessen, lieber Mann", sagte Schmierchen mit sanftem Vorwurf, „Sie haben geschmachtet, verstanden?"
„Nun wenn Sie meinen –", sagte der Besucher.
„Und weswegen haben Sie gesessen – äh – geschmachtet?" fragte Schmierchen.
„Weil ich einbrechen wollte", erklärte der Mann bereitwillig.
„Sie wollten natürlich politisch einbrechen!" sagte Schmierchen.
„Nicht direkt", sagte der Mann, „ich wollte in die HO[270] einbrechen!"
„HO!" rief Schmierchen, „aber das ist doch ganz klar politisch! – Ich muß Sie übrigens darauf aufmerksam machen, daß rein kriminelle Elemente nicht von uns betreut werden! Aber nun mal weiter! Was haben Sie denn da geklaut in der HO?"
„Gar nischt", antwortete der Besucher, „ich wollte gerade erst einsteigen, und da kam schon die Volkspolizei!"
„Das sieht der Volkspolizei ähnlich!" rief Schmierchen. „Da haben Sie also unschuldig geschmachtet!" Er schrieb eifrig. „Sagen Sie", sagte er dann, „haben Sie – sind Sie eigentlich vorbestraft?"
„Ja, klar", sagte der Mann mit einem gewissen Stolz, „ein Jahr Gefängnis, auch wegen Einbruch!"
„Auch in die HO?"
„Nee, nee", erwiderte der Besucher, „geben Sie sich keine Mühe, das war damals wirklich eine rein kriminelle Angelegenheit!"
„Das wollen wir erst einmal sehen!" meinte Schmierchen. „Erzählen Sie mal! Wie war das damals?"
„Damals habe ich einen Teppich geklaut!", sagte der Mann. „So einen richtigen schönen Perserteppich, auf den war ich schon lange scharf gewesen!"
„Perserteppich", murmelte Schmierchen, „immerhin schon etwas aus dem Osten!"
„Ach, geben Sie sich keine Mühe, Chef", meinte der Mann, „das war damals wirklich eine rein kriminelle..."
„Aber – so warten Sie doch erst einmal ab!" rief Schmierchen. „Sie unterschätzen uns! Wann war denn damals der Einbruch?"
„Das war – ja, das war im November 1950", sagte der Besucher nach einigem Überlegen.

---

[270] Handelsorganisation, gegründet 1948.

„Aha", freute sich Schmierchen, „im Monat der deutsch-sowjetischen Freundschaft also!"
„Ja, was hat denn das mit meinem Teppich zu tun?" fragte der Mann überrascht.
„Wir haben Anweisung, alle im Monat für deutsch-sowjetische Freundschaft begangenen Straftaten ohne weiteres als politisch anzusehen", verkündete Schmierchen. „Sie werden also von uns betreut! Haben Sie sich schon entschlossen?"
Der Mann sah Schmierchen verständnislos an.
„Ich meine", sagte Schmierchen, „ob Sie nun in die Fremdenlegion oder in die Bundeswehr eintreten wollen!" Er gab dem Besucher ein Formular. „Hier, füllen Sie das bitte draußen bei meiner Sekretärin aus. Sie kriegen dann bald Bescheid!"
Der Mann sagte: „Ich bin so frei!" und nahm sich noch einmal drei Zigarren, bevor er das Zimmer verließ.
Schmierchen machte sich einige Notizen und klingelte dann der Sekretärin. „Fräulein Pilz", sagte er, „benachrichtigen Sie sofort die Presseleute! Morgen kann wieder ein Artikel erscheinen: ‚Dem Ost-Terror entronnen!'"
Die Sekretärin ging, kam aber mit verstörten Gesicht wieder. „Herr Schmierchen, Herr – Herr Schmierchen", stotterte sie, „der – der politische Flüchtling!"
„Was ist denn mit dem Flüchtling?" fragte Schmierchen ungeduldig.
„Er – er – er ist nicht mehr da!" verkündete das Mädchen.
„Und deswegen stellen Sie sich so an?" rügte Schmierchen. „Er wird ein bißchen Luft schnappen gegangen sein!" Die Sekretärin schluckte. „Mag ja sein", sagte sie dann, „aber –,"
„Was denn nun noch für ein ‚Aber?" fragte Schmierchen ärgerlich.
„Warum hat er denn bloß zum Luftschnappen unsern Kokosläufer mitgenommen?"

Dokument 39

Artikel über eine zurückgekehrte Flüchtlingsfrau, „Eine Frau kehrte zurück", 14. 4. 1961
Die Frau von heute[271] Nr. 15, 14. 4. 1961, S. 10.

[...][272]

Die Nacht vom 11. zum 12. Dezember 1951 sollte für Ritas Leben sehr entscheidend werden. Damals stolperte sie gemeinsam mit ihrem Verlobten bei Boizenburg[273] über die „Grüne Grenze" einer – wie sie glaubte – besseren Zukunft entgegen. War es ein Verbrechen, was sie tat? Schließlich liebte sie ihren Bräutigam, und wenn er unbedingt nach Augsburg zu seinen Eltern wollte, so hieß es für sie, die ja doch bald seinen Namen tragen würde, ihm folgen. Zwei Monate später wurde aus Rita Möller Frau Keilbar, und das Leben bei den Schwiegereltern – Schwiegervater war Schlachthofdirektor – ließ sich eigentlich so an, wie es sich manche junge Frau im Traum gern vorstellt.

---

[271] Die Frau von heute. Organ des Demokratischen Frauenbundes Deutschlands, 1946–1961, Vorläufer der Zeitschrift „Für Dich".
[272] Ausgelassen wurde ein einleitender Abschnitt mit Auszug aus dem Abschiedsbrief einer anderen geflüchteten Frau.
[273] Stadt im Bezirk Schwerin, Kreis Hagenow.

Was hatte Rita in ihrem Heimatdorf Neu-Kaliss[274] aufgegeben? „Lediglich" eine Schulklasse mit sieben- und achtjährigen Kindern, die sie als Neulehrerin betreute, und die Aussicht, als Sportlehrerin ausgebildet zu werden. Vorbei! Ihr Platz war an der Seite ihre Mannes. Die Jahre vergingen – und das Wirtschaftswunder wurde auch für sie zu einer Phrase. Verdiente Ritas Mann als Vertreter einmal gut, so lebte er über seine Verhältnisse, vergaß die Familie und spielte den Geldmann. Hatte er jedoch nichts zu tun, blieben die Aufträge aus – und das geschah von Jahr zu Jahr häufiger –, mußte Rita wahre Kunststücke vollbringen, um mit dem wenigen auszukommen, denn die Familie war größer geworden: Marina, Karin und Harald waren hinzugekommen. Von dem Schlachthofdirektor in Augsburg hatte die Familie nichts zu erwarten.

Rita versuchte, ihren Mann zur Rückkehr in die DDR zu bewegen. „Dort bekommen wir Arbeit", versicherte sie ihm. Er aber wollte davon nichts wissen. Es gab viele Meinungsverschiedenheiten, jeder hatte eine andere Lebensauffassung – sie verstanden sich nicht mehr. Rita bemühte sich um eine Anstellung als Lehrerin. „Aus der Ostzone und dann auch noch evangelisch! Unmöglich!" sagte man. Aber Rita wollte unabhängig werden, wollte sich ihr Geld selbst verdienen, um nicht länger auf die Gnade und Ungnade ihres Mannes angewiesen zu sein. Und sie verdiente schließlich ein paar Mark bei einem Gastwirt als Serviererin.

Dann mußte sie mit ansehen, wie ihre Tochter Marina in der Schule gehänselt wurde, wie sie, als einziges protestantisches Kind unter den katholischen Kindern, in der Schule ewig abseits stand. Rita verglich die Schule in Münsing-Ammerland[275], in der über 50 Kinder des 2. und 3. Schuljahres in einer engen Klasse unterrichtet wurden, mit der Zentralschule in Neu-Kaliss. Sie sah plötzlich, daß der Pfarrer des Ortes eine prächtige Villa bewohnte, während der Schule nur drei kleine Räume und so gut wie keine Lehrmittel zur Verfügung standen. Sie bemerkte die Flut von Gangsterfilmen und Schundliteratur – sie bekam Angst um ihre Kinder.

Nein, meine Kinder sollen in einer friedlichen Atmosphäre aufwachsen, sagte sie sich und kehrte so nach fast zehn Jahren – vom Wirtschaftswunder geheilt – zu ihren Eltern zurück, zurück in unsere Republik, wo sie heute jedem versichert: „Meine Kinder hätten in Westdeutschland nie eine ordentliche Ausbildung erhalten können, ganz bestimmt nicht!"

Dokument 40

Erlebnisbericht eines desertierten und geflüchteten Volkspolizisten,
„Wie mich RIAS-Agenten nach West-Berlin lockten", 29. 1. 1954
*Der Kämpfer, Organ des Ministeriums des Innern, Kasernierte Volkspolizei, 2. Jg.(1954),
Nr. 5, 29. 1. 1954, S. 2.*

Mit Lügen, Versprechungen und Drohungen versuchen amerikanische und westdeutsche Agenten ehrliche und fleißige Einwohner unserer Republik in die Fänge der westdeutschen Monopolisten und Junker zu locken. Welche abgefeimten Methoden sie dabei an-

---

[274] Ort im Bezirk Schwerin, Kreis Ludwigslust.
[275] Kleiner Ort am Ostufer des Starnberger Sees in Bayern.

wenden, zeigt der nachfolgende Brief eines Verführten, der im Kreissekretariat der Demokratischen Bauernpartei Deutschlands in Rathenow[276] arbeitete und von RIAS-Agenten nach West-Berlin gelockt wurde. Er schreibt:

„Kollegen des Kreissekretariats, Ihr werdet erstaunt sein, daß ich an Euch schreibe. Aber ich muß Euch schreiben, wie sich alles zugetragen hat, daß ich die Deutsche Demokratische Republik verlassen habe. Am 29. Mai vorigen Jahres war ich auf dem Parteisekretariat und ging von dort zur Imbißstube, wo ich eine Flasche Bier trank. Da kam jemand zu mir und sprach mich an: ,R.[277], i c h   w i l l   S i e   d a r a u f   a u f m e r k s a m   m a c h e n , d a ß   S i e   v e r h a f t e t   w e r d e n   s o l l e n .   V e r s c h w i n d e n   S i e   n a c h   W e s t - B e r l i n .' – Ich war mir keiner Schuld bewußt, wollte das Gesagte nicht glauben und sah mir den Sprecher genau an. Er zeigte mir dann einen Ausweis und bemerkte, er wäre vom Staatssicherheitsdienst. Das machte mich kopflos, und ich setzte mich, wie ich ging und stand, auf die Bahn und fuhr nach West-Berlin.

Da ging es ins Lager, und die Rennerei und das Verhören ging los. Nachdem man mir den Ausweis abgenommen hatte, sah ich den sauberen Herrn wieder, und zwar bei einer der Dienststellen. Da ging mir ein Licht auf, daß alles nur Bluff war. Der Betreffende sagte mir höhnisch: ,Sie werden mir noch einmal dankbar sein, daß Sie Ihrer Verhaftung entgangen sind.' – Nun wußte ich, daß es ein Agent war; denn von Leuten, mit denen ich mich unterhalten habe, habe ich von mehreren ähnlichen Fällen gehört.

Nur etwas will ich Euch aus dem ,goldenen Westen' schreiben und von dem Leben der Flüchtlinge, die auf die RIAS-Propaganda und die Tips der Agenten reingefallen sind: Lager in Kasernen, Kinder, Frauen und Männer in Massenquartieren: Propaganda: Wenn Bauern wieder zurückmachen würden, sofortige Verhaftung und Abtransport nach Sibirien. Solche und ähnliche Gerüchte werden in den Lagern verbreitet.

Arbeit gibt es fast gar nicht; und wenn Arbeit gefunden ist, so reicht das Geld nur zum nackten Leben, manchmal auch nicht.

Den jüngeren Leuten wird vorgeredet, der beste Beruf, in dem sie Geld verdienen können, ist der Bergbau. Aber wie sieht es da aus! Redet man mit den Kumpeln, haben alle die Schnauze voll. Die Löhne hören sich gut an, aber die Abzüge und Steuern sind so hoch, so daß nicht viel übrigbleibt. Die Kumpel essen ,Sanella'-Margarine, denn Butter können sie sich nicht leisten, wenn sie sich noch etwas Zeug anschaffen wollen. Die meisten sind bis über beide Ohren verschuldet.

Viele Westgänger sagen, wenn wir wüßten, daß wir in der DDR wieder aufgenommen werden und uns nichts geschieht, würden wir wieder zurückgehen. Aber es wird hier soviel Propaganda getrieben, daß wir bei Rückkehr in die DDR verhaftet werden.

Wenn ich nun auch das Vertrauen der Partei mißbraucht habe und dadurch aus der Partei ausgeschlossen bin, so würde ich, wenn es mir ermöglicht werden würde, wieder in die DDR zurückkommen, meine ganze Kraft für den Aufbau der DDR einsetzen, wenn man nicht Folgen zu befürchten brauchte, mit denen man uns hier schreckt. Ich würde allen sagen, wie es hier aussieht, und unter welchen unwürdigen Verhältnissen die Arbeiter hier leben.

Es grüßt Euch H.R."

---

[276] Kreisstadt im Bezirk Potsdam.
[277] Anonymisierung im Original.

Dokument 41

Artikel über Republikflüchtige: „Hunger und Elend – das westliche ‚Paradies'.
Republikflüchtige bitten die Regierung der DDR um Wiederaufnahme", 7. 2. 1953
ND Nr. 32, 7. 2. 1953, S. 2.

Berlin (ADN). Bei der Regierung der DDR häufen sich täglich Briefe von republikflüchtigen Personen, die um ihre Rückkehr in das Gebiet der Republik nachsuchen. Voller Verzweiflung berichten die Absender, daß sie die Haltlosigkeit der westlichen Hetzpropaganda am eigenen Leibe kennengelernt haben. Statt ins „Paradies" wie der Rias lügt, sind sie in ausweglosem Elend geraten. Durch diese Flut von Briefen wird das Schicksal der aus Leichtgläubigkeit der Rias-Propaganda zum Opfer gefallenen Menschen illustriert, auf das Ministerpräsident Grotewohl bei seiner Ansprache in der Volkskammer verwies. Er hatte betont, daß die Regierung bereit ist, solche Republikflüchtigen wiederaufzunehmen.[278]
Ein einziger Notschrei ist der Brief von Herbert F.[279], der illegal nach Westdeutschland umgesiedelt war und zurückkehren möchte.
„Wir liegen jetzt mit unserem sieben Monate alten Kind auf der Straße. Was wir essen wollen, das müssen wir uns bitter von Haus zu Haus zusammenbetteln. Wir sind bald am Verzweifeln, immer mit dem Kinderwagen von Dorf zu Dorf und von Stadt zu Stadt herumziehen zu müssen. Nirgends werden wir untergebracht, und keiner hilft uns. Wenn wir weiter auf der Straße herumziehen müssen, dann gehen wir bald zugrunde. Die Nächte müssen wir auf den Bahnhöfen oder in Obdachlosenasylen zubringen. Ein kurzes Beispiel will ich Ihnen geben, was wir für Unterstützung auf den einzelnen Sozialämtern bekommen. In Neustadt an der Weinstraße haben wir zwei Gutscheine bekommen über vier Stückchen Käse und zehn Brötchen. Davon sollen wir ein kleines Kind ernähren! Der Beweis liegt anbei.[280]
Nehmen Sie meine große Bitte zur Kenntnis und nehmen Sie uns als Bürger in der DDR auf, denn wir sind noch jung und wollen mithelfen, den Aufbau für ein friedliebendes Deutschland zu fördern."

Dokument 42

Artikel über zurückgekehrte Flüchtlinge, „Warum sie zurückkamen", 22. 7. 1953
ND Nr. 169, 22. 7. 1953, S. 3.

Auf Grund der Beschlüsse der Regierung der Deutschen Demokratischen Republik vom 11. und 25. Juni 1953[281] kommen immer mehr Menschen aller Schichten aus Westdeutschland und Westberlin in die Deutsche Demokratische Republik zurück. Unter den Zurück-

---

[278] Rede Grotewohls vor der Volkskammer vom 4. 2. 1953 zum „Gesetz über den Staatshaushaltsplan 1953", 30. Sitzung der Volkskammer der Deutschen Demokratischen Republik (Stenographische Niederschrift), S. 854–862, hier S. 861.
[279] Anonymisierung im Original.
[280] Abgedruckt ist ein Foto des Gutscheins.
[281] Gemeint ist der sogenannte „Neue Kurs" der als „Kommuniqué des Politbüros" am 11. 6. 1953 in ND verkündet wurde. Damit einher gingen u.a. Erleichterungen für Rückkehrende, siehe dazu Dok. 5.

kehrenden befinden sich viele Bauern und Gewerbetreibende, die mit Freude ihren Hof oder ihr Geschäft wieder in Besitz nehmen.
Allein in Leipzig meldeten sich bis vergangenen Freitag 100 republikflüchtige Bürger bei den Behörden ihrer Heimatstadt. Sie vertrauen unserer Regierung mehr als den Hetzrednern des Rias und baten, wieder in ihre alte Wohnung eingewiesen zu werden und einen Arbeitsplatz zu erhalten, der ihren Fähigkeiten entspricht.
„Wenn die westdeutschen Zeitungen und Politiker auch alles versuchen, die neuen Maßnahmen der Regierung der Deutschen Demokratischen Republik zu verdrehen und zu entstellen, so hat doch ein großer Teil der Republikflüchtigen daraus neue Hoffnungen geschöpft und folgt mit großer Freude der Aufforderung, wieder nach Hause zurückzukehren", erklärte die Verkäuferin Edeltraud Kuntz, die in der vergangenen Woche wieder in Leipzig eintraf. „Ich freue mich besonders, daß ich wieder an meinem alten Arbeitsplatz bei der HO arbeiten kann, denn das Herumlungern und die Arbeitslosigkeit habe ich in Westdeutschland zur Genüge kennen gelernt."
Auch der Großbauer Ritscher aus der Gemeinde Wiesa im Kreis Kamenz[282] kehrte, nachdem er von den Beschlüssen unserer Regierung hörte, aus Westdeutschland in seine Heimat zurück. Ihn zog es wieder auf seinen Hof und zu seiner Arbeit, weil ihm ein Leben ohne Inhalt und Ziel, wie er und seine Familie es in Westdeutschland führen mußten, nicht zusagte.
„Die Menschen dort haben keine Zukunft"; hat er erkannt, „und die westfälischen Bauern arbeiten gerade soviel, als unbedingt notwendig ist. Es gibt keine intensive Bodenbearbeitung, und die Pflege der Tiere geschieht recht und schlecht. Man spürt eben, daß die Wirtschaft nicht wie bei uns geplant und gelenkt ist." Bauer Ritscher freut sich über die Rückgabe seines Hofes, die vom Rat des Kreises schnell und reibungslos vorgenommen wurde,[283] und darüber, daß er wieder gemeinsam mit den Menschen in der Deutschen Demokratischen Republik ans Werk gehen kann.
Wolfgang Leisring, der im August 1952 seine Heimatstadt Halle verließ, um „drüben mal etwas ganz anderes zu suchen"; ist ebenfalls gern wieder zurückgekommen, denn auch für ihn begann gleich nach Überschreiten der Demarkationslinie in Westdeutschland eine schwere Zeit.
„Tagelang, ja wochenlang war ich auf der Suche nach Arbeit und einer Unterkunft", sagte er. Endlich gelang es mir mit großer Mühe, in einem Bunker für 2 D-Mark täglich eine Schlafgelegenheit zu erhalten. Ein möbliertes Zimmer konnte ich mir als Arbeitsloser gar nicht leisten."
Er ist froh darüber, wieder in seiner Heimat zu sein, wo es Arbeit und Brot für ihn gibt. Weil er das Leben der Arbeitslosen in Westdeutschland aus eigenem Anschauungsunterricht kennt, rät er jedem, „den schmutzigen Lockungen und Versprechungen des Rias nicht zu folgen".
Kollege Mackrodt aus Halle ging im Mai vorigen Jahres nach Westdeutschland. Aus „Abenteuerlust", sagt er. „ich wollte mal eine Reise machen und mir gleichzeitig eine andere Arbeit suchen."

---

[282] Bezirk Dresden.
[283] Siehe dazu Dok. 5, § 2, Abs. 2.

Auch er wurde in seinen Erwartungen enttäuscht. „Geordnete Verhältnisse gab ich auf und Barackenleben lernte ich kennen", erzählt er weiter. „Meistens aber zog ich von Ort zu Ort, weil es keine Arbeit gab. Nur Gelegenheitsarbeiten oder Arbeiten beim Bauern waren zu haben. Aber die Bauern wollen an ‚Ostflüchtlinge' nicht viel bezahlen. Sie nutzen die Arbeitslosigkeit aus und sagen ‚erst mal sehen, was Sie leisten', versuchsweise wird man eingestellt bei schwerer Arbeit und geringem Lohn. Oft bereute ich meine Handlungsweise, und ich beschloß, wieder in meine Heimat, in die DDR zurückzukehren."

Jetzt arbeitet Kollege Mackrodt wieder in seiner alten Dienststelle, ohne daß er wegen seines früheren leichtfertigen Handelns irgendwie benachteiligt wird.

(Eig. Ber.)

VIII. Statistiken

Tabelle 1   Monatliche Abwanderung nach Westdeutschland und Westberlin

	1950	1951	1952	1953	1954	1955	1956	1957	1958	1959	1960	1961
Januar		15 770	14 379	19 473	14 056	17 898	27 677	24 791	25 066	13 282	10 828	18 140
Februar		13 875	14 874	26 476	14 541	17 114	29 279	22 056	14 891	9 292	8 873	12 278
März		15 918	14 580	42 044	15 474	17 843	26 031	22 715	13 059	9 999	12 491	14 952
April		15 670	15 313	35 931	15 827	18 154	30 337	23 222	15 427	14 885	17 311	19 032
Mai		17 251	13 620	33 223	17 106	21 189	26 996	34 536	13 128	11 726	20 062	17 200
Juni		18 576	13 698	38 540	16 587	23 404	30 175	36 482	14 969	11 962	17 583	19 329
Juli		12 032	15 955	12 876	20 780	24 559	27 145	27 086	16 426	10 217	15 823	23 311
August		16 682	16 622	12 543	21 194	26 122	31 806	32 254	20 769	12 687	20 434	49 000
September	19 348	14 867	17 292	18 120	23 451	38 980	38 423	39 723	26 162	15 050	23 481	27 584
Oktober	23 774	16 584	18 991	19 638	26 034	40 904	39 491	34 820	23 223	13 568	21 795	6 271
November	20 852	18 068	18 425	20 750	22 842	39 574	33 379	30 356	20 620	11 970	18 765	3 348
Dezember	17 147	12 498	12 029	16 560	18 463	29 494	22 922	23 627	11 790	9 587	15 265	2 369
Gesamt	81 121	187 791	185 778	296 174	226 355	315 235	363 661	351 668	215 530	144 225	202 711	212 814

Quelle: Für die Jahre 1950 und 1951: BArch, DE 2, Nr. 1722, Wanderung über die Grenzen der DDR von und nach Westdeutschland und Westberlin sowie von und nach dem Ausland, Bl. 5 f.; Für die Jahre 1952 bis 1961: BArch DE 2, Nr. 1721, Bl. 15 f., Bericht über die Entwicklung der Wanderung über die Grenzen der DDR bis zum 31.12.1961.

256 Dokumente und Statistiken

Tabelle 2   Monatliche Zuwanderung von Westdeutschland und Westberlin

	1950	1951	1952	1953	1954	1955	1956	1957	1958	1959	1960	1961
Januar		4 407	2 935	1 036	5 148	9 008	5 338	8 332	6 196	5 695	4 570	2 906
Februar		3 914	2 420	1 110	4 377	6 949	4 969	6 232	4 279	4 841	3 977	2 766
März		7 174	2 324	930	4 883	6 505	4 509	6 109	4 392	5 228	4 388	2 979
April		4 421	2 301	739	5 715	7 073	5 363	6 054	4 761	5 598	4 153	3 148
Mai		4 436	2 509	804	5 763	5 845	5 371	6 466	3 936	5 829	3 351	3 140
Juni		4 700	2 023	1 922	6 312	5 142	5 603	6 326	3 763	4 823	3 360	3 368
Juli		2 625	1 991	3 464	7 065	5 057	6 050	6 404	3 786	5 502	3 201	2 776
August		2 922	1 664	4 000	6 788	5 372	7 378	6 603	3 768	5 754	3 134	3 117
September	5 848	4 789	1 362	5 265	7 969	6 282	7 499	6 909	4 038	5 612	3 149	3 269
Oktober	6 767	2 898	1 367	4 725	8 760	5 363	8 242	6 210	4 130	5 295	2 939	2 555
November	5 908	2 682	1 352	4 110	7 669	4 944	7 287	5 707	5 040	4 580	3 219	2 053
Dezember	4 812	2 147	886	3 687	5 958	5 318	6 098	6 600	6 757	4 895	3 502	2 043
Gesamt	23 335	47 115	23 134	31 792	75 867	72 858	73 707	77 952	54 846	63 152	42 943	34 039

Quelle: wie Tabelle 1

Tabelle 3   Jährliche Abwanderung nach Westdeutschland und Westberlin nach Berufen

	1952	1953	1954	1955	1956	1957	1958	1959	1960	1961
Wandernde insgesamt	185 778	296 174	226 355	315 235	363 661	351 668	215 530	144 225	202 711	215 419
davon: Personen unter 15 Jahren	35 939	68 402	42 120	56 309	67 623	58 926	42 107	23 803	36 328	38 011
~ im Rentenalter	12 565	20 851	20 516	20 655	25 812	22 299	21 009	21 359	22 422	22 228
~ im arbeitsfähigen Alter (15–60/65)	137 274	206 921	163 719	238 271	270 226	270 443	152 414	99 063	143 961	155 180
1. Arbeiter insgesamt	39 360	48 431	52 145	92 798	110 393	130 771	58 686	45 787	64 562	75 372
davon: im Bergbau	6 843	834	1 081	2 004	2 435	3 751	845	708	860	1 191

VIII. Statistiken **257**

in der Industrie	10 360	14 820	16 366	32 157	37 080	48 330	17 969	13 645	22 443	27 533
in der Landwirtschaft	3 151	3 974	3 670	5 158	7 622	10 399	4 185	3 224	4 327	3 313
sonstige Arbeiter	19 006	28 803	31 028	53 479	63 256	68 291	35 687	28 210	36 932	43 335
2. Angestellte	22 841	35 728	28 938	40 897	46 922	43 688	26 507	15 693	22 315	24 231
3. Ausgewählte Berufe der Intelligenz	6 408	7 405	5 352	8 192	7 434	6 738	7 601	3 885	5 967	6 914
davon: Wissenschaftler und Forscher	386	326	134	170	170	146	313	129	118	126
Ingenieure, Techniker, Chemiker	2 082	2 400	2 009	3 713	2 852	2 376	1 876	1 287	2 230	2 932
Ärzte, Tierärzte und Zahnärzte	640	693	339	431	671	600	1 357	758	1 093	1 054
Lehrer[284]	3 300	2 168	2 095	2 705	2 501	2 286	2 832	1 088	1 822	1 881
sonstige Bildungsberufe		1 105	468	756	744	863	806	347	421	532
Künstler		713	307	417	496	467	417	276	283	389
4. Bauern[285]	2 914	11 613	2 389	2 756	3 505	3 305	1 948	1 643	5 637	4 335
5. Handwerker[286]	7 404	11 744	5 913	6 711	6 350	2 530	1 879	1 505	2 866	2 509
6. Gewerbetreibende						1 783	2 424	1 028	1 430	815
7. Sonstige Selbständige	2 517	2 742	1 359	1 397	1 292	879	556	863	1 492	1 094
8. Nichtberufstätige Hausfrauen	24 482	43 080	21 174	32 651	46 391	39 196	29 891	16 666	24 113	25 033
9. Schüler und Studenten			1 676	3 769	4 160	5 633	6 361	3 369	4 706	7 065
davon: Studenten an Hochschulen						1 662	2 266	994	965	2 510
10. Ohne Berufsangabe[287]	31 348	46 178	44 773	49 100	43 779	35 920	16 561	8 624	10 873	7 812

Quelle: BArch DE 2, Nr. 22422, Bl. 35, Die Wanderung über die Grenzen der DDR 1952 bis 1964.

[284] 1952 einschließlich Künstler und sonstige Bildungsberufe.
[285] Einschließlich Gärtner und Binnenfischer sowie LPG-Mitglieder.
[286] Bis 1956 einschließlich Gewerbetreibende; im gesamten Zeitraum einschließlich Hochseefischer sowie Mitglieder von Produktionsgenossenschaften.
[287] Bis 1953 einschließlich Schüler und Studenten.

258 Dokumente und Statistiken

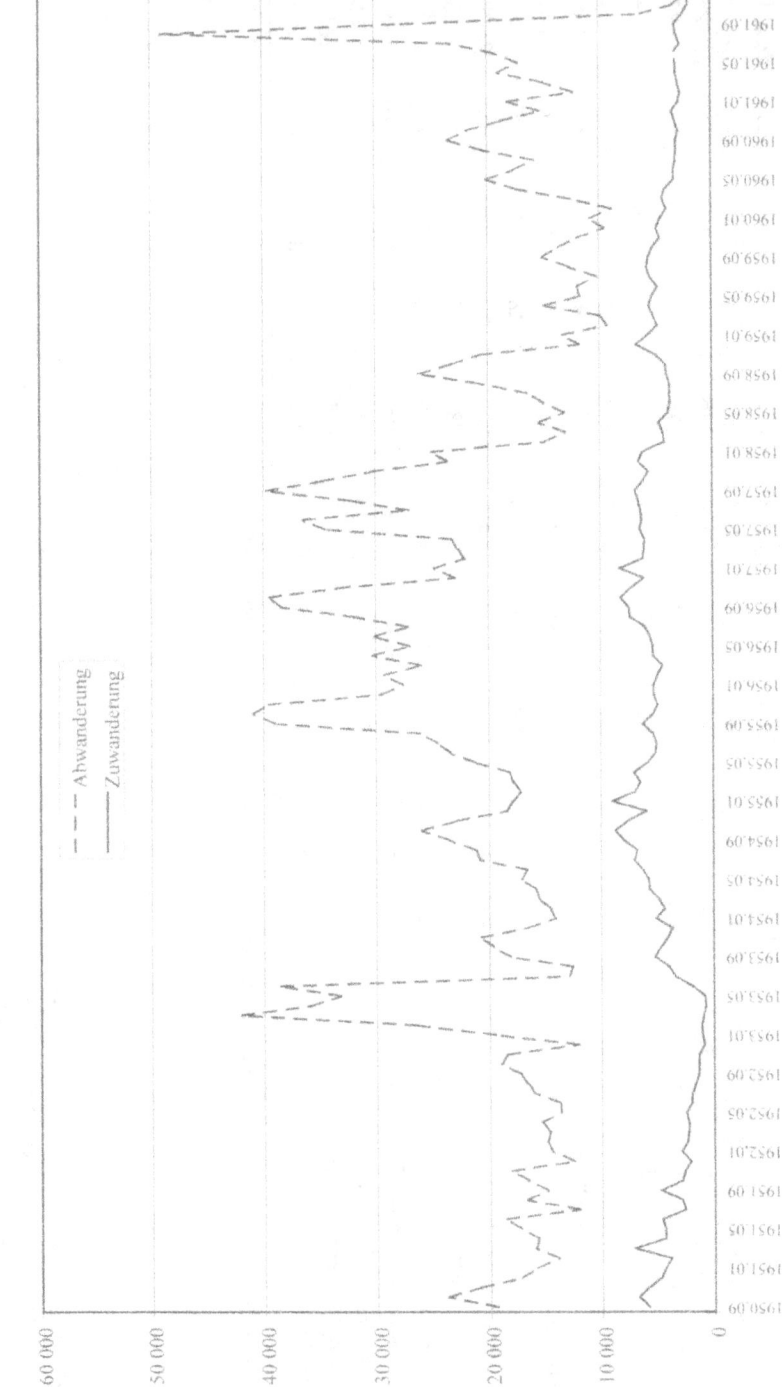

Grafik 1 Monatliche Zu- und Abwanderung von / nach Westdeutschland und West-Berlin

Quelle: Siehe Tabelle 1 und 2

VIII. Statistiken

Grafik 2 Jährliche Abwanderung nach Westdeutschland und West-Berlin

Quelle: Siehe Tabelle 1

Abkürzungsverzeichnis

ABF	Arbeiter-und-Bauern-Fakultät
ABV	Abschnittsbevollmächtigter
ACDP	Archiv für Christlich-Demokratische Politik
ADL	Archiv des Deutschen Liberalismus
ADN	Allgemeiner Deutscher Nachrichtendienst
AEG	Allgemeine Elektricitäts-Gesellschaft
AfI	Amt für Information
AfS	Archiv für Sozialgeschichte
AG	Aktiengesellschaft
AGL	Abteilungsgewerkschaftsleitung
APuZ	Aus Politik und Zeitgeschichte
AS	Allgemeine Sachablage
AWG	Arbeiterwohnungsbaugenossenschaft
AZKW	Amt für Zoll und Kontrolle des Warenverkehrs
BArch	Bundesarchiv
BDL	Bank deutscher Länder
BdL	Büro der Leitung
BDVP	Bezirksbehörde der Deutschen Volkspolizei
BGL	Betriebsgewerkschaftsleitung
BHG	Bäuerliche Handelsgenossenschaft
BKW	Braunkohlewerk
BPO	Betriebsparteiorganisation
BS K	Betriebsschutz Kriminalpolizei
BStU ZA	Bundesbeauftragte für die Unterlagen des Staatssicherheitsdienstes der ehemaligen Deutschen Demokratischen Republik, Zentralarchiv
BzG	Beiträge zur Geschichte der Arbeiterbewegung
CDU	Christlich-Demokratische Union Deutschlands
CSR	Tschechoslowakische Republik
DAF	Deutsche Arbeitsfront
DDR	Deutsche Demokratische Republik
DEFA	Deutsche Film-AG
DGP	Deutsche Grenzpolizei
DNB	Deutsche Notenbank
DSF	Gesellschaft für Deutsch-Sowjetische Freundschaft
DVdI	Deutsche Verwaltung des Innern
DVP	Deutsche Volkspolizei
DWI	Deutsches Wirtschaftsinstitut
DWK	Deutsche Wirtschaftskommission
F.d.R.	Für die Richtigkeit
F.d.R.d.A.	Für die Richtigkeit der Abschrift

f.d.R.d.A.v.A.	für die Richtigkeit der Abschrift von Abschrift
FDGB	Freier Deutscher Gewerkschaftsbund
FDJ	Freie Deutsche Jugend
FS	Fernschreiben
GBl.	Gesetzblatt der DDR
Gen.	Genosse
HA	Hauptabteilung
HJ	Hitler-Jugend
HO	Handelsorganisation
HV A	Hauptverwaltung Aufklärung
HVDVP	Hauptverwaltung Deutsche Volkspolizei
HWm.	Hauptwachtmeister
IA	Innere Angelegenheiten
IM	Inoffizieller Mitarbeiter
K	Kriminalpolizei
K-5	Kommissariat 5
KPD	Kommunistische Partei Deutschlands
KPdSU	Kommunistische Partei der Sowjetunion
KPP	Kontrollpassierpunkt
KVP	Kasernierte Volkspolizei
LAG	Lastenausgleichsgesetz
LAS	Landesarchiv Schwerin
LDPD	Liberal-Demokratische Partei Deutschlands
LdVP	Landesbehörde der Deutschen Volkspolizei
LKA	Landeskriminalamt
LPG	Landwirtschaftliche Produktionsgenossenschaft
Ltn.	Leutnant
MAS	Maschinen-Ausleih-Station
MdI	Ministerium des Innern
MdJ	Ministerium für Justiz
MfAA	Ministerium für Auswärtige Angelegenheiten
MfS	Ministerium für Staatssicherheit
NATO	North Atlantic Treaty Organisation
NAW	Nationales Aufbauwerk
ND	Neues Deutschland
NS	Nationalsozialismus
NSDAP	Nationalsozialistische Deutsche Arbeiterpartei
NSFK	Nationalsozialistisches Fliegerkorps
NVA	Nationale Volksarmee
NWDR	Nordwestdeutscher Rundfunk
o.D.	ohne Datum
o.T.	ohne Titel
o.V.	ohne Verfasser
PA	Personalausweis
PB	Politbüro
PdVP	Präsidium der Volkspolizei (Berlin)

PK	Paßkontrolle
PM	Paß- und Meldewesen
PM 12a	Paß- und Meldebescheinigung 12a
PS	Personenschutz
RIAS	Rundfunk im Amerikanischen Sektor
S	Schutzpolizei
SA	Sturmabteilung
SAG	Sowjetische Aktiengesellschaft
SAPMO	Stiftung Archiv der Parteien und Massenorganisationen der DDR
SBZ	Sowjetische Besatzungszone
SdAG	Sowjetisch-deutsche Aktiengesellschaft
SdM	Sekretariat des Ministers
SED	Sozialistische Einheitspartei Deutschlands
SKK	Sowjetische Kontrollkommission
SMAD	Sowjetische Militäradministration in Deutschland
SPK	Staatliche Plankommission
SS	Schutzstaffel
StEG	Strafergänzungsgesetz
StGB	Strafgesetzbuch
TH	Technische Hochschule
Trapo	Transportpolizei
UdSSR	Union der Sozialistischen Sowjetrepubliken
USA	United States of America
USPD	Unabhängige Sozialdemokratische Partei Deutschlands
VA	Verwaltungsangelegenheiten
VE	Versorgungseinrichtung
VEAB	Volkseigener Erfassungs- und Aufkaufbetrieb
VEB	Volkseigener Betrieb
VEBF	Volkseigener Betrieb Fischkombinat
VfZ	Vierteljahrshefte für Zeitgeschichte
VK	Verkehrskontrolle
VP	Volkspolizei
VPKA	Volkspolizeikreisamt
ZA	Zentralarchiv
ZAIG	Zentrale Auswertungs- und Informationsgruppe
ZBK	Zugbegleitkommando
ZfG	Zeitschrift für Geschichtswissenschaft
ZK	Zentralkomitee
ZKSK	Zentrale Kommission für Staatliche Kontrolle
ZPKK	Zentrale Parteikontrollkommission
ZV	Zentralverwaltung

Quellen- und Literaturverzeichnis

I. Ungedruckte Quellen

Archiv des deutschen Liberalismus, Gummersbach (ADL)

ADL, LDPD, Sekretariat des Zentralvorstands, Sitzungen: L 3-92

Archiv für Christlich-Demokratische Politik, St. Augustin (ACDP)

ACDP, Ost-CDU: Sekretariat des Hauptvorstandes: VII-011
ACDP, Ost-CDU: Sachthemen: VII-013

Bundesarchiv, Außenstelle Berlin-Lichterfelde (BArch)

BArch, Staatliche Plankommission: DE 1
BArch, Deutsche Verwaltung des Innern: DO 1/07
BArch, Ministerium des Innern: DO 1/34
BArch, Ministerium des Innern, Teilbestand Hauptverwaltung Deutsche Volkspolizei: DO 1/11

Bundesarchiv, Außenstelle Berlin-Dahlwitz-Hoppegarten (BArch)

BArch, Zentralverwaltung für Statistik: DE 2

Die Bundesbeauftragte für die Unterlagen des Staatssicherheitsdienstes der ehemaligen Deutschen Demokratischen Republik, Zentralarchiv, Berlin (BStU ZA)

BStU ZA, Allgemeine Sachablage: MfS-AS
BStU ZA, Büro der Leitung: MfS-BdL
BStU ZA, Hauptabteilung VI: MfS-HA VI
BStU ZA, Hauptabteilung XX/Auswertungs- und Kontrollgruppe: MfS-HA XX/AKG
BStU ZA, Sekretariat des Ministers: MfS-SdM
BStU ZA, Zentrale Auswertungs- und Informationsgruppe: MfS-ZAIG

Landesarchiv Schwerin (LAS)

LAS, Bezirksbehörde der Deutschen Volkspolizei Schwerin: BDVP Schwerin
LAS, Rat des Bezirkes Schwerin: RdB Schwerin
LAS, Bestand Abschnittsverwaltung der Transportpolizei Schwerin: Trapo Schwerin
LAS, Landtag Mecklenburg: Meckl. Landtag
LAS, Ministerpräsident: MinPräs

Stadtarchiv Schwerin

Stadtarchiv Schwerin, Bestand Abteilung Inneres: R 4

Stiftung Archiv der Parteien und Massenorganisationen der DDR im Bundesarchiv, Berlin (SAPMO-BArch)

SAPMO-BArch, Politbüro des Zentralkomitees der SED: DY 30 IV 2/2; DY 30 J IV 2/2
SAPMO-BArch, Sekretariat des Zentralkomitees der SED: DY 30 J IV 2/3
SAPMO-BArch, Zentralkomitee der SED, Abt. Staat und Recht: DY 30 IV 2/13
SAPMO-BArch, Abt. Parteiorgane: DY 30/IV 2/5
SAPMO-BArch, Nachlaß Walter Ulbricht: NY 4182

II. Periodika

Amtsblatt des Kontrollrats in Deutschland. Ergänzungsblatt, Berlin 1946.
Bundesgesetzblatt, Bonn 1949 ff.
Frankfurter Allgemeine. Zeitung für Deutschland, Frankfurt 1949 ff.
Die Frau von heute. Organ des Demokratischen Frauenbundes Deutschlands, Leipzig 1946 ff.
Frischer Wind, Berlin 1946 ff.
Gesetzblatt der Deutschen Demokratischen Republik, Berlin 1949 ff.
Der Kämpfer. Organ der Kasernierten Volkspolizei, Berlin 1953 ff.
Kirchliches Jahrbuch für die Evangelische Kirche in Deutschland, Gütersloh 1948 ff.
Neue Berliner Illustrierte, Berlin 1945 ff.
Neues Deutschland. Zentralorgan der Sozialistischen Einheitspartei Deutschlands. Berliner Ausgabe, Berlin 1946 ff.
Volksstimme. Organ der Bezirksleitung Karl-Marx-Stadt der Sozialistischen Einheitspartei Deutschlands, Karl-Marx-Stadt 1946 ff.
Zentralblatt der Deutschen Demokratischen Republik, Berlin 1953 ff.
Zentralverordnungsblatt. Amtliches Organ der Deutschen Wirtschaftskommission und ihrer Hauptverwaltungen sowie der Deutschen Verwaltungen für Inneres, Justiz und Volksbildung, Berlin 1949.

III. Gedruckte Quellen und Literatur

Ackermann, Volker: Der „echte" Flüchtling. Deutsche Vertriebene und Flüchtlinge aus der DDR, Osnabrück 1995.
Arndt, Helmut: Die volkswirtschaftliche Eingliederung eines Bevölkerungszustroms. Wirtschaftstheoretische Einführung in das Vertriebenen- und Flüchtlingsproblem, Berlin 1954.
Augustin, Katja: Im Vorzimmer des Westens. Das Notaufnahmelager Marienfelde, in: Effner/Heidemeyer, Flucht im geteilten Deutschland (2005), S. 135–151.
Augustine, Dolores L.: Frustrierte Technokraten. Zur Sozialgeschichte des Ingenieurberufs in der Ulbricht-Ära, in: Bessel/Jessen, Die Grenzen der Diktatur (1996), S. 49–75.
Bade, Klaus J.: Vom Auswanderungsland zum Einwanderungsland? Deutschland 1880–1980, Berlin 1983.
Bade, Klaus J.: Auswanderer, Wanderarbeiter, Gastarbeiter. Bevölkerung, Arbeitsmarkt und Wanderung in Deutschland seit dem 19. Jahrhundert, Ostfildern 1984.
Bade, Klaus J. (Hrsg.): Neue Heimat im Westen. Vertriebene – Flüchtlinge – Aussiedler, Münster 1990.
Bade, Klaus J.: Einführung: Wege in die Bundesrepublik, in: Bade, Neue Heimat (1990), S. 5–13.
Bade, Klaus J.: Deutsche im Ausland – Fremde in Deutschland. Migration in Geschichte und Gegenwart, München ³1993 (¹1992).
Bade, Klaus J.: Homo Migrans. Wanderungen aus und nach Deutschland. Erfahrungen und Fragen, Essen 1994.
Bade, Klaus J.: Europa in Bewegung. Migration vom späten 18. Jahrhundert bis zur Gegenwart, München 2002.
Bade, Klaus J.: Historische Migrationsforschung, in: Oltmer, Jochen (Hrsg.): Migrationsforschung und Interkulturelle Studien. Zehn Jahre IMIS, Osnabrück 2002, S. 55–74.

Bader, Werner: Geborgter Glanz: Flüchtlinge im eigenen Land. Organisationen und ihr Selbstverständnis, Bonn 1979.
Badstübner, Rolf/Loth, Wilfried (Hrsg.): Wilhelm Pieck – Aufzeichnungen zur Deutschlandpolitik. 1945-1953, Berlin 1994.
Balzer, Gertrud/Ladendorff, Hans: Die gesellschaftliche Eingliederung der jugendlichen Flüchtlinge aus der sowjetischen Besatzungszone im Lande Nordrhein-Westfalen. Ergebnisse und Folgerungen einer Untersuchung unter Leitung von Friedrich Siegmund-Schultze, Troisdorf 1960.
Baring, Arnulf: Außenpolitik in Adenauers Kanzlerdemokratie. Bonns Beitrag zur europäischen Verteidigungsgemeinschaft, München/Wien 1969.
Baring, Arnulf: Der 17. Juni 1953, Stuttgart ²1983.
Bartusel, Rolf: Die Transformation des Rechtswesens in Mecklenburg-Vorpommern 1945-1952, Münster (Diss. masch.) 2000.
Bauer, Theresia: Blockpartei und Agrarrevolution. Die Demokratische Bauernpartei Deutschlands 1948-1963, München 2003.
Bauerkämper, Arnd: Die vorgetäuschte Integration. Die Auswirkungen der Bodenreform und Flüchtlingssiedlung auf die berufliche Eingliederung von Vertriebenen in die Landwirtschaft in Deutschland 1945-1960, in: Hoffmann/Schwartz, Geglückte Integration? (1999), S. 193-214.
Bauerkämper, Arnd: Ländliche Gesellschaft in der kommunistischen Diktatur. Zwangsmodernisierung und Tradition in Brandenburg 1945-1963, Köln/Weimar/Wien 2002.
Baumgarten, Klaus-Dieter/Freitag, Peter (Hrsg.): Die Grenzen der DDR. Geschichte, Fakten, Hintergründe, 2., korrigierte Auflage, Berlin 2005.
Beckert, Rudi: Die erste und letzte Instanz. Schau- und Geheimprozesse vor dem Obersten Gericht der DDR, Goldbach 1995.
Bell, Wolfgang: Enteignungen in der Landwirtschaft der DDR nach 1949 und deren politische Hintergründe. Analyse und Dokumentation, Münster 1992.
Bennewitz, Inge/Potratz, Rainer: Zwangsaussiedlungen an der innerdeutschen Grenzen. Analysen und Dokumente, Berlin 1994.
Berg, Heinz: Notaufnahmelager. Begegnungen mit Flüchtlingen aus der Sowjetzone, in: Geopolitik in Gemeinschaft und Politik 27 (1956) 6, S. 46-50.
Bessel, Richard: Grenzen des Polizeistaates. Polizei und Gesellschaft in der SBZ und frühen DDR, 1945-1953, in: Bessel/Jessen, Die Grenzen der Diktatur (1996), S. 224-252.
Bessel, Richard: The Making of a Border: Policing East Germany's Western Border 1945-1952, in: Baechler, Christian/Fink, Carole: L'établissement des Frontières en Europe après les deux guerres mondiales, Bern u. a. 1996, S. 199-214.
Bessel, Richard/Jessen, Ralph (Hrsg.): Die Grenzen der Diktatur. Staat und Gesellschaft in der DDR, Göttingen 1996.
Bessel, Richard/Jessen, Ralph: Einleitung, in: Bessel/Jessen, Die Grenzen der Diktatur (1996), S. 7-23.
Bethlehem, Siegfried: Heimatvertreibung, DDR-Flucht, Gastarbeiterzuwanderung. Wanderungsströme und Wanderungspolitik in der Bundesrepublik Deutschland, Stuttgart 1982.
Birkenfeld, Günter, u. a.: Sprung in die Freiheit. Berichte über die Ursachen, Begleitumstände und Folgen der Massenflucht aus der Sowjetischen Besatzungszone Deutschlands, Ulm 1953.
Bispinck, Henrik: „Republikflucht": Flucht und Ausreise als Problem für die DDR-Führung, in: Hoffmann, Dierk/Schwartz, Michael/Wentker, Hermann (Hrsg.): Vor dem Mauerbau. Politik und Gesellschaft in der DDR der fünfziger Jahre, München 2003, S. 285-309.
Bispinck, Henrik: Flucht- und Ausreisebewegung als Krisenphänomene: 1953 und 1989 im Vergleich, in: Bispinck u. a., Aufstände im Ostblock (2004), S. 145-161.
Bispinck, Henrik: Motive für Flucht und Ausreise aus der DDR, in: Effner/Heidemeyer, Flucht im geteilten Deutschland (2005), S. 49-65.
Bispinck, Henrik, u. a. (Hrsg.): Aufstände im Ostblock. Zur Krisengeschichte des realen Sozialismus, Berlin 2004.
Bispinck, Henrik, u. a., Krisen und Aufstände im realen Sozialismus. Einleitung, in: Bispinck, u. a., Aufstände im Ostblock (2004), S. 9-22.
Bohne, Regina: Die dritte Welle. Zahlen zur Flucht aus der Sowjetzone, in: Frankfurter Hefte 8 (1953), S. 278-285.
Bonwetsch, Bernd/Filitow, Alexei: Chruschtschow und der Mauerbau, in: VfZ 48 (2000) 1, S. 155-198.

Brant, Stefan, unter Mitarbeit von Klaus Bölling: Der Aufstand. Vorgeschichte, Geschichte und Deutung des 17. Juni 1953, Stuttgart 1954.

Braun, Jutta: Die Zentrale Kommission für Staatliche Kontrolle. Wirtschaftsstrafrecht und Enteignungspolitik in der Gründungs- und Frühphase der DDR, in: Hoffmann/Wentker, Das letzte Jahr (2000), S. 169-184.

Brelie-Lewien, Doris von der: Zur Rolle der Flüchtlinge und Vertriebenen in der westdeutschen Nachkriegsgesellschaft, in: dies./Schulze, Rainer/Grebing, Helga (Hrsg.): Flüchtlinge und Vertriebene in der westdeutschen Nachkriegsgeschichte. Bilanzierung der Forschung und Perspektiven für die zukünftige Forschungsarbeit, Hildesheim 1987, S. 24-45.

Broszat, Martin/Weber, Hermann (Hrsg.): SBZ-Handbuch. Staatliche Verwaltungen, Parteien, gesellschaftliche Organisationen und ihre Führungskräfte in der Sowjetischen Besatzungszone Deutschlands 1945-1949, München 1990.

Brunner, Georg: Die Verwaltung in der SBZ und DDR, in: Jeserich, Kurt K.G./Pohl, Hans/von Unruh, Georg-Christoph (Hrsg.): Deutsche Verwaltungsgeschichte, Bd. 5: Die Bundesrepublik Deutschland, Stuttgart 1983, S. 1219-1283.

Buchsteiner, Ilona: Bodenreform und Agrarwirtschaft der DDR. Forschungsstudie, in: Leben in der DDR, Leben nach 1989 – Aufarbeitung und Versöhnung. Zur Arbeit der Enquete-Kommission „Leben in der DDR, Leben nach 1989 – Aufarbeitung und Versöhnung, hrsg. v. Landtag Mecklenburg-Vorpommern, Bd. V: Expertisen und Forschungsstudien zum Thema „Wirtschaft und Alltagsleben", Schwerin 1997, S. 11-61.

Buck, Hannsjörg F.: Formen, Instrumente und Methoden zur Verdrängung, Einbeziehung und Liquidierung der Privatwirtschaft in der SBZ/DDR, in: Deutscher Bundestag (Hrsg.): Materialien der Enquete-Kommission „Aufarbeitung von Geschichte und Folgen der SED-Diktatur in Deutschland" (12. Wahlperiode des Deutschen Bundestages), Bd. II: Machtstrukturen und Entscheidungsmechanismen im SED-Staat und die Frage der Verantwortung, Baden Baden 1995, S. 1070-1213.

Büchner, Robert/Freundlich, Hannelore: Zur Situation in den zeitweilig englisch oder amerikanisch besetzten Gebieten der SBZ, in: BzG 14 (1972), S. 992-1006.

Bundesminister für gesamtdeutsche Fragen (Hrsg.): Die Flucht aus der Sowjetzone und die Sperrmaßnahmen des kommunistischen Regimes vom 13. August 1961 in Berlin, Bonn/Berlin 1961.

Bundesminister für Vertriebene, Flüchtlinge und Kriegsgeschädigte (Hrsg.): Die Flucht aus der Sowjetzone. Ursachen und Verlauf – Die Eingliederung der Flüchtlinge, Bonn ⁶1964.

Bundesministerium für gesamtdeutsche Fragen (Hrsg.): Jeder Fünfte verließ die Sowjetzone, o.O. [Bonn] 1961.

Bundesministerium für gesamtdeutsche Fragen (Hrsg.): SBZ von A bis Z. Ein Taschen- und Nachschlagebuch über die Sowjetische Besatzungszone Deutschlands, 10., überarb. u. erw. Aufl., Bonn 1966.

Bundesministerium für innerdeutsche Beziehungen (Hrsg.): DDR-Handbuch, 2., völlig überarb. u. erw. Aufl., Köln 1979.

Bundesministerium für Vertriebene, Flüchtlinge und Kriegsgeschädigte (Hrsg.): Tatsachen zum Problem der deutschen Vertriebenen und Flüchtlinge, Bonn 1966.

Büter, Clemens: Das Handwerk in der wirtschaftlichen Entwicklung der ehemaligen DDR und im Übergang zur Marktwirtschaft, Frankfurt a.M. u. a. 1997.

Ciesla, Burghard: „Feindobjekt" Marienfelde, in: Effner/Heidemeyer, Flucht im geteilten Deutschland (2005), S. 153-169.

Conelly, John: Zur „Republikflucht" von DDR-Wissenschaftlern in den fünfziger Jahren: Dokumentation, in: ZfG 42 (1994), S. 333-352.

Dettmer, Frauke: Konflikte zwischen Flüchtlingen und Einheimischen nach Ende des Zweiten Weltkrieges, in: Jahrbuch für ostdeutsche Volkskunde 26 (1983), S. 311-324.

Diedrich, Torsten: Der 17. Juni 1953 in der DDR, Berlin 1991.

Diedrich, Torsten: Der 17. Juni 1953 in der DDR. Zu militärischen Aspekten bei Ursachen und Verlauf der Unruhen, in: Militärgeschichtliche Mitteilungen 51 (1992), S. 357-382.

Diedrich, Torsten: Die Grenzpolizei der SBZ/DDR, in: ders./Ehlert, Hans/Wenzke, Rüdiger (Hrsg.): Im Dienste der Partei. Handbuch der bewaffneten Organe der DDR, Berlin 1998, S. 201-223.

Diedrich, Torsten: Waffen gegen das Volk. Der 17. Juni 1953 in der DDR, München 2003.

Doering-Manteuffel, Anselm: Die Bundesrepublik Deutschland in der Ära Adenauer. Außenpolitik und innere Entwicklung 1949-1963, Darmstadt ²1994 (¹1983).

Dokumente der Sozialistischen Einheitspartei Deutschlands. Beschlüsse und Erklärungen des Zentralkomitees sowie seines Politbüros und seines Sekretariats, Berlin 1951 ff.
Dölling, H.W.: Wende der deutschen Agrarpolitik. Ein Beitrag zum Strukturwandel der Landwirtschaft von der Markgenossenschaft bis zur Bodenreform, Berlin 1950.
Döring, H.: Von der Bodenreform zu den Landwirtschaftlichen Produktionsgenossenschaften. Erläuterung und Kommentierung des neuen Agrarrechtes, Berlin 1952.
Eberle, Henrik: Weder Gegnerschaft noch Abwerbung. Zu den Motiven republikflüchtiger SED-Mitglieder aus dem Bezirk Halle im Jahr 1961, in: Timmermann, Heiner (Hrsg.): Diktaturen in Europa im 20. Jahrhundert – der Fall DDR, Berlin 1996, S. 449-460.
Effner, Bettina/Heidemeyer, Helge (Hrsg.): Flucht im geteilten Deutschland, Berlin 2005.
Effner, Bettina/Heidemeyer, Helge: Die Flucht in Zahlen, in: Effner/Heidemeyer, Flucht im geteilten Deutschland (2005), S. 27-31.
Eisenfeld, Bernd: Die Zentrale Koordinierungsgruppe. Bekämpfung von Flucht und Übersiedlung, Berlin 1995 (MfS-Handbuch, Teil III/17).
Eisenfeld, Bernd: Kampf gegen Flucht und Ausreise – die Rolle der Zentralen Koordinierungsgruppe, in: Knabe, u. a., West-Arbeit (1999), S. 273-283.
Eisenfeld, Bernd: Flucht und Ausreise – Erkenntnisse und Erfahrungen, in: Vollnhals, Clemens/Weber, Jürgen (Hrsg.): Der Schein der Normalität. Alltag und Herrschaft in der SED-Diktatur, München 2002, S. 341-372.
Eisenfeld, Bernd: Gründe und Motive von Flüchtlingen und Ausreiseantragstellern aus der DDR, in: Deutschland Archiv 37 (2004), S. 89-105.
Eisenfeld, Bernd/Engelmann, Roger: 13. August 1961. Mauerbau. Fluchtbewegung und Machtsicherung, Bremen 2001.
Engel, Fritz: Nachweis der Vertriebenen und aus der DDR zugezogenen Deutschen in der amtlichen Statistik, in: Zeitschrift des bayerischen statistischen Landesamts 112 (1980), S. 25-38.
Ernst, Anna-Sabine: Von der bürgerlichen zur sozialistischen Profession? Ärzte in der DDR, 1945-1961, in: Bessel/Jessen, Die Grenzen der Diktatur (1996), S. 25-48.
Ernst, Anna-Sabine: ‚Die beste Prophylaxe ist der Sozialismus'. Ärzte und medizinische Hochschullehrer in der SBZ/DDR 1945-1961, Münster 1997.
Faber, Dorothea: Die Wohnungswirtschaft in der Sowjetischen Besatzungszone, hrsg. v. Bundesministerium für gesamtdeutsche Fragen, Bonn 1953 (Bonner Berichte aus Mittel- und Ostdeutschland).
Feige, Hans-Uwe: Vor dem Abzug: Brain Drain. Die Zwangsevakuierung von Angehörigen der Universität Leipzig durch die U.S.-Army im Juni 1945 und ihre Folgen, in: Deutschland Archiv 24 (1991), S. 1302-1313.
Filmer, Werner/Schwan, Heribert: Opfer der Mauer. Die geheimen Protokolle des Todes, München 1991.
Foitzik, Jan: ‚Hart und konsequent ist der neue politische Kurs zu realisieren'. Ein Dokument zur Politik der Sowjetunion gegenüber der DDR nach Berijas Verhaftung im Juni 1953, in: Deutschland Archiv 33 (2000) 1, S. 32-49.
Fricke, Karl Wilhelm: Zur Geschichte und historischen Deutung des Aufstands vom 17. Juni 1953, in: Roth, Heidi, Der 17. Juni 1953 in Sachsen, Köln u. a. 1999, S. 13-100.
Fricke, Karl Wilhelm/Engelmann, Roger: Der „Tag X" und die Staatssicherheit. 17. Juni 1953 – Reaktionen und Konsequenzen im DDR-Machtapparat, Bremen 2003.
Friedrich-Ebert-Stiftung (Hrsg.): Handwerk und Gewerbe in beiden deutschen Staaten. Bonn-Bad Godesberg 1976.
Geißler, Gert: Die Republikflucht von Lehrern im Spiegel interner Materialien der SED-Führung 1958-1961, in: Pädagogik und Schulalltag 47 (1992) 5, S. 469-476.
Geißler, Gert: Geschichte des Schulwesens in der Sowjetischen Besatzungszone und in der deutschen Republik 1945 bis 1962, Frankfurt a.M. u. a. 2000.
Gieseke, Jens: Die hauptamtlichen Mitarbeiter der Staatssicherheit. Personalstruktur und Lebenswelt 1950-1989/90, Berlin 2000.
Gieseke, Jens: Mielke-Konzern. Die Geschichte der Stasi 1945-1990, Stuttgart/München 2001.
Glaser, Günther (Hrsg.): „Reorganisation der Polizei" oder getarnte Bewaffnung der SBZ im Kalten Krieg? Dokumente und Materialien zur sicherheits- und militärpolitischen Weichenstellung in Ostdeutschland 1948/49, Frankfurt a.M. u. a. 1995.
Gleitze, Bruno: Die Forderungen der Sowjetzone aus der mitteldeutschen Fluchtbewegung, in: Hüfner, Willi (Hrsg.): Die Statistik im Dienste der Wirtschaftspolitik. Festschrift für Gerhard Fürst zum 70. Geburtstag (Allgemeines Statistisches Archiv 2/3 [1967]), S. 376-397.

Graefe, Roman: Die Grenze durch Deutschland. Eine Chronik von 1945 bis 1990, Berlin 2002.
Grandhagen, Wolfgang: Von der Grenzpolizei zu den Grenztruppen der DDR, Berlin 2004.
Granicky, Günter: Die Zuwanderung aus der sowjetischen Besatzungszone als konkurrierendes Problem, in: Lemberg, Eugen/Edding, Friedrich (Hrsg.): Die Vertriebenen in Westdeutschland. Ihre Eingliederung und ihr Einfluß auf Gesellschaft, Wirtschaft, Politik und Geistesleben, Bd. III, Kiel 1959, S. 475–510.
Grapengeter, Günter: Die rechtliche Stellung und die Betreuung der Flüchtlinge in der britischen Zone, Hamburg (Diss. jur.) 1950.
Grenzer, Rudolf: Die Flucht aus der sowjetischen Besatzungszone. Ergebnisse des Notaufnahmeverfahrens, in: Raumforschung und Raumordnung 11 (1953) 3/4, S. 172–178.
Grewe, Wilhelm G.: Deutschlandvertrag, in: Weidenfeld, Werner/Korte, Karl-Rudolf (Hrsg.): Handbuch zur deutschen Einheit, Bonn 1993, S. 234–241.
Großbölting, Thomas: Zwischen ökonomischer Marginalisierung und SED-Bündnispolitik. Das Handwerk in der Sowjetischen Besatzungszone, in: ZfG 48 (2000) 5, S. 405–422.
Handbuch der Volkskammer der Deutschen Demokratischen Republik. 3. Wahlperiode, hrsg. v. d. Volkskammer der Deutschen Demokratischen Republik in Verbindung mit dem Deutschen Institut für Zeitgeschichte Berlin, Berlin 1959.
Harrison, Hope M.: Die Berlin-Krise und die Beziehungen zwischen der UdSSR und der DDR, in: Wettig, Gerhard (Hrsg.): Die sowjetische Deutschland-Politik in der Ära Adenauer, Bonn 1997, S. 105–122.
Harrison, Hope M.: Driving the Soviets up the Wall. Soviet-East German Relations, 1953–1961, Princeton 2003.
Haupt, Michael: Die Berliner Mauer. Vorgeschichte, Bau, Folgen. Literaturbericht und Bibliographie zum 20. Jahrestag des 13. August 1961, München 1981.
Hefele, Peter: Die Verlagerung von Industrie- und Dienstleistungsunternehmen aus der SBZ/DDR nach Westdeutschland. Unter besonderer Berücksichtigung Bayerns (1945–1961), Stuttgart 1998.
Heidemeyer, Helge: Flucht und Zuwanderung aus der SBZ/DDR 1945/1949–1961. Die Flüchtlingspolitik der Bundesrepublik bis zum Bau der Berliner Mauer, Düsseldorf 1994.
Heidemeyer, Helge: Vertriebene als Sowjetzonenflüchtlinge, in: Hoffmann/Krauss/Schwartz, Vertriebene in Deutschland (2000), S. 237–249.
Heidemeyer, Helge: „Abgehauen" – zugeschlagen, in: Deutschland Archiv 36 (2003), S. 1011.
Heldmann, Philipp: Herrschaft, Wirtschaft, Anoraks. Konsumpolitik in der DDR der Sechzigerjahre, Göttingen 2004.
Henke, Klaus-Dieter: Die amerikanische Besetzung Deutschlands, München 1995.
Herbst, Ludolf: Option für den Westen. Vom Marshallplan bis zum deutsch-französischen Vertrag, 2., durchges. Aufl., München 1996.
Hertle, Hans-Hermann/Jarausch, Konrad H./Kleßmann, Christoph (Hrsg.): Mauerbau und Mauerfall. Ursachen – Verlauf – Auswirkungen, Berlin 2002.
Hildebrandt, Horst: Die deutschen Verfassungen des 19. und 20. Jahrhunderts, 14., aktualisierte u. erw. Aufl., Paderborn u. a. 1992.
Hirschman, Albert O.: Abwanderung und Widerspruch. Reaktionen auf Leistungsabfall bei Unternehmungen, Organisationen und Staaten, Tübingen 1974.
Hirschman, Albert O.: Abwanderung, Widerspruch und das Schicksal der Deutschen Demokratischen Republik. Ein Essay zur konzeptuellen Geschichte, in: Leviathan. Zeitschrift für Sozialwissenschaft 20 (1992), S. 330–358.
Hoffmann, Dierk: Die Lenkung des Arbeitsmarkts in der SBZ/DDR 1945–1961. Phasen, Konzepte und Instrumente, in: Hübner, Peter/Tenfelde, Klaus (Hrsg.): Arbeiter in der SBZ-DDR, Essen 1999, S. 41–80.
Hoffmann, Dierk: Aufbau und Krise der Planwirtschaft. Die Arbeitskräftelenkung in der SBZ/DDR 1945 bis 1963, München 2002.
Hoffmann, Dierk: Die DDR unter Ulbricht. Gewaltsame Neuordnung und gescheiterte Modernisierung, Zürich 2003.
Hoffmann, Dierk/Krauss, Marita/Schwartz, Michael (Hrsg.): Vertriebene in Deutschland. Interdisziplinäre Ergebnisse und Forschungsperspektiven, München 2000.
Hoffmann, Dierk/Schmidt, Karl-Heinz/Skyba, Peter (Hrsg.): Die DDR vor dem Mauerbau. Dokumente zur Geschichte des anderen deutschen Staates 1949–1961, München 1993.

Hoffmann, Dierk/Schwartz, Michael (Hrsg.): Geglückte Integration? Spezifika und Vergleichbarkeiten der Vertriebenen-Eingliederung in der SBZ/DDR, München 1999.
Hoffmann, Dierk/Schwartz, Michael: Einleitung, in: Hoffmann/Schwartz, Geglückte Integration? (1999), S. 7-20.
Hoffmann, Dierk/Wentker, Hermann (Hrsg.): Das letzte Jahr der SBZ. Politische Weichenstellungen und Kontinuitäten im Prozeß der Gründung der DDR, München 2000.
Hoffmann, Frank: Junge Zuwanderer in Westdeutschland. Struktur, Aufnahme und Integration junger Flüchtlinge aus der SBZ und der DDR in Westdeutschland (1945-1961), Frankfurt a.M. u. a. 1999.
Hoffmann, Frank: Aus Illegalen werden Freiheitssucher. Die Fluchtbewegung aus der SBZ/DDR und der Westen, in: Wahl, Stefanie/Wagner, Paul Werner (Hrsg.): Der Bitterfelder Aufstand. Der 17. Juni 1953 und die Deutschlandpolitik. Ereignisse – Zeitzeugen – Analysen, Leipzig 2003, S. 128-147.
Hoffmann, Horst: Zu einigen Problemen der antifaschistisch-demokratischen Hochschulreform und der Geschichte der Universität Rostock in den ersten drei Nachkriegssemestern (März 1946 bis Juli 1947), Rostock (Diss. masch.) 1965.
Hoffmann, Manfred: Wohnungspolitik der DDR – das Leistungs- und Interessenproblem, Düsseldorf 1972.
Hoffmann, Rosemarie: Der Kampf um eine demokratische Neueröffnung der Universität Rostock (Mai 1945 bis Februar 1946), Rostock (Diss. masch.) 1964.
Hohmann, Joachim S.: „Wenn Sie dies lesen, bin ich schon auf dem Weg in den Westen": „Republikflüchtige" DDR-Lehrer in den Jahren 1949-1961, in: ZfG 45 (1997), S. 311-330.
Hohmann, Joachim S.: „Wie viel lieber würde ich mich richtig verabschieden...": „Republikflüchtige" DDR-Lehrer in den Jahren 1949-1961, in: Historical Social Research 22 (1997) 1, S. 107-131.
Hohmann, Joachim S.: Lehrerflucht aus der SBZ und DDR 1945-1961. Dokumente zur Geschichte und Soziologie sozialistischer Bildung und Erziehung, Frankfurt a.M. u. a. 2000.
Hornstein, Erika von: Die deutsche Not. Flüchtlinge berichten, Köln/Berlin 1960.
Jänicke, Martin: Der dritte Weg. Die antistalinistische Opposition gegen Ulbricht seit 1953, Köln 1964.
Jenkis, Helmut W.: Wohnungswirtschaft und Wohnungspolitik in beiden deutschen Staaten. Versuch eines Vergleichs, Hamburg 1976.
Jessen, Ralph: Vom Ordinarius zum sozialistischen Professor. Die Neukonstruktion des Hochschullehrerberufs in der SBZ/DDR 1945-1969, in: Bessel/Jessen, Die Grenzen der Diktatur (1996), S. 76-107.
Jessen, Ralph: Akademische Elite und kommunistische Diktatur. Die ostdeutsche Hochschullehrerschaft in der Ulbricht-Ära, Göttingen 1999.
Johnson, Uwe: „Versuch, eine Mentalität zu erklären", in: Grunert-Bronnen, Barbara (Hrsg.): Ich bin Bürger der DDR und lebe in der Bundesrepublik. 12 Interviews, München 1970, S. 119-129.
Kaminsky, Annette: Wohlstand, Schönheit, Glück. Kleine Konsumgeschichte der DDR, München 2001.
Kegel, Ilse: Psychische Situation und soziales Verhalten weiblicher jugendlicher Zonengrenzgänger, Hamburg (Phil. Diss.) 1953.
Keßler, Mario: Zwischen Repression und Toleranz. Die SED-Politik und die Juden (1949 bis 1967), in: Kocka, Jürgen (Hrsg.): Historische DDR-Forschung. Aufsätze und Studien, Berlin 1993, S. 149-167.
Keßler, Mario: Die SED und die Juden – zwischen Repression und Toleranz. Politische Entwicklungen bis 1967, Berlin 1995.
Kimmel, Elke: Das Notaufnahmeverfahren, in: Effner/Heidemeyer, Flucht im geteilten Deutschland (2005), S. 115-133.
Klein, Johannes Kurt: Ursachen und Motive der Abwanderung aus der Sowjetzone Deutschlands, in: APuZ B 24/55 (1955), S. 361-383.
Kleinert, Uwe: Die Flüchtlinge als Arbeitskräfte – zur Eingliederung der Flüchtlinge in Nordrhein-Westfalen nach 1945, in: Bade, Neue Heimat (1990), S. 37-60.
Knabe, Hubertus: Die unterwanderte Republik. Stasi im Westen, Berlin 1999.
Knabe, Hubertus u. a.: West-Arbeit des MfS. Das Zusammenspiel von „Aufklärung" und „Abwehr", Berlin 1999.
Koch, H. Reinhard: Flucht und Ausreise aus der DDR. Ein Beitrag zum „Wohlbekannten", in: Deutschland Archiv 19 (1986) 1, S. 47-52.

Köllner, Lutz: Umfang und Gründe der Flucht der Akademischen Jugend aus Mitteldeutschland, in: Ostbrief. Monatsschrift der ostdeutschen Akademie 7 (1961), S. 428–436.
Koenigswald, Harald von: Menschen von drüben, hrsg. v. der Publikationsstelle des Bundesministeriums für gesamtdeutsche Fragen, o.O. [Bonn] ²1957.
Koenigswald, Harald von: Der unabsehbare Strom, Bergisch Gladbach 1957.
Koerber, Hans Joachim von: Heimatvertriebene und Flüchtlinge aus der Sowjetzone in Westberlin, Berlin 1954.
Koop, Volker: „Den Gegner vernichten". Die Grenzsicherung der DDR, Bonn 1996.
Kößling, Rainer: „Republikflucht" – das behördlich nicht genehmigte Verlassen der DDR im Spiegel der Sprache, in: Hertel, Volker (Hrsg.): Sprache und Kommunikation im Kulturkontext. Beiträge zum Ehrenkolloquium aus Anlass des 60. Geburtstages von Gotthard Lerchner, Frankfurt a.M. 1996, S. 239–250.
Kowalczuk, Ilko-Sascha: Volkserhebung ohne ‚Geistesarbeiter'? Die Intelligenz in der DDR, in: Kowalczuk/Mitter/Wolle, Der Tag X (1995), S. 129–169.
Kowalczuk, Ilko-Sascha/Mitter, Armin: ‚Die Arbeiter sind zwar geschlagen worden, aber sie sind nicht besiegt!' Die Arbeiterschaft während der Krise 1952/53, in: Kowalczuk/Mitter/Wolle, Der Tag X (1995), S. 31–74.
Kowalczuk, Ilko-Sascha/Mitter, Armin/Wolle, Stefan (Hrsg.): Der Tag X. 17. Juni 1953. Die ‚Innere Staatsgründung' der DDR als Ergebnis der Krise 1952/54, Berlin 1995.
Krallert-Sattler, Gertrud: Kommentierte Bibliographie zum Flüchtlings- und Vertriebenenproblem in der Bundesrepublik Deutschland, in Österreich und in der Schweiz, München 1989.
Kramer, Matthias: Die Landwirtschaft in der Sowjetischen Besatzungszone. Die Entwicklung in den Jahren 1945–1955, hrsg. v. Bundesministerium für gesamtdeutsche Fragen, Bonn 1957 (Bonner Berichte aus Mittel- und Ostdeutschland).
Kratzer, Joseph: Zustrom von Deutschen aus der SBZ in das Bundesgebiet, in: Der Fachberater für Vertriebene, Flüchtlinge, Kriegsgeschädigte 19 (1966) 10, S. 285–294.
Krönig, Waldemar/Müller, Klaus-Dieter: Anpassung – Widerstand – Verfolgung. Hochschule und Studenten in der SBZ und DDR 1945–1961, Köln 1994.
Küchenmeister, Daniel (Hrsg.): Der Mauerbau. Krisenverlauf – Weichenstellung – Resultate, Berlin 2001.
Külz, Helmut R.: Die Flüchtlinge aus der sowjetischen Besatzungszone, Frankfurt a.M. 1950.
Lapp, Peter Joachim: Gefechtsdienst im Frieden. Das Grenzregime der DDR 1945–1990, Bonn 1999.
Lapp, Peter Joachim: Die Transitwege von und nach Westberlin, in: ders./Delius, Friedrich Christian: Transit Westberlin. Erlebnisse im Zwischenraum, Berlin 1999, S. 79–185.
Lapp, Peter Joachim/Ritter, Jürgen: Die Grenze. Ein deutsches Bauwerk, 2., korrigierte Aufl., Berlin 1999.
Lebegern, Robert: Mauer, Zaun und Stacheldraht. Sperranlagen an der innerdeutschen Grenze 1945–1990, Weiden 2002.
Lemke, Michael: Die Berlinkrise 1958 bis 1963. Interessen und Handlungsspielräume der SED im Ost-West-Konflikt, Berlin 1995.
Lukacs, John: Die Geschichte geht weiter. Das Ende des zwanzigsten Jahrhunderts und die Wiederkehr des Nationalismus, aus dem Englischen von Friedrich Giese, München/Leipzig 1994.
Major, Patrick: „Mit Panzern kann man doch nicht für den Frieden sein": Die Stimmung der DDR-Bevölkerung zum Bau der Berliner Mauer am 13. August 1961 im Spiegel der Parteiberichte der SED, in: Jahrbuch für historische Kommunismusforschung 3 (1995), S. 208–223.
Major, Patrick: Vor und nach dem 13. August 1961: Reaktionen der DDR-Bevölkerung auf den Bau der Berliner Mauer, in: Archiv für Sozialgeschichte 39 (1999), S. 325–354.
Major, Patrick: Torschlußpanik und Mauerbau. „Republikflucht" als Symptom der zweiten Berlinkrise, in: Ciesla, Burghard/Lemke, Michael/Lindenberger, Thomas (Hrsg.): Sterben für Berlin? Die Berliner Krisen 1948–1958, Berlin 2000, S. 221–243.
Major, Patrick: Abwanderung, Widerspruch und Loyalität: Die DDR und die offene Grenze vor dem Mauerbau, in: Timmermann, Heiner (Hrsg.): Die DDR – Analysen eines aufgegebenen Staates, Berlin 2001, S. 199–209.
Major, Patrick: Going west: the open border and the problem of Republikflucht, in: ders./Osmond, Jonathan (Hrsg.): The Workers' and Peasants' State. Communism and Society in East Germany under Ulbricht 1945–71, Manchester/New York 2002, S. 190–208.

Major, Patrick: Innenpolitische Aspekte der zweiten Berlinkrise (1958–1961), in: Hertle/Jarausch/ Kleßmann, Mauerbau und Mauerfall (2002), S. 97–110.
Marx, Karl: Das Kapital. Kritik der politischen Ökonomie, Bd. 1, in: Marx, Karl/Engels, Friedrich: Werke, Bd. 23, Berlin 1983.
Marx, Karl/Engels, Friedrich: Die deutsche Ideologie. Kritik der neuesten deutschen Philosophie in ihren Repräsentanten Feuerbach, B. Bauer und Stirner, und des deutschen Sozialismus in seinen verschiedenen Propheten, in: Marx, Karl/Engels, Friedrich: Werke, Bd. 3, Berlin 1983.
Melis, Damian van: Entnazifizierung in Mecklenburg-Vorpommern. Herrschaft und Verwaltung 1945–1948, München 1999.
Melis, Damian van: „Sie waren wohl Mitglieder der NSDAP, aber keine Faschisten". Antifaschismus in Mecklenburg-Vorpommern, in: ders./Bispinck, Henrik/Wagner, Andreas (Hrsg.): Nationalsozialismus in Mecklenburg und Vorpommern, Schwerin 2001, S. 137–159.
Merkel, Ina: Utopie und Bedürfnis. Die Geschichte der Konsumkultur in der DDR, Köln/Weimar/ Wien 1999.
Meyer, Bernhard: Ärzte von Deutschland nach Deutschland. Zur „Republikflucht" der Mediziner von 1949–1961, in: Berlinische Monatsschrift 10 (2001) 3, S. 62–68.
Mietzner, Ulrike: Enteignung der Subjekte – Lehrer und Schule in der DDR. Eine Schule in Mecklenburg von 1945 bis zum Mauerbau, Opladen 1998.
Mitter, Armin: „Am 17. 6. 1953 haben die Arbeiter gestreikt, jetzt aber streiken wir Bauern.' Die Bauern und der Sozialismus, in: Kowalczuk/Mitter/Wolle, Der Tag X (1995), S. 75–128.
Müller, Jens: Übersiedler von West nach Ost in den Aufnahmeheimen der DDR am Beispiel Barbys, hrsg. v. d. Landesbeauftragten für die Unterlagen des Staatssicherheitsdienstes der ehemaligen DDR in Sachsen-Anhalt, Magdeburg 2000.
Müller-Toovey, Doris: Flucht und Ausreise im Spiegel der Kunst, in: Effner/Heidemeyer, Flucht im geteilten Deutschland (2005), S. 171–190.
Murken, Jens: Bodenreform in Mecklenburg-Vorpommern, in: Zeitgeschichte regional. Mitteilungen aus Mecklenburg-Vorpommern 3 (1999) 1, S. 4–12.
Naimark, Norman M.: The Russians in Germany. A History of the Soviet Zone of Occupation 1945–1949, Cambridge (Mass.)/London 1995.
Nehrig, Christel: Bauern zwischen Hoffnung und Wirklichkeit. Die modifizierte Agrarpolitik von 1950/51, in: Scherstjanoi, Provisorium, S. 236–242.
Nieske, Christian: Vom Land und seinen Leuten. Leben in einem Mecklenburger Bauerndorf 1750–1953, Schwerin 1997.
Nieske, Christian: Republikflucht und Wirtschaftswunder. Mecklenburger berichten über ihre Erlebnisse 1945 bis 1961, Schwerin 2001.
Nottbeck, Berend von: Gründe und Hintergründe der Zonenflucht, in: SBZ-Archiv 4 (1953) 8, S. 113–117.
Osmond, Jonathan: Kontinuität und Konflikt in der Landwirtschaft der SBZ/DDR zur Zeit der Bodenreform und der Vergenossenschaftlichung, 1945–1961, in: Bessel/Jessen, Die Grenzen der Diktatur (1996), S. 137–169.
Otto, Wilfriede: 13. August 1961. Eine Zäsur in der europäischen Nachkriegsgeschichte, Teil I in: BzG 39 (1997) 1, S. 40–74, Teil II in: BzG 39 (1997) 2, S. 55–92.
Otto, Wilfriede: Erich Mielke – Biographie. Aufstieg und Fall eines Tschekisten, Berlin 2000.
Owzar, Armin: Sozialistische Bündnispolitik und gewerblich-industrieller Mittelstand. Thüringen 1945 bis 1953, München/Jena 2001.
Pilvousek, Josef (Hrsg.): Kirchliches Leben im totalitären Staat. Seelsorge in der SBZ/DDR 1945–1976. Quellentexte aus den Ordinariaten, Hildesheim 1994.
Plönies, Bartho/Schönwalder, Otto: Die Sowjetisierung des mitteldeutschen Handwerks. Ein Bericht über die Lage des Handwerks in der sowjetischen Zone, hrsg. v. Bundesministerium für gesamtdeutsche Fragen, Bonn 1951 (Bonner Berichte aus Mittel- und Ostdeutschland).
Pohl, Dieter: Justiz in Brandenburg 1945–1955. Gleichschaltung und Anpassung, München 2001.
Presse- und Informationsdienst der Bundesregierung (Hrsg.): Die Flucht des Geistes aus der SBZ, Bonn 1960.
Protokoll der 3. Parteikonferenz der Sozialistischen Einheitspartei Deutschlands, 2 Bde., Berlin 1956.
Reich, Jens: Am wichtigsten ist die Befreiung von der Angst, in: Rein, Gerhard (Hrsg.): Die Opposition in der DDR. Entwürfe für einen anderen Sozialismus, Berlin 1989, S. 27–33.
Richter, Peter/Rösler, Klaus: Wolfs Westspione. Ein Insider-Report, Berlin 1992.

Röhlke, Cornelia: Entscheidung für den Osten. Die West-Ost-Migration, in: Effner/Heidemeyer, Flucht im geteilten Deutschland (2005), S. 97–113.

Roesler, Jörg: Die Herausbildung der sozialistischen Planwirtschaft in der DDR. Aufgaben, Methoden und Ergebnisse der Wirtschaftsplanung in der zentralgeleiteten volkseigenen Industrie während der Übergangsperiode vom Kapitalismus zum Sozialismus, Berlin 1978.

Roesler, Jörg: „Abgehauen". Innerdeutsche Wanderungen in den fünfziger und neunziger Jahren und deren Motive, in: Deutschland Archiv 36 (2003), S. 562–574.

Roesler, Jörg: „Rübermachen". Politische Zwänge, ökonomisches Kalkül und verwandtschaftliche Bindungen als häufigste Motive der deutsch-deutschen Wanderungen zwischen 1953 und 1961, Berlin 2004.

Rößler, Ruth-Kristin (Hrsg.): Die Entnazifizierungspolitik der KPD, SED 1945–1948. Dokumente und Materialien, Goldbach 1994.

Ross, Corey: Constructing Socialism at the Grass-Roots. The Transformation of East Germany, 1945–1965, Basingstoke u. a. 2000.

Ross, Corey: „... sonst sehe ich mich veranlasst, auch nach dem Westen zu ziehen". „Republikflucht", SED-Herrschaft und Bevölkerung vor dem Mauerbau, in: Deutschland Archiv 34 (2001), S. 613–627.

Ross, Corey: Before the wall: East Germans, communist authority, and the mass exodus to the west, in: The Historical Journal 45 (2002) 2, S. 459–480.

Ross, Corey: East Germans and the Berlin Wall: Popular Opinion and Social Change before and after the Border Closure of August 1961, in: Journal of Contemporary History 39 (2004) 1, S. 24–43.

Rühle, Jürgen/Holzweißig, Gunter: 13. August 1961. Die Mauer von Berlin, Köln 1981.

Ruge, Gerd: Die Station der Flucht. Impressionen aus den Flüchtlingslagern, in: SBZ-Archiv 4 (1953), S. 72 f.

Sauer, Heiner/Plumeyer, Hans-Otto: Der Salzgitter-Report. Die Zentrale Erfassungsstelle berichtet über Verbrechen im SED-Staat, erw. u. aktualisiert. Ausg., Frankfurt a.M./Berlin 1993.

Schabowski, Günther: Das Politbüro. Eine Befragung, hrsg. v. Sieren, Frank/Kehne, Ludwig, Reinbek 1990.

Scherstjanoi, Elke: „Provisorium für längstens ein Jahr". Protokoll des Kolloquiums Die Gründung der DDR. Berlin 1993, S. 236–242.

Scheybani, Abdolreza: Handwerk und Kleinhandel in der Bundesrepublik Deutschland. Sozialökonomischer Wandel und Mittelstandspolitik 1949–1961, München 1996.

Schirdewan, Karl: Aufstand gegen Ulbricht. Im Kampf um politische Kurskorrektur, gegen stalinistische, dogmatische Politik, Berlin 1994.

Schmelz, Andrea: West-Ost-Migranten im geteilten Deutschland der fünfziger und sechziger Jahre, in: Motte, Jan/Ohliger, Rainer/von Oswald, Anne (Hrsg.): 50 Jahre Bundesrepublik, 50 Jahre Einwanderung. Nachkriegsgeschichte als Migrationsgeschichte, Frankfurt a.M. 1999, S. 88–108.

Schmelz, Andrea: Migration und Politik im geteilten Deutschland während des Kalten Krieges. Die West-Ost-Migration in die DDR in den 1950er und 1960er Jahren, Opladen 2002.

Schmelz, Andrea: Die West-Ost-Migration aus der Bundesrepublik in die DDR 1949–1961, in: AfS 42 (2002), S. 19–54.

Schmidt, Rüdiger: Vom „autoritären Korporatismus" zur Planökonomie: Der gewerbliche Mittelstand in der Sowjetischen Besatzungszone Deutschlands, in: Hoffmann/Wentker, Das letzte Jahr (2000), S. 221–244.

Schneider, Dieter Marc: Zentralverwaltung für deutsche Umsiedler, in: Broszat/Weber: SBZ-Handbuch (1990), S. 239–243.

Schöller, Hans: Alarmierende Zunahme der Zonenflucht. 28 183 Personen verließen im September die „DDR", in: SBZ-Archiv 6 (1955) 20, S. 309–312.

Schönrock, Agneta: Zur antifaschistisch-demokratischen Umgestaltung der Universität Greifswald (Mai 1945 – Ende 1946), Greifswald (Diss. masch.) 1981.

Schröter, Gerhard: Jugendliche Flüchtlinge aus der SBZ, München 1958.

Schubert, Ernst: Von der Interzonengrenze zur Zonengrenze. Die Erfahrungen der entstehenden Teilung im Raum Duderstadt 1945–1949, in: Weisbrod, Bernd (Hrsg.): Grenzland. Beiträge zur Geschichte der deutsch-deutschen Grenze, Hannover 1993, S. 70–87.

Schulz, Dieter: Ruhe im Dorf? Die Agrarpolitik von 1952/53 und ihre Folgen, in: Cerny, Jochen (Hrsg.): Brüche, Krisen, Wendepunkte: Neubefragung von DDR-Geschichte, Leipzig/Jena/Berlin 1990, S. 103–110.

Schuster, Oskar: Die Sowjetzonenflucht: Ein Votum für den Westen, in: Der Flüchtlingsberater. Zeitschrift für alle Fragen der Kriegsfolgegeschädigten 8 (1955) 11, S. 371–378.
Schütrumpf, Jörn: Zu einigen Aspekten des Grenzgängerproblems im Berliner Raum 1948/49 bis 1961, in: Jahrbuch für Geschichte 31 (1984), S. 333–358.
Schwartz, Michael: „Vom Umsiedler zum Staatsbürger". Totalitäres und subversives in der Sprachpolitik der SBZ/DDR, in: Hoffmann/Krauss/Schwartz, Vertriebene in Deutschland (2000), S. 135–166.
Schwartz, Michael: Vertriebene und „Umsiedlerpolitik". Integrationskonflikte in den deutschen Nachkriegs-Gesellschaften und die Assimilationsstrategien in der SBZ/DDR 1945–1961, München 2004.
Schwarzer, Oskar: Sozialistische Zentralplanwirtschaft in der SBZ/DDR. Ergebnisse eines ordnungspolitischen Experiments (1945–1989), Stuttgart 1999.
Senator für Arbeit und Sozialwesen, Berlin (Hrsg.): Deutsche flüchten zu Deutschen. Der Flüchtlingsstrom aus dem sowjetisch besetzten Gebiet nach Berlin, Berlin o.J.
Skyba, Peter: Vom Hoffnungsträger zum Sicherheitsrisiko. Jugend in der DDR und Jugendpolitik der SED 1949–1961, Köln/Weimar/Wien 2000.
Staritz, Dietrich: Geschichte der DDR, Frankfurt a.M. 1996.
Statistisches Jahrbuch der Deutschen Demokratischen Republik 1955 ff., hrsg. v. der Zentralverwaltung für Statistik, Berlin 1956 ff.
Steiner, André: Politische Vorstellungen und ökonomische Probleme im Vorfeld der Errichtung der Berliner Mauer. Briefe Walter Ulbrichts an Nikita Chruschtschow, in: Mehringer, Hartmut (Hrsg.): Von der SBZ zur DDR. Studien zum Herrschaftssystem in der Sowjetischen Besatzungszone und in der Deutschen Demokratischen Republik, München 1995, S. 233–268.
Steiner, André: Von Plan zu Plan. Eine Wirtschaftsgeschichte der DDR, München 2004.
Steinert, Johannes-Dieter: Migration und Politik. Westdeutschland, Europa, Übersee 1945–1961, Osnabrück 1995.
Steininger, Rolf: Der Mauerbau. Die Westmächte und Adenauer in der Berlinkrise 1958–1963, München 2001.
Stitziel, Judd: Hunting, Sewing, Networking, Complaining: The Drudgery of Clothing and Dreams of *Haute Couture* in the GDR in the 1950s, Unpublished Conference Paper, Potsdam 2000.
Stitziel, Judd: Fashioning Socialism: Clothing, Politics and Consumer Culture in East German, Oxford 2005.
Stöckigt, Rolf: Der Kampf der KPD um die demokratische Bodenreform. Mai 1945 bis April 1946, Berlin 1964.
Stöckigt, Rolf: Ein Dokument von großer historischer Bedeutung vom Mai 1953, in: BzG 32 (1990) 5, S. 648–654.
Storbeck, Dietrich: Flucht oder Wanderung? Eine Rückschau auf Motive, Folgen und Beurteilung der Bevölkerungsabwanderung aus Mitteldeutschland seit dem Kriege, in: Soziale Welt 14 (1963), S. 153–171.
Streul, Irene Charlotte: Die Kulturszene der DDR im Aufbruch, in: Deutschland Archiv 22 (1989), S. 1402–1407.
Suckut, Siegfried: In Erwartung besserer Zeiten. DDR-CDU und LDPD zwischen Halbstaats-Raison und gesamtdeutschen Hoffnungen (1949–1960), in: Schönhoven, Klaus/Staritz, Dietrich (Hrsg.): Sozialismus und Kommunismus im Wandel. Hermann Weber zum 65. Geburtstag, Köln 1993, S. 415–435.
Tantzscher, Monika: „In der Ostzone wird ein neuer Apparat aufgebaut". Die Gründung des DDR-Staatssicherheitsdienstes, in: Deutschland Archiv 31 (1998) 1, S. 48–56.
Tantzscher, Monika: Die verlängerte Mauer. Die Zusammenarbeit der Sicherheitsdienste der Warschauer-Pakt-Staaten bei der Verhinderung von „Republikflucht", Berlin 1998 (BStU, Analysen und Berichte, Reihe B, Nr. 1/98).
Tatzkow, Monika: Gehen oder Bleiben. Privatindustrielle nach der Staatsgründung, in: Scherstjanoi, Provisorium, S. 205–210.
Titze, Hartmut: Der Akademikerzyklus. Historische Untersuchungen über die Wiederkehr von Überfüllung und Mangel an akademischen Karrieren, Göttingen 1990.
Toffel, Rolf: Der Flüchtlingsstrom aus der Sowjetischen Besatzungszone Deutschlands in die Bundesrepublik Deutschland, Graz (staatswiss. Diss.) 1963.
Uhl, Matthias/Wagner, Armin (Hrsg.): Ulbricht, Chruschtschow und die Mauer. Eine Dokumentation, München 2003.

Ulbricht, Walter: Die gegenwärtige Lage und die neuen Aufgaben der Sozialistischen Einheitspartei Deutschlands (Referat), in: Protokoll der II. Parteikonferenz der Sozialistischen Einheitspartei Deutschlands (9.-12. Juli 1952), Berlin 1952, S. 20–161.

Vom goldenen Westen geheilt. Zurückgekehrte Republikflüchtige berichten über ihre Erlebnisse in Westberlin und Westdeutschland, o.O. [1953].

Weber, Hermann: DDR. Grundriß der Geschichte 1945–1990, Hannover 1991.

Weber, Hermann: Die DDR 1945–1990, München ⁴2000.

Weber, Petra: Justiz und Diktatur. Justizverwaltung und politische Strafjustiz in Thüringen 1945–1961, München 2000.

Wentker, Hermann (Hrsg.): Volksrichter in der SBZ/DDR 1945 bis 1952. Eine Dokumentation, München 1997.

Wentker, Hermann: Justiz in der SBZ/DDR 1945–1953. Transformation und Rolle ihrer zentralen Institutionen, München 2001.

Wenzke, Rüdiger: Auf dem Wege zur Kaderarmee. Aspekte der Rekrutierung, Sozialstruktur und personellen Entwicklung des entstehenden Militärs in der SBZ/DDR bis 1952/53, in: Thoß, Bruno (Hrsg.): Volksarmee schaffen – ohne Geschrei! Studien zu den Anfängen einer ‚Verdeckten Aufrüstung' in der SBZ/DDR 1947–1952, München 1994, S. 202–275.

Wenzke, Rüdiger: Die Fahnenflucht in den Streitkräften der DDR, in: Bröckling, Ulrich/Sikora, Michael (Hrsg.): Armeen und ihre Deserteure. Vernachlässigte Kapitel einer Militärgeschichte der Neuzeit, Göttingen 1998, S. 252–287.

Werkentin, Falco: Politische Strafjustiz in der Ära Ulbricht, Berlin 1995.

Wettig, Gerhard: Der 17. Juni im Lichte der neuesten Literatur, in: Deutschland Archiv 36 (2003), S. 881–893.

Wille, Manfred: SED und „Umsiedler" – Vertriebenenpolitik der Einheitspartei im ersten Nachkriegsjahrzehnt, in: Hoffmann/Schwartz, Geglückte Integration? (1999), S. 91–104.

Wille, Manfred: Die Vertriebenen und das politisch-staatliche System der SBZ/DDR, in: Hoffmann/Krauss/Schwartz, Vertriebene in Deutschland (2000), S. 203–217.

Wolkow, Wladimir K.: Die deutsche Frage aus Stalins Sicht (1947–1952), in: ZfG 48 (2000) 1, S. 20–49.

Zank, Wolfgang: Wirtschaft und Arbeit in Ostdeutschland 1945–1949. Probleme des Wiederaufbaus in der Sowjetischen Besatzungszone Deutschlands, München 1987.

Zeittafel zur Militärgeschichte der Deutschen Demokratischen Republik 1949 bis 1988, 2., erw. u. durchges. Aufl., Berlin 1989.

Zilch, Dorle: „Republikflucht" von Jugendlichen als Widerstand? Ursachen und Motive. Die Sicht der obersten FDJ-Führung und von Jugendpolitikern der Partei im ZK der SED, in: Herrmann, Ulrich (Hrsg.): Protestierende Jugend. Jugendopposition und politischer Protest in der deutschen Nachkriegsgeschichte, München 2002, S. 243–273.

Zimmermann, Kay: Wohnung und Wohnen im fluchtrelevanten Erleben bei Migranten aus der DDR 1989 und 1990. Ein empirische Untersuchung von Unzufriedenheits-Indizes unter besonderer Berücksichtigung der Wohnungspolitik der SED, Bayreuth (phil. Diss.) 1995.

Zubok, Vladislav/Pleshakov, Constantine: Inside the Kremlin's Cold War. From Stalin to Krushchev, Cambridge (Mass.)/London 1996.